MK Edition

주식·부동산 투자 전략, 기업 경영 계획 수립 등에 나침반이 될 전략 지침서

대예측 2025

매경이코노미 엮음

매일경제신문사

MK Edition

대예측 2025

'슈퍼 트럼프'로 시작하는 2025년

다시 트럼프다. 이번엔 더 강해진 '슈퍼 트럼프'다. 미국 제47대 대통령 선거는 전 세계에 질문을 던졌다.

한층 더 거세진 '미국우선주의(America First)'에 어떻게 답할 것이냐고.

대한민국을 비롯한 각국 정부는 고심하고 있다. 곧 답변을 내놔야 할 것이다. 개인들도 '트럼프 2.0' 시대에 맞는 생존 전략을 짜야 한다.

혼란스럽다. 많은 전문가들이 2025년 전망을 한마디로 '혼돈'이라고 요약한다.

맞는 얘기다. 그러나 한편으로는 2025년은 모범답안이 나와 있다. 한 번 봤던 시험을 다시 치르는 격이다.

이미 2016년부터 4년간 전 세계는 '트럼프 백신'을 한 차례 맞았다. 트럼프가 트위터(지금의 X)로 한마디할 때마다 경제가 발작적인 반응을 일으켜 '트럼프탠트럼'이라는 신조어도 만들어졌다. 험했던 길을 다시 가려니 고달프다. 그

러나 반대로 말할 수도 있다. 초행길이 아니다. 당시 걸었던 길을 복기만 잘하면 길을 쉽게 찾을 수 있다는 말도 된다.

단지 걱정되는 것은 '한 체급 높아진 트럼프'의 더 커진 불확실성이다.

일단 세계 경제에서 차지하는 미국의 위상이 당시보다 높아졌다.

미국은 2020년대 들어 중국, EU, 러시아, 일본 등을 일찌감치 따돌리고 지구촌 '원톱(One Top)' 위상을 굳혔다. 2차대전 전후 냉전 시대에는 소련이라는 라이벌이 있었다. 아시아, 아프리카, 유럽에서 대리전을 치르고 서로 턱밑에 핵미사일 기지를 세우는 등 박빙의 승부를 벌였으나 결국 소련은 무너졌다. 이후 일본 경제의 대약진으로 자유 진영 경제 권력의 분점이 이뤄졌으나 1987년 '플라자합의'를 밀어붙여 일본을 '잃어버린 30년'의 나락으로 보냈다. 이후 '세계의 공장'을 자처하며 약진한 중국은

한때 'G2'로 미국과 경쟁했으나 공산 독재 체제의 한계는 뚜렷했다. 이미 오래전부터 활력이 떨어진 중국은 누워버린 거인 같은 모양새다. 결국 앞으로 상당 기간 세계 경제는 미국이라는 스타 플레이어가 혼자 이끌어갈 것이다. 경제력, 외교력, 국방력, 문화력까지 미국은 단연 세계 최강이다. 이런 시기에 '슈퍼 트럼프'가 등장한 것이다.

트럼프 2.0 시대는 초강대국 미국의 모든 권한이 트럼프 한 사람에게 집중되는 체제가 될 전망이다. 미국 국민들은 '레드 스위프(Red Sweep)'를 분명히 보여줬다. 공화당을 상징하는 붉은색으로 대통령은 물론 미국 상하원도 물결을 일으켰다. 럭비공 같은 트럼프 대통령이 전 세계의 하루하루를 격변의 순간으로 만들 가능성이 있다.

일단 미국 경제를 보자. 초강력 MAGA(Make America Great Again)가 예고된 가운데 미국 경제는 상대적으로 탄탄한 편이다.

국제통화기금(IMF)은 최근 발표한 세계경제전망 보고서에서 견조한 미국 경제를 확인했다. 높은 물가와 고금리에도 불구하고 미국 경제의 가장 큰 축인 소비자 지출이 버텨주고 있기 때문이다. 임금과 자산 가격의 상승은 소비를 뒷받침하고 있다.

IMF는 이런 분석을 바탕으로 지난 10월 기준 미국의 2024년 경제성장률 전망치를 2.8%로 올렸다. 석 달 전인 지난 7월에 전망했던 2.6%에서 0.2%포인트 높은 것이다.

미국은 세계의 자금과 우수 인재를 블랙홀처럼 빨아들이고 있다. 이 같은 헤게모니를 받쳐주는 건 이른바 '빅테크'라 불리는 혁신 기업, 강달러로 대변되는 굳건한 금융 시장, 자유를 보장하는 정치 체제, 누구에게나 기회가 주어지는 교육 제도 등이다. 단지, IMF는 미국의 높은 재정 적자, 부채 수준을 염려했다.

미국을 빼면 지금 다른 나라나 지역에서 내년 경제를 기대할 만한 곳이 없다. 일단 중국이다. 한때 'G2'로 불렸던 중국은 경제 부진의 늪에서 헤어 나오지 못하고 있다. 여기에 트럼프는 중국을 '악마화'하며 적개심을 공개적으로 드러내고 있다.

실제 시진핑 정권은 정권 안위와 체제 유지에 급급해 보인다. 중국 국민의 자유와 경제는 후순위다. 대규모 경기 부양책을 준비 중이지만 현 체제가 경제를 회복시키기는 힘들어 보인다. 중국에 대한 기대감이 낮은 이유다.

실제 지난 3분기 성장률이 4.6%를 기록하며 연 5% 성장의 기대도 사라졌다. 정부의 대규모 경기 부양은 2조위안(약 388조원) 얘기가 나오다가, 4조위안(약 776조원)으로 커지더니, 이제는 12조위안(약 4800조원)을 투입하자는 주장까지 나온다. 일정 부분 효과는 있을 것이다. 문제는 국내외 기대감이 크지 않다는 점이다.

낮은 기대감은 부동산과 부채 중심으로 성장해온 중국 경제의 한계를 명확히 보여준다. 중국 정부는 디레버리징(deleveraging)을 하는

흑백 더 선명한 트럼프노믹스 2.0
한 번 가본 길 2016년을 복기하라
방망이 짧게 잡고 'Cash is King'
중국 압박 심해지고 국제 정세 급변
한국 조선 산업 등 파생 효과 민감

동시에 수출 위주 경제를 탈피해야 하는 숙제가 있다. 현재 경제 구조상 딜레마다.

여기에 '초강력 MAGA' 트럼프의 등장은 치명적이다. 트럼프는 중국의 약점을 잘 알고 있다. 다른 나라에 관세를 10~20% 얘기하면서 중국에는 60%를 붙이겠다고 공언해왔다. 내수 비중이 작아 수출로 버티는 중국에는 트럼프가 악몽과 같을 것이다.

유럽 역시 별 기대감이 없다. IMF는 유럽의 2025년 경제성장률을 1.2%로 전망했다. 이는 미국의 같은 기간 성장률 전망치인 2.2%보다 낮다. 유럽과 미국 간의 성장률 격차는 더 확대될 것으로 보인다. 폭스바겐이 1937년 이후 처음으로 독일 공장을 폐쇄하기로 하는 등 유럽의 쇠락은 대표 기업들마저 버티지 못하는 상황으로 치닫고 있다.

미국·중국·EU를 분석한 2025년 세계 경제 결론은 간단하다. 미국은 세계 경제의 '원톱'이고, 그 미국을 '트럼프'라는 럭비공 같은 대통령이 이끌어 간다는 것이다.

세계 경제에 2025년에는 한 가지 악재가 더 있다. 지구촌 전체를 보자면 뚜렷한 저성장이 예고되고 있다는 점이다. 잘나가는 미국 역시 장밋빛은 아니다.

예를 들어 미국도 IMF가 전망한 2025년 성장률은 올해 2.8%에서 큰 폭으로 낮아져 2.2%로 예상된다. 중국 역시 4.8%에서 4.5%로, 한국도 예외는 아니어서 2.5%에서 2.2%로 성장이 둔화된다.

전 세계의 경제가 둔화되는 시대에, 트럼프로 인해 불확실성은 극도로 높아질 것이라는 얘기다.

한국도 2025년이 쉽지 않아 보인다. 한국 경제 성장률은 2% 초반대로 전망되고 있다. 한국개발연구원(KDI)에서도 2.1%를 전망했다. 사실상 잠재성장률 수준이라는 평가다.

2025년 한국 경제 회복의 기대는 온통 반도체 수출에 걸고 있다. KDI는 2025년 글로벌 반도체 거래액이 높은 증가세를 보일 것으로 전망하며 한국 전체 경제의 수출 증가에 기여할 것으로 예상한 바 있다. 그러나 트럼프는 대통령 당선 즉시 대미 무역 흑자국들에 경고장을 날리고 나섰다. 한국은 대미 수출 흑자 8위를 기록하고 있다. 트럼프는 한국과의 무역에 어깃장을 놓을 가능성이 높다. 앞으로 4년간 이런 변수가 많이 생길 것이다.

2025년 투자를 위한 경제의 키워드를 정리해 보자. 일단 '트럼프 1.0 시대의 복기'다. 어떤 나라가, 어떤 업종이, 어떤 타이밍에, 어떤 방식으로 흥하고 망했는지 우리는 이미 알고 있다. 한화투자증권의 분석에 따르면 트럼프 1기 (2017~2020년) 당시 정보기술(IT), 경기소비재, 유틸리티, 헬스케어 업종이 두드러진 성과를 보인 바 있다. 두 번째로는 디지털자산의 부각이다. 트럼프는 '가상화폐 대통령'이라고 불렸다. 이미 비트코인은 트럼프의 당선과 동시에 급등했다. 세 번째는 미국이 가진 기술의 집중력에 주목해야 한다. 실리콘밸리를 중심으로 한 미국의 빅테크들은 AI와 바이오를 비롯한 모든 첨단 산업에서 선도자로 나설 것이다. 특히 일론 머스크가 '정부효율화위원회'의 위원장으로 전기차(테슬라), 우주항공(스페이스X), 바이오(뉴럴링크) 외에도 로봇(옵티머스) 등의 규제를 풀면 미국의 첨단기술은 고삐 풀린 듯 뛰쳐나갈 것이다. '기술의 시대'도 미국의 압도적인 독주가 예상된다.

마지막으로는 리스크 관리다. 사실 가장 우선적으로 신경 써야 할 주제다. 트럼프는 불확실성을 최고로 끌어올려 거래를 성사시키는 인물이다. 세계 경제에 다양한 리스크가 발현되면서 금, 달러 등 안전자산의 가치가 때마다 관심을 끌 가능성이 있다. 특히 중동, 우크라이나, 대만은 물론 한반도까지 외교 정세가 급변하며 경제에 충격적인 변수로 부각될 가능성이 있다. 환율이 급변하고 한국의 조선 산업 같은 관심 분야는 경제 이외의 이유로 분수령을 맞을 수 있다. 방위 산업도 역시 마찬가지다.

이런 여러 가지를 고려할 때, 개인 재테크 차원에서 2025년은 '방망이를 짧게 잡고' 시장의 움직임을 주시할 시기다.

한 투자 전문가는 "2025년은 자기 집 앞의 눈부터 쓸어야 할 때"라고 말했다. 저 멀리 큰 욕심을 버리고 보수적이고 실속 있는 투자로 승부해야 한다는 뜻이다.

어쩌면 다시 '현금이 왕이다(Cash is King)'라는 말을 주고받을 수도 있다. 2025년은 예측의 영역보다는 대응의 영역으로 생각하는 게 좋다. 그러다 보면 의외의 홈런을 때릴 수도 있다고 본다.

'대예측-매경아웃룩'은 지난 1992년 최초로 발간됐다. 이후 10만 매경이코노미 독자로부터 매년 사랑받아온 책이다. 기업인, 학자, 공무원, 취업준비생 등 각계각층으로부터 인정받은 국내 최고 권위의 미래 전략 지침서다. 30년이 넘는 시간 동안 매경이코노미의 베테랑 기자들과 정상급 전문가들이 심혈을 기울여 집필했다.

올해는 한 치 앞을 볼 수 없는 '시계제로'의 상황에서 트럼프라는 추가적인 거대한 변수까지 등장했다. 예측의 한계란 분명히 있지만 명확한 팩트와 정밀한 분석을 내기 위해 노력했다.

재테크를 통해 자산을 늘리고 싶은 투자자들에게는 지혜와 전략을 찾는 기회가 될 것이다. 생존을 위한 치열한 경쟁에 나선 기업에 새해 경영 전략을 짜는 데 길잡이가 됐으면 한다. 취업을 준비하는 사람들에게도 좁은 문을 뚫고 새로운 출발을 하는 데 유용한 지침서로 활용되기를 바란다.

김선걸 매일경제신문 주간국장

CONTENTS

Chapter 3

지표로 보는 한국 경제

CONTENTS

Chapter 4
세계 경제 어디로

Chapter 5
원자재 가격

Chapter 6
자산 시장 어떻게 되나

1. 주식 시장

CONTENTS

권말부록

어디에 투자할까

일러두기

I

2025
매경 아웃룩

경제 확대경

제로 트렌드·텍스트힙 지속
지체·분열 사회 극복 과제도

매경이코노미 취재팀

2024년 3분기 한국 경제 성적표는 기대보다 실망스러웠다. 3분기 실질 국내총생산(GDP)이 전분기보다 0.1% 성장하는 데 그쳤기 때문이다. 2분기 역성장(-0.2%) 충격에서는 벗어났지만, 의미 있는 반등을 이끌어내지 못했다. 내수 경기는 만성적인 부진을 겪는데 대외 의존도가 높은 수출은 오히려 뒷걸음쳤다.

2025년 국내외 경제는 2024년보다 더 안갯속이다. 러시아-우크라이나, 이스라엘-하마스 전쟁은 또 한 번 해를 넘겨 장기화되고 있고 경기 불황에 각국 주머니 사정도 더욱 쪼그라들고 있어서다. 국내는 국내대로 내수 회복이 느리고 '웬만한 불황은 피해 간다'는 대기업도 경기 불확실성이 확산되자 저마다

비상경영을 선포하고 희망퇴직을 받는 등 조직 슬림화에 나서는 모습이다. 이에 따라 2025년 한국 경제는 산재한 경제 불안 요소를 타개하고, 회복 속도를 높이는 데 초점이 맞춰질 전망이다.

매경이코노미는 불황에 지친 우리 경제, 회복 속도를 높이자는 뜻의 'ACCELERATE'를 통해 2025년을 관통할 주요 이슈와 전망을 살펴본다.

A GI
더욱 강력해질 AI, 하지만…

2024년 노벨물리학상과 화학상은 인공지능(AI)이 삼켰다. 물리학상은 인공신경망을 이용한 기계학습(머신러닝) 기반을 구축한 존 홉필드 프린스턴대 교수와 제프리 힌턴 토론토대 교수에게 돌아갔다. 화학상은 AI를 기

반으로 단백질 구조와 기능을 예측하고 설계하는 소프트웨어를 개발한 데이비드 베이커 워싱턴대 교수와 구글 딥마인드의 데미스 하사비스 최고경영자, 존 점퍼 수석연구원이 차지했다. 그야말로 AI 붐이다. 일각에서는 2025년을 기점으로 AI를 넘어선 AGI(범용인공지능) 시대가 열릴 것이라는 말까지 나온다. AGI는 특정 분야에 한정되지 않고 모든 영역에서 활용할 수 있는 AI를 뜻한다.

다만 한편에선 AI 거품론도 제기한다. 과연 AI 시장에서 충분한 수익성이 나오겠느냐는 의문이다. 미국 벤처캐피털 세쿼이어캐피탈은 빅테크의 설비투자 비용 회수를 위해 AI 시장에서 최소 6000억달러의 매출이 필요하다고 봤다. 특히 자본 시장을 중심으로 이 같은 우려가 커지고 있다. 수익화 시점은 불분명한데, 그간 진행된 설비투자의 감가상각 시점은 조금씩 다가오고 있어서다.

C lose-down
대폐업 시대, 자영업자의 몰락

2023년 폐업 자영업자(98만6487명)는 전년(86만7292명) 대비 13.7%, 관련 통계 집계 이후 최대폭으로 늘어났다. 2024년에는 100만명이 넘어설 전망이다. 한국 자영업이 전례 없는 위기를 맞이한 모습이다. 팬데믹 이후 빚으로 연명해오던 자영업자는 고금리·고물가를 못 이겨 개인회생과 파산으로 내몰린다. 배달 수수료마저 급등해 수많은 외식 자

영업자에게 사형 선고가 내려졌다. 자영업자 대출 잔액과 연체율도 역대 최고 수준이다. 2025년도 상황은 나아질 기미가 없다. '자영업 포화'는 해묵은 이슈지만 중장년층 재취업 등 다른 선택지는 여전히 태부족이다. 보유 재산보다 채무가 많아 정리도 못하고 어쩔 수 없이 가게 문만 열어놓은 사장님도 많다. 갈수록 폐업 리스크가 더 커질 것으로 보는 이유다.

자영업 위기 심각성을 인식한 정부가 2024년 7월 종합대책을 발표했지만 실효성에는 물음표가 붙는다. 정책자금 상환 기간 연장 등 금융 지원에 14조원이 투입되지만 당장 채무 부담만 뒤로 미뤄질 뿐이어서다. 재취업·폐업 지원 등에 더 투자를 늘려야 한다는 목소리가 높다.

C heaper
불황에 더 중요해질 '초가성비'

고물가 장기화에 지갑 열기가 조심스러워졌다. 자연히 구매 결정 때 '저렴한 가격'을 최우선으로 보는 소비자가 늘었다. 유통가 화두로 떠오른 '초가성비' 트렌드는 2025년에도 유효할 전망이다.

부진한 소비 심리에도 잘나가는 브랜드와 채널은 분명 있다. '무조건 5000원 이하'를 앞세운 다이소가 대표 사례다. 다이소는 이제 화장품 주요 채널로도 각광받는다. 2024년 아모레퍼시픽과 LG생활건강 등 프리미엄을 앞

2025년은 'A·C·C·E·L·E·R·A·T·E'
경제 회복 속도 내는 한해 기대
구독 경제·제로 트렌드 계속되고
더욱 강력해질 AI 시대 대비해야
폭염·맹추위 기후 위기 현실화
'미룬이' 극복해 기업 활력 더해야

세운 국내 양대 뷰티 대기업이 모두 다이소에 입점하는 '사건'이 발생하기도 했다. 식음료 시장도 '초저가'가 대세다. 대폐업 시대에도 메가커피·컴포즈커피·빽다방 등 저가 커피는 매장 수와 실적이 꾸준히 오름세다. 주점 분야에서는 생맥주 한 잔에 1900원을 앞세운 초저가 이자카야 창업 열풍이 뜨겁다. 생마차·쏘시지요 같은 브랜드는 가맹 사업 시작 1년이 채 안 돼 200개 점포에 육박한다. 편의점에서도 '천원맥주' '880원 컵라면' '990원 스낵' 등 초저가 상품 라인업을 전략적으로 키우는 모습이다. 2025년에는 가전·패션·가구 등 카테고리 전반으로 초가성비가 확산될 것으로 보인다.

Environmental Crisis
폭염 후 맹추위…기후 위기 현실화

갈수록 기후 변화가 극심해지고 있다. 봄·가을이 짧아지고 여름과 겨울은 점점 길어지고 극한으로 치닫고 있다. 여름철 폭염은 이제 일상이 됐다. 2024년 6~8월 전국 평균 기온은 25.6도로 1973년 기상 관측 이후 가장 높았다. 열대야 일수(20.2일)는 평년보다 13.7일 많았으며, 폭염 일수(24일)도 평년(10.6일)보다 2배 이상 많았다. 9월 추석 연휴 기간에도 유례없는 폭염주의보가 발령됐다. '추석(秋夕)'이 아니라 '하석(夏夕)'이라는 단어가 등장했을 정도다. 온열 환자가 속출하고 채솟값이 폭등하는 등 피해가 잇따랐다. 반면 겨울에는 맹추위가 기승을 부릴 것으로 예측된다. 2024년 여름 40℃의 폭염을 예고했던 기후학자 김해동 계명대 교수는 "2024년 11월 초까지 20℃대 더위가 이어지다 갑자기 추워져 영하 18℃의 한파가 올 것"이라고 내다봤다. 특히 라니냐로 인해 한반도 상공에 더 많은 한랭 공기가 머물고 폭설과 강한 한파가 발생할 가능성이 높다는 분석이다. 무더위와 강추위, 극한 날씨 적응이 필수적인 시대가 도래했다.

Less is more
뺄수록 좋은 '제로 트렌드'

뭐든 '뺄수록 더 좋은(Less is more)' 제로 트렌드가 대세다. 처음에는 단순히 칼로리만 줄이려는 수요에서 시작됐지만 이제는 설탕, 카페인, 알코올 등을 최소화하거나 완전히 제거한 식품이 늘어나고 있다. '헬시 플레저(Healthy Pleasure)'를 지향하는 소비자 사이에서 건강과 환경을 고려한 소비 트렌드로 자리 잡는 모습이다.

관련 시장도 빠르게 성장하고 있다. 국내 제로 탄산음료 시장 규모는 5년 새 8배 가까이 성장하며 1조원(2023년 기준)에 도달했다. '코카콜라 제로슈거' '칠성사이다 제로' '펩시 제로슈거' 등은 대표 제로 탄산음료로 자리 잡았다. 제로 트렌드는 음료뿐 아니라 식품, 주류, 천연 원료를 도입한 패션 제품에 이르기까지 단순히 건강에 이로운 것을 넘어 환경과 사회적 가치를 지향하는 소비 패턴과 맞물려 그 수요가 늘고 있다.

2025년에는 제로 트렌드가 더욱 다양한 형태로 발전할 것으로 보인다. 제로 슈거, 제로 알코올을 넘어 락토 프리 아이스크림, 저염 소스와 같이 소비자 맞춤형 제로 제품군이 더 확대될 전망이다.

Extreme Conflict
극단적 대립, 분열 사회

사회 전반적으로 분열과 갈등이 빈번해지고 있다. 이념·정치 성향부터 세대·성별까지 자신과 다르면 공격하는 게 일상이 됐다. 실제로 삼성경제연구소에 따르면 한국의 사회 갈등지수는 OECD 국가 중 2위에 달했다. 종교 분쟁을 겪는 튀르키예를 제외하면, 한국보다 갈등이 심한 국가는 없다.

극단적 대립 현상은 2025년에도 계속될 전망이다. 국내에서는 정치·성별 갈등이 더 심각해진다. 이념이 같아도 본인이 지지하는 정치가 다르면 싸우는 시대로 접어들고 있다. 인터넷 커뮤니티를 중심으로 남녀가 서로의 성별을 비방하는 글이 끊임없이 오르내린다.

국제적으로는 전쟁 후유증에 따른 갈등이 심화될 것으로 보인다. 러시아·우크라이나 전쟁과 중동 전쟁은 갈등이 증폭되는 추세다. 러시아 전선에는 북한군이 투입됐고, 중동 전선은 이스라엘이 팔레스타인과 레바논을 넘어 이란과의 싸움을 시작했다. 극적으로 휴전이 진행되더라도, 전쟁으로 인한 상흔은 쉬이 사라지지 않을 것이다.

Rental & Subscription
소유보다 경험 중시하는 구독 경제

과거 신문과 잡지에 한정됐던 구독 문화는 이제는 미디어와 생활용품, 식음료, 예술, 건강 등 다양한 분야로 확장되며 일상 속 소비의 한 축을 형성하고 있다. 특히 OTT 서비스 넷플릭스의 성공을 시작으로 커피, 음식, 자동차, 심지어 명품 가방까지 구독 경제 영역이 확대됐다.

원래 구독 경제는 렌털과 결합해 고가의 가전 제품, 생활 가전 등 분야에서 주목받았다. 정수기와 비데로 시작된 렌털 시장은 음식물 처리기, 의류 관리기, 안마의자 등 고가의 가전으로 다양화되고 있다. 주요 브랜드는 구독 모델로 고객에게 주기적인 제품 관리 서비스를 제공하며 경쟁력을 높이고 있다. 국내 렌털 시장은 2020년의 약 40조원에서 2025년에는 100조원 규모로 성장할 전망이다. 구독 서비스는 소비자 입장에서 초기 비용 부담을 줄이면서 정기적인 관리 서비스까지 제공받을 수 있는 게 장점이다. 동시에 기업 입장에서도 충성 고객을 확보하고 안정적인 수익을 창출할 수 있다는 이점이 있다. 2025년에도 구독 경제 열풍이 이어질 것이라는 분석이 지배적이다.

Arrears
'지체 사회'의 일상화…미룬이 신드롬

한국 젊은 층을 중심으로 '지체 사회' 현상이 나타난다. 급증하는 N수생이 대표 사례. 2023년 대입 수능을 치른 N수생 비율은 35.3%(17만7942명)로 28년 만에 최대치다. 학령 인구는 줄고, N수생은 늘고 있는 기현상이다. 사회가 요구하는 눈높이를 충족 못했다는 판단에 선택한 길이다. 취업도 마찬가지. 일자리를 알아보다 막막한 마음에 '도피성 대학원 진학'을 택하기도 한다.

결혼도 마찬가지다. 주위를 둘러보면 40대 초반 신혼부부(2023년 혼인 1만949건)가 20대 초반 신혼부부(1만113건)보다 흔한 세상이 됐다. 미혼 남녀는 현실 장벽이 결혼 연령을 늦춘다고 입을 모은다. 2024년 5월 저출산·고령사회위원회가 만 25~49세 남녀 2000명을 대상으로 설문한 결과, 미혼 남녀 10명 중 6명(61%)이 결혼 의향이 있다고 응답했지만 이들 중 75.5%가 아직 미혼인 이유로 '경제적 부담'을 들었다. 결혼이 늦다 보니 자연스레 출산 시점을 미루거나 포기하는 사례도 상당수다. 점점 '역피라미드' 인구 구조가 만들어지고 산업 일꾼은 늙어간다. 기업 활기는 떨어진다.

Text Hip
독서하는 당신이 멋지다

2024년 초부터 시작된 '텍스트힙' 열풍이 2025년 하나의 사회 현상으로 자리 잡을 것으로 보인다. 텍스트힙이란 글자(text)와 세련됐다는 뜻의 영단어 힙(hip)의 합성어. 말 그대로 글을 읽는 행위 자체에서 '멋짐'을 느끼는 것이다. 영국, 미국의 10대 사이에서 퍼지던 '텍스트힙' 현상은 2024년 본격적으로 국내에 상륙했다.

지루하고 따분하다는 인식이 강했던 독서가 '남과 다른 나만의 독특한 취향'을 과시하는 수단으로 자리 잡았다. 1020세대를 중심으로 문학 작품을 찾는 이가 증가했다. 2024년 한강 작가의 노벨문학상 수상 소식은 텍스트힙 열기에 기름을 부었다. 1020세대는 물론 30~60대까지 서점을 찾게 만들었다. 출판업계에서는 적어도 2025년 상반기까지는 노벨문학상 효과가 계속될 것이라는 분석이 나온다.

구독 플랫폼 밀리의서재 관계자는 "독자들은 한강 작가 외 다른 한국 작가들의 작품에도

'폐업 자영업자 100만명' 시대가 다가오면서 한국 자영업이 전례 없는 위기를 맞이한 모습이다. 사진은 서울 황학동 주방·가구거리 곳곳에 업소형 냉장고, 스테인리스 냄비, 매장용 의자 같은 중고 물품이 한가득 쌓인 모습. (윤관식 기자)

관심을 갖기 시작했다. 문학 작품을 찾는 독자가 늘어난 만큼 독서 열풍은 지속될 전망"이라고 설명했다.

E V-phobia
"불날까 무서워" 전기차 포비아

잇따른 화재로 전기차 포비아는 당분간 기속될 것으로 보인다.

지난 8월 인천 청라 한 아파트 지하주차장에서 발생한 전기차 화재는 대중에 공포감을 심어줬다. 이 화재로 주민 등 23명이 연기를 마셔 병원으로 옮겨졌으며, 차량 87대가 불에 타고 783대가 그을렸다. 당시 화염으로 주차장 내부 온도는 1000℃ 넘게 치솟았다. 이후 전기차는 한순간에 기피 대상이 됐다. 주차시 전기차의 지하주차장 출입을 금지하는 건물이 속속 등장하며 전기차 차주의 불편함도 가중됐다. 이에 화재 사건 이후 전기차 구매 계약을 취소하는 사례가 속출했다.

그럼에도 디젤에서 전기차로 전환은 시대적 흐름이다. 다소 지연되고는 있지만 글로벌 친환경 정책은 여전히 유효하다. 전기차 공포증이 퍼지는 현상은 경제적으로도 그다지 바람직하지 않다. 2차전지 산업은 한국 경제의 신성장동력으로 꼽힌다. 삼성SDI, LG에너지솔루션, SK온 등 국내 대기업이 뛰어든 분야다. 현대차도 아이오닉 등을 앞세워 전기차 시장을 적극 공략한다. 주식 시장에서 이들 기업이 차지하는 비중도 크다. 전기차 포비아를 극복해야 하는 이유다. ■

트럼프 시대 '시계제로' 들어간다
성장률·수출·물가 모두 '빨간불'

김소연 매경이코노미 편집장

제47대 미국 대통령 선거에서 도널드 트럼프 전 대통령이 당선됐다. 트럼프 2기 정부 때는 보호무역주의와 미국우선주의 기조가 트럼프 1기 때보다 강해질 것이라는 게 일반적인 전망이다. 수출 중심 한국 경제는 다시 한번 소용돌이에 휘말릴 수밖에 없다. 그렇잖아도 2024년에 비해 성장률이 낮아질 것으로 예측되던 2025년 한국 경제는 이제 '시계제로' 상황으로 들어가는 초입에 서 있는 것과 마찬가지다.

트럼프 당선인은 일찌감치 대(對)중국 고율 관세 부과를 천명했다. 모든 국가 수입품에 보편 관세 10%를 부과하고, 중국산 수입품에는 최고 60%의 관세를 부과하겠다고 공언했다. 2024년 8월부터는 보편 관세 20%를 언급

하기 시작했다. 역대 최대 규모 대미 무역 흑자를 내고 있는 한국에 더한 압력을 가할 가능성도 배제할 수 없다. 심지어 한·미 FTA(자유무역협정) 재협상을 요구할 수 있다는 우려도 존재한다.

트럼프 당선 앞에서 한국 경제가 한숨을 쉬는 이유는 단순히 관세만이 아니다. 한국 5대 수출 품목(반도체·자동차·석유화학·석유제품·철강) 중 반도체 산업 불확실성이 한층 더 커졌기 때문이다. 트럼프 정부는 "조 바이든 정부의 반도체 지원법(칩스법)을 폐기할 것"이라고 공언해왔다. 바이든 정부가 약속한 보조금을 없애고 높은 관세를 매기겠다고 예고했다. 칩스법이 폐지되면 보조금을 받기로 하고 미국에 막대한 투자를 집행 중인 삼성전자와 SK하이닉스에는 그야말로 직격탄이 떨어지는 격이다.

대외경제정책연구원은 최근 '미국 통상정책의 경제적 영향 분석' 보고서에서 "한국(20%)과 중국(60%)에 보편 관세가 부과될 경우 한국 총수출은 누적으로 약 222억~448억달러 줄어들 것"이라고 밝혔다. 수출이 GDP에 미치는 영향이 큰 만큼 국내총생산 역시 타격을 받을 수밖에 없다. 대외경제정책연구원은 실질 국내총생산(GDP)이 최대 0.67% 줄어들 수 있다고 추정했다. 국제통화기금(IMF)도 이미 미국 대선 전부터 대선 후 미·중 무역 갈등 심화로 인해 한국 경제가 타격받을 가능성이 있음을 경고했다. "미중 무역 갈등으로 가장 큰 타격을 받는 나라는 중국이지만, 그 다음 타격을 받을 아시아 국가는 한국"이라고 콕 집어 말하기도 했다.

일각에서는 중국과 경쟁 관계인 한국의 철강, 알루미늄 등이 반사이익을 볼 것이라는 기대감도 나오지만, 한국의 최대 교역국인 중국의 수출 감소는 한국 기업의 대중(對中) 중간재 수출에 부정적인 영향을 미친다. 중국을 배제시키려는 미국 주도 글로벌 공급망 재편 와중에 한국 수출 산업의 공급망이 흔들릴 수도 있다.

그뿐인가. 트럼프 시대가 무서운 게 관세도 관세지만 중국의 시장 교란이다. 중국이 미국으로 수출하지 못한 물량을 한국이나 다른 시장으로 저가에 밀어내면 한국 기업은 출혈 경쟁에 직면한다. 실제 중국의 2024년 10월 수출액이 1년 전 같은 기간보다 13% 가까이 급증하며 19개월 만에 최고치를 기록했다. 트럼프 대통령 시대를 예견하고 중국 수출 업체들이 재고 밀어내기에 속도를 냈다는 분석이다. 트럼프 대통령 당선 직후 블룸버그는 "새로운 장벽이 생기면 중국은 현재 미국에 판매하는 제품을 팔아치울 새로운 시장을 찾아야 한다. 지난해 중국 기업은 미국에 5000

주요 기관의 2025년 경제 전망

단위:%

구분	현대경제연구원		하나금융경영연구소		한국은행		국회예산정책처		KDI	
	2024년	2025년	2024년	2025년	2024년	2025년	2024년	2025년	2024년	2025년
경제성장률	2.6	2.2	2.5	2.1	2.4	2.1	2.4	2.2	2.5	2.1
민간 소비	1.6	2	1.3	2	1.4	2.2	1.3	1.9	1.5	1.8
설비투자	0.9	3.8	0.6	4.1	0.2	4.3	0.6	3.3	0.4	3.2
건설투자	0.8	0.6	−0.7	−0.9	−0.8	−0.7	−0.9	−1.1	−0.4	−1
소비자물가	2.5	2.1	2.4	2	2.5	2.1	2.5	2.1	2.4	2
경상수지(억달러)	737	750	775	790	730	620	740	650	770	829
실업률	2.8	2.7	–	–	2.9	2.9	2.8	2.8	2.8	2.7
원달러 환율(원)	–	–	1346	1295	–	–	–	–	–	–
국고채 수익률(3년)	–	–	3.12	2.57	–	–	3.1	2.8	–	–

보편 과세 20% 매겨질 수도
중국의 '저가 밀어내기'도 문제
특히 철강 산업 직격타 예상
2025 한국 경제 '풍전등화'
1%대 성장에 그칠 수도
잠재성장률도 좋지 않아

억달러가량 상품을 수출했다"고 보도했다. 이렇게 어마어마한 물량이 미국으로 향하지 못하고 다른 시장을 겨냥한다면 이는 가히 재앙 수준이 될 수 있다. 특히 중국 부동산 시장 침체로 극심한 내수 부진을 겪고 있는 중국 철강 업체가 저가 밀어내기를 하고 있어 힘겨운 시절을 보내고 있는 한국 철강 업체에는 엎친 데 덮친 격이다.

전체적으로 2025년 한국 경제는 '바람 앞의 등불' 신세라 해도 과언이 아니다.

2025년의 '풍전등화' 전망과 별개로 2024년 한국 경제는 '그런대로 선방'했다.

2023년으로 예상됐던 세계 경제 침체가 2024년으로 미뤄지는 바람에 2024년 벌어지지 않을까 우려한 세계 경제 침체는 다행스럽게도 결국 일어나지 않았다. '이연된 침체가 2024년 중반부터 현실화되며 세계 경제성장률이 대폭 낮아질 것'이라는 어두운 예상은 모두 없던 일이 됐다.

2024년 한국 경제도 그닥 나쁘지 않았다. 2024년 3분기 쇼크 수준 경제성장률이 시장을 놀라게 하기는 했다. 3분기 실질 국내총생산(GDP)이 2분기보다 0.1% 성장하는 데 그치면서 충격을 줬다. 당초 한국은행은 0.5% 성장할 것으로 예상했다. 2분기 역성장(-0.2%)의 충격 상황에서는 벗어났지만, 시장 예상치에는 턱없이 못 미쳤다. 무엇보다 한국 경제 성장의 3분의 2 이상을 책임지는 수출이 2분기보다 0.4% 감소한 데다 연말까지도 회복이 쉽지 않다는 전망이 나온 게 컸다.

결과적으로 한은이 예상한 2024년 경제성장률 전망치(2.4%) 달성에도 빨간불이 켜지긴 했지만 그래도 1.4% 성장을 기록한 2023년보다는 사정이 한결 낫다. 2023년 한국 경제성장률은 1.4%로 코로나 사태로 마이너스 성장(-0.7%)을 기록한 2020년 이후 가장 낮았다. 경제협력개발기구(OECD) 평균치(1.7%)도 밑돌았다. 2024년 선방이 무색하게, 진짜 문제는 2025년이다.

경제성장률 트럼프 대통령 당선 직후 '관세 전쟁'이 세계로 확산하면 한국 경제성장률이 많게는 1.1%포인트 떨어질 수 있다는 분석이 나왔다. 미국 대선 직후 현대경제연구원이 내놓은 '트럼프 노믹스 2.0과 한국 경제' 보고서에 나오는 내용이다.

트럼프 요인을 제외하고도 2025년 경제성장률은 2024년보다는 낮아질 것이라는 전망이 대세였다. 2.4~2.6%라고 예측치가 모인 2024

년에 비해 2025년 경제성장률은 2.1~2.2%가 될 것이라는 예측이 대세였다(하나금융연구소, 한국은행, KDI 2.1%·현대경제연구원, 국회예산정책처 2.2%). 여기에 트럼프 요인이 가세하면 2025년 경제성장률이 1%대 초반까지 내려갈 수 있다 각오를 해야 할 듯싶다. 잠재성장률 상황도 좋지 않다. 잠재성장률은 생산 자원을 모두 투입했을 때 물가 상승 없이 최대한 달성할 수 있는 성장률을 가리킨다. 경제의 기초체력을 의미한다고 볼 수 있다. OECD는 2024년 한국 잠재성장률이 2%로 미국(2.1%)보다 낮다고 분석했다. 2년 연속 미국보다 낮다. 미국 경제 규모는 한국의 13배에 달한다. 통상적으로 성장률은 경제 덩치에 반비례한다. 어른보다 어린이가 쑥쑥 성장하는 것과 같은 이치다. 한국 경제 잠재성장률이 미국보다 낮다는 것은 한국 경제가 덩치가 훨씬 큰 미국 경제보다도 활력이 떨어지고 있음을 의미한다. 현재 한국 경제 성장 동력이 그만큼 부진하다는 뜻이고, 상황이 얼마나 심각한지를 보여주는 단면이다.

민간 소비 앞으로 가장 관심 있게 지켜봐야 할 지표는 민간 소비다. 2024년 11월 7일 KDI는 '중장기 민간 소비 증가세 둔화 요인과 시사점' 보고서를 통해 "앞으로 민간 소비 성장세가 1%대에 불과할 것"이라고 밝혔다. 경제성장률이 둔화되면서 소득이 줄고 이게 다시 소비 위축으로 이어진다는 분석이다.

최근 몇 년간 경제성장률은 잠재성장률 수준인 2% 안팎에서 머물고 있다. 2025~2030년에는 1%대 중후반으로 하락할 수 있다는 예측이다. 이 같은 상황에서 민간 소비가 1%대를 넘어가기 어렵다는 판단이다. 실제 2024년 3분기 민간 소비 증가율은 1.3%다. 2023년 2분기부터 1% 정도 낮은 증가세를 이어오고 있다.

2025년 민간 소비 관련 한국은행이 가장 높은 2.2%라는 수치를 내놨다. 현대경제연구원, 하나금융연구소는 2%, 국회예산정책처는 1.9%, KDI는 1.8%를 제시했다.

KDI는 1% 안팎 낮은 민간 소비 성장률이 내수 부진 요인이 되는 것을 막기 위해 3가지 해법을 제안했다. 구조 개혁을 통한 잠재성장률 하락 추세 완충, 정부 소비 확대에 신중, 수출 경쟁력 강화다. 정부 소비 확대에 신중할 필요가 있다는 의미는 정부 지출을 그냥 확대하는 것이 아니기 때문이다. 정부 지출을 늘리려면 세금 또한 늘어나야 하고 이 경우 민간 지출 여력이 줄어들면서 전체 소비에서 민간 소비가 차지하는 비중도 같이 줄어들 수 있다는 논리다.

투자 2024년에도 설비투자는 돌파구를 찾지 못했다. 2023년 0.5%에 불과했던 설비투자 증가율은 2024년에는 최고 4.5%까지 올라갈 것이라는 전망이 대세였다. 그러나 2024년에도 설비투자 상황은 그리 좋아지지 않았다. 모든 기관이 2024년 설비투자 증가율이 1%에 못 미칠 것이라 진단한다.

실제 설비투자용 회사채 발행액이 최근 5년래 가장 낮은 것으로 집계됐다. 2024년 1~9월 시설투자용 회사채 발행액은 2조8980억원으로 2023년 동기(3조7168억원)에 비해 28.3% 줄었다. 금감원이 관련 집계를 시작한 2019년 이후 최저치다. 2024년 8~9월의 경우 시설투자용 회사채 발행액이 심지어 '0'이었다. 금리 수준이 나쁘지 않았고 시장 유동성 여건도 그리 나쁘지 않았지만, 넉넉한 유동성이 기업 투자로 연결되지는 않았다. 그뿐인가. 기업들은 적게 발행한 회사채마저 시설투자보다 기존 빚을 갚는 데 쓴 것으로 나타났다. 전체 회사채에서 시설투자용 회사채 발행 비중은 2024년 1~9월 7%로 2023년

동기(9.6%)보다 2.6%포인트 감소했다. 역대 최대인 2022년(19.3%)과 비교하면 '3분의 1' 수준에 그친다.

그나마 2025년에는 설비투자 숨통이 트일 것이라는 예측이다. 가장 낮게 본 KDI가 3.2%, 가장 높게 본 한국은행은 4.3%를 예상한다. 건설투자도 상황이 좋지 않기는 매한가지다. 건설투자 부진은 2024년 내내 내수 회복의 발목을 잡았다. 0.8%를 점친 현대경제연구원을 제외하고 모든 기관이 2024년 건설투자가 마이너스를 벗어나지 못할 것이라 진단한다. 건설투자는 2025년에도 별다른 변화가 없을 것으로 보인다. 0.6%를 제시한 현대경제연구원을 제외한 모든 기관이 2025년 건설 투자 역시 마이너스 상황에 머무를 것으로 예상한다.

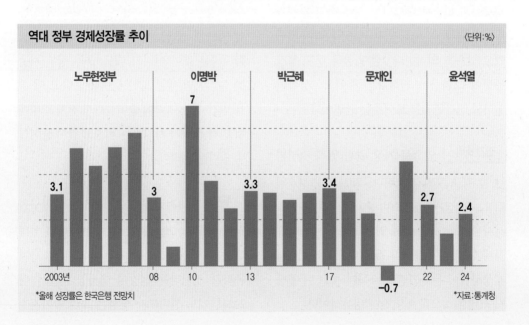

역대 정부 경제성장률 추이 〈단위:%〉

*올해 성장률은 한국은행 전망치   *자료:통계청

소비자물가 트럼프 당선이 확정되자마자 1400원을 넘어가며 급등한 원달러 환율이 당분간 고공행진을 펼칠 것으로 보여진다. 트럼프가 몰고 온 환율 변화는 한국 경상수지와 물가에 매우 부정적인 영향을 미칠 것으로 전망된다.

당장 한국은행은 2024년 9월까지 5개월 연속 이어진 경상수지 흑자 행진이 멈추지 않을까 우려한다. 그뿐인가. 환율 상승은 수입물가에 직접 영향을 주고, 결과적으로 소비자물가를 흔드는 요인이 된다. 한국은 원유와 원자재를 많이 수입하는 만큼 수입물가가 소비자물가에 미치는 영향이 크기 때문이다. 소비자물가 상승률은 2024년 4월 2.9%를 기록하며 3% 아래로 내려온 후 5개월 연속 2%대를 기록하며 안정세를 보였다. 9월(1.6%)에는 1%대로 내려오며 둔화세가 더욱 뚜렷해졌다.

역시 문제는 2025년이다. 강달러와 고환율이 불가피한 상황에서 2025년 소비자물가가 2%대 안정적인 증가율을 일궈낼 수 있을 것인가. 대부분 기관이 2024년 2% 중반대 소비자물가 상승률에 이어 2025년에는 2%대 초반 소비자물가 상승률을 예상했지만, 이 또한 장담할 수 없게 됐다.

수출입과 경상수지 트럼프 대선 승리로 한국 경제 전반에 불확실성이 커졌다. 특히 강달러 기조가 이어지는 데다 고율의 관세 정책으로 수출이 부진해질 것임은 명약관화하다.

당연히 산업계는 비상이다. 특히 반도체, 배터리, 자동차 등이 직격타를 맞을 수 있다는 분석이다. 이와 관련 전문가들은 "미국과의 협력적인 FTA 관계를 재정립하고 대미 의존도를 줄이는 쪽으로 공급망을 재설정해야 한다"고 입을 모은다.

일각에서는 원달러 환율 1400원대가 '뉴노멀'이 될 수 있다는 예측도 내놓는다. 다만 1400원 선까지 급등한 원달러 환율이 직접적으로 경상수지에 미치는 영향은 과거와 달리 제한적일 것이라는 게 다행스러운 지점이다. 한국 수출 경쟁력이 가격에서 품질로 많이 전환됐기 때문에 환율이 수출 증가에 기여하는 부분은 과거처럼 크지 않다는 진단이다. ■

美 소프트랜딩…中 가중된 불안
印 활황…3위 경제 대국 보인다

명순영 매경이코노미 기자

트럼프 2기 시대의 세계 경제는 미국 '소프트 랜딩', 인도 '활황', 중국 '불안'으로 요약될 듯 하다. 일단 미국 경제가 연착륙할 수 있을 것 이라는 전망은 위안거리다. 미국 경제는 코 로나19 팬데믹 이후 높은 성장세를 보여왔 다. '빅컷(금리 0.5%포인트 인하)'을 단행하 기 전까지 급격한 금리 인상이 있었고, 고물 가 흐름이 강했음에도 불구하고 미국은 강했 다. 팬데믹 직전인 2019년 4분기 이후 2024년 1분기까지 미국 국내총생산(GDP)은 8.6% 늘 어났다. 다른 선진국 대부분의 성장률과 비교 해 2배가 넘는다. 그야말로 '나 홀로 호황'을 즐겼다.

시장에서는 '미국 경제도 곧 꺾일 수 있다'는 경계의 목소리가 수시로 나왔지만, 지금까지

미국은 시장 예상을 뛰어넘는 성장세를 보여 왔다. 예를 들어 2023년 연초 블룸버그가 집 계한 2023년 미국 경제성장률 컨센서스는 0.3%로 연중 침체를 겪을 수 있다는 전망이 다수였다. 하지만 미국은 2023년 2.5% 성장 하며 2.1% 내외로 추정되는 잠재성장률도 넘 어섰다.

미국 경제는 2024년에도 2.6% 성장(IMF 전 망)이 예상된다. 이는 한국(2023년 1.4%, 2024년 2.5%), 일본(2023년 1.9%, 2024년 0.7%), 독일(2023년 -0.2%, 2024년 0.2%), 영국(2023년 0.1%, 2024년 0.7%)을 뛰어넘 는 수치다. 여기에 미국 실업률은 완전고용 수준인 4.1%(2024년 10월 기준)에 달한다. 코로나19 봉쇄 이후 치솟았던 물가는 지난 2024년 9월 2.5% 상승에 그쳤다. 미국의 성 장·고용·물가가 너무 뜨겁지도, 차갑지도

않은 '골디락스' 상태라는 평가가 나온다. 관심사는 미국의 호황이 2025년에도 이어질 수 있느냐다. 결론부터 말하면, 호황 국면은 아니어도 '소프트랜딩'의 가능성이 높다. 송준 LG경영연구원 연구위원에 따르면 2025년에도 인플레 둔화와 고비용 구조 완화가 이어지며 기업의 실질이익 성장세가 이어질 것으로 예상했다. S&P500 기업 중 실적발표에서 '경기 침체'를 언급한 경우는 2022년 2분기 235건에서 2024년 1분기 29건으로 7분기 연속 크게 감소해 기업 투자 심리가 개선될 것으로 보인다. IRA 및 반도체과학법 발효 효과로 그간의 구조물 투자 증가에서 장비 투자 증가로 이어지는 선순환이 예상된다. 여기에 새로운 정부가 들어선 이후 무역수지 적자폭이 줄어들 듯 보인다. 달러 강세 완화와 대외 수요 개선이 이를 뒷받침한다. 실질 GDP 성장률은 2024년 2% 초반대에서 2025년 1% 초중반대로 낮아지겠지만 급격한 경기 후퇴를 겪지 않는다는 전망이 우세하다.

인도, 4년 연속 7% 안팎의 GDP 성장률 기록… S&P "2028년, 인도가 3위 경제 대국"

신흥국 중에서는 인도의 전망이 밝다. 2024년에 이어 2025년도 마찬가지다. 경제협력개발기구(OECD) 경제전망 보고서에 따르면, 2024년 인도 GDP 성장률은 7% 수준에 달한다. 글로벌 평균 성장세가 3% 초반인 점을 고려하면 괄목할 만한 성장세다.

OECD는 "2025년 글로벌 주요국의 경제성장

주요 전망 기관들의 주요국 · 경제 권역별 2025년 경제 전망

단위:%

구분			IMF(2024년 7월)		OECD(2024년 5월)		World Bank(2024년 6월)	
			2024년	2025년	2024년	2025년	2024년	2025년
세계 경제성장률			3.2	3.3	3.1	3.2	2.6	2.7
	선진국		1.7	1.8	–	–	1.5	1.7
		미국	2.6	1.9	2.6	1.8	2.5	1.8
		유로 지역	0.9	1.5	0.7	1.5	0.7	1.4
		일본	0.7	1	0.5	1.1	0.7	1
	신흥개도국		4.3	4.3	–	–	4	4
		중국	5	4.5	4.9	4.5	4.8	4.1
		인도	7	6.5	6.6	6.6	6.6	6.7
		브라질	2.1	2.4	1.9	2.1	2	2.2
		러시아	3.2	1.5	2.6	1	2.9	1.4
세계 교역 증가율			3.1	3.4	2.3	3.3	2.5	3.4

*자료:IMF, OECD, World Bank

률은 2024년과 같은 3.2% 수준일 것"이라고 분석했다. 다만 G20 성장세는 이보다 0.1% 포인트 하락한 3.1%에 머물 것으로 관측된다. 이와 달리 인도 GDP 성장세는 매년 7% 안팎을 기록 중이다. 유엔은 '2024 세계 경제 상황 및 전망' 보고서를 통해, 인도 GDP 성장률을 6.2%에서 6.9%로 상향 재조정했다. OECD는 대체로 보수적으로 예측하는 경향이 있는데 2024년 인도 성장세를 6.7%로 내다본 것이다. 국제통화기금(IMF)도 이보다 다소 높은 6.8%를 점쳤다.

인도는 코로나19가 창궐한 2020년을 제외하면 꾸준히 7% 수준 성장세를 지속하고 있다. 글로벌 신용평가기관 스탠더드앤드푸어스(S&P)는 2024년 기준 세계 5위 수준인 인도 경제가 2028년에는 일본과 독일을 제치고 3위까지 부상할 것으로 전망한 바 있다.

인도 성장세가 안정적인 이유는 여러 가지다. 글로벌 주요 국가가 인구 소멸을 걱정하는 가운데 인도(약 14억5000만명)는 꾸준히 인구가 늘어나는 중이다. 2023년 이미 중국(약 14억2000만명)을 앞질렀다. 인구 증가는 젊은 생산인구를 의미하는데, 역시 인도 경제의 핵심 성장동력으로 작용한다.

남아시아에서 상대적으로 학구열이 높다는 점도 메리트다. 이를 발판 삼아 미국과 유럽 주요 대학에 꽤 많은 유학생이 진출해 있다. 포스트 차이나의 대안으로도 관심이 커졌다. 중국과 달리 영어 사용이 가능해 중국에서 문닫는 공장이 인도로 속속 이동하고 있다.

공장과 다국적 기업의 증가는 인도인의 소득 증가로 이어진다. 여기에 원활한 환율 흐름

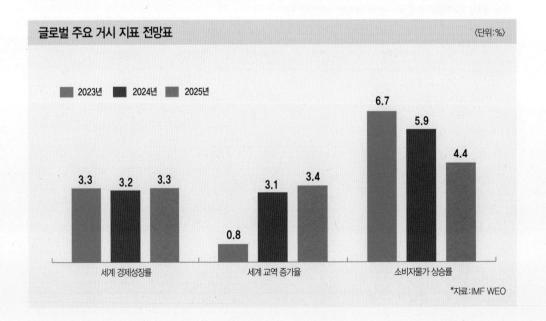

글로벌 주요 거시 지표 전망표　〈단위:%〉

2023년　2024년　2025년

	세계 경제성장률	세계 교역 증가율	소비자물가 상승률
2023년	3.3	0.8	6.7
2024년	3.2	3.1	5.9
2025년	3.3	3.4	4.4

*자료:IMF WEO

등이 인도 경제 성장에 힘을 보탰다. 또한 지난 2024년 6월 총선에서 모디 총리의 3연임이 확정되면서 정치적 불확실성이 해소됐다.

세계은행 역시 2024년 10월 10일 발표한 남아시아 성장 전망 보고서에서 2024·2025 회계연도(2024년 4월~2025년 3월) 인도 경제 성장률 전망치를 7%로 제시했다. 당초 이번 회계연도 성장률을 6.6%로 전망했다가 높였다. 세계은행은 예상을 웃도는 농업 생산량과 고용 촉진 정책이 민간 소비 회복에 도움을 줄 것이라 분석했다. 아시아개발은행(ADB)은 2025년 인도 성장률을 7.2%로 예상하며 가장 낙관적인 입장을 보였다.

세계 각국 경기 진작책 이어질 듯
글로벌 경제는 '中 성장' 기대감

전반적인 전 세계 경기는 딱히 좋지도 나쁘지도 않은 완만한 개선세가 예상된다. 미국 연준의 '빅컷' 이후 글로벌 주요 국가들이 금리를 인하하는 '피벗(pivot·전환)'을 단행하고 있다. 금리가 낮아지면 투자 환경이 좋아지고 경기가 살아난다. 게다가 주요국이 경기 진작책을 추진하며 세계 경제는 '중(中)성장' 기조를 보일 것이라는 게 현대경제연구원 판단이다.

특히 선진국은 본격적인 통화 정책 전환과 적극적인 경기 진작책으로 안정적인 성장세가 예상된다. 유럽 지역과 일본은 민간 소비와 투자가 동반 회복하며 경기 회복세를 보일 것이라는 전망이 나온다. 신흥국은 인도의 가파른 성장세와 함께 아시아 국가에서 성장세를 보일 가능성이 높다.

불안 요인도 있다. 장기전 양상을 보이는 러시아-우크라이나 전쟁과 이스라엘 전쟁이 가장 큰 근심거리다. 특히 이스라엘이 팔레스타인 무장단체 하마스와의 전쟁에 이어, 레바논 헤즈볼라로 전선을 확대하고 있다. 이란을 포함한 중동 전역으로 전쟁이 확산할 경우 유가가 급등하고 공급망이 깨지는 등 세계 경제는 무시 못할 암초를 만나게 된다.

중국에 대한 우려도 남았다. 중국 정부가 침체된 경기를 살리고 2024년 목표한 '5% 안팎' 경제성장률 달성을 위해 부심하고 있지만 만만치 않다. 중국의 대표적인 경제학자이자 중앙은행인 인민은행 전 고문 위융딩은 "2008년에 투입한 4조위안(약 766조원) 이상의 재정 확대가 있어야 경기 부양책 효과가 나타난다"고 말하기도 했다. 하나금융연구소는 "중국 정부의 부양 의지에도 불구하고 부동산 시장 부진 여파로 가계 소비와 민간 투자 여력이 크지 않다"고 분석했다. ■

II

2025
매경 아웃룩

2025 10大 이슈

베버리지 곡선 뚫어지게 보는 美 연준
美 2%p 더 내릴 수…韓도 소폭 인하

명순영 매경이코노미 기자

미국 연방준비제도(Fed · 연준)가 2024년 11월 연방공개시장위원회(FOMC) 정례회의에서 기준금리를 0.25%포인트 인하했다. 9월 '빅컷(0.5%포인트 인하)' 이후 2회 연속이다. 이로써 미국 기준금리는 4.5 ~4.75%로 낮아졌다. 한국은행도 지난 10월 11일 기준금리를 연 3.25%로 0.25%포인트 내리면서 글로벌 금리 인하 대열에 합류했다. 이로써 3년 2개월간 이어져온 기나긴 통화 긴축 시대는 일단 막을 내렸다. 일본을 빼고 유럽연합(EU), 영국, 캐나다, 중동 산유국 등 주요국 중앙은행도 앞서 물가 잡기에서 경기 부양으로 통화정책을 전환하는 '피벗' 대열에 동참했다.

금리 인하 기조는 2025년에도 이어진다. 다만 그 속도에 대해서는 의견이 엇갈린다. 미국 연준은 정책 목표를 물가보다 고용 안정에 초점을 맞추기 시작했다. 향후 금리 인하의 속도는 고용 지표가 좌우할 듯 보인다.

금리 인하 흐름은 2025년에도 지속
속도는 미 고용 지표가 좌우할 듯

제롬 파월 연준 의장이 베버리지 곡선을 '사랑'한다는 점은 익히 알려져 있다. 베버리지 곡선은 노동 공급(실업률)과 노동 수요(구인율 또는 빈 일자리율) 간의 관계를 나타내는 곡선이다. 파월 의장은 2024년 9월 미국 와이오밍주 잭슨홀 심포지엄에서 기조연설을 하며 고용 시장 현황에 대한 자신의 견해를 길게 풀었다. 지난 2년 넘게 이어져온 통화 긴축 기조를 중단하고 '피벗'을 선언하는 자리에서 유독 고용 시장 현황을 정성스럽게 설명한 것이다.

(AFP=연합뉴스)

눈에 띈 것은 '베버리지 곡선'을 언급한 부분이다. 파월 의장은 이번 연설에서 역사적으로 높았던 실업 대비 빈 일자리 비율이 파괴적인 대량 해고 없이 정상화했다며 특히 구인율의 감소로 정상화했다는 점을 강조했다. 실업률은 크게 오르지 않은 가운데 구인율은 감소했으니 연준의 긴축 정책은 상당한 효과를 거뒀다는 점을 '자랑(?)하려' 했을 것이다. 특히 노동 시장을 길게 언급한 것은 이제 정책금리를 조정할 시기가 됐다는 것을 말하기 위해서로 풀이된다. 빈 일자리가 점차 줄고 실업은 보다 빠르게 늘어나는 시간, 즉 '베버리지 변곡점(Beveridge Threshold)'에 다가갈수록 금리 인하 가능성은 높아진다.

파월은 이에 앞서서도 공개석상에서 베버리지 곡선을 언급하는 일이 잦았다. 앞서 2024년 7월에는 유럽중앙은행(ECB)이 포르투갈 신트라에서 개최한 연례 포럼에 패널로 참석해 실업률이 증가하는 단계로 진입할 수 있다며 베버리지 곡선을 언급했다. 당시 연준의 '이중 책무'인 물가 안정과 완전 고용이 처한 위험은 "균형에 훨씬 가까워졌다"며 "이것을 판단하는 좋은 방법은 베버리지 곡선 분석"이라고 밝혔다. 물가 안정만큼 완전 고용 책무 또한 위태로운 상황이니 고용에 더 주목하겠다는 신호를 보낸 것이다. 그는 "베버리지 곡선은 모든 사람이 말하고 들여다본다"며 "우리는 (베버리지 곡선이) 수직으로 내려왔는데, 구인 건수와 채용과 관련해 전통적으로 베버리지 곡선이 평평해지는 그런 지점(베버리지 변곡점)에 실제 가까워지고 있다"고 설명했다.

미국 노동통계국(BLS)에 따르면, 코로나19 사태가 터진 직후인 2020년 5월에는 실업률이 13.2%까지 치솟은 반면 구인율은 4%에 머물렀다. 이후 연준의 초저금리 통화 정책으로 정반대 상황이 나타나면서 2022년 3월 실업률은 3.6%까지 떨어지고 구인율은 7.4%까지 뛰었다. 이 시점에서 연준은 기준금리를 인상했다. 통화 긴축으로 돌아서며

지난 2024년 6월 들어 구인율은 4.9%, 실업률은 4.1%로 조정됐다. 이런 수치를 토대로 미 연준은 '적절한 시점에 적절한 정책으로 균형을 맞췄다'고 자평해왔다.

베버리지 곡선은 앞으로도 파월 의장과 연

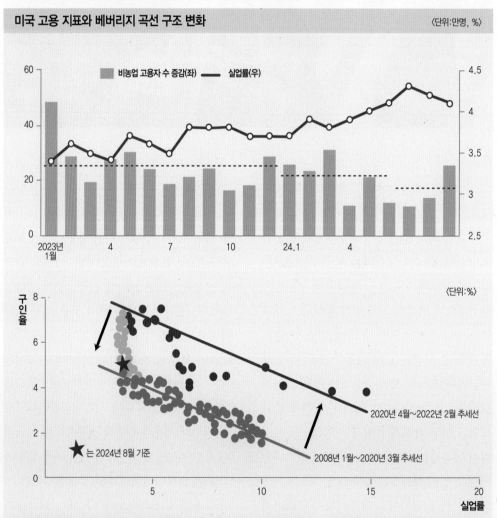

미국 고용 지표와 베버리지 곡선 구조 변화 〈단위:만명, %〉

*구인률 = 구인자 수/(전체고용+구인자 수), 실업률 급등을 촉발할 수 있는 임계점 실업률을 4.42%로 추정. 연준의 장기 실업률 전망은 4.2%,
 CBO 자연 실업률은 4.4%
*자료:FRB, Fred

준, 연준 주변의 인사들이 꾸준히 거론할 가능성이 크다. 연준이 통화 완화로 기조 전환을 강력하게 시사하며 고용을 집중적으로 언급한 만큼, 연방공개시장위원회(FOMC) 회의에서 기준금리를 어디까지 내려야 할지 논의할 때 베버리지 곡선은 배제할 수 없다. 연준 내 영향력 있는 매파로 분류되는 크리스토퍼 월러 연준 이사도 지난 2024년 7월 공개 발언에서 베버리지 곡선을 언급하기도 했다. 그는 "현재 고용 시장은 '스위트 스폿(sweet spot)'에 있다"며 "우리는 고용 시장을 이 자리에 유지해야 한다"고 정책 목표를 설정했다.

월가는 2025년 2.5%포인트 인하 기대
연준은 2%포인트 고려…완만한 사이클

월러 이사는 당시 연설에서 베버리지 곡선의 역사를 다루며 "지속적으로 구인율과 구인배율(실업자 한 명당 빈 일자리 개수)의 하락은 지난 2년간 봤던 것보다 더 큰 실업의 증가로 이어질 수 있다"며 "오랫동안 내가 봐왔던 것보다 현재 실업에 대해 더 큰 상방 위험이 있다"고 말했다.

일각에서는 연준의 금리 인하 속도를 결정하는 요인 중 하나로 구인율 4.5%를 제시하기도 한다. 구인율이 4.5%를 밑돌면 실업률이 더 오르게 돼 연준이 금리 인하 속도를 더 높일 수밖에 없다는 설명이다. 월러 이사는 지난 2024년 1월 연설에서 구인율이 4.5%까지 하락하는 것은 "구인 건수의 상당한 감소를 통해 가능하다"면서도 과거 사례로 볼 때 구인율이 그보다 더 낮아지면 통화 정책의 긴축으로 실업이 상당히 증가할 것이라고 말했다. 하나금융연구소는 실업률 급등을 촉발할 임계점 실업률은 4.4%로 추정한다. 이후 고용 시장發 침체 여부가 최종 목표 금리인 3% 도달 시점을 좌우할 듯 보인다.

월가에서는 2025년 말까지 2.5%포인트의 금리 인하를 기대한다. 다만 하나금융연구소는 연준이 2024년 1%포인트를 낮추고, 2025년 다시 1%포인트 낮추는, 완만한 금리 인하 사이클을 가져갈 것으로 추정했다. 여전히 미국 고용이 탄탄하고 인플레이션에 대한 우려가 남아 있다는 이유에서다.

윈스롭캐피털매니지먼트의 공동최고투자책임자인 아담 쿤스는 "미국 경제가 공격적인 금리 인하와 부양책을 정당화할 만큼 충분히 악화하지 않았다"고 평가했다. 시카고상품거래소(CME) 페드워치툴에 따르면, 연방기금 금리 선물 시장에서 11월 50bp 인하 확률은 0%다. 2024년 10월 초 36.8%에서 크게 낮아졌다. 같은 기간 0.25%포인트 인하 확률은 63.2%에서 86.8%로 상승했다. 랜드버그베넷프라이빗웰스매니지먼트의 최고투자책임자인 마이클 랜드버그는 연준의 통화 완화 정책 원동력인 인플레이션이 예상만큼 낮아지지 않을 수 있다고 평가했다. 헤드라인 소비자물가지수(CPI)가 2025년 초에 다시 상승할 것으로 내다봤다.

이재만 하나증권 애널리스트는 2025년 미국 기준금리 인하 기조에는 큰 변화가 없을 것으로 내다봤다. 기준금리 인하 사이클은 평균 9~10개월 정도다. 과거에도 중립금리 수준(3%)까지 기준금리를 인하하는 것도 일반적이었다. 그는 "기준금리 인하(유동성 확장) 이후 효과는 미국은 신규 주택 허가 건수, 장단기 금리차, ISM 제조업지수, 경기선행지수 상승으로 나타날 수 있을 것으로 판단된다"고 밝혔다. 2024년 4분기 말 ISM 제조업지수의 반전과 경기선행지수의 플러스 전환을 기대할 수 있다.

한국도 두세 차례 추가 인하 가능
완화적 통화 정책 흐름은 분명

한국도 글로벌 금리 인하 기조를 따라갈 듯 보인다. 2025년 초쯤 추가 인하 가능성이 있다는 분석이다. 다만 '빅컷'이 아닌 '베이비컷(기준금리 0.25%포인트 인하)'을 단행할 것이라는 분석이 다수다.

한국은행은 수도권 중심으로 주택 가격이 급등하고 가계대출이 크게 늘어나자 금리 인상을 주저했다. 그러나 2024년 4분기 접어들며 집값이 안정세를 보이며 보다 탄력적으로 금리 인하에 나설 수 있게 됐다는 평가를 받는다. 윤여삼 메리츠증권 애널리스트는 "부동산 프로젝트파이낸싱(PF) 쪽도 금리를 낮추는 기대가 반영되며 불안이 진정되는 등 현재 악재가 크게 없어 보인다"면서도 "2025년 3월

까지 금리 동결을 주장하는 금통위원이 5명이나 있었기 때문에 거시 대책에 따른 금융 안정 상황을 살펴본 뒤 2025년 1~2월 추가 금리 인하 기대감이 높아질 것으로 보인다"고 말했다.

이창용 한은 총재는 지난 2024년 10월 금통위 결정 직후 기자간담회에서 금통위원 6명 중 5명이 '3개월 내 기준금리 3.25% 유지' 의견을 냈다고 밝혔다. 3개월 내 3%로 추가 인하할 가능성을 열어둬야 한다는 견해는 1명뿐이었다. 이 총재도 "당분간 기준금리를 추가 인하할 여력이 있다"면서도 "금융 안정에 대해 상당히 고려하겠다는 점에서 (이번 금리 인하를) '매파적 인하'로 해석할 수 있다"고 언급해 당장 추가 금리 인하가 이뤄질 가능성을 작게 봤다.

윤지호 BNP파리바 선임 이코노미스트는 "추가 인하에 대해 아예 부인한 것은 아니었기 때문에 2025년 1분기 정도 있을 것으로 본다"며 "2025년 1분기와 2025년 하반기 두 차례에 걸쳐 0.25%포인트씩 내려 2025년 말까지 기준금리를 2.75%로 인하할 것으로 예상한다"고 말했다.

최성종 NH투자증권 애널리스트는 "2024년 금리 동결, 2025년 3번의 기준금리 인하를 예상한다"며 "기준금리 인하 사이클 진입으로 2025년까지 국고채와 크레디트물 금리의 하향 안정화가 전망된다"고 말했다.

주원 현대경제연구원 경제연구실장은 "미국과 한국 간 금리가 역전된 비정상적인 상황을

바꾸기 위해 우리나라는 상당히 천천히 금리를 낮출 수밖에 없다"면서도 "기준금리 3.25%는 코로나19 이전의 정상적인 상황의 금리보다 여전히 높기 때문에 내수 부양을 위해 더 내려야 한다"고 강조했다.

국고채 금리는 이미 기준금리 인하 반영
시장금리 인하 제한적…고공행진 대출 여전

하나금융연구소는 "2025년 한은의 '완화적 통화 정책'을 보일 것"이라며, 두세 차례의 금리 인하를 예상했다. 시장금리(국고채 3년 금리 평균)는 2024년 3.12%에서 2025년 2.57%로 낮아질 것으로 봤다. 김완중 하나금융연구소 선임 연구위원은 "국고채 만기 전 구간이 이미 기준금리 3회 인하를 반영하고 있어 향후 시장금리 낙폭은 제한적인 수준에 그칠 것"이라고 했다.

기준금리가 떨어진다고 해도 은행권을 중심으로 고공행진 중인 대출 금리가 당장 내려가기는 어려워 경감 효과를 기대하기 힘들다. 금융당국의 가계대출 관리 압박에 지난 2024년 7월 이후 가산금리 추가 등을 통해 시장금리를 거슬러 인위적으로 올렸다. 여기에 미국의 금리 인하 속도가 더딜 것이라는 전망에 주택담보대출 금리 산정 기준인 은행채 금리는 심지어 오름세를 보이고 있다.

금리 인하 속도가 빠르지 않을 것이라는 전망 아래 시중 자금이 대규모로 이동하는 현상은 벌어질 것 같지는 않다. 코로나19 팬데믹 기간

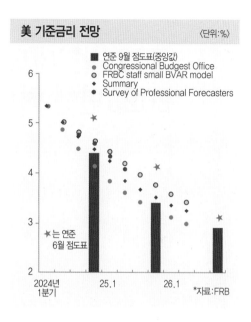

美 기준금리 전망 〈단위:%〉

- 연준 9월 점도표(중앙값)
- Congressional Budget Office
- FRBC staff small BVAR model
- Summary
- Survey of Professional Forecasters

★ 는 연준 6월 점도표

*자료:FRB

동안 '초저금리' '유동성 확대' '레버리지 활용'이 맞물리며 자산 가격이 폭등했다. 2022년 금리를 올린 이후에는 안전자산 수익률이 크게 늘어나며 시중 자금이 예금과 채권형 상품으로 이동하는 경향이 뚜렷했다. 하나금융연구소는 예금 금리가 연 2% 아래로 떨어지지 않는 한 지금의 금리 인하 수준으로는 증시로의 자금 이동은 빠르지 않을 것이라고 판단한다.

다만 시장에서는 금리 인하기로 접어들었다는 점을 감안해 고금리 채권을 잡으려는 수요가 몰릴 듯 보인다. 금리 인하기에는 새로 발행되는 채권의 이자율이 낮아, 남아 있는 고금리 채권을 매입해 수익률을 잠그는 투자 전략이다. 채권은 매입 후 금리가 낮아지면 가격이 오르기 때문에 매도 시 자본 수익을 올릴 수 있다. ■

2024년 '데드 캣 바운스'였다
2025년엔 하락? NO, 우상향

함영진 우리은행 부동산리서치랩장

2024년 아파트 매매 시장에서 거래가 급증하고 가격이 오르던 추세가 8월을 기점으로 주춤해지자 시장에서는 데드 캣 바운스(하락장에 일시적 반등) 장세였다는 분석이 나온다. 실제로 서울 아파트 매매 거래량은 2023년 12월 1790건으로 저점을 기록한 후, 2024년 7월(9518건)까지 7개월 연속 거래 증가세를 이어오다 8월(7609건) 추세가 꺾였다. 8월 전국 주택 매매 거래량(6만648건) 역시 전월(6만8296건) 대비 11.2% 감소했다. 한국부동산원 통계를 들여다봐도 서울 아파트 매매 가격은 9월 들어 상승세가 둔화했다. 2024년 하반기 강남권과 한강변 단지 등 서울 거주 선호 지역 아파트 중에는 가격 고점을 회복한 곳이 상당하고, 매도 희망 가격도 하방선을 뚜렷

하게 유지했다. 반면 대출 규제와 단기 급등 피로감이 누적되면서 매수 심리는 위축됐다. 이에 따라 2024년 말 매도-매수 희망가 격차는 크게 벌어졌고 매입 관망세가 짙어지면서 아파트 거래량과 매매가가 주춤했다.

이런 분위기가 이어진다면 2025년 아파트값은 2024년 상반기와 같은 큰 폭의 상승세를 기대하기 어려울 수 있다. 비단 단기 급등에 대한 피로감이 아니어도 정부와 금융권이 가계부채 증가 속도를 늦추기 위해 총력을 다하는 만큼 주택 시장으로 흘러 들어가는 돈줄이 막힐 수밖에 없어서다.

실제로 정부는 기준금리 인하를 앞뒀던 2024년 9월, 변동금리 차주의 무분별한 대출을 막고 과열된 수도권 주택 시장을 진정시키기 위해 스트레스 총부채원리금상환비율(DSR) 2단계를 시행했다. 스트레스 DSR은 대출 심

사 때 일정 수준의 가산금리(스트레스 금리)를 부과해 대출 한도를 산출하는 제도다. 가산금리가 커질수록 차주가 대출받을 수 있는 금액이 줄어든다. 이외에도 다주택자의 생활안정자금대출 한도를 2억원 → 1억원으로 축소하는가 하면 아파트 입주장에서 소유권 보전·이전 조건의 전세자금대출을 중단하며 갭투자를 막고 있다.

DSR 제도처럼 대출을 억제하는 기조는 2025년에도 이어질 전망이라 서울처럼 가격이 단기 급등한 지역 위주로 매수 관망과 가격 상승 둔화는 불가피할 전망이다. 이런 흐름을 두고 일각에서는 주택 매매 시장이 하락 변곡점에 접어들 것이라는 목소리와 2024년 가격 상승은 일시적 반등장, 즉 데드 캣 바운스였다는 얘기를 하는 것이다.

2025년 서울 아파트 매매가 상승세 이어갈 것

다만 2025년 서울·수도권 아파트 매매 가격이 2023년 같은 하락 양상을 보일 것으로 예단하기에는 다소 무리가 있다. 아파트값 상승'폭'이 줄어들 뿐 상승 추세가 완전히 꺾여 내림세로 돌아서기는 쉽지 않다. 이유는 다음과 같다.

첫째, 서울 아파트 전셋값 상승세가 지속되고 있어서다. 좀처럼 늘지 않는 전세 매물량과 평년보다 적은 아파트 입주 물량 등 2025년에도 주택 임대차 공급이 넉넉하지 않은 실정이다. 가뜩이나 전세사기 여파로 빌라·오피스텔 등 비아파트 기피 현상이 생겼고, 아파트로 전세 쏠림 현상이 뚜렷해 전셋값이 오를 가능성은 더 커졌다. 심지어 한국부동산원에 따르면 2024년 서울 아파트 전셋값 상승

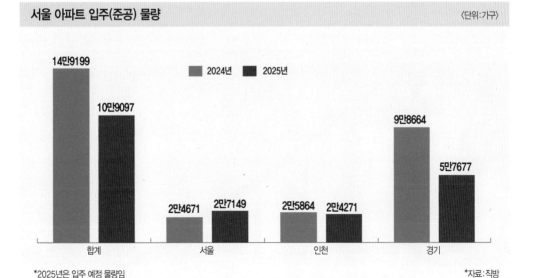

서울 아파트 입주(준공) 물량 〈단위:가구〉

2024년 2025년

합계: 14만9199 / 10만9097
서울: 2만4671 / 2만7149
인천: 2만5864 / 2만4271
경기: 9만8664 / 5만7677

*2025년은 입주 예정 물량임 *자료:직방

2022~2024년 수도권 월평균 아파트 매매 거래량				단위:건, %
	2022년	2023년	2024년	2023년 대비 2024년 변동률
서울	1182	3037	4899	61.3
경기	1163	2161	2748	27.1
인천	4830	8696	1만1346	30.5

*2024년은 7월 말 기준임
*자료:한국부동산원

률(9월 30일 기준 4.57%)은 같은 기간 매매 가격 상승률(3.79%)보다 가파른 양상을 보이고 있다. 이렇게 급등하는 전셋값은 당분간 매매가를 받쳐주는 역할을 하게 된다.

둘째, 서울 내 신축 아파트 선호 현상이 여전해서다. 서울 아파트가 노후화할수록 신축 주택 선호 현상은 뚜렷해진다. '얼죽신(얼어 죽어도 신축)'이라는 신조어가 생겼을 정도

다. 최신 설계와 편의시설이 아니더라도 신축 주택 자체가 많지 않다 보니 희소가치가 높고, 매매 가격이 강세를 띤다. 국토교통부 실거래가공개시스템에 따르면 2024년 9월 말 기준 서울 준공 5년 이하 아파트 매매 가격은 3.3㎡당 4644만원으로 2023년(4270만원)보다 8.7% 올랐다. 같은 기간 11~15년 차 아파트가 2023년 3977만원 → 2024년 3925만원으로 1.3% 하락한 것에 비해 매입 선호가 높았다.

신축 선호 현상이 두드러진다지만 노후 아파트는 노후 아파트대로 강세를 보인다. 직방 조사에 따르면 2024년 기준 서울 내 준공 30년을 넘긴 아파트는 총 44만3582가구로 아파트 전체 재고 물량의 26%를 차지한다. 서울 아파트 4채 중 1채는 재건축 가능 연한(30년)

20024년에는 아파트 전세 수요가 늘며 매물이 부족하고 전셋값이 치솟는 현상이 이어졌다. (매경DB)

을 채웠다는 얘기. 아파트 지을 땅이 부족한 서울에서, 신축으로 재건축할 가능성이 높은 노후 아파트 역시 매매 가격을 지탱하는 역할을 한다.

셋째, 2025년은 서울·수도권 입주(준공) 물량이 2024년보다 감소해서다. 2025년 수도권 (서울·경기·인천) 아파트 입주 물량은 10만9097가구다. 2024년 14만9199가구에 비해 26.8% 감소한다. 2025년에도 수도권 전세가 상승세가 쉬이 꺾이지 않을 것으로 판단하는 근거 중 하나다. 전셋값(임대료)이 불안하면 매매로 눈을 돌리는 수요가 늘어날 수 있고 이는 매매가를 밀어 올리는 역할을 한다.

넷째, 서울 아파트 분양 시장의 높은 청약 경쟁률은 2025년에도 견고할 것으로 판단된다. 2024년 10월 7일 조사 기준 서울 아파트 1순위 청약 경쟁률은 평균 137.4 대 1로 2023년 (56.9대 1)보다 2배 이상 치열해졌다. 2024년 서울에서 1순위에 청약한 사람이 총 38만 8136명이었는데, 같은 기간 전국 1순위 청약자가 총 108만5598명이었던 점을 감안하면 서울 지역 쏠림 현상(35%)이 뚜렷했다. 서울 쏠림 현상 탓에 2024년 서울 1순위 청약 당첨자의 평균 '최저' 가점은 62.3점으로 2023년 (54.6점)보다 7.7점 높아졌다. 청약가점 만점이 84점인 점을 고려하면 당첨 커트라인이 상당히 높아진 셈이다.

이런 치열한 청약 경쟁률의 이면에는 저조한 공급이 있다. 서울 아파트 인허가 물량은

서울 아파트 분양 성적		단위:건, 점
	2023년	2024년
청약 경쟁률	56.9 대 1	137.4 대 1
청약 접수 건수	27만5162	38만8136
평균 최저 가점	54.6	62.3

*2024년은 10월 7일 집계 기준임
*자료:한국부동산원 청약홈

2021년 5만3662가구 이후 줄곧 내리막길을 걸었다. 2022년 2만5337가구 → 2023년 2만1284가구 → 2024년(8월 기준) 2만370가구로 2021년의 반 토막 수준 공급이 3년째 이어지고 있다. 인허가에 이은 아파트 착공 건수도 2021년(4만3083가구)과 2022년(4만5099가구) 각각 4만가구를 넘겼으나 2023년 1만5520가구, 2024년(8월 기준) 1만3962가구로 급감한 상태다. 여기에 원자잿값 인상, PF 대출 위축, 지방 미분양 적체 등 여파로 공급 시장이 잔뜩 위축됐고, 가뜩이나 수요 대비 공급이 적은 서울에서는 분양 시장이 내내 강세를 보이고 있다.

정부 수요 억제책은 더 강화될 수도

물론 2025년 서울 아파트 시장에 호재만 있는 것은 아니다. 매매 가격 급등에 대한 피로감과 금융권의 주택담보대출 총량 규제를 비롯한 정부의 부동산 수요 억제책, 지역별 가격 계층화(양극화) 등 시장 흐름을 바꿀 수도 있는 변수가 산재해 있다. 특히 정부의 수요 억제책은 서울 아파트값 향방에 따라 강도가 더

2025년에도 빌라 전세 기피 현상이 계속되면서 서울 아파트 전세 쏠림 현상은 더욱 심화될 것으로 보인다. (매경DB)

욱 강해질 가능성도 있다.

정부는 2024년 4분기부터 주택 수요 억제책을 강화하고 있다. 2024년 9월 스트레스 DSR 2단계 시행에 이어 4분기 기준금리를 인하하기 전에는 변동금리 차주의 무분별한 대출 운용을 제어하고 과열된 수도권 주택 시장을 진정시키기 위해 돈줄을 옥죄었다. 매입 대기 수요자 관점에서 2025년 금리가 더 내린다고 해도 미국과의 기준금리 차이를 고려할 때 인하 속도가 빠르기는 쉽지 않고, 과거 0.5% 초저기준금리 시기로 회귀하는 것도 쉽지 않은 상황이다. 중금리 시대를 받아들여야 하는 셈이다. DSR처럼 감당 가능한 수준의 대출만 권고하는 기조는 이어질 전망이라 서울처럼 아파트 매매 가격이 단기 급등한 지역에서는 매수 숨 고르기가 길어질 가능성이 있다.

또 2025년 7월에는 더욱 강력한 스트레스 DSR 3단계가 시행된다. 은행권과 제2금융권은 주택담보대출, 신용대출, 기타대출에 대해 기본 스트레스 금리의 100%를 적용할 예정이다. 현재 DSR 규제 대상에는 정책모기지와 전세대출 등을 제외하고 있는데 향후 이를 포함할 수 있다는 관측도 나온다. 당분간 주택담보대출 총액이 줄어들 전망이라 주택 거래량이나 가격 상승이 종전보다 둔화할 수 있다. 상환 능력을 넘어서는 대출을 막는 효과 또는 다주택자의 주택 추가 구입을 막는 효과가 나타나며 다주택 매입보다는 똘똘한 한 채 선호가 지속할 수 있겠다. 신생아특례대출을 제외하고는 가계부채 증가율을 GDP 성장률 범위 내에서 움직이게 하겠다는 정부의 가계부채 관리 기조가 뚜렷하다.

2025년에도 아파트 매매 가격 상승세가 쉽사리 잡히지 않는다면 정부로서는 강남 3구(강남·서초·송파구)와 용산구 외에도 대출, 청약, 세금 부담을 높일 규제 지역(조정대상지역·투기과열지구·토지거래허가구역 등)을 재지정하는 정책 카드를 꺼내 들 수도 있다.

또 하나 염두에 둬야 하는 점은 서울 지역구별 아파트값 계층화 현상은 2025년에도 견고할 전망이라는 점이다. 수도권과 지방 같은 단순한 지역 구분을 넘어 서울 내에서도 지역별 매매 수요와 거래량, 가격 상승폭이 천차만별이다. 2021년 집값 대세 상승기에는 영끌(영혼까지 끌어모아 구매), 패닉 바잉(공황 구매)이 몰리며 서울 대부분 지역 집값이 동반 상승했지만, 최근처럼 경기 회복이 더딘 흐름 속에서는 수요자의 선택의 폭이 제한되고 가격 민감도 역시 커질 수밖에 없다. 이에 따라 주거 선호도가 높고 대기 수요 많은 지역과 아닌 지역 간 양극화는 더욱 심화될 전망이다.

정리하자면 건축비 상승, PF 시장 위축으로 서울 아파트 신규 공급은 저조하겠으며, 그 여파로 서울 아파트 전세 가격과 매매 가격은 2025년에도 상승을 이어가겠으나, 그 상승세는 고급 유효 수요가 밀집한 주거 선호 지역이나 공급 희소성이 두드러지는 지역이 주도할 전망이다. 정부의 여신 규제, 집값 상승 피로감이 누적돼 주택 거래량은 2025년 1분기까지 주춤해질 수 있다. 바꿔 말하면 매수자 우위인 시장이고 아파트 구입을 원하는 실수요자에게는 기회가 될 수 있겠다. ■

서울 아파트 분양 시장의 높은 청약 경쟁률은 2025년에도 지속될 것으로 보인다. 사진은 2024년 10월 '잠실래미안아이파크' 견본주택 내부 모습. (매경DB)

관세 장벽 전 세계 타격
칩스법·IRA 손볼 수도

박수호 매경이코노미 기자

47대 미국 대통령에 도널드 트럼프 전 대통령 (45대)이 당선됐다. 2025년은 자국우선주의, 강력한 보호무역주의를 기치로 내건 '트럼프노믹스 2탄'이 본격 전개될 것이라는 전망이 지배적이다. 이와 관련, 한국 경제 상황도 크게 달라질 수 있다.

2기 트럼프노믹스 특징은?

'트럼프노믹스 시즌2'의 핵심 키워드는 '관세'가 될 가능성이 높다. 그는 후보 시절 "사전에서 가장 아름다운 말은 관세"라고 콕 집어 얘기하기도 했다. 사실 집권 1기 때만 해도 중국을 봉쇄하는 보호무역주의가 그의 주요 경제 전략이었다. 이는 바이든 정부 시절에도 계승됐을 만큼 강력했다. 이번 대선 때 상대

편 해리스 후보 역시 이 부분만큼은 트럼프 1기 시절 정책에 손을 들어줄 수밖에 없었다. 집권 2기 때는 양상이 더 달라질 것으로 예상된다. 특정 국가를 정조준하는 것이 아니라 어떤 국가든 미국에 수출하려면 '보편 관세'를 내야 한다는 논리를 펼 가능성이 높다. 보다 포괄적인 무역 장벽을 쌓겠다는 논리다.

이런 철학 배경에는 심각한 무역수지 적자가 있다.

트럼프노믹스 1기 때 무역 전략을 세운 로버트 라이트하이저 전 미국 무역대표부(USTR) 대표는 "관세의 목표는 미국 무역 적자를 없애는 것"이라고 말한 바 있다. 하지만 1기 때는 특정 국가만 제재하면서 적자폭을 줄이지 못했다.

2기 트럼프 정권은 후보 시절 공언했던 "중국산 제품에 대해 최대 60% 관세를 매기고, 다

른 수입품에는 10~20%의 보편 관세를 매기겠다"는 공약을 어떤 식으로든 행동으로 옮길 가능성이 있다. 조금이라도 관세가 높아지면 주요 동맹국은 물론 한국 경제도 타격을 받을 수밖에 없다.

대외경제정책연구원의 2024년 보고서에 따르면 트럼프가 만약 10%의 보편 관세만 실행해도 한국의 대미 수출액은 152억~304억달러 감소하고, 다른 국가들의 미국 수출 감소로 한국산 중간재 수요가 감소하면서 총 수출액이 최대 448억달러(약 62조원) 감소할 수 있다는 분석을 내놓은 바 있다. 또 실질 GDP가 0.67~0.24% 감소할 우려가 있다고 분석했다.

물론 이런 정책이 미국에 이익이 되리라는 보장은 없다. 오히려 불확실성만 키울 것이라는 예상도 나온다.

더그 어윈 다트머스대 경제학 교수는 워싱턴포스트(WP)에 "다른 나라가 (관세) 보복에 나서면 세계 무역 장벽이 전례 없는 수준으로 오를 것"이라며 "세계 경제는 서로 너무 얽혀서 이것을 떼어내려고 하면 예측하기 어려운 엄청난 혼란이 있을 것"이라고 전망했다.

반도체 · 전기차 직격탄?

이런 가운데 칩스법, IRA 등도 손볼 가능성이 조심스레 제기된다.

칩스법이란 바이든 정부의 핵심 정책으로

트럼프노믹스 2기의 핵심은 자국우선주의와 관세 정책을 들 수 있다. (AFP=연합뉴스)

韓 경제 들이닥친 '트럼프노믹스'

주요 경제 정책
법인세 인하, 개인소득세 인하, 팁 면세 등 경제 성장·투자 유치를 위한 포괄적 감세에 중점

무역통상 정책
미국우선주의, 보호무역주의 지향, 다자간 협상 및 기구 해체, 보편 관세

환경·에너지 정책
석유, 천연가스, 원자력 등 모든 에너지 생산 증대, 규제 완화 기후 변화 회의론

對중국 정책
중국으로부터 전략적 독립, 최혜국 대우 지위 박탈

*자료:미국 공화당 정강 정책

미국에 반도체 공장을 지으면 대규모 보조금을 주는 제도다. 삼성전자가 텍사스 테일러 공장을 건설하고 64억달러 보조금을 받기로 한 것이 이 제도 덕분이다. SK하이닉스 역시 인디애나 공장을 통해 4억5000만달러 지원을 약속받았다. 이와 관련 트럼프 대통령은 후보 시절 "부자 기업을 미국에 오게 하려고 수십억달러를 들였지만 그들은 좋은 회사를 우리에게 주지 않을 것"이라며 "우리가 해야 할 일은 관세를 매기는 것"이라고 강조했다.

전기차 배터리에 보조금을 지급하는 IRA법 역시 재검토 대상이 될 수 있다. 미국에 건설 중인 배터리 공장에 한해서는 반도체 사례처럼 지원금을 받는 것이 골자다. 한국 유수 대기업이 IRA에 따라 현지 공장 건설을 추진 혹

은 이미 짓고 있다. 2기 트럼프 정권이 이를 뒤집으면 그만큼 상황은 꼬일 수 있다.

반론도 나온다.

전기차의 대명사 '테슬라'를 이끌고 있는 일론 머스크가 트럼프 대통령 후보 시절 강력한 후원자로 맹활약했다는 사실을 간과할 수 없어서다.

최중경 한미협회장(전 지경부 장관)은 "특정 업종에서 트럼프 대통령이 지원책을 줄일 수는 있겠지만 핵심 지지층의 주력 산업에 타격 주는 행위를 할 가능성은 낮다"며 "다만 해당 산업 종사 기업의 국적을 따질 수는 있을 것"이라고 말했다.

트럼프 아낀 돈 어디에 쓸까?

이렇게 관세로 벌고, 지원금을 아껴 어디에 쓰려고 할까.

트럼프 대통령의 또 다른 핵심 정책인 '감세'를 강화하기 위해서다. 후보 시절 그는 현행 21%인 법인세율을 15%까지 낮추겠다고 공약했다. 근로자를 위한 대규모 세금 감면, 특히 팁(Tip) 세금 면제까지 언급해 큰 호응을 얻었다. 집권 1기 때 도입한 각종 감세 조치가 2025년 만료되는데 이들 법안도 영구화하겠다고 밝힌 바 있다.

이렇게 감세를 하면 당연히 나라 곳간, 즉 국가 세수는 줄어든다. 줄어든 세수만큼 외국 회사 지원금을 줄이고 관세에서 벌충하겠다는 심산이다.

물론 이런 방침이 호응을 얻을지, 실제 국가 재정에 도움이 될지는 미지수다. 비영리 기구 '책임 있는 연방예산위원회(CRFB)'는 트럼프 공약대로 이행된다 해도 향후 10년 동안 미국 연방정부 재정 적자가 7조5000억달러 더 늘어날 것이라고 경고했다.

한국 경제엔 악재?

물론 특정 산업군 외 한국 거시 관점에서 봐도 '트럼프노믹스 시즌2'는 큰 변화를 초래할 것이라는 예상이다. 무엇보다 한국의 기준금리 인하 기조가 약해질 수 있다는 예상이 많다. 오건영 신한은행 WM팀장은 "트럼프 2기에서는 1기 대비보다 강한 미국중심주의를 취할 것으로 예상되는 만큼 '나 홀로 성장'이 심화되면서 달러 강세 현상이 심화될 수 있다"며 "미국의 재정 지출 확대에 대한 기대감으로 미국 시장금리가 기존 대비 높은 수준을 유지할 수 있는 바, 성장 모멘텀이 약한 한국은 쉽사리 기준금리를 내리지 못할 수 있다"고 말했다. 김상봉 한성대 경제학과 교수도 "미국의 성장세가 꺾여야 기준금리 인하 기조에 전 세계 중앙은행이 동참할 수 있는데 강달러 상황이 계속될 여지 때문에 미국 외 국가에서는 쉽게 돈이 풀리지 못할 수 있다"며 "이는 한국은 물론 미국 외 국가의 내수 부진, 경기 침체 현상으로 이어질 수 있다"고 내다봤다.

일론 머스크가 강력한 후원자로 나선 만큼 트럼프 정부가 '전기차' 산업 자체를 위축시키진 못할 것이라는 예상도 있다. (AFP=연합뉴스)

트럼프 원하는 것 들어주면 보답할 것

한미협회. 1963년 한국과 미국의 동맹, 경제·문화 교류, 우호 증진을 위해 설립된 순수 민간 단체다. 매년 상하반기를 나눠 외교 안보, 산업 협력 관련 세미나를 개최하는 등 활발한 학술 활동을 병행한다. 이원순 전 한국증권 회장을 필두로 송인상 전 재무부 장관, 정세영 전 현대그룹 회장, 구평회 LG그룹 창업고문, 한승주 전 외교부 장관, 박진 국회의원, 황영기 전 한국금융투자협회 회장 등이 역대 수장을 맡아왔다. 2021년부터는

청와대 경제수석, 지식경제부(현 산업통상자원부) 장관 등을 지낸 최중경 회장이 협회를 이끌고 있다. 최 회장은 "트럼프 2기 시대에 한국은 좀 더 많은 요구를 받게 될 것"이라면서도 "한편으로는 틈새 기회를 노릴 수 있다"고 강조했다. 다음은 일문일답.

Q. 트럼프 대통령 집권 2기 시대가 오면 가장 큰 변화는 무엇일까.

A. 자국우선주의가 좀 더 뚜렷해질 것이다. 동맹국 개념도 달라질 수 있다. 내수 진작에 힘을 더 실을 가능성도 높다. 이미 미국 중앙은행이 기준금리 인하로 방향을 잡은 만큼 그 진폭을 더 키울 것이다. 당장 경기 침체를 걱정하는 자국 내 우려를 해소할 수 있는 가장 빠른 방법으로 여기기 때문이다. 이는 집권 1기 때 장기간 저금리 상황에서 배웠던 학습효과 때문일 수 있다. 기준금리가 급격히 낮아지면 경기가 활성화되고 다시 달러가 미국으로 쏠릴 수 있다. 강달러 현상은 지속될 수 있다.

Q. 이런 상황이 한국에 우호적이지 않을 수

있다. 후보 시절 이미 그는 "한국은 머니 머신"이라고 표현하기도 했는데.

A. 그렇다. 공세는 더 심해질 것이다. 방위분담금 재협상을 통해 인상을 요구하는 것은 기본, 관세 역시 최혜국 대우를 보장해주기는 힘들 것이다. 한국을 부자 나라라고 수차례 강조한 데서 이를 알 수 있다.

Q. 당장 칩스법, IRA 재협상 얘기가 나온다. 후보 시절 '한국의 반도체 공장을 미국에 짓는 건 환영, 보조금까지 주는 건 어불성설'이라고도 했는데.

A. 물론 재협상 여지는 있다. 하지만 '아예 원점에서 재검토'까지는 못 갈 것이다. 이는 자국우선주의라는 트럼프 당선인 철학과도 배치된다. 칩스법, IRA는 철저히 자국우선주의 아래 기획된 제도다. 이런 인센티브를 주지 않으면 트럼프 당선인이 원하는 결과도 얻기 힘들 수 있다. 2기 집권 초반 재협상을 거론하는 등 다소 시끄러운 상황이 벌어질 수는 있겠지만 상하원을 모두 통과한 사안인 만큼 집권 중 급격한 변화를 꾀하기는 힘들 것이다.

Q. 전기차 등 한국이 강세를 띠는 친환경 산업에서도 타격이 올 수 있다는 시각이 있다.

A. 일론 머스크 행보를 보면 너무 크게 걱정 안 해도 된다고 생각한다. 가장 든든한 후원자 중 한 명이지 않나. 머스크 지지 선언 후 실제 전기차 관련 발언이 상당히 누그러진 것도

확인할 수 있다. 오히려 급성장하고 있는 중국 자동차 · 이차전지 업체를 제치고 한국 기업이 트럼프 집권 2기 시대에 약진할 수 있다.

Q. 한국 산업군 중 수혜주도 있다는 말인가.

A. 그렇다. 특히 반도체 · 디스플레이 · 가전 등 중국과 경합하는 소비재 쪽은 오히려 반사이익 가능성이 높다. 더불어 한국에 대한 호감, 이해도가 높아지고 있는 만큼 K뷰티 · 푸드 · 패션 등 문화 연관 소비재 역시 각광받을 가능성이 높다. 중국의 저가 공세에 시달려 판로를 잃었던 중소기업 소비재 제품 역시 관세 폭탄을 맞게 될 중국산과 비교해 미국 소비 시장에서 비교 우위에 설 공산이 높다. 각 수출 기업이 이런 판세를 잘 읽고 얼마나 빠르게 대응하느냐가 관건이다.

Q. 정부는 어떤 대응책을 마련해야 할까.

A. 트럼프는 방위부담금 외에도 한국이 선진국에 걸맞게 미국은 물론 국제 사회에 기여하라고 요구하고 있다. 현실적으로 감당 가능한 범위 내에서라면 이런 요구에 응할 필요가 있다. 트럼프는 철저히 상호주의를 표방하기 때문에 우리 정부가 성의를 적극적으로 보이면 그에 상응하는 또 다른 기회를 제공해줄 것이다. 표면적으로는 '미국 이익에 부합하게' 움직이면서 실리를 챙기는 '운영의 묘'를 발휘해야 할 때다. ■

박수호 매경이코노미 기자

냉온탕 오간 중국 경제 부양책 2라운드 기대만발

김경환 하나증권 수석연구위원

2024년 중국 경제는 팬데믹 이후 내수 침체가 구조적 문제임을 확인한 해로 요약된다. 리오프닝 2년 차에 돌입한 중국 경제는 다양한 정책 시도에도 불구하고 내수 침체와 디플레이션 문제를 해결하지 못했다. 중국 GDP 디플레이터(명목−실질 차감)가 1990년대 말 이후 최장인 7개 분기 연속 마이너스를 기록하면서 공급 과잉과 수요 침체 압력이 여전히 높게 유지됐다. 중국 자본 시장은 최근 2년간 채권 시장의 과열(장기 금리 급락)과 주식 시장 침체(상장 기업 이익률 급락)를 통해 악재를 고스란히 반영했다.

먼저 중국 내수 부진의 원인은 다음과 같다. 첫째, 최근 5년간 미중 마찰과 팬데믹을 거치는 과정에서 중장기 문제(인구 · 고령화 · 탈부동산)의 단기화, 중단기 문제(디플레이션 · 과잉 투자)의 장기화 우려가 고조됐다. 즉, 긴 호흡으로 접근해야 할 문제는 단기적 시각에서 다루고 정작 속도를 내야 할 이슈는 제자리걸음하고 있단 지적이다.

중국 내수 부진 원인은
구조적 문제와 내수 침체 발목

둘째, 국가 중장기 전략이 여전히 추격형 경제 구조와 저물가에 맞춰졌다. 이 탓에 팬데믹 이후 수출 · 생산 중심 정책이 성장 모델 전환기에 소비와 투자를 더 위축시켰다. 팬데믹 이후 중국 경제는 더 과감한 국가 전략 변화나 재정 정책 등이 없다면 소비와 수출이 양립하기 어렵다는 점을 증명했다. 셋째, 팬데믹 이후 경제와 사회 전 분야에 체질 개선을 이유로 초대형 정책(탈부동산 · 탈탄소 ·

플랫폼 규제 · 금융 개혁 · 지방부채)이 집중되면서 피로도가 누적됐다. 대외 불확실성 증가에 따른 안보 · 공급망 우선 전략이 가세하면서 기업과 가계 전반의 관망 심리도 강해졌다. 넷째, 제조업과 부동산 분야 성장 모델 전환 과정이 예상보다 급진적으로 진행됐다. 리오프닝 이후 부채 축소(지방정부 · 건설사 · 가계) 후유증으로 인한 유효 수요 감소와 공급 과잉 문제도 예상보다 컸다. 다섯째, 전사회적으로 투자수익률과 가격 신호(물가 · 주택 가격 · 기업이익) 하락세가 금리 하락 속도를 웃돌면서 통화 정책 효과가 축소되고 금융권 초과 예금이 역으로 증가했다.

결국 중국 경제는 위에서 언급한 구조적인 문제와 내수 침체로 최근 3년간 특정 패턴을 반복했다. 가령, 상반기에 방어적 부양책 출시 후 단기 경기 진작이 나타났다가 이후 하반기 다시 경기가 하락하는 패턴을 반복했다. 이에 전년 대비 실질 GDP 성장률 역시 제조업과 순수출 기여도 등락에 따라 최근 3년간 평균 4.5% 수준에 그치고 있으며, 2024년에도 정부 목표인 연간 5% 성장률 달성이 어려워지고 있다(2024년 1~3분기 누적 4.7% 추정).

중국 정부 부양책 2라운드 돌입
재정 정책 변화 등 구조적 변화 기대

그러나 2025년에는 여러 면에서 변화를 기대할 만하다는 판단이다.

우선, 중국 수뇌부는 2024년 9월 연간 성장률 목표 달성과 내수 침체를 벗어나기 위해 2024년 1분기 단행했던 패키지 정책(통화 · 재

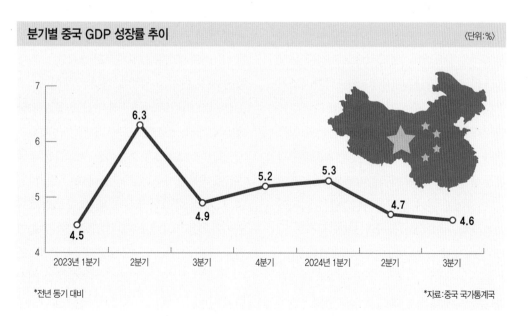

분기별 중국 GDP 성장률 추이 〈단위:%〉

*전년 동기 대비   *자료:중국 국가통계국

중국 경제의 딜레마: 추격형 성장 전략의 부작용과 '수출-소비' 양립 불가

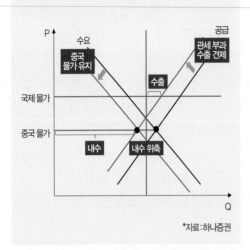

*자료:하나증권

정 · 부동산 · 금융)보다 더 고도화된 부양책 2라운드를 시작했다.

먼저 2024년 9월 24일 중국 3대 금융당국(중국인민은행 · 국가금융감독관리총국 · 증권감독관리위원회) 수장이 모여 대대적인 경기부양책을 발표했다. 전격적으로 시장 유동성 공급을 위한 지급준비율(RRR) · 역환매조건부채권 · 중기유동성지원창구(MLF) · 주택담보대출 등 4종 '종합선물세트' 금리를 인하했다. 내용을 보면, 1조위안(약 190조원)의 유동성 공급을 위해 지급준비율을 0.5%포인트 인하했고 단기 정책금리인 7일물 역환매조건부채권(역레포) 금리와 MLF 금리도 각각 0.2%포인트, 0.3%포인트씩 내렸다.

부동산 시장을 부양하기 위해 2024년 11월부터 주택담보대출 금리를 중앙은행의 5년물

대출우대금리(LPR)보다 0.3%포인트 이상 낮추고, 이에 따라 상업은행은 기존 주택담보대출 금리를 평균 0.5%포인트 정도 인하한다. 2024년 9월 25일 개최된 3분기 중국 통화정책위원회에서도 글로벌 경제의 불확실성과 내수 부진으로 금리 인하를 통한 유동성 공급 당위성을 강조했다. 중국이 침체된 경제를 살리기 위해 모든 통화 정책 수단을 동원한 셈이다.

이뿐 아니라, 2024년 10월 17일 중국 정부는 2021년부터 침체 국면에 빠진 부동산 시장을 살리기 위해 부동산 업체에 우리 돈 340조원을 추가로 지원하겠다는 계획도 밝혔다. 니홍 중국 주택도시농촌건설부장(장관)은 2024년 10월 17일 국무원 신문판공실이 주관한 기자회견에서 '화이트리스트'에 오른 부동산 업체를 대상으로 연말까지 자금 지원 규모를 4조위안(약 767조원)으로 늘리겠다고 강조했다. 화이트리스트 프로젝트는 2024년 초 부동산 시장 안정을 위해 도입된 정책이다. 부동산 시장 침체로 자금난에 빠진 우량 부동산 개발 업체나 프로젝트를 선별해 은행 대출을 지원한다. 기자회견에 동석한 샤오위앤치 국가금융감독관리총국 부국장이 2024년 10월 16일 기준 화이트리스트 대출 규모가 2조 2300억위안(약 427조원)이라고 밝힌 것에 비춰 중국은 연말까지 1조7700억위안(약 340조원)을 추가로 부동산 업체에 지원하겠다고 밝힌 것이다.

재정 정책 활용법에서 기존 정책과 차이
2025년까지 리플레이션 촉발을 목표

금번 패키지 정책이 2023년 이후 단행한 일반적인 부양책과 차별화되는 점은 결국 재정 정책의 활용법이다. 재정 정책의 연속성과 중앙정부의 부채 확장이 팬데믹 이후 가장 공격적으로 전환될 가능성을 시사했기 때문이다. 금번 부양책 2라운드는 결국 2025년까지 리플레이션 촉발을 목표로 하고 있으며 통화 정책은 실질금리를 낮추는 '수비' 역할이며 재정

정책이 경기를 견인하는 '공격' 역할을 담당한다. 최근 3년간 통화 정책의 효과가 가계, 기업(비금융), 지방정부의 자발적 혹은 비자발적인 부채 조정하에서 제한되고 있다는 점에서 결국 중앙정부의 적극적인 부채 확장이 내수 경기 회복의 시발점이 될 것이다.

이 같은 기대감을 타고 2024년 10월 중국 증시는 이례적인 상승세를 보였다. 중국 중앙은행 인민은행이 지급준비율(지준율)을 비롯해 각종 정책금리 인하를 발표한 2024년 9월

2024년 9월 24일 인민은행과 금융당국 부양책 요약

	9월 24일 부양책 세부 내용
인민 은행	지급준비율 50bp 인하 통해 1조위안 공급(연내 25~50bp 추가 인하 암시)
	역RP 7일물 금리 20bp 인하, MLF 금리 30bp 인하(10월 LPR 금리 20~25bp 인하)
	특별 재대출(3000억위안, 금리 1.75%) 통해 상장사 대출 및 자사주 매입 장려
	유동성 확보 위해 금융기관 스와프 편의성 제고, 초기 5000억위안
	주식 투자 사용한 증시안정펀드 설립 고려(업계 5000억~8000억위안)
	미상환 주택담보대출 금리 약 50bp인하(가구 이자 부담 1500위안 경감 추정)
	1 · 2주택 최저 계약금 비율 통일, 2주택 최저 계약금 비율 25%에서 15%로 하향
	정책성 은행 및 시중은행의 적격 기업의 부동산 기업 토지 취득 지원
	보장성 주택 대출의 인민은행 지원 비율을 60%에서 100%로 상향
금융 감독 총국	고위험 밀집 지방정부에 구체적인 부채 완충 및 개혁 방안 마련
	6대 대형 은행 자본 확충 추진(특별국채 발행 주목)
	금융투자회사의 자기자본 주식 투자 금액 제한을 총자산의 4%에서 10%로 상향
증감회	신규 '국9조', 자본 시장 1+N의 정책 이후 시장 생태계 개선, 발행 · 상장 · 배당 개선
	인수 합병 6대 조치 발표 예정
	중장기 자금에 대한 정책 의견 발표하고 관련 정책 개선할 것
	상장사 퀄리티 및 투자 가치 제고 위해 여러 조치 마련
	펀드 상품 등록 개선 및 대표 지수 관련 펀드 상품 혁신 추진
	장기 적자 기업 대상 퀄리티 제고 계획 요구 및 실시 효과 평가 예정

*자료:하나증권 종합

4분기 앞두고 부양책 2라운드
재정 정책 연속성 강화 기대
경제와 경기 견인 '공격' 역할
내년 리플레이션 촉발 목표
구조적 변화 암시로 기대감 커
내수 회복 시발점 될 전망

24일과 2025년도 예산 1000억위안의 조기 투입 계획을 밝힌 10월 8일 사이 중국 상하이종합지수는 21.89% 오르며 2022년 이후 하락분(21.3%)을 단 5거래일 만에 모두 만회했다. 같은 기간 선전종합지수는 36.3% 치솟았다. 하지만 부양책 '약발'은 오래가지 않았다. 2024년 10월 8일 이후 하락세로 전환한 중국 증시는 중국 정부가 국채 추가 발행 등 3차 경기 부양책을 발표한 10월 12일 이후 변동성이 확대됐다. 상하이종합지수는 2024년 10월 16일 3204.33에 마감해 10월 8일 이후 8.18% 빠졌고, 선전종합지수는 13.3% 떨어졌다. 부양책 효과가 '반짝 랠리'에 그친 것은 부진한 민간 투자와 가계 소비 등 구조적 문제 해결에 대한 우려가 재부각된 탓이다.

그러나 2025년부터는 구조적 변화에 기대를 걸 만하다는 판단이다. 무엇보다 중국 정부 재정 정책 변화는 2024년 12월 경제공작회의와 2025년 3월 전인대(재정 적자 편성)까지 계속 강화될 것이며 최근 4년간 지속된 디플레이션과 내수 침체 탈출의 시작점이 될 것으로 판단한다. 특히 중국 중앙정부가 2024년 9~10월 공개한 내용을 감안할 때 향후 2~3

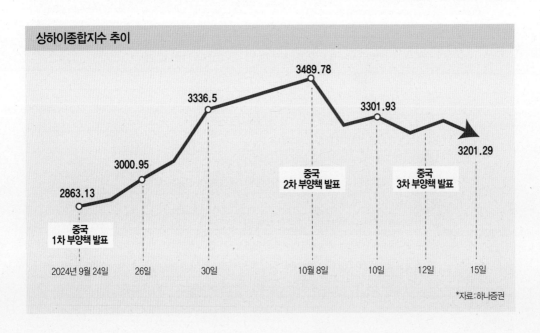

상하이종합지수 추이

3489.78

3336.5

3301.93

3000.95

2863.13

3201.29

중국
1차 부양책 발표

중국
2차 부양책 발표

중국
3차 부양책 발표

2024년 9월 24일   26일   30일   10월 8일   10일   12일   15일

*자료:하나증권

년간 정부 재정 적자율의 상향 조정(공식 적자 3% · GDP 불문율 타파), 재정수입 감소에 대한 공격적인 추경(연평균 2조~3조위안), 지방정부 부채의 차환(총액 5조~6조위안), 국채 발행을 통한 대형 은행 자본 확충 등에 나설 것으로 전망한다.

물론, 2025년까지 통화 정책 역시 완화적으로 유지될 것이며 미 연준의 금리 정책 변화와 위안화 환율 안정이 정책 여력으로 작용할 전망이다. 중국의 역대 4~5년 단위 재정 정책 변화는 광의 재정 적자(공식 재정 적자+특별국채+부채차환 등) 확대를 통해 최대 1년 내 생산자물가와 근원 소비자물가, 상장기업 자기자본이익률(ROE)과 매출의 반등으로 연결됐다. 중앙정부의 장기적인 부채 확장 암시와 지출 방향 변화(소비 지원 · 사회

보장)가 확인될 경우 2025년 중국 내수 경기와 자본 시장 회복의 발판이 될 것으로 기대한다.

최근 4년간 극심한 조정을 경험한 부동산 시장이 주택 거래와 가격을 중심으로 하향 안정화될 경우 내수 회복은 더 탄력을 받을 수 있다. 2025년 상반기까지 중국 주택 시장의 40~50%를 차지하는 1 · 2선 대도시의 주택 거래와 가격이 하단을 형성할 것으로 예상한다. ■

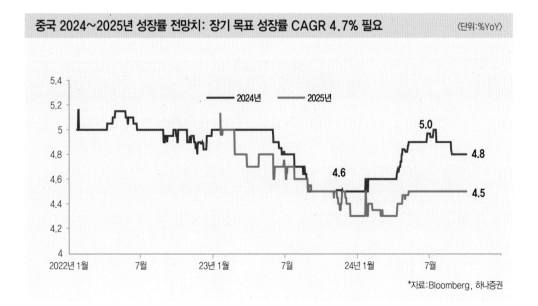

중국 2024~2025년 성장률 전망치: 장기 목표 성장률 CAGR 4.7% 필요 〈단위:%YoY〉

*자료:Bloomberg, 하나증권

예능 맛까지 알았다…'넷플 천하' 계속
탈OTT 전략에…'패스트' 新먹거리로

노가영 콘텐츠미디어산업전문가 ·
'콘텐츠가 전부다' '새로운 인류 알파세대' 작가

K콘텐츠 산업 위기, 초유의 빙하기, 빨간불 켜진 한국 드라마, 흥행 양극화….
2024년 한국 콘텐츠 산업 관련 기사 헤드라인 이다. 2022년 이후 지속적으로 한국 드라마 와 영화의 제작 편수도 줄고 있다. 2024년에 는 더 뚜렷했다. TV 방송과 토종 OTT는 상 대적으로 제작비가 낮은 예능물 편성을 대폭 늘렸고, 극장용 한국 영화 신규 투자는 멈췄 다. 한국드라마제작사협회에 따르면, 2022 년 OTT와 TV 방송국을 통해 공개된 K드라 마는 141편으로 역대 최고를 기록했다. 이후 2023년 123편, 2024년 100편 남짓으로 30% 이상이 증발됐다. 미국 시장 역시 2022년이 피크TV(Peak TV, 잠깐용어 참조)의 해로 사

상 최대인 2024편이 공개됐으나 이후 축소되 고 있다.

영화 시장도 별반 다르지 않다. 영화진흥위 원회가 관리하는 한국 영화 제작 상황판에 따 르면 2024년 10월 기준 개봉 예정 영화 35편, 후반 작업 중인 영화는 52편, 촬영이 진행 중 인 영화는 26편이며 상업 영화는 이의 절반을 넘지 못하는 실정이다. 관련 업계에서 2026 년 이후에는 '극장에 한국 독립 영화와 할리 우드 영화만 상영될 것'이라는 극단적인 밈이 돌아다닌다. 통상 콘텐츠 기획부터 제작 투 자 개봉까지 2년 정도의 기간이 필요한 만큼 2026년 개봉을 위해서는 적어도 2024년 하반 기에는 투자 결정이 돼야 하기 때문이다.

이렇게 드라마와 영화 시장은 돈줄이 말라 편 수가 급감하고 있다. 실적도 양극화다. 2024 년 '파묘'와 '범죄도시4'가 천만 영화에 등극했

으나, '그녀가 죽었다' '탈주' 등 손익분기점을 돌파한 한국 영화는 9편에 불과하다. 2024년 10월 CGV 집계에 따르면 2024년 영화 시장은 총 1억3000만명으로 예상되며 전년 대비 4% 수준의 성장을 이뤄냈으나 산업의 중심이 돼야 할 중급 영화들 부진이 이어지고 있다. 2024년 상위 10위권 작품의 관객 점유율이 57%에 달하며, 주요 투자 배급사의 중급 영화 투자 발표가 없는 등 향후 양극화 현상은 심화될 것으로 예상된다.

여기에는 두세 가지의 요인이 복합적으로 작용하고 있다. 넷플릭스를 통해 콘텐츠가 전 세계에 유통되는 마케팅이 가능하지만 콘텐츠의 글로벌 히트와 무관하게 취하는 수익은

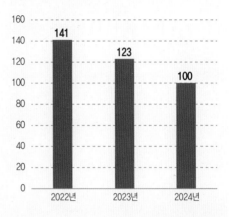

2024년 OTT와 TV 방송 채널에서 공개된 K드라마 편수 〈단위:편수〉

- 2022년: 141
- 2023년: 123
- 2024년: 100

*자료:한국드라마제작사협회

2024년 글로벌 흥행에 성공한 넷플릭스 '흑백요리사'. 2025년 후속편 제작이 확정됐다. (넷플릭스 제공)

넷플릭스 시리즈

피지컬:100
언더그라운드

지상의 최강자여
밑바닥부터 다시 싸워라

ONLY ON NETFLIX | 3월 19일 공개

넷플릭스는 K예능에서 쏠쏠한 재미를 본 뒤, 이를 더 늘릴 것으로 전망된다. (넷플릭스 제공)

잠깐용어

*TVOD(Transactional Vod)
콘텐츠 건별 영상 주문 방식(영상 한 편당 시청료를 지급하는 주문형 비디오)

*피크TV
TV 콘텐츠의 양과 질이 매우 높은 수준에 도달한 시대. 방송사뿐 아니라 OTT 스트리밍 플랫폼이 고품질 콘텐츠를 지속적으로 제공하면서 생겨난 현상

동일하므로 '콘텐츠 = 흥행 산업'이라는 본질에 어긋난 B2B 거래만이 이어진 것이다. 제작사는 넷플릭스에 콘텐츠를 제공하기 위해 자체적으로 기획 개발 비용을 투자하나 실제로 넷플릭스에 선택된 작품들(또는 제작사)은 극히 제한적이므로 중소 제작사들의 환경은 어려워졌다.

설상가상 시가총액 3000억달러(약 420조원)의 거물 넷플릭스가 수년간 쏟아부은 넉넉한 콘텐츠 제작비도 한몫했다. 드라마판에서는 '500억 제작비 10억 출연료' 시대라는 말이 생겼는데 팬데믹 이전 대비 드라마는 평균 3~4배, 영화는 2~3배 상승했다. 배우 개런티와 스태프 인건비 등, 한번 치솟은 제작비는 낮아질 수 없기에 안 그래도 방송 광고 축소의 타격을 받고 있는 지상파와 종편 사업자들은 편수를 줄이거나 상대적으로 싼 제작비로 편성을 채우는 예능물에 집중하는 것이다. TV드라마로 국한하자면, 2024년 기준 전년 대비 50% 이상 축소라고 하니 얼어붙은 시장을 짐작하게 한다. 넷플릭스라는 혁신의 아이콘은 내수 시장에 갇혔던 K콘텐츠에 글로벌 '톱10'이라는 왕관을 줬지만 불완전한 사업구조의 장기화는 시장에 쓴맛을 남겼다. 즉 2024년은 제작 편수의 급감, 극장 영화의 양극화, TV 방송국의 예능화로 정리할 수 있다. 즉, 지금 K콘텐츠 제작 산업 위기론의 본질은 '자금이 돌지 않는다'는 것이고 이는 제작비 상승과 수익 모델이 부재한 구조적 문제에서 기인한다.

2024년 가장 큰 자본적 성과를 만들어낸 분야는 웹툰 산업이다. 25년이라는 한국 웹툰 역사를 지나 '네이버웹툰'이 4조원의 기업가치로 나스닥 상장에 성공한 것이다. 2021년 북미 시장에 진출한 한국 웹툰의 3년여 만의 성과다. 물론, 전 세계 웹툰 시장을 네이버와 카카오가 선도한 지는 오래다. 일본 시장에서 카카오 '픽코마'와 네이버웹툰 '라인망가' 그리고 네이버웹툰의 'WEBTOON'과 카카오페이지는 전 세계 만화 앱 시장을 주도해왔다. 다만, 2024년 웹툰 공급량에 비해 국내 유료 소비는 정체됐고, 미국도 2024년 상장 후 2분기 저조한 실적 발표와 주가 하락으로 위기 신호는 커지고 있다. 이를 급격한 성장 후 오는 정비의 시기로 판단한다.

대안은 타 콘텐츠 아이템과의 사업 연결이나 유료 결제를 터트릴 슈퍼 IP 발굴이다.

실례로 2024년 웹툰의 의미 있는 성과는 게임과의 결합이었다. 넷마블은 전설의 웹툰 IP '나 혼자만 레벨업: 어라이즈'를 게임으로 제작해 프랑스, 싱가포르 등에서 흥행몰이를 했다. 기존의 결합 사례들과는 다르게 원작 팬덤도 만족시킨 몰입감 있는 원작 재현율로 향후 K웹툰 게임화의 새로운 성공 법칙을 만들었다. 2025년에는 이런 시도가 더 활발할 것으로 예상한다.

2025년 영상 콘텐츠 양극화 심화

2025년도 영상 콘텐츠 산업 양극화 현상은 심화될 것이다. 토종 OTT와 제작사들은 각자의 영역에서 생존하기 위해 경쟁 기업들과 합종연횡하는 그림이 나올 것이다. 김난도 교

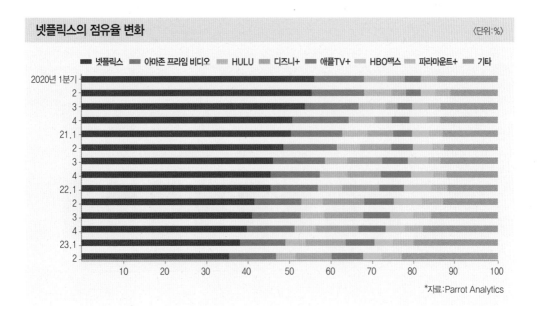

넷플릭스의 점유율 변화 〈단위:%〉

■ 넷플릭스 ■ 아마존 프라임 비디오 ■ HULU ■ 디즈니+ ■ 애플TV+ ■ HBO맥스 ■ 파라마운트+ ■ 기타

*자료:Parrot Analytics

수의 '트렌드코리아 2025'에서도 2025년 핵심 키워드로 '공진화 전략'을 선정했다. 이종 산업 또는 경쟁 기업들과의 연계를 통해 공동 생태계를 이뤄 성장한다는 내용이 골자다.

더불어 2024년 '흑백요리사' '피지컬100 2' '더 인플루언서' 등으로 재미를 본 넷플릭스는 투자금 대비 흥행 개런티가 불확실한 영화나 드라마보다 예능 콘텐츠를 좀 더 강화할 것으로 전망된다. 가입자 증대를 위한 슈퍼 오리지널 제작에서 수익화 전략으로 방향의 키를 틀었다.

어려운 환경에서는 새로운 설계로 돌파구를 찾기 마련이다. 제작사들이 IP를 넘기고 콘텐츠를 납품하는 방식인 '온리(only) 넷플릭스' 전략에서 벗어나려는 시도가 시작될 것이다. 새로운 모델이란 넷플릭스가 아닌 제3의 플랫폼에서 콘텐츠 단건 결제를 통해 매출을 일으키고 제작사와 플랫폼이 분배하는 구조 등이 가능하다. OTT 사업 모델이 등장하기 이전 IPTV나 케이블TV에서 한 편당 돈을 내고 봤던 콘텐츠 단건 결제(TVOD, 잠깐용어 참조) 시장으로의 회귀다. 쉽게는 IPTV의 영화 단건 결제, 애플 앱스토어와 구글 플레이스토어의 단건 결제 모델이다. 2022년 한때 20~30대를 중심으로 OTT 1일 이용권 필요에 대한 갑론을박이 벌어졌을 만큼, 지금의 시청자들은 구독형이 아닌 원하는 콘텐츠가 있을 때 결제하는 것이 합리적이라는 인식이 다수다. 2024년 영화 '파묘'를 단건 결제로 시청한 한국과 글로벌 시청자들이 유튜브에서 서로 의견을 공유했다 커뮤니티를 만들어 대화를 이어나가고 있는 현상이 이를 방증한

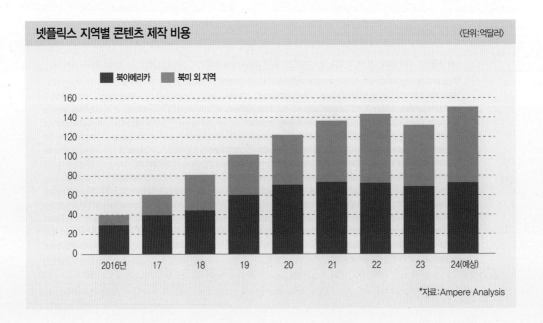

넷플릭스 지역별 콘텐츠 제작 비용 〈단위:억달러〉

■ 북아메리카 ■ 북미 외 지역

*자료:Ampere Analysis

다. 넷플릭스에 '파묘'가 없었다면 영화 '파묘'의 2차 판권 시장은 IPTV와 유튜브 채널 유료 결제 시장에 집중됐을 것이라는 합리적 추정이 가능하다. 또한, 최근 4년간 전 세계 구독형 OTT 점유율 추이에서 넷플릭스의 점유율이 낮아지고 있다는 것에서도 공급과 소비 행태가 넓어질 것임을 시사한다.

K콘텐츠 독립 시도

2024년 1분기 글로벌 OTT들의 아시아 국가들의 시청 행태에서 K콘텐츠가 50%에 가까운 점유율을 차지한 건 향후 K콘텐츠의 독립적인 사업 모델 설계가 가능할 것임을 시사한다. '범죄도시', 디즈니플러스 '카지노'의 강윤성 감독이 '사우스바이사우스웨스트(SXSW)'의 포럼에서 K콘텐츠가 다루는 가족 이야기와 사회 이야기는 확실히 세계적으로 공감대를 형성했다고 언급했듯 글로벌 시장은 여전히 한국의 이야기를 원한다.

2025년에는 역사적으로 한류 콘텐츠 선호도가 높아 수출 잠재력이 큰 이슬람권, 중동 지역 등을 중심으로 K엔터 회사가 직접 수출과 제3의 플랫폼에서 새로운 기회를 찾을 가능성도 높다. 새로운 K컬처 유통 채널이 된 FAST(Free Ad-supported Streaming TV)도 2025년에는 국내에서도 자리 잡는 원년이 될 것으로 보인다. FAST는 광고 기반으로 24시간 무료로 볼 수 있는 TV 서비스를 말한다. 광고형 VOD와 실시간 TV의 복합적인 이용

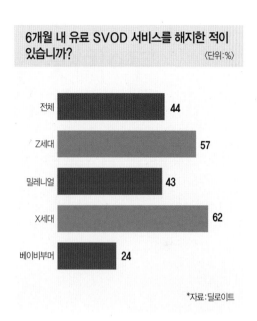

6개월 내 유료 SVOD 서비스를 해지한 적이 있습니까? 〈단위:%〉

전체	44
Z세대	57
밀레니얼	43
X세대	62
베이비부머	24

*자료:딜로이트

자가 광고를 보는 대신 무료로 콘텐츠를 시청할 수 있도록 해주는 스트리밍TV다. 2024년 이후 삼성과 LG 스마트TV는 독점 서비스를 위한 오리지널 콘텐츠 확보에 사활을 걸고 있다. 스포츠와 공연 라이브 스트리밍으로 서비스를 확장하는 등, 콘텐츠 경쟁력과 스마트TV 산업의 시너지 전략은 강화될 수 밖에 없다. 2023년 세계 FAST 시장 규모는 63억달러 정도. 2027년에는 120억달러(약 16조5000억원, 옴디어(Omdia) 자료)로 성장할 것이라는 예상이 지배적이다.

이처럼 글로벌 불경기와 미디어 소비 행태 변화는 중대형 콘텐츠 스튜디오들의 전략에 다양한 변화를 주고 있다. '탈OTT 유통 전략'을 현실화하면서 한국의 영상 콘텐츠 사업모델의 재설계가 그 어느 때보다도 요구된다. ■

'쿠이마롯' 된 韓 유통 시장 2025년도 쿠팡 1위 질주?

나건웅 매경이코노미 기자

쿠팡이 국내 유통 업계에서 가장 높은 자리에 올랐다. 이커머스에 한정한 1위가 아니다. 이마트·롯데쇼핑·현대백화점 등 오프라인 유통 대기업을 모두 포함해도 그렇다. '이마롯쿠(이마트·롯데·쿠팡)'로 요약되던 한국 유통 시장 판도는 이제 '쿠이마롯'이라는 신조어로 대변된다. 쿠팡이 앞으로도 계속 좋은 기세를 이어갈 수 있을지 관심이 쏠린다. 2024년과 2025년에도 무난히 1위를 유지할 것이라는 게 증권가를 비롯한 업계 중론이다.

유통 1위 등극…2024년도 확정적
매출 40조원 돌파 전망…이익은 감소

2023년은 쿠팡에 기념비적인 한 해였다. 연매출 31조8398억원, 영업이익 6174억원을 기록했다. 같은 기간 이마트(매출 29조4722억원·영업손실 479억원), 롯데쇼핑(매출 14조5559억원·영업이익 5084억원), 현대백화점(매출 4조2075억원·영업이익 3035억원)을 모두 앞선 결과다. 매출뿐 아니라 영업이익에 이르기까지, 국내 유통 대기업을 뛰어넘으며 반박 불가 1위에 등극했다. 사상 첫 연간 흑자라는 경사도 겹쳤다.

2024년에도 '쿠팡 대세'가 이어지는 중이다. 1분기 매출은 9조4505억원, 2분기는 10조357억원을 기록했다. 1분기에 사상 첫 분기 매출 9조원 돌파에 이어 2분기 10조원 돌파까지 파죽지세다. 1·2분기 매출은 전년 동기 대비 각각 28%, 30% 늘었다. 이런 흐름대로라면 2024년 연간 매출은 300억달러, 한화로 약 41조4000억원을 넘어설 것으로 증권가는 전망한다.

매출액은 성장했지만 영업이익은 부진했다. 2024년 2분기 영업이익은 342억원 적자를 기록했다. 2022년 3분기 첫 영업 흑자(1037억원)를 낸 이후 8분기 만에 적자로 돌아섰다. 다만, 이번 적자는 단기 손실 이슈가 컸다는 것이 중론이다. 2023년 인수한 명품·패션 플랫폼 파페치 영업손실이 포함된 데다, 공정거래위원회가 쿠팡 랭킹 검색 순위를 조작했다는 혐의로 부과한 과징금 1630억원을 선반영했다. 2024년 연간 영업이익은 전년보다 소폭 감소할 것으로 추정된다.

멤버십 요금 올렸는데도 '훨훨'
쿠팡·이츠·플레이 모두 성장 '시너지'

수익성은 다소 악화됐지만 2024년도 쿠팡은 비교적 만족스러운 한 해를 보냈다. 절대 거래액이 늘었고 제3자 거래 사업과 쿠팡이츠·쿠팡플레이 등 신사업도 성장세를 이어나갔다.

'쿠팡 와우' 유료 멤버십 회원과 앱 사용자가 꾸준히 늘어나고 있다는 점이 고무적이다. 쿠팡은 유료 멤버십 요금을 기존 4990원에서 7890원으로 올렸다. 요금 인상을 발표한 2024년 4월만 해도 '쿠팡 엑소더스' 설이 유통가를 휘감았다. 60%에 육박하는 요금 인상에 부담을 느낀 이용자가 대거 쿠팡을 떠날 것이라는 이유에서다. 신세계·네이버·컬리 등 경쟁 업체는 저마다 자사 멤버십 할인과 프로모션을 진행하며 탈쿠팡족 잡기에 나서기도 했다.

결론부터 말하자면 쿠팡 엑소더스는 없었다.

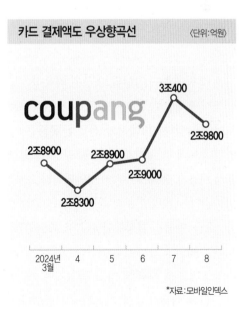

멤버십 요금 인상 후에도 꾸준히 늘어난 쿠팡 사용자 〈단위:만명〉

3138 (기존 회원 인상)
3119
3099
3057
3038
3044 (신규 회원 인상)

2024년 3월 / 4 / 5 / 6 / 7 / 8

*월 순사용자 기준

카드 결제액도 우상향곡선 〈단위:억원〉

coupang

2조8900
2조8300
2조8900
2조9000
3조400
2조9800

2024년 3월 / 4 / 5 / 6 / 7 / 8

*자료:모바일인덱스

coupang play

TV　영화　스포츠　스토어　키즈　뉴스

MLB WORLD TOUR
SEOUL SERIES
2024
Presented by
coupang play

출전 선수는 구단 사정에 따라 변경될 수 있습니다

LA 다저스 vs SD 파드리스

03.20 (수) 오후 05:30

티켓 정보 확인하기

쿠팡플레이는 해외 야구 등 다양한 오리지널 스포츠 콘텐츠로 시청자 수를 늘려가는 중이다. (쿠팡플레이 캡처)

기존 회원에게도 인상된 요금을 적용하기로 한 '약속의 8월'이 지났지만 쿠팡 이용자 수는 도리어 늘었다. 빅데이터 전문 플랫폼 '모바일인덱스'에 따르면 2024년 8월 쿠팡 앱 월간 활성 이용자 수(MAU)는 3138만명이다. 전달인 7월(약 3119만명)보다 오히려 19만명 늘었다. 요금 인상을 결정했던 4월(약 3044만명)보다는 90만명 가까이 늘어났다. 9월은 3125만명으로 전월 대비는 다소 줄었지만 7월보다는 많은 이용자 수를 기록하며 선방했다는

평가를 받는다.

쿠팡뿐 아니다. 쿠팡 와우 멤버십 혜택 적용을 받는 쿠팡플레이외 쿠팡이츠는 2024년 8월 역대급 사용자 수 증가를 보였다. 모바일인덱스에 따르면 2024년 8월 모든 앱 중 전월대비 사용자(MAU)가 가장 많이 늘어난 앱 3위가 쿠팡플레이(약 68만명), 10위는 쿠팡이츠(약 49만명)가 차지했다. 경쟁이 치열한 OTT 앱과 배달 앱 카테고리에서 쿠팡 앱이 모두 1위를 차지했다. 요금 인상을 단행한 8월에 오히려 더 급격한 오름세를 보였다는 점이 인상적이다.

함께 10위권 내에 이름을 올린 다른 앱을 살펴보면 쿠팡플레이와 쿠팡이츠 약진이 두드러진다. 1위는 정부 민원·서비스 종합 앱인 '정부24', 2위는 국민 지도 앱인 '네이버지도'다. 3위 쿠팡플레이 뒤를 이어 4위 토스, 5위 구글 크롬, 6위 삼성 스마트싱스, 7위 코레일톡, 8위 카카오페이, 9위는 스레드였다. 인스타그램에서 내놓은 텍스트 기반 SNS 스레드를 제외하면 모두 범용 앱이다.

추석을 앞두고 교통편 검색과 선물 구입 수요로 사용자가 늘어난 몇몇 앱과 달리 쿠팡플레이와 쿠팡이츠는 별다른 수혜도 없었다. 요금 인상이라는, 악재라면 악재가 있었을 뿐인데도 순수 사용자 수가 늘어난 셈이다. 쿠팡플레이·이츠와 경쟁 관계라고 볼 수 있는 앱 중에선 디즈니+(18위), 배달의민족(21위), 티빙(43위) 정도가 순위에 이름을 올렸

66　MK Edition

다. 쿠팡은 44위를 기록했다.

특히 쿠팡이츠는 배달 플랫폼 1위 배달의민족과 격차를 점점 좁혀가는 모양새다. 최근 배민과 쿠팡이츠 모두 과도한 수수료 부담으로 자영업자와 마찰을 빚고 있는 가운데, 배민 사용자는 줄고 쿠팡이츠는 늘어나는 기현상이 나타나는 중이다. 2024년 9월 기준 배민 일평균 이용자 수(DAU)는 약 557만명으로 전월인 8월(약 581만명) 대비 24만명 가까이 감소했다. 반면 쿠팡이츠 사용자 수는 도리어 증가했다. 8월 평균 DAU가 164만명에서 9월에는 170만명까지 늘었다.

반면 쿠팡이츠는 2024년 20%를 웃도는 점유율을 기록할 것으로 전망된다.

점주 전용 애플리케이션도 비슷한 양상이다. 2024년 9월 배민사장님 DAU 평균은 하루 15만8772명인 것으로 집계됐다. 전년 9월(17만8200명)과 비교하면 2만명 가까이 줄어든 수치다. 하지만 쿠팡이츠 스토어는 같은 기간 5만2594명에서 8만3352명으로 증가했다. 쿠팡이츠 추격에 2024년 배민 점유율이 사상 첫 60%를 밑돌 것이라는 전망까지 나온다.

쿠팡이츠는 배달 플랫폼 1위 배달의민족을 위협하며 점유율을 높이고 있다. (매경DB)

엑소더스 우려 뚫고 훨훨 나는 쿠팡
멤버십 요금 인상에도 이용자 증가
쿠팡이츠·쿠팡플레이도 상승세 지속
2024년 3분기 매출, 역대 최고 경신
알리·테무 C커머스 공습 여전하지만
대규모 물류 인프라 투자 통해 '맞불'

한 유통 업계 관계자는 "쿠팡 특유의 '묶음' 전략이 주효한 것으로 보인다. 쿠팡 멤버십은 이커머스·OTT·배달이라는 굵직한 카테고리를 모두 커버하기 때문에, 하나만 가입해도 다양한 혜택을 볼 수 있다"며 "기왕 비싼 돈 주고 멤버십에 가입한 김에 다른 서비스도 많이 이용해야 손해 보지 않는다는 심리가 작

8월 월간 급상승 모바일 앱 순위 〈단위:만명, %〉

앱	사용자 수 (증가율)
정부24	307(98)
네이버지도	98(4)
쿠팡플레이	68(11)
토스	66(4)
구글 크롬	64(2)
삼성 스마트싱스	62(5)
코레일톡	55(10)
카카오페이	53(10)
스레드	49(16)
쿠팡이츠	49(6)

*( ) 안은 증가율　　*자료:모바일인덱스
*2024년 8월 기준, 전월 대비 월 사용자 수

용하는 듯하다"고 설명했다.

티몬·위메프(티메프) 사태 여파도 쿠팡을 피해 갔다. 티메프 대규모 미정산 사태 이후 오히려 쿠팡 등 대형 커머스 플랫폼으로 쏠림 현상이 나타나고 있다. 여타 중소 커머스 자본잠식 이슈가 잇따라 제기되면서 '제2의 티메프'를 우려한 입점 업체나 셀러가 대형 플랫폼을 선호하는 양상이 두드러진다.

이은희 인하대 소비자학과 교수는 "이번 사태로 커머스 판이 흔들리면서 익숙하고 안정감이 높은 대형 플랫폼으로 소비가 몰리는 경향이 관측된다"며 "멤버십 비용과는 별개로 일단 머무르고자 하는 심리가 높아졌다"고 분석했다.

대규모 투자로 C커머스 맞대응
2026년까지 물류 인프라에 3조원

쿠팡 멤버십 요금 인상과 함께 '쿠팡 위기설'을 뒷받침한 또 다른 축은 'C커머스 공습'이다. 알리익스프레스·테무 등 초저가로 무장한 중국 이커머스 플랫폼이 존재감을 드러내며 쿠팡이 위축될 수 있다는 분석이었다.

2024년 상반기만 해도 C커머스 확장 속도는 쿠팡 입장에서 두려울 정도였다. 올해 1월 561만명이었던 알리익스프레스 MAU는 두 달 만인 3월 694만명까지 뛰었다. 테무 역시 같은 기간 459만명에서 636만명까지 치솟았다. 하지만 연말에 접어들며 사용자 증가에 힘이 빠지는 모습이다. 9월 기준 알리익스프

2025년에도 쿠팡은 물류센터 투자를 확대할 계획이다. 사진은 쿠팡 풀필먼트센터에서 포장이 끝난 제품을 작업자가 '분류 로봇(Sorting Robot)'에 올려놓고 있는 모습. 로봇들은 운송장의 주소를 스캔한 후 단 몇 초 만에 제품을 지역별로 분류해낸다. (쿠팡 제공)

레스는 약 650만명, 테무는 545만명까지 줄어들며 숨 고르기를 하는 중이다.

하지만 구매에서 가장 큰 결정 요인인 '초저가'로 무장한 C커머스 위협은 여전하다. 쿠팡은 대규모 투자 확대로 맞불을 놓는다는 계획이다. 쿠팡은 2026년까지 경북 칠곡·김천과 대전, 광주 등 전국 9개 지역에 물류 인프라를 구축하고, 1만명 이상을 직접 고용하기로 결정했다. 신규 풀필먼트센터(통합물류센터) 확장과 첨단 자동화 기술 도입, 배송 네트워크 고도화 등에 3조원을 투자할 예정이다. 로켓배송이 가능한 지역을 뜻하는 '쿠세권'을 전국 70%에서 100%로 늘린다는 포부다.

백재승 삼성증권 애널리스트는 "2022년 3분기 흑자전환 이후 수익 개선에 집중할 것으로 예상했지만, C커머스 공습에 대응하기 위해 쿠팡 전략이 성장과 투자로 다시 선회한 듯 보인다"며 "제품 구매·판매에 들어가는 비용을 늘리는 한편 와우 멤버십 혜택 규모 역시 10억달러 이상 늘려 충성 고객 확보에 전념하는 모습"이라고 설명했다. ■

여소야대 정국 속 정치 혼란상 '심화'
야당과 협치 실종 '시행령 국정' 지속

신율 명지대 정치외교학과 교수

대통령 지지율이 낮을 때, 청와대나 대통령실 관계자들은 종종 "지지율에 신경 쓰지 않는다. 국민만 바라보고 묵묵히 걸어갈 뿐이다" 또는 "현재의 지지율보다 중요한 것은 역사의 평가"라는 말을 한다. 이 말은 비장하게 들리기도 하고, 명확한 정책 방향을 가지고 여론에 흔들리지 않고 자신들의 목표를 이루겠다는 의지의 표현처럼 보인다. 그러나 현실은 그렇지 않다.

여기서 잠깐 '아오키의 법칙'에 대해 알아볼 필요가 있다. 아오키 미키오 전 일본 관방장관이 주장한 이 법칙은, 내각과 집권당 지지율 합계가 50%가 안 되면 내각이 와해할 수밖에 없다는 내용이다. 일본은 내각제 국가이므로 지지율이 이 정도로 저조할 경우 공무원

들이 내각 말을 듣지 않아 정부 운영이 불가능해질 수 있다. 이 법칙은 대통령제에도 적용할 수 있다. 대통령과 여당 지지율 합이 50%를 넘지 못하면 정부 운영이 어려워지고, 공무원의 복지부동이 확산될 수 있다. 한국갤럽 정례 자체 여론조사를 보면, 국민의힘 지지율과 대통령 지지율 합이 간신히 50%를 넘고 있기는 하지만, 2024년 9월 둘째 주 조사에서는 50%를 밑돌기도 했다. 이 정도 지지율이면, 국정 운영에 빨간불이 켜졌다고 볼 수 있다.

진짜 위기는 지지율보다 여소야대

현재 대한민국 정치 상황을 보면, 대통령과 여당 지지율 저조만이 문제가 아니다. 극단적인 여소야대가 대한민국 국회를 뒤덮고 있으니, 정부가 제대로 일할 수 있는 환경도 아

니기 때문이다. 이런 복합 위기 상황에서는 대통령이 야당에 협조 요청을 할 수밖에 없다. 그런데 대통령 협조 요청을 야당이 받아들일 가능성이 크지 않다는 것이 문제다. 이유는 다음과 같다.

'윤(尹)노믹스'는 크게 '재정건전성 회복'과 '민간·시장 경제 성장'이라고 정의할 수 있다. 과거 문재인 정권 경제 정책에 대한 반면교사로 나온 정책 방향이다. 윤석열 대통령은 2022년 8월 "소주성(소득 주도 성장)과 같은 잘못된 경제 정책과 일방적이고 이념에 기반한 탈원전 정책을 폐기하고, 경제 기조를 철저하게 민간 중심, 시장 중심, 서민 중심으로 정상화"하겠다고 강조했다. 이것만 봐도 윤 대통령의 경제적 방향성은 문재인정부와 확연히 다르다.

윤 대통령은 자신의 노선을 충실히 지키려고 노력했다. 가장 비근한 사례로 지난 22대 총선을 들 수 있다. 22대 총선 당시, 더불어민주당은 전 국민에게 25만원 지원금 지급을 약속했다. 이런 퍼주기 전략은 어느 정도 위력을 발휘할 수 있다. 이런 유(類)의 공약이 위력을 발휘한다는 것은, 2024년 10월 16일에 치러진 영광과 곡성 지역 군수 재보선에서 확인할 수 있다. 해당 선거에서 민주당이 먼저 군민 전체를 대상으로 100만원 '기본소득' 지원을 공약으로 제시하자, 조국혁신당은 120만원 '행복지원금' 지급을 공약으로 내걸었다. 민주당의 이런 식의 퍼주기 공약이 위력

윤석열 대통령이 2024년 10월 22일 부산항국제전시컨벤션센터에서 열린 제27회 IAVE 2024 부산세계자원봉사대회에서 축사를 하고 있다. (대통령실사진기자단)

이 없다고 판단했으면, 조국혁신당이 퍼주기 공약 내걸기에 동참하지는 않았을 것이다. 이런 사례를 보더라도, 22대 총선 당시 국민의힘은, 민주당의 25만원 지원 공약에 '발맞추고' 싶은 마음이 분명히 있었을 것이라고 추론할 수 있다. 민주당이 25만원을 주겠다고 했으니, 자신들은 50만원 정도는 주겠다고 나서야 총선 승리에 도움이 될 것이라고 생각했을 법하다. 하지만 여당과 대통령은, 이런 '퍼주기' 식의 나라를 망치는 공약을 내세우지 않았다. 경제가 안 좋다고 전 국민에게 현금성 지원을 하겠다는 국가가 있다는 것을 필자는 아직까지 본 적도, 들은 적도 없다. 세계적으로 그런 사례를 찾기란 거의 불가능에 가깝다.

더욱 당혹스러운 점은, 민주당이 2024년 10월 16일 재보궐선거에서 기본소득 공약을 내

윤석열 대통령과 이재명 더불어민주당 대표가 2024년 4월 29일 오후 서울 용산 대통령실 청사에서 만나 인사말을 나누고 있다. (대통령실사진기자단)

세우며 그 재원으로 영광 원전에서 나오는 세금을 지목한 것이다. 문재인 정권 당시 민주당은 탈원전을 열렬히 지지했고, 부작용에도 불구하고 탈원전 정책을 추진했었다는 것을 우리는 아직도 생생히 기억한다. 그런 민주당이 원전에서 나오는 세금을 이용해 전 주민에게 기본소득을 지급하겠다고 하니, 민주당이 주장한 과거의 탈원전 정책은 도대체 어디로 갔는지 의문이 생긴다. 민주당 공약이 논리적 타당성을 가지려면 원전에서 나오는 세금으로 전 주민을 대상으로 기본소득을 지급하겠다는 공약을 내세우는 것이 아니라, 영광 원전을 폐기하겠다거나 신재생에너지 정

책을 제시했어야 했다. 그런데 원전에서 나오는 세금을 이용하겠다니 당혹스러울 수밖에 없다.

윤노믹스는 민주주의 수호 의지

'윤노믹스'는 재정건전성을 지키려는 노력과 민주주의를 지키려는 의지로 볼 수 있다.
재정건전성을 지키려는 이유를 생각해보면 다음과 같다. 민주당은 차기 대선이나 지방선거에서도 다시금 현금성 지원을 약속할 가능성이 매우 농후하다. 이런 식이면 우리나라 재정건전성은 더욱 악화 일로를 걷게 될 것이고, 넘쳐나는 현금 덕분에 인플레이션은 기

승을 부릴 것이다. 이때 금리는 인상될 수밖에 없다. 우리나라 가계부채 비율이 OECD 국가 중 거의 최고라는 점을 고려하면, 몇십만원 받고 이자는 그 몇 배를 낼 판이 될 것이라는 예상은 충분히 논리적 타당성을 갖는다. 이뿐 아니다. 선거에서 자주 전 국민 혹은 전 주민을 대상으로 현금성 지원을 하겠다는 공약이 난무하면, 민주주의는 파괴될 수밖에 없다.

민주주의는 '과정의 정당성'이 '결과의 정당성'을 규정하는 시스템이다. 결과만이 중요한 것이 아니라, 과정도 중요한 것이 민주주의다. 선거가 민주주의의 꽃이라고 할 때, 선거 과정에서 현금성 지원이 공약으로 등장하면 선거의 본래 의미는 훼손될 수밖에 없다. 이런 훼손은 곧 민주주의를 망가뜨린다. 현

금성 지원 공약이 남발되면 민주주의는 사라진다는 뜻이다. 때문에 자유민주주의라는 헌법의 근본 가치를 지키는 것을 첫 번째 임무로 하는 대통령과 여당으로서는 당연히 이런 공약을 내세워서는 안 된다. 그런데 재정건전성을 지키려는 여권 입장은 야당 협조를 구하는 데 걸림돌이 될 수밖에 없다. 현금성 지원에 집착을 보이는 민주당이 재정건전성 기조를 유지하려는 정부 노력을 인정할 리 없기 때문이다.

민주당, '李 사법 리스크' 대비 나설 듯

야당으로부터 협조를 받아들이기 어려운 이유는 또 있다. 바로 이재명 민주당 대표의 사법 리스크다. 이재명 대표 사법 리스크는 이제 우리나라 정치권의 중요한 상수로 자리 잡

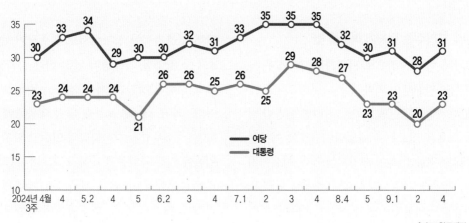

대통령과 여당 지지율 〈단위:%〉

*자료:한국갤럽

앉다. 문제는 사법 리스크가 점차 현실화하고 있다는 점이다. 사법 리스크가 현실화할수록, 양 진영 삼성의 골은 깊어진다. 감정의 골만 깊어지는 것이 아니라 권력 투쟁이라는 '정치의 속성'과 관련된 문제도 발생한다. 이재명 대표와 관련한 사법 리스크가 이미 대한민국 정치판에 상수가 된 만큼, 민주당은 나름 다양한 상황에 대비하는 시나리오를 준비하고 있을 것이다. 그중 하나는 조기 대선을 치르는 방안이다. 민주당은 이재명 대표 사법 리스크에 대한 대법원의 확정 판결이 있기 전에 대선을 치르는 것이 가장 '안전한' 방법이라고 생각할 것이다.

조기 대선을 현실화시키는 방안은 두 가지다. 하나는 대통령을 탄핵하는 것이고, 다른 하나는 개헌을 전제로 한 대통령의 임기 단축이다. 10·16 재보선 당시에 이재명 대표가 "끌어내려야 한다"고 말한 것은 이런 속내를 표현한 것이라는 해석이 가능하다.

'탄핵 무리수'는 던지기 어려울 것

그런데 현재 시점으로 판단하면, 두 경우 모두 실현 가능성이 희박하다.

대통령에 대한 탄핵 소추를 하려면 웬만한 범죄 의혹을 갖고는 어렵다. 김건희 여사를 둘러싼 각종 의혹이 제기되는 것이 현실이지만, 이 정도 수준 의혹을 갖고 대통령 탄핵 소추안을 발의하기는 불가능하다. 대통령 임기가 끝난 이후에는 모르지만 재임 중에는 내란

이재명 더불어민주당 대표가 2024년 10월 21일 국회에서 열리는 최고위원회의에 입장하고 있다. (연합뉴스)

과 외환에 관련된 위헌적 행위를 해야만 탄핵이 가능하다. 얼마 전 민주당이 전혀 실현 가능성 없는 계엄령을 언급한 것도, 민주당 역시 지금 제기되는 의혹만으로 탄핵을 추진하기는 무리라는 것을 알고 있기 때문이다. 즉 계엄령 시행 가능성 정도는 돼야 대통령 탄핵 소추에 대한 말을 꺼낼 수 있다는 판단이라는 추론이 가능하다.

탄핵이 불가능한 상황에서도 민주당이 탄핵 소추를 강행할 가능성이 있긴 하다. 그러나 그로 인해 발생할 '탄핵 역풍'을 두려워할 것이다. 과거 2004년 노무현 당시 대통령에 대한 탄핵 소추안이 한나라당과 민주당 일부 의원들에 의해 국회를 통과하자 그 직후 치러진 17대 총선에서 이른바 탄핵 역풍이 강하게 불었던 일을 기억하자. 민주당의 무리한 탄핵 추진은 오히려 민주당의 정치적 입지를 약화

할 수 있다. 또한 과거 박근혜 전 대통령 탄핵 당시처럼 상당수 보수층과 중도층이 탄핵에 호응해줄지도 미지수다. 이 또한 민주당의 탄핵 시도를 머뭇거리게 하는 요인이다. 박 전 대통령 탄핵 당시 촛불 집회에 참여했던 상당수 보수층과 중도층은 그 이후 등장한 문재인 정권 실정에 워낙 실망했기 때문에 또한 번의 탄핵에 대해 상당한 거부감을 가질 수 있다. 이런 상황을 종합적으로 고려하면 민주당이 탄핵을 선택하기 쉽지 않을 것이라는 결론에 다다른다.

야당, 협치 태도 보일 리 만무해

대통령 임기 단축을 위한 개헌 역시 마찬가지로 실현 가능성이 낮다. 이는 전적으로 대통령과 여당 의지에 달린 문제다. 대통령과 여당 '협조' 없이 개헌을 추진한다는 것은 사실상 불가능에 가깝다. 윤 대통령 성향으로 볼 때, 개헌을 전제로 한 임기 단축을 받아들인다는 것은 생각하기 어렵다.

민주당도 이를 모르지는 않을 것이다. 그런데도 민주당은 대통령을 더 흔들면 대통령이 개헌을 받아들일지 모른다고 생각할 수 있다. 이런 맥락에서 민주당은 윤석열 대통령의 독선적 이미지를 더욱 강화시키고, 정부 실정을 부각시키는 전략을 사용할 가능성이 높다. 민주당의 이런 전략이 현실화한다면 대통령의 정책 추진에 협조하는 태도를 보일 리 만무하다. 즉 민주당은 지금처럼 대통령

이 거부권을 행사할 가능성이 있는 법안은 줄기차게 발의하고, 대통령의 정책 추진에 필요한 법안에 대해서는 협조하지 않는 방식으로 정부 발목을 잡을 가능성이 크다.

2025년도 정치 혼란상 심해질 듯

이런 상황을 고려할 때 윤석열정부가 '윤노믹스'를 성공적으로 추진할 수 있는 환경이 2025년에 조성될 가능성은 낮아 보인다. 윤석열 대통령은 2025년에도 여소야대 정국 속에서 '시행령 정치'를 이어갈 수밖에 없다.

문제는 이런 식의 정치 환경이 우리나라 경제를 망가뜨린다는 데 있다. 정치는 본질적으로 유동적인 생명체와 같아 당위적인 논리로만 상황을 해결하기 어렵다. 정치적 이해관계가 걸려 있는 상황에서 이익을 일정 부분 포기하는 정당은 없기 때문이다. 따라서 2025년에도 지금과 같은 정치적 혼란은 더욱 심화될 가능성이 크다.

새로 출범한 미국 트럼프 행정부와의 외교적 관계 설정도 중요한 과제로 남을 것이다. 한마디로 윤 대통령은 내우외환 상황 속에서 대한민국이라는 배를 계속 운전해야 한다. 이럴수록 윤석열정부는 국민 여론에 부응하는 정책을 내놔야 한다. 기댈 곳이라고는 국민밖에 없기 때문이다. 과연 윤석열 정권이 그러한 기대에 부응할 수 있을지는 모르겠다. 2025년에 희망을 갖기에는 현재의 정치 상황이 그리 낙관적이지 않다. ■

'곧 겨울 닥친다'…STOP or GO? 2025년엔 HBM 공급 과잉 없다

최창원 매경이코노미 기자

'곧 겨울이 닥친다(Winter looms-Double downgrade to UW).'

외국계 투자은행(IB) 모건스탠리가 2024년 9월 발표한 논란의 보고서다. 보고서는 메모리 반도체 시장 전반을 우려하는 내용으로 구성됐다. 다만 시장에서 주목한 부분은 인공지능(AI) 시장에 힘입어 성장 중인 고대역폭메모리(HBM) 공급 과잉 우려였다. 쉽게 말해 AI 시장에 거품이 낀 상태인 만큼, 후방 시장인 HBM도 혼돈에 빠질 것이라는 내용이었다.

AI 거품론은 모건스탠리만 제시한 게 아니다. 그보다 앞선 2024년 6월 골드만삭스는 '투자 규모는 크지만, 이익은 적은 생성형 AI(Gen AI: too much spend, too little benefit)'

보고서를 내고 "빅테크의 AI 투자 성과가 미미하다"며 AI 랠리 지속 여부에 의구심을 제기했다. 같은 시기 미국 벤처캐피털 세쿼이어캐피탈도 'AI 관련 6000억달러 질문(AI's $600B Question)' 보고서를 통해 "AI 부문 투자 금액은 6000억달러인 반면 AI 매출은 40억달러 수준"이라고 지적했다. 세쿼이어캐피탈은 운용자산 규모 100조원이 넘는 세계 최대 VC 중 하나다. 1993년 엔비디아 초기 투자자로도 참여했다.

동시다발적으로 AI 거품론이 제기된다. 하지만 여전히 AI 시장 성장세를 점치는 분석도 상당수다. 글로벌 컨설팅 업체 베인앤드컴퍼니는 2024년 9월 발간한 연례 글로벌 보고서에서 "AI 수요 급증으로 글로벌 칩 부족 사태가 발생할 수 있다"고 내다봤다. AI 열풍 중심에 서 있는 젠슨 황 엔비디아 최고경영자

(CEO)도 2024년 10월 한 방송 인터뷰에서 "블랙웰 수요가 엄청나다"며 거품론을 잠재웠다. 블랙웰은 엔비디아의 최신 AI 가속기다. AI 시장 전망을 두고 팽팽하게 엇갈리는 상황, AI 거품론의 실체를 살펴본다.

"6000억달러 벌 수 있나"
매출은 멀고 감가상각은 가까워

AI 거품론을 주장하는 이들의 핵심 근거는 '과도한 설비투자'다. 쉽게 말해 빅테크가 앞다퉈 AI 관련 설비투자를 진행 중인데, 과연 투자한 만큼 돈을 벌어들일 수 있겠냐는 논리다. 이 같은 의문을 처음 던진 곳이 세콰이어캐피탈이다. 세콰이어캐피탈은 2024년 6월 논란의 보고서를 발표하기 전인 2023년 9월에도 'AI 관련 2000억달러 질문(AI's $200B Question)' 보고서를 냈다. 이때부터 AI에 투입되는 막대한 비용에 의구심을 가진 것이다.

세콰이어캐피탈은 빅테크의 설비투자 비용 회수를 위해 최소 6000억달러 매출이 필요하다고 본다. 논리 구조는 단순하다. 그래픽처리장치(GPU)를 앞세워 AI 가속기 시장을 독점 중인 ① 엔비디아 연간 매출 추정치에 2를 곱하면 전 세계 빅테크의 데이터센터 설비투자 비용이 나온다. 일반적으로 데이터센터 건설비의 절반이 엔비디아 GPU 구매 비용, 나머지 절반이 각종 운영 비용이라는 점을 고려했다. 이게 끝이 아니다. ② 세콰이어캐피탈은 계산된 값에 또 한 번 2를 곱한다. 최종 AI 필요 매출을 구하는 과정이다. 통상 설비투자로 구축된 데이터센터를 활용하는 건 오

2024~2027년 AI 산업 성장 경로 분석

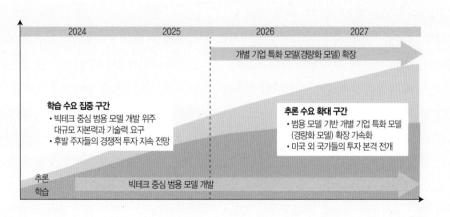

*자료:다올투자증권

인공지능(AI) 패러다임을 이끌고 있는 곳은 단연 엔비디아다.
(로이터=연합뉴스)

픈AI 등 AI 소프트웨어 기업이다. 이들은 데이터센터를 쓰는 비용을 지불하고, 소비자에게 부담을 전가한다. 세콰이어캐피탈은 아마존웹서비스(AWS) 등 주요 데이터센터 운용업체의 AI 소프트웨어 기업 대상 요구 마진율이 50%라고 가정해 계산했다.

당시 세콰이어캐피탈은 2024년 엔비디아의 연간 매출 추정치를 1500억달러로 봤다. 이를 기준으로 ①과 ②의 과정을 거쳐 현재 설비투자 비용을 회수하려면 최종 수요단에서 6000억달러의 매출이 발생해야 한다고 내다봤다. 하지만 실질적 매출은 이에 한참 못 미친다. 세콰이어캐피탈은 구글과 마이크로소프트, 애플, 메타 등 주요 빅테크가 각각 AI 관련 연간 100억달러 매출을, 오라클과 바이트댄스, 알리바바, 텐센트, 테슬라 등이 AI 관련 연간 50억달러 매출을 낸다고 가정하고 이를 모두 더했다. 더한 값은 1000억달러가

채 안 된다. 기대매출 6000억달러와 비교하면 약 5000억달러 공백이다.

상황이 이렇다 보니 주주의 불안감도 상당하다. 당장 2024년 7월 구글 2분기 실적 콘퍼런스에서도 AI로 언제 돈을 벌 수 있느냐의 논쟁이 뜨거웠다. 당시 투자자와 증권사 애널리스트는 순다르 피차이 구글 최고경영자에게 "수십조원을 AI 투자에 쏟아붓는데 도대체 돈은 언제부터 벌 수 있느냐"는 날 선 질문을 쏟아냈다. 그는 "AI 붐이 둔화하더라도 AI 데이터센터와 AI 반도체는 다른 용도로 활용할 수 있다"고 투자자를 달랬지만 불안한 분위기를 누그러뜨리진 못했다. "다른 서비스로 돌릴 수 있다"는 발언이 AI 수요가 명확하지 않다는 의미로 해석된 탓이다.

주주 입장에선 불안할 수밖에 없다. 당장의 AI 관련 매출 발생 시점은 불명확한 반면, 설비투자 관련 감가상각의 시점은 명확하게 정해져 있기 때문이다. 이웅찬 iM증권 애널리스트는 2024년 9월 '간판과 본질' 제목의 보고서에서 "빅테크 설비투자의 절반 정도는 단기간(5년 내) 상각돼 비용 인식될 것으로 전망한다"며 "언젠가 AI가 세상을 바꾸고 생산성 혁신을 이뤄낼 수 있다 하더라도 AI에 투자하는 회사들은 마땅한 시장 규모를 만들어낼 수 있을 때까지 감가상각 비용과 AI 매출 사이의 캐즘(Chasm)을 지나야 한다"고 설명했다. 이 애널리스트는 "반면 AI를 활용한 디바이스든 애플리케이션이든 아직 새로운 매출 발생은

멀리 있는 상황이고, 월스트리트는 오래 기다려주지 않을 것"이라고 덧붙였다.

다만 빅테크의 AI 수익화 우려를 반박하는 목소리도 거세다. 빅테크 BM(수익화 구조)을 고려하지 않은 단순 계산이라는 지적이다.

빅테크는 단기 수익보다 '장기적 수익 창출'을 선호한다. 이 때문에 단기적으로 비용 대비 수익이 적더라도, 투자를 이어가는 경우가 많다. 점유율부터 확보해야 한다는 판단에서다. 다올투자증권은 2024년 9월 '피크아웃 우려 정면돌파' 보고서에서 아마존과 구글 사례를 예로 들었다.

아마존의 대표 수익 모델로 자리 잡은 AWS는 2002년 아마존 닷컴 내 무료 서비스로 시작했다. 이후 2006년 1분기 상업용 클라우드 서비스 'AWS'로 공식 선보였다. 이후 아마존은 2015년 1분기부터 AWS를 별도 사업부로 분할, 실적을 공시했다. 사업부 실적의 별도 공개 시점을 유의미한 수익화가 시작된 시점이라고 보면 AWS는 공식 출범 이후 9년이 지나서야 본격적인 수익화 구간에 진입한 셈이다. 그동안 아마존은 AWS 성장을 위한 인프라 투자를 언급하며 설비투자를 꾸준히 집행했다.

구글의 구글 클라우드도 마찬가지다. 구글 클라우드 사업은 2008년 4월이 시작점이다. 시범 서비스로 공개돼 2011년 4분기 정식 서비스로 전환됐다. 사업부 별도 매출 공시를 시작한 시점은 2019년 4분기다. 사업부 흑자 전환 시점은 이보다 한참 뒤인 2023년 1분기다. 정식 출시 시점으로부터 각각 8년, 12년 뒤다. 이 기간 동안 구글은 막대한 비용을 클라우드 사업에 투자했다. 2008년부터 2019년까지 연평균 설비투자 비용(CapEx)은 95억달러, 매출 대비 설비투자 비중은 12% 내외를 유지했다.

해당 보고서를 쓴 고영민, 김연미 다올투자증권 애널리스트는 "AI 투자는 (AI 소프트웨어 부문) 선발 주자로 꼽히는 오픈AI의 GPT-1 첫 공개 시점이 2018년이고, 2024년 기준 약 6년이 지난 상태인데 이를 성숙 단계로 보기 어렵다"며 "후발 주자인 다른 빅테크는 여전히 투자 초입 구간인 상태"라고 강조했다.

거품론 현실화되면 후방 시장은…
HBM 전망에 울고 웃는 삼성·SK

AI가 빅테크의 새로운 패러다임으로 떠오르면서 후방 산업도 변화했다. AI 시대 달라진 반도체 키워드는 '주문형'과 '효율성'이다. 고대역폭메모리로 불리는 HBM도 이런 맥락에서 각광받는다. 과거 GPU와 메모리는 반도체 기판 위에 구분돼 탑재됐다. 하지만 AI 시대로 접어들며 GPU가 수행해야 할 연산량은 기하급수적으로 늘었다. GPU에 일감을 제공하는 메모리를 GPU 옆에 딱 붙여야 하는 상황이 됐다. 다만 한 가지 문제가 있었다. GPU 옆에 붙일 수 있는 공간이 한정적인 탓에 메모리 용량이 부족해진 것. 이 과정에서 메모리 여러 개를 쌓는 적층 방식의 HBM이 주목받았다. 엔비디아 등 메모리 반도체 시장의 주요 고객사들도 HBM만을 찾기 시작했다.

SK하이닉스를 시작으로 삼성전자와 미국 마이크론 등이 시장에 뛰어들었다. 관련 설비투자도 이어졌다. 문제는 전방 AI 시장 수익 불확실성이 커지는 와중에도 반도체 업계 설비투자는 계속 늘고 있다는 점이다. 이에 모건스탠리와 BNP파리바 등 외국계 투자은행을 중심으로 'HBM 공급 과잉' 논란이 커지고 있다.

BNP파리바는 2024년 9월 보고서에서 HBM 3사의 공급량이 웨이퍼 투입량 기준 월 40만 장에 달하는 반면, 수요는 월 16만8000장에 그칠 것으로 내다봤다. 모건스탠리도 2024년 9월 '곧 겨울이 닥친다' 보고서에서 2025년 글로벌 HBM 공급량이 HBM 수요량(150억Gb)을 60% 이상 웃돌 것으로 예상했다. 지나친 생산 경쟁이 공급량을 늘려 수요를 앞서고, HBM 시장 불균형을 초래할 것이라는 분석이다. 시장의 기본 원리인 수요와 공급 원칙을 적용하면 공급이 수요를 앞설 경우, HBM 가격은 내려가고 HBM 3사의 실적은 악화할 수밖에 없다.

국내 증권가에서도 이 같은 분석이 나온다. 송명섭 iM증권 애널리스트는 지속적으로 우려의 목소리를 내놓는다. 송 애널리스트는 2024년 8월 삼성전자 보고서에서 "테크가 비

용 증가와 AI 매출 저조, 경기 둔화 등 다양한 요인을 이유로 투자를 줄인다면 HBM 수요도 현재 기대치보다 훨씬 줄어들 수 있다"고 전망했고, 2024년 9월 반도체 업황 보고서에서도 "수율 부진에 따라 HBM 업체들의 생산 계획이 달성되지 못할 경우에도 삼성전자, 마이크론의 HBM3E 공급이 본격화될 경우 HBM 수급이 2025년 공급 과잉 전환될 가능성이 있는 것으로 판단된다"며 "고객들의 경쟁적인 HBM 재고 확보 수요가 언제까지 지속될지가 관건"이라고 설명했다.

이를 두고도 반박 논리 또한 존재한다. 결국 HBM 시장 전망을 결정할 핵심 요인은 HBM이 투입될 전방 AI 시장의 '랠리 지속' 여부다. 그런데, 전방 시장을 살펴보면 HBM 수요는 앞으로도 꾸준히 늘어날 가능성이 높다는 분석이다.

근거도 명확하다. 빅테크가 실적 발표 자리에서 제시한 설비투자 가이던스가 대체로 상향됐다는 사실이다. 메타와 마이크로소프트, 아마존 등은 2024년 하반기에도 투자를 늘릴 것이라는 방향성을 제시했다. 빅테크 설비투자 대부분이 AI 인프라에 투입된다는 점을 고려하면 AI 시장을 바라보는 빅테크 시선은 달라진 게 없다는 의미로 풀이할 수 있다. 이는 2025년에도 유지될 가능성이 높다. 한 증권 업계 관계자는 "달리 말하면, 아직 제대로 된 수익도 확보하지 못한 빅테크가 지금까지 투자한 비용을 포기하고, 설비투자 규

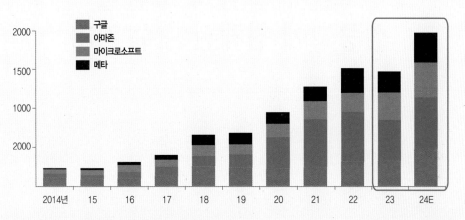

빅테크 4사 설비투자 추이와 2024년 가이던스 〈단위:억달러〉

*CY 기준, 가이던스 미제시한 아마존, 마이크로소프트는 컨센서스 기준

*자료:블룸버그, 다올투자증권

모를 줄일 용기가 있을지 궁금하다"고 말했다. 그는 "빅테크 설비투자 대부분은 AI 인프라와 관련 있고, 이 때문에 AI 시장 전망을 살필 때 가장 중요한 요소가 빅테크 설비투자 가이던스"라며 "만약 QoQ(직전 분기 대비)로 의미 있게 높아졌다면 AI 밸류체인과 전반적인 시장이 단기적으로 더 뛸 수 있다는 것"이라고 설명했다.

메타는 2024년 3분기 실적 발표에서 2024년 연간 설비투자 가이던스 하단을 370억달러에서 380억달러로 상향했다. 마이크로소프트도 비슷하다. 구체적 수치를 밝히진 않았지만 앞으로도 설비투자를 늘리겠다는 점을 강조했다. 아마존도 "2024년 보다 2025년 설비투자 규모가 더 클 것"이라고 밝혔다.

거시 환경도 빅테크가 설비투자를 집행하는데 있어 우호적으로 조성되고 있다. 2024년 9월 미국 연방준비제도(Fed)는 기준금리 인하를 공식화했다. 금리 상승기에는 이자 부담이 커진다. 또 자금 조달처를 확보하는 것조차 어렵다. 반면 금리 인하기에는 이자 부담도 적고 상대적으로 자금 조달도 수월하다. 이를 고려하면 2024년 대비 2025년이 투자 측면에서 우호적 환경이라고 볼 수 있다.

이 같은 이유로 HBM 공급 과잉이 발생할 가능성은 낮다는 게 증권가 일각의 시선이다. 고영민, 김연미 애널리스트는 "2025년과 2026년까지 HBM 선발 주자와 후발 주자 간 기술 격차 축소가 발생하기 어렵고, HBM의 공급 과잉이 발생할 가능성은 낮다"며 "2025년만 놓고 보면 수요 대비 공급 숏티지(부족 현상)가 지속될 수 있다"고 말했다. ■

고물가·고금리·고환율
삼중고에 침체된 내수 경기

이정희 중앙대 경제학부 교수

경기 침체가 길어지고 있다. 코로나19 사태에 따른 사회적 거리두기와 이로 인한 소비 침체가 시작이었다. 이어진 우크라이나 전쟁으로 인한 삼중고(고물가 · 고금리 · 고환율)는 상황을 더욱 악화시켰다. 팬데믹 당시 마이너스 경제성장률을 기록한 후 반등하는가 싶었지만, 아직까지 제대로 반등하지 못하는 상황이다. 수출 호황의 온기가 내수 경기까지 이어지지 않았기 때문이다. 내수 경기가 살아나지 않으면 가장 크게 타격을 받는 사업자는 바로 자영업자다. 2023년 약 100만명의 자영업자가 폐업을 했다는 우울한 소식이 이를 입증한다.

2020년 1월 코로나19 사태가 발생하고 세계보건기구(WHO)에서 감염병 최고 경고 등급인 팬데믹을 선포했다. 세계 각국은 사회적 거리두기를 강화하고 국민이 모이는 행위를 규제하면서 세계적인 소비 위축이 시작됐다. 기업과 학교에서는 재택근무와 원격 수업이 일상화됐다. 이로 인해 소비 · 유통 트렌드가 오프라인에서 온라인으로 급격히 이동했다. 오프라인 방식에 의존하는 영세 자영업자는 이런 소비 구조의 변화에 큰 타격을 입었다.

코로나19 · 지정학적 충돌, 소비 구조 바꿔
오프라인 의존 높은 영세 자영업자 타격

2022년 러시아와 우크라이나 전쟁은 상황을 악화시켰다. 러시아 천연자원과 우크라이나 곡물 수출이 어려워지며 원자재 가격이 급등했다. 전 세계적으로 원자재 파동이 발생하며, 세계적인 인플레이션을 야기했다. 인플레이션에 대응하기 위해 각국의 통화당국은 금리를 올리기 시작했으며, 특히 미국이 가장 빠르게 기준금리를 인상했다. 우크라이나 사태 이전 0.25% 수준이던 미국의 기준금리는 2023년 5월 5.5%까지 올랐다. 15개월 동안 매월 0.35%포인트씩 금리를 인상한 것과 다름없는 결과다. 한국은 1.25% 수준에서 인상이 시작돼, 2023년 2월 3.5%까지 금리가 올랐다. 이는 12개월 동안 매월 0.19%포인트씩 기준금리가 오른 셈이다. 미국은 금리 인상을 시작한 지 1년이 지난 뒤인 2024년 9월 0.5%포인트 인하를 단행했다. 한국은 뒤이어 10월 0.25%포인트를 인하했다.

고금리 배경에는 고물가 문제가 있다. 우크라이나 전쟁 이전인 2021년 한국 소비자물가 상승률은 2.5%였으나 2022년 5.1%로 치솟았다. 2023년 3.6%로 다소 내렸으나 이는 여전히 물가 관리 목표 수준인 2%를 넘어서는 수준이다. 특히 한국 금리는 미국의 영향을 받는데, 미국의 물가 사정은 우리나라보다 심각하다. 2021년 4.7%던 미국 소비자물가 상승률은 2022년 8%로 올랐다. 2023년 4.1%로 다소 진정됐지만 여전히 고물가 문제가 지속된다. 미국이 금리를 올리면서 한미 금리 차이가 역전돼 최대 2%포인트까지 벌어졌다. 이로 인해 원·달러 환율이 크게 올랐고, 이는 우리나라 수입 비용을 높여 상품과 서비스의 원가 인상을 유발했다. 이는 다시 물가 인상을 자극했다. 이렇게 고물가·고금리·고환율로 이어지는 삼중고는 내수 경기에 타격을 줬다. 전반적으로 고비용 구조가 고착화되고, 소비 침체로 이어졌다.

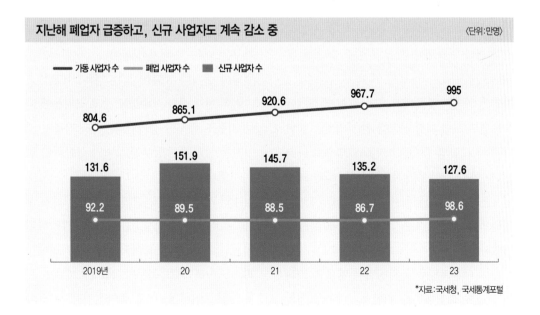

지난해 폐업자 급증하고, 신규 사업자도 계속 감소 중 〈단위:만명〉

가동 사업자수 · 폐업 사업자수 · 신규 사업자수

	2019년	20	21	22	23
가동 사업자수	804.6	865.1	920.6	967.7	995
신규 사업자수	131.6	151.9	145.7	135.2	127.6
폐업 사업자수	92.2	89.5	88.5	86.7	98.6

*자료:국세청, 국세통계포털

민생 경제의 바로미터 '자영업'
고비용 구조 사업 환경 개선해야

지금은 정부와 여야 모두 민생 경제 회복을 외친다. 그만큼 내수 경기가 침체에 빠져 있다는 뜻이다. 우리나라 자영업자 비중이 높다는 점에서 내수 경기 침체는 치명적이다. 통계청에 따르면 지난해 자영업자 수는 568만9000명으로 집계됐다. 그중 25%(142만명)는 고용원이 있고, 나머지 75%(426만9000명)는 고용원이 없는 자영업자다. 자영업과 직간접적으로 관련된 인구를 모두 합하면 실질적으로 2000만명을 넘는 것으로 추정된다.

이처럼 한국에서 자영업은 고용에 기여하는 부분이 크다. 그러나 길어지는 내수 경기 침체로 자영업이 위기에 직면하면서 고용에 미치던 긍정적인 기능과 역할도 축소되고 있다. 향후 일자리 대체가 충분치 못한 상황에서 우리나라 경제에 큰 부담을 줄 수 있는 문제다.

자영업 위기는 곳곳에서 포착된다. 국세청에 따르면 2023년 폐업 신고를 한 사업자는 전년 대비 약 12만명 증가한 98만6487명으로 나타났다. 이 중 대부분이 자영업이다. 또한 2024년 1분기 기준 자영업자 대출은 1055조9000억원으로, 2023년 4분기보다 2조7000억원 증가했다.

오세희 더불어민주당 의원실에 따르면 2024년 1~5월 소상공인을 위한 노란우산공제회

폐업공제금 신청액도 전년 동기 대비 7.8% 증가했다. 2023년 개인사업자 폐업률은 9.5%로 1년 전보다 0.8%포인트 상승했으며, 2024년 1분기 말 기준 국내 은행 개인사업자 대출 연체율은 0.54%로 최근 10년 중 가장 높다. 수치로 나타나듯 소상공인과 자영업자의 어려움은 확대됐고, 이제 위기라 불릴 만큼 심각한 수준이다.

이 같은 위기는 소비 위축에서 출발한다. 자영업이 살아나려면 소비가 증가해야 하는데, 이 역시 당분간 쉽지 않을 것으로 예상된다. 통계청에 따르면 2024년 1분기 기준 우리나라 전체 가구의 26.8%가 적자 가구로 나타났다. 특히 하위 소득층일수록 가계 적자 규모가 크다. 1분위 소득 가구는 60.3%, 2분위 가구는 28.9%가 적자로 나타났다. 중위 소득층인 3분위 가구는 17.1%, 상위 소득층인 4분위 가구는 18.2%, 최상위 소득층인 5분위 가구는 9.4%가 적자 상황이다. 가계 적자는 수입이 줄거나 지출이 느는 경우 나타난다. 그런데 현재 상황은 수입도 줄고 고비용에 따른 지출도 동시에 증가했다. 적자 가구가 많아지는 상황에서 당분간 소비가 살아나기 힘든 구조다.

국내외 기관이 내놓는 전망도 그다지 밝지 않다. 우리나라 경제성장률은 코로나19 사태 이전인 2019년 2.3%에서 코로나19 첫해인 2020년 -0.7%로 곤두박질쳤다. 2021년 회복세를 보이며 4.6%로 돌아섰지만, 우크라

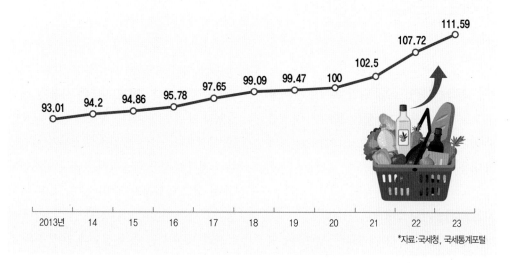

최근 10년 소비자물가지수 변화 〈2020년=100〉

93.01 / 94.2 / 94.86 / 95.78 / 97.65 / 99.09 / 99.47 / 100 / 102.5 / 107.72 / 111.59

2013년 / 14 / 15 / 16 / 17 / 18 / 19 / 20 / 21 / 22 / 23

*자료:국세청, 국세통계포털

이나 전쟁이 시작된 2022년 2.7%, 2023년 1.4%로 다시 하락세다. 2024년은 물가도 어느 정도 안정되고 수출 호조를 보였다. 그러나 내수 경기가 발목을 잡았다. 여전히 내수 경기 회복 신호가 나타나지 않는다는 점을 고려해 국내외 경제기관은 2024년 2.5% 안팎 전망치를 내놓는다. 2025년 전망도 어둡다. 한국은행은 2025년 경제성장률 전망치를 2.1%로 내놨다. 세계 경제 불확실성이 큰 상황에서 수출에 대한 우려도 여전히 존재하기 때문에 경제 성장은 제한적일 것이라는 분석이다.

내수 경기 침체가 길어지는 상황에서 자영업자가 일자리를 잃게 되면 재취업이나 사업 전환을 통한 재기가 쉽지 않은 현실이다. 자영업자가 가계를 정상적으로 유지하기 어려워지면, 결국 정부의 복지 대상은 늘고 재정 부담도 커질 수밖에 없다. 정부가 일자리 대안이 없는 자영업자 폐업 위기를 막아야 하는 이유다. 자영업 위기가 경착륙으로 이어지면 정부도 감당하기 어려워진다. 최대한 연착륙이 되도록 정책적 지원이 필요하다.

그동안 금융 지원이나 폐업·창업 재기 지원, 경영 교육 등 수많은 정부 지원 정책이 있었다. 이제는 자영업이 직면한 고비용 구조의 사업 환경을 개선하기 위한 대책 마련이 필요하다. 예를 들어, 최근 논란이 커진 배달앱 비용에 대한 자영업자의 부담을 해소할 수 있는 구체적인 방안을 마련해야 한다. 정부와 여야 모두 내수 경기 부활을 위해 총력을 기울이고, 자영업 시장 살리기에 힘을 합쳐야 하는 시점이다.

위기 속 자영업 성공하려면 소자본·콘셉트·가성비 승부

노승욱 창톡 대표

사상 최악 '자영업 소멸' 위기 속에도 솟아날 구멍은 있다. 장사고수들은 2025년 자영업 시장도 불황이 이어질 것으로 내다보며, 5가지 대응 전략을 제시한다.

① 불황에는 '가치 소비'보다 '가성비'

2023년까지만 해도 '가치 소비' '브랜딩'이 외식·유통 업계 키워드로 통했다. 2024년부터는 달라졌다. 고금리와 고물가에 소비 심리가 급격히 얼어붙으며 소비자는 저렴하고 만족스러운 '가성비'를 따지기 시작했다.

단, 대책 없이 가격만 낮추는 출혈 경쟁은 지양해야 한다. 메뉴 간소화와 식재료 통합을 통한 원가 절감, 제휴 마케팅 활성화, 가격 비교가 어려운 신메뉴 개발 등 전략적 가성비를 추구해야 지속 가능하다.

② 공실 레버리지 활용한 '저점 창업'

팬데믹 당시 자영업 시장은 초토화됐다. 그러나 한편에서는 헐값에 나온 매물을 '줍줍'하는 움직임도 활발히 일어났다. 당시 주요 상권 상가 권리금은 50~70%가량 급감했다. 월세는 10~20%만 하락한 대신 렌트프리(무월세) 기간이 공실은 3~6개월, 신규 분양 상가는 1년까지 늘었다. 이런 기회를 포착한 장사고수들은 주식을 저점에 매수하듯, '저점 창업'으로 오히려 특수를 누렸다.

코로나19 때보다 자영업 경기가 어려울 것으로 예상되는 2025년은 저점 창업 기회가 다시 찾아올 전망이다. 이제 자영업 시장은 '신규 창업자 우위 시장'이다. 상가 공실이 코로나19 이전보다 늘어, 공실을 해소하려는 건물주와 적자 매장을 탈출하려는 기존 임차인이 '을'이 되고 창업자가 '갑'이 됐다. 좋은 아이템과 적당한 자본이 있는 신규 창업자라면 렌트프리, 무권리금 등 이전보다 훨씬 좋은 조건으로 저비용 창업을 할 수 있다. 금리 인하 효과가 실물경기에 반영되기 전인 2025년 상반기가 외식업에서 '저점'이 될 전망이다.

③ '콘셉트 집약' 매장

과거에는 '기획형 식당'이라는 말이 비하적인 표현이었다. 지역에서 오랫동안 장사해온 노포와 달리, 등장한 지 한두 달 만에 적극적인 홍보와 마케팅을 통해 줄을 세우는 식당을 말한다. 그러나 요즘 떠오르는 식당을 보면 기획형 식당이 아닌 곳이 없다.

갈수록 트렌드 변화 주기가 짧아지고 MZ세대는 차별화된 콘셉트와 새로운 경험을 즐긴다. 이런 상황에서 MZ세대 취향을 저격해 대박을 터뜨리려면 독창적 콘셉트로 무장한 기획형 매장이 유리하다. 이는 외식업뿐 아니라 소매업, 서비스업에도 해당하는 얘기다.

시기별 변화하는 자영업 트렌드

구분	시기	특징	변화 요인(키워드)
자영업 1.0	~2000년	노동 집약	오프라인, 공급자 우위
자영업 2.0	2000년대~2010년대 초반	상권(자본) 집약	핫플레이스 등장
자영업 3.0	2010년대 중반~2020년대 초반	기술 집약	배달 앱, SNS, 푸드테크
자영업 4.0	2020년대 중반~	콘셉트 집약	수요자 우위, 푸드테인먼트

콘셉트는 익스테리어(외관)에서부터 물씬 풍길 정도로 노골적이어야 한다. 콘셉트는 뾰족할수록 선명해지고, 굳이 마케팅을 하지 않아도 입소문이 나기 쉽다. 2025년에는 배달과 온라인 마케팅으로 가게를 노출하기에는 관련 비용이 너무 높아졌다. 콘셉트 집약 매장이 돼야 효과적인 홍보가 가능하다.

④ 인력 최소화 인테리어와 푸드테크 활용

2025년 자영업 시장은 최저임금보다 구인난이 더 이슈가 될 전망이다. 이미 서울 식당가에서는 경력이 일천한 직원도 적어도 월급 300만원은 줘야 지원서가 들어온다. 이는 앞으로 자영업자를 괴롭히는 고질적인 문제가 될 수 있다. 때문에 이 문제를 구조적으로 해결할 수 있는 전략이 필요하다.

일례로 고깃집 프랜차이즈 '미래회관'은 업계 최초로 일자형 테이블(다찌) 형태 소형 매장 모델을 선보였다. 이승훈 미래회관 대표는 "다찌 테이블로 된 중소형 고깃집은 직원 혼자 6개 테이블을 담당할 수 있어 인력 수요가 적고 효율적"이라고 말했다. 고기를 구워주는 로봇도 등장했다. 이처럼 인력을 효율적으로 대체할 수 있는 솔루션 마련이 필요하다.

⑤ 소자본 창업한 매장서 '줄 세우기'

연간 폐업 건수가 100만건에 육박하는 '자영업 폐업 시대'다. 창업 리스크가 그 어느 때보다 높아진 시대, 망해도 재기할 수 있는 소자본 창업이 대안으로 떠오른다. 소자본 창업의 장점은 초기 창업 비용 부담이 적고 빠른 투자금 회수가 가능하며, 직원 관리 시스템만 잘 만들면 다점포로 사업을 확장하기도 유리하다. 단, 소자본 창업한 가게는 매장 규모가 작아 고매출 달성이 어려울 수 있다. 때문에 '줄 세우기' 전략이 필수다. 전주에서 단돈 800만원으로 4평 매장을 창업, 월매출 5000만원을 거두고 있는 서동국 멘야케이 대표는 줄 세우기를 위해선 '손님한테 메뉴판부터 드리라'고 조언한다. 만석일 때 손님이 오면 곧바로 메뉴판을 건네면서 "좌석이 많이 없어 죄송합니다. 잠시만 기다려 주세요"라고 말하라는 것. 이는 우리 가게가 그리 대단한 존재가 아니라는 겸손한 메시지를 전달하는 동시에 손님의 주문을 유도해 자연스럽게 줄을 서게 만든다는 설명이다. ■

S&P500에 못 미치는 '코스피 수익률'
경기 지표보다 정치·외교적 상황 중요

김병연 NH투자증권 투자전략부장

2024년 하반기 시작된 미국 기준금리 인하 사이클은 그동안 수익률이 저조했던 국가의 주식 시장에 긍정적인 영향을 줄 수 있다. 다만 증시 상승폭은 각국 경제적·정치적 상황에 따라 다르게 나타날 전망이다.

2025년 주요 국가 경제는 서로 다른 양상을 보일 것으로 예상된다.

美, 안정적인 증시 성장
韓, 증시 상승 동력 약해

2025년 S&P500은 완만한 상승세가 지속될 가능성이 높다.

미국을 먼저 살펴보면, 미국 경제는 연방준비제도(Fed)의 금리 인하와 확장적 재정 정책에 힘입어 2025년 안정적인 성장세를 이어갈

것으로 예상된다. AI, 반도체, 클라우드 컴퓨팅 분야 빠른 발전이 미국 경제를 견인하며, S&P500 상승을 주도할 전망이다. 풀어서 설명하면, AI와 반도체 산업 혁신은 미국 기업 성장을 촉진한다. 기업 성장은 곧 주식 시장에서 기업가치 상승을 의미하고 주가 상승으로 이어진다. 주가가 상승하는 종목이 많아질수록 미국 증시는 안정적인 상승세를 이어갈 가능성이 크다.

2025년 주요 기업 투자는 가시적인 성과를 기대해볼 만하다. 2024년 글로벌 빅테크를 중심으로 AI 분야 투자가 활발하게 이뤄졌다. 2025년에는 AI와 여타 산업 융합이 실제 생산성 향상으로 이어지는지 확인이 필요한 시점이다. 2024년이 AI 인프라 투자 원년이라면, 2025년은 전통 기업의 AI 적용 사례가 확대되는 한 해가 될 전망이다. 만약 AI에 대한 투자

가 수익화로 연결된다면 주가지수는 추가 상승이 가능하다.

2025년의 또 다른 특징은 경기 지표보다 정치·외교적 요소가 주식 시장에 더 큰 영향을 미칠 가능성이 크다는 점이다. 미국은 2024년 대통령 선거 이후 새롭게 출범하는 의회에서 부채 한도와 예산안 협상 등 정치적으로 중요한 과제가 놓여 있다. 새롭게 들어선 정부의 공약이 실현되는 과정에서 단기적으로는 주식 시장에 불확실성이 커질 가능성이 충분하다.

또한 기술 혁신 지원 정책이 강화될 가능성도 높다고 판단한다. 거스를 수 없는 시대 흐름이기 때문이다. 'CES(국제전자제품박람회) 2025'에서는 AI와 인간의 협업, 차세대 디스플레이 기술, 양자 컴퓨팅 등 각종 새로운 트렌드가 부각될 전망이다. 이 같은 기술적 진보는 미국 기술 기업의 성장을 한층 가속화할 것으로 기대된다.

반면 한국 경제를 살펴보면, 미국과는 다른 흐름이 예상된다. 한국의 정책과 산업은 글로벌 패러다임을 일부만 따라가거나, 아예 다른 행보를 보인다. 예를 들어 글로벌 패러다임은 2010년 세계화에서 2024년 신냉전과 공급망 재편으로 변화했다. 주요 선진국은 이 같은 흐름에 맞춰 정책적 변화를 시도한다. 그러나 한국은 이 같은 변화와 관계없이 한미일 공조를 여전히 가장 중요한 관심사로 둔다.

정책 기조에서 미국과 차이점이 분명하다. 2010년대 미국은 완화적인 통화 정책을 통해 가계와 기업 건전성 확보를 최우선 가치로 삼았다. 그런데 2024년 미국의 핵심 가치는 건전성 확보보다는 성장에 초점이 맞춰져 있다. 2024년 미국은 정부부채를 확대해 가계와 기업 성장을 돕는 방향으로 정책을 전환했다. 반면 한국은 가계부채 문제로 인해 여전히 완화적 통화 정책이 지연되는 중이다. 한국은행이 2024년 4분기 금리 인하를 시작했지만 속도가 관건이다. 치솟는 가계부채와 부동산 시장 폭등을 막기 위해 빠른 속도로 금리 인하를 단행하기 부담스러운 현실이다.

한국의 주력 산업 역시 전 세계적인 흐름에서 벗어난 상황이다. 2010년대 글로벌 중심 산업은 FAANG(페이스북·아마존·애플·넷플릭스·구글)과 스마트폰이었다. 2024년에는 AI를 비롯한 로봇, 자율주행 등이 대세로 떠올랐다. 한국 주력 산업은 이와 다소 차이가 있다. 고대역폭메모리(HBM)와 2차전지, 원전, 방산, 조선 등이 한국 대표 산업으로 꼽힌다. 물론 HBM은 AI 산업에서 중요한 역할을 하는 메모리 반도체다. 그러나 원전, 방산, 조선을 글로벌 중심 산업으로 보기에는 무리가 있다. 이로 인해 한국 주력 산업이 글로벌 산업 플랫폼을 온전히 누리기보다는 조력자 정도 역할에 불과하다는 평가를 받는다. 이는 코스피 상승폭을 제한하는 요인으로 작용할 가능성이 크다. 특히 반도체 산업 회복이 지연되면서, 한국 주요 수출 기업 실적 개선이 이뤄지지 않는 상황이다. 글로벌 수요 둔화가 수출 측면에서 부정적인 영향을 미치고 있다. 2025년에는 한국 수출 증가율이 한 자릿수에 그칠 것이라는 전망이 나온다. 특히 반도체와 전기차 산업은 글로벌 경쟁이 심화되면서 해외 기업으로부터 지속적인 도전을 받을 전망이다.

2025년 국내 기업 실적 측면에서도 보수적으로 접근할 필요가 있다. 2025년과 2026년에는 본격적인 실적 성장세가 나타날 것으로 예측된다. 그러나 기업 실적 회복을 수치상으로만 판단하면 오류를 범할 수 있다. 기업 실적에 대한 전망이 지나치게 낙관적으로 추정됐을 가능성이 있기 때문이다. 만약 기업의 실제 이익이 낙관적으로 추정된 시장 기대치를 충족하지 못할 경우, 코스피 상승 동력은 예상보다 더 약해질 전망이다.

S&P500의 2024년 상승 요인을 분석해보면 기업 이익 증가가 3분의 2, 향후 실적에 대한 기대감이 3분의 1 정도의 영향을 준 것으로 판단된다. 이는 이상적인 비율이다. 반면 코스피는 기업 이익 상승분을 제대로 반영하지 못했다. 코스피 기업은 대부분 양호한 실적을 기록했지만, 주가 상승률은 실적 성장에 미치지 못했다. 주식 시장이 한국 경제의 구조적 문제를 반영하며 기업 이익 전망을 불신하기 때문이다.

코스피 하락 시 매수 추천
2024년 상단서 차익 실현

2024년 4분기부터 시작된 중국 경기 부양책

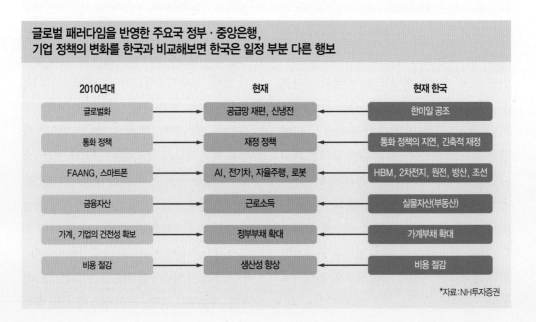

글로벌 패러다임을 반영한 주요국 정부·중앙은행, 기업 정책의 변화를 한국과 비교해보면 한국은 일정 부분 다른 행보

2010년대	현재	현재 한국
글로벌화	공급망 재편, 신냉전	한미일 공조
통화 정책	재정 정책	통화 정책의 지연, 긴축적 재정
FAANG, 스마트폰	AI, 전기차, 자율주행, 로봇	HBM, 2차전지, 원전, 방산, 조선
금융자산	근로소득	실물자산(부동산)
가계, 기업의 건전성 확보	정부부채 확대	가계부채 확대
비용 절감	생산성 향상	비용 절감

*자료:NH투자증권

확대는 그동안 부진했던 중국 경제에 대한 기대를 높이기에 충분하다. 이에 그치지 않고 중국은 2025년에 내수 경제 활성화를 위해 훨씬 더 다양한 정책을 시행할 것으로 예상된다.

관건은 한국 경제에 미치는 영향이다. 중국의 경기 회복이 한국에 미치는 긍정적인 효과는 과거보다 줄어들 가능성이 크다. 반도체, 철강, 자동차 등 주요 수출 산업에서 중국 경제 회복에 따른 직접적인 혜택을 기대하기 어려운 상황이다. 이로 인해 2025년 코스피는 중국 경제 상황보다는 한국 내부 경제 정책과 구조적 변화에 더 큰 영향을 받을 것으로 판단된다.

중국 부양책보다는 미국의 정치적 상황에 따른 영향이 더욱 클 전망이다. 코스피는 미국 대선 결과에 따라 2025년 상반된 흐름을 보일 수 있다.

트럼프 당선으로 한국 경제에 부정적인 영향을 미칠 가능성이 높다. 무역 분쟁이 심화될 우려가 있기 때문이다. 수출 중심 한국 경제에 분명히 타격을 줄 만한 이슈다. 반면 미국 증시는 강세를 보일 것으로 예상된다. 대규모 감세 정책과 규제 완화가 시장을 자극하며 S&P500이 빠르게 상승할 가능성이 있다.

종합하면 2025년 S&P500과 코스피는 각국 경제적·정치적 차별성에 따라 상반된 흐름을 보일 전망이다. 미국의 기술 혁신과 경제 회복은 S&P500의 주요 상승 동력으로 작용하며, 정치적 불확실성은 장기적으로 해결될 가능성이 크다. 반면 한국은 제한적인 재정 정책과 중국 경기 회복에 대한 낮아진 기대감이 증시 발목을 잡을 수 있다. 코스피가 S&P500보다 부진할 가능성이 높다고 전망하는 배경이다.

물론 한국 주식 시장을 무시할 필요는 없다. 코스피는 앞서 언급한 우려를 이미 상당 부분 반영한 상황이다. 추가 하락 여지가 크지 않다는 뜻이다. 다만 상승 동력이 강하지 않을 뿐이다.

그럼에도 투자 기회는 늘 존재한다. 2025년에도 투자자가 전략적으로 접근한다면 충분히 수익을 거둘 기회가 있다는 판단이다. 코스피가 미국의 정치·외교에 대한 우려나 외부적 요인에 의해 기초체력(펀더멘털) 대비 크게 하락할 경우 매수를 추천한다. 문제는 매도 시점이다. 다양한 변수를 종합적으로 고려하면 2024년 코스피지수 상단에서 차익을 실현하는 전략이 바람직하다.

2025년은 국가별 상이한 정책과 차별성에 대한 투자자의 이해가 선행돼야 한다. 각 국가가 처한 상황별로 다른 전략이 요구된다. 이를 통해 투자자는 수익률을 극대화할 수 있다. ∎

Ⅲ

2025
매경 아웃룩

지표로 보는
한국 경제

민간 소비 회복세 탔지만
가계부채·부동산은 변수

김천구 대한상공회의소 SGI 연구위원

2024년 상반기 한국 경제는 양호한 성장세를 보였다. 국내 경제성장률(전년 동기 대비)은 상반기 2.8%(1분기 3.3%, 2분기 2.3%)를 기록하며, 2023년 연간 경제성장률 1.4% 대비 큰 폭으로 상승했다. 그러나 이런 성장에도 불구하고 민간 소비의 증가세는 제한적이었다. 민간 소비 증가율은 상반기 1%(1분기 1%, 2분기 0.9%)에 그쳤다. 성장 기여도 측면에서도 상반기 0.5%포인트에 불과했다. 이는 2024년 상반기 경제 성장이 민간 소비 외의 수출 등 다른 요인들에 의해 주도됐음을 시사한다.

2024년 하반기에 접어들면서 민간 소비는 회복세가 점차 개선될 것으로 전망된다. 하반기 소비가 나아질 것으로 예측되는 주요 요인으로는 소비자물가 상승률 안정화와 임금 상승률 확대를 들 수 있다. 소비자물가 상승률은 2024년 상반기 2.8%를 기록하며 전년 대비 안정화됐다. 하반기에는 한국은행의 물가안정 목표치인 2%에 근접할 가능성이 높아지고 있다. 명목 임금 상승률의 경우, 2024년 1분기에 전년 동기 대비 1.3%로 크게 둔화됐으나, 2분기에는 3.6%로 반등하며 회복세를 보이고 있다.

2025년 소비 전년比 개선 전망
소비자물가 안정세 지속될 듯

2025년 민간 소비의 향방은 국내 경제에 매우 중요하다. 민간 소비가 국내총생산에서 절반 가까이 차지한다는 점을 고려하면, 2025년 소비 양상은 경제 전반에 큰 영향을 미칠 것이다. 결론부터 말하면, 2025년 민간 소비 증가율은 2024년보다 다소 개선될 것으로 전망된다. 가계 소비를 결정짓는 여러 요인 중 긍정적 요인이 부정적 요인보다 더 많기 때문이다. 2025년 소비에 긍정적 영향을 미칠 것으로 예상되는 주요 요인 중 하나는 소비자물가의 안정이다. 2024년부터 시작된 물가 안정 추세가 2025년에도 이어질 것으로 예상된다. 전반적으로 내수 회복 속도가 빠르지 않아 수요 측 물가 상승 압력이 낮고, 2024년 유가와 농산물 가격 급등에 따른 기저 효과 등으로 2025년 소비자물가는 안정적인 모습을 보일 가능성이 높다. 이는 가계의 실질 구매력 증가로 이어져 소비 진작에 긍정적 영향을 미칠 것이다.

금리 인하 등 금융 여건도 소비에 긍정적이다. 미국 중앙은행인 연방준비제도(Fed)는 2024년 9월 기준금리를 기존 5.25~5.5%에서 4.75~5%로 0.5%포인트 낮추는 빅컷을 단행했다. 한국은행도 물가 안정과 경기 회복의 균형을 고려해 기준금리를 2024년 하반기부터 점진적으로 낮출 것으로 전망되며, 금리 인하 사이클은 2025년에도 이어질 가능성이 높다. 이런 금리 인하 영향으로 가계의 이자 부담이 경감됨에 따라 가처분 소득이 증가해 소비 여력이 확대될 것이다. 특히 변동금리 대출 비중이 높은 한국의 특성상, 금리 인하의 효과가 비교적 빠르게 가계 경제에 반영될 것으로 예상된다.

AI 등 디지털 기술의 발전과 IT 기기 등 내구재 소비 확대도 소비에 긍정적이다. 2025년에는 AI 기술이 일상생활에 더욱 깊이 침투하면서 관련 제품과 서비스에 대한 수요가 크게

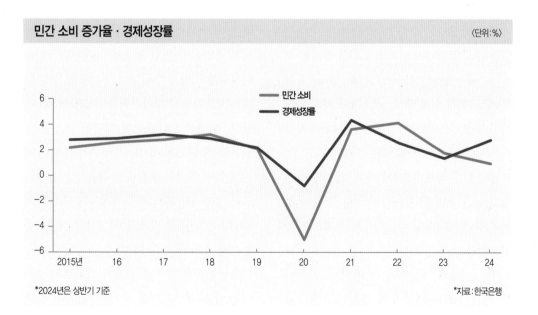

민간 소비 증가율 · 경제성장률 〈단위:%〉

*2024년은 상반기 기준

*자료:한국은행

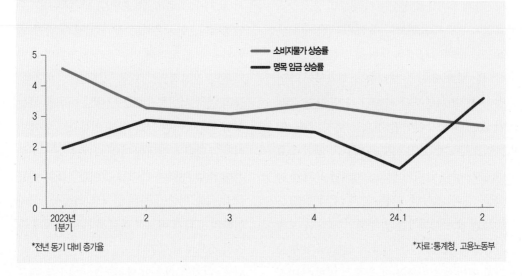

소비자물가 · 명목 임금 상승률 〈단위:%〉

소비자물가 상승률
명목 임금 상승률

2023년 1분기 / 2 / 3 / 4 / 24.1 / 2

*전년 동기 대비 증가율　　　　*자료:통계청, 고용노동부

증가할 것으로 예상된다. 특히 AI 기반의 스마트홈 기기, 개인화된 AI 비서, AI 탑재 모바일 디바이스 등의 보급이 확대되면서 관련 IT 기기 소비가 늘어날 것이다. AI와 디지털 기술의 발전은 단순히 IT 기기 소비 확대를 넘어 새로운 형태의 서비스 소비를 창출할 것이다. 예를 들어, AI 기반의 개인화된 교육 서비스, 원격 의료 서비스, 스마트 시티 관련 서비스 등 다양한 분야에서 새로운 소비 시장이 형성될 것으로 예상된다.

팬데믹 이후 빠르게 회복된 국외 소비도 추가적인 민간 소비 확대 여력이 있다. 2023년부터 시작된 해외여행 수요의 급격한 회복세가 2024년을 거쳐 2025년에는 더욱 안정화되고 확대될 것으로 예상된다. 팬데믹 기간 동안 억눌렸던 해외여행 수요가 여전히 강하게 유지되고 있다. 2025년에는 이런 '보복 소비' 심리가 안정화되며 보다 계획적이고 지속적인 해외여행 소비 패턴이 자리 잡을 것이다. 팬데믹 이후 줄어들었던 국제선 노선이 2025년에는 거의 정상화되고, 일부 노선에서는 오히려 증편이 이뤄질 것으로 예상된다. 이는 해외여행의 접근성을 높이고 비용을 낮춰 더 많은 소비자들의 해외여행을 유도할 것이다.

반면, 2025년 소비 확대를 제약할 수 있는 요인들도 존재한다. 우선, 가계부채 문제가 여전히 소비 확대의 걸림돌로 작용할 가능성이 크다. 2024년 1분기 기준 가계부채 규모는 약 1883조원에 달할 것으로 예상된다. 이는 처분 가능 소득 대비 약 149% 수준이다. 2023~2024년의 강력한 대출 규제로 가계부채 증가세는 다소 둔화됐지만, 여전히 높은 수준의 부채는 가계의 원리금 상환 부담을 가중시킬 것이다.

고령화와 저출생 문제도 지속적으로 국내 민간 소비에 부정적 영향을 미칠 것으로 보인다. 2025년에는 65세 이상 고령 인구 비중이 약 20%에 달할 것으로 예상되며, 이는 소비 패턴의 변화를 초래할 것이다. 고령층의 경우 일반적으로 의료비 지출은 증가하지만, 여타 소비는 줄어드는 경향이 있다. 특히 내구재 소비와 같은 대규모 지출이 감소할 가능성이 높다. 또한, 주력 소비 계층인 30~40대 인구의 감소는 전반적인 소비 둔화로 이어질 수 있다.

부동산 시장의 불확실성 역시 우려되는 요인이다. 2023~2024년의 부동산 시장 안정화 정책에도 불구하고, 2025년 부동산 시장은 여전히 불확실성이 높을 것으로 예상된다. 일부 지역의 부동산 가격 변동성 확대는 가계의 전반적인 소비 심리를 불안하게 만들 수 있다. 특히 전세 가격 불안정과 월세 전환 증가 등으로 인한 주거비 부담 증가는 가계의 가처분 소득을 감소시켜 소비 여력을 제한할 수 있다.

민간 소비의 상·하방 요인을 검토해본 결과 2025년 소비는 2024년보다 다소 개선될 것으로 예측된다. 앞서 언급했듯 민간 소비는 국내 GDP에서 대략 절반을 차지할 만큼 중요하다. GDP 구성 요소 중 수출과 투자보다 소비가 회복할 때 사람들은 국내 경제의 회복세를 느끼기 쉽다. 정책당국 입장에서는 모든 GDP 구성 항목이 중요하겠지만 민간 소비가 국가 경제에서 차지하는 위상을 고려할 때 아무래도 소비 회복 여부에 더 신경을 쓸 수밖에 없다.

그렇다면 민간 소비에 활력을 불어넣기 위해서 우리는 어떤 노력을 해야 할까. 가계의 소비 증대를 위해서는 근본적으로 가처분 소득이 늘어나야 한다. 경제 내 유휴 노동력이 줄고 취업자의 실질 임금이 상승하면 소비는 자연스럽게 회복된다. 이런 선순환 구조를 만들기 위해서는 민간 부문의 활력이 핵심이다.

민간 부문의 성장동력 강화를 통해 양질의 일자리를 창출하려면 산학협력을 강화하고, 4차 산업혁명 시대에 부합하는 직업 훈련 프로그램을 개발해야 한다. 또한 노동 시장의 유연성을 높여 다양한 고용 형태를 지원하는 것도 필요하다. 취약계층을 위한 일자리 지원도 병행돼야 하며, 사회적 기업 육성과 지속 가능한 공공 일자리 프로그램 개발이 요구된다. 가계부채에 대한 안정적인 관리와 주거비 부담 완화도 정부가 지속적으로 관심을 가져야 할 영역이다. 채무 상환 부담 증가로 인한 가계의 채무불이행은 전반적인 소비 위축으로 이어질 수 있어, 이에 대한 제도적 지원 방안 마련이 필요하다. 특히 원리금 상환 연체와 채무불이행 상태에 처한 가구에 대해 더욱 세심한 관리가 필요하다. ■

금리 인하 시작 '피벗의 시대' '디스인플레이션' 함정 피해야

김광석 한국경제산업연구원 경제연구실장

다른 시대가 시작됐다. 인구학자라면 인구 구조 변화를 기준으로 시대를 정의할 것이고, 과학자라면 기술 패러다임 변화를 중심으로 AI 시대 등으로 이 시대를 이름 지을 것이다. 지정학자라면 신냉전 시대라 명명할 법할 것이고, 정치학자라면 혼돈의 시대라 구분 지을 법하다. 그러나 경제학자라면 누구나 지금을 '피벗의 시대'라고 정의할 것이다.

줄줄이 시작한 금리 하락, 이른바 피벗의 시대

2024년, 드디어 '피벗의 시대'가 왔다. 2024년 하반기 경제학적 관점에서 다른 시대가 온 것임에는 틀림이 없다. 피벗(Pivot)은 '방향 전환'을 뜻하는 용어다. 경제학에서는 기준금리를 인상하는 긴축적 통화 정책 기조에서 기준금리를 인하하는 완화적 통화 정책 기조로의 전환(혹은 그 반대)을 피벗이라고 한다. 미국은 2024년 9월, 4년 반 만에 기준금리 인하를 단행했다. 유로존, 영국, 캐나다, 스위스, 스웨덴 등 주요국은 이미 미국보다 먼저 피벗을 시작했다. 한국은행도 10월 11일 기준금리 인하를 단행했다.

한국은행의 금리 인하는 3가지 목적을 갖고 있다. 물가 안정, 경기 안정, 금융 안정이다. 이 3가지 책무 중, 물가 관점에서 한국은행의 통화 정책 기조 전환이 당위적이었는지 평가해보자. 한국은행법 1조 1항은 "이 법은 한국은행을 설립하고 효율적인 통화신용 정책의 수립과 집행을 통하여 물가 안정을 도모함으로써 국민 경제의 건전한 발전에 이바지함을 목적으로 한다"고 규정하고 있다. 한국은행의 가장 중요한 정책 목표가 물가 안정임을 분명히 밝힌 것이다.

현재 국내 물가는 어떤가. 2024년 9월 소비자물가 상승률이 1.6%로 목표 물가 2%를 밑돌기 시작했다. 목적지를 향해 달리다 목적지를 지나쳐버린 격이다. 이제 인플레이션이 걱정되는 게 아니라, 디플레이션이 우려되는 상황으로 급반전됐다. 물론 서민의 체감 물가와는 심각한 괴리가 느껴지는 일이라는 것도 잘 알고 있지만, 이건 별도 한 면으로 다뤄도 부족한 다른 과제인 것이지 체감 물가를 고려해 디플레이션을 수용할 수는 없는 일이다. 잃어버린 30년을 경험한 일본을 따라갈 수는 없지 않은가?

갑자기 한국에 드리운
디스인플레이션 현상의 배경

세계적으로 디스인플레이션이 진전되고 있다. 물가 상승세가 다소 완화하는 것을 뜻하는, 이른바 디스인플레이션(Disinflation) 시대다. 소비자물가 상승률이 정점으로부터 2%를 향해 떨어지는 구간을 뜻한다. 2024년 중반까지 세계적으로 디스인플레이션 현상이 진전됐고, 2024년 하반기 이후 오히려 목표 물가 수준(한국의 경우 2%)에 도달하는 국가가 과반에 달하고 있다. 치솟던 물가가 안정세를 넘어 하락으로 전환할 기미를 보인다. 이는 곧 각국 중앙은행이 긴축에서 완화로 통화 정책 기조를 전환, 즉 피벗이 곧 있을 것임을 예고해준다.

디스인플레이션 현상의 주된 이유는 내수 경기 침체다. 한국 경제 내수 경기는 심각한 상황에 놓여 있다. 사실 이는 전문가가 아니어도 모두가 공감하는 영역이다. 소매판매액지수 증감률이 2024년 상반기에 −2.4%를 기록했다. 코로나19 팬데믹 당시인 2020년 −0.1%를 기록했을 때 모두가 '충격적인 하락'이라고 반응이 나올 정도였다. 충격도 잠시. 소매판매액지수율은 계속 하락세를 이어갔다. 2022년 −0.3%, 2023년 −1.5%에 이어 2024년 −2%대를 넘어섰다. 즉, 내수 침체의 골이 깊어져가고 있다. 한국 경제성장률이 2024년 그나마 2.4% 수준을 기록할 것으로 전망하는 것은 반도체, 자동차, 조선 등 주요 품목 수출이 뒷받침됐기 때문이다. 점차 내수의 성장 기여도가 축소되면 한국 경제는 어디로 가는 것일까. 한국은행도 2025년 내수의 성장 기여도가 축소될 것으로 전망된다. 내수 경기 부양을 위해 기준금리를 인하해야 하는 막다른 골목에 놓여 있는 상황이다.

2025년 국내 물가 상승률 2%
밑도는 수준 전개될 것

2025년 물가에 영향을 미칠 요소는 3가지다. 기준금리와 국제유가, 환율이다.

기준금리는 하락하나 물가 상승은 더딜 것으로 보인다. 2025년 한국은행은 내수 진작과 디플레이션 방어 등을 위한 추가적인 기준금리 인하를 단행할 것으로 전망한다. 금리는

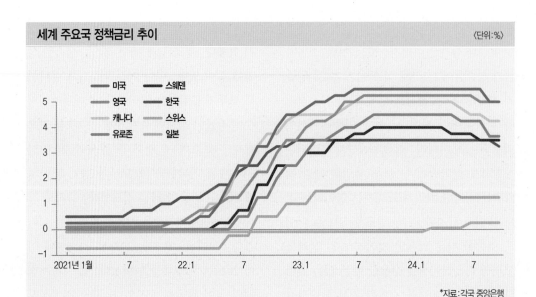

세계 주요국 정책금리 추이 〈단위:%〉

미국　스웨덴
영국　한국
캐나다　스위스
유로존　일본

*자료:각국 중앙은행

하락하지만 그로 인한 물가 상승 효과는 거의 없을 것으로 보인다. 경기가 워낙 좋지 않아 내수 진작 효과가 더디게 나타나는 탓이다. 수요 부진에 따른 물가 상승률 둔화 흐름은 추가적으로 진전될 것으로 예측한다.

국제유가 하락과 환율 안정이 물가 상승 압력을 줄일 것으로 기대를 모은다. 국제유가는 사우디아라비아, 러시아 등의 감산 연장 결정으로 2023년 9월부터 배럴당 90달러를 돌파했으나 중국 등 글로벌 경기 둔화 우려로 2023년 12월에는 배럴당 77달러 수준까지 하락했다. 2025년 국제유가는 배럴당 83달러 수준을 기록할 것으로 전망된다. 기대 인플레이션도 안정적인 흐름을 유지할 것으로 예상된다. 다만, 공공요금 인상과 이상 기후에 따른 식료품 가격 변동성은 물가의 불안 요인으로 작용할 수 있다. 농축수산물의 경우 물가 변동성이 높은 품목 중 하나로 2025년 중에도 이상 기온, 명절 수요 등으로 변동성이 확대될 가능성이 존재한다. 국제유가 역시 OPEC+

2025년 소비자물가 전망 단위:%

구분	2023년		2024년		2025년	
	상반기	하반기	상반기	하반기(F)	상반기(F)	하반기(F)
물가 상승률	3.9	3.3	2.8	2.1	2	1.8

*(F)는 전망치임
*자료:통계청

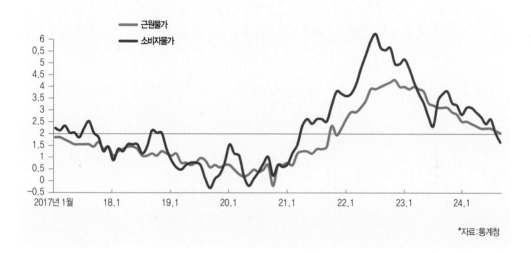

한국의 소비자물가·근원물가 월별 추이 〈단위:%〉

*자료:통계청

의 감산 연장, 이란·이스라엘 충돌에 따른 중동 지역 긴장 고조 등으로 인해 2025년 급등할 가능성도 상존한다.

종합적으로 판단했을 때, 2025년 하반기 들어 물가 상승률은 2%를 채 밑도는 수준의 흐름이 전개될 것으로 진단한다. 한국은행의 목표 수준에 부합하는 수준이다.

이런 구간에 많은 대중이 혼란을 느끼곤 한다. '물가는 여전히 높고, 물가는 계속 오르기만 하는데, 왜 물가가 떨어진다는 말인가?' 하며 혼란스러워하는 경우를 많이 접할 수 있다. 이는 물가와 물가 상승률을 구분하지 않아서 오는 혼동이다. '물가 상승률'이 떨어지는 것이지, '물가'가 떨어지는 것은 아니다. 물건의 가격 그 자체는 떨어지기 쉽지 않다. 가격은 통상 계속 오르기만 한다. 다만, 물건

가격이 오를지라도 물가 상승률 즉, 물가 상승 속도는 둔화할 수 있다. 물가 상승률이 떨어지는 것과 물가가 떨어지는 것은 엄연히 다르다. 물건 가격이 100원 → 200원 → 300원으로 올랐다고 가정해보자. 가격은 각각 100원씩 올랐지만, 상승률은 100%에서 50%로 떨어졌다. 즉, 물가 상승률이 2%로 떨어져도, 이미 올라간 가격에서 2% 또 오르니, 실물 경제에서 체감하는 물가는 상당히 부담스러울 수 있다. 그러나 통화 정책의 물가 안정 목표는 물가 상승률을 2% 수준으로 관리하는 것임을 주지할 필요가 있다. 2025년에도 물가 상승률이 다소 안정화하는 흐름을 보일 것이지만, 소비자들은 2024년에 경험한 비싼 물건 가격보다 약 2% 정도 더 높은 물가를 경험하게 될 것이다. ■

기업 투자 둘러싼 환경 여전히 '혹독' 건설 수주 증가세는 긍정적 요인

박용정 현대경제연구원 산업연구실장

2024년 상반기 총고정자본형성(투자)은 전년 동기 대비 소폭 감소했다. 2023년 상반기 2.7% 증가, 하반기 0.2% 증가 등 점진적 둔화가 지속된다. 2024년 상반기 투자 감소의 가장 큰 이유는 미국과 중국 경기 둔화, 중동 분쟁 격화에 따른 대외 여건 악화와 이에 따른 경기 불확실성 확대, 민간 투자 감소다. 민간 부문 총투자는 2023년 상반기 2.9%로 플러스 성장을 보였으나 하반기 0.4% 감소했으며, 2024년 상반기 1%까지 감소폭이 확대됐다. 2024년 하반기 투자는 대외 여건의 부정적 요인 상존과 기업 체감 경기 악화로 불안한 흐름을 지속하고 있다.

부문별로 보면, 2024년 상반기 설비투자는 전년 동기 대비 1.8% 감소했다. 2023년 상반기 4.2% 증가 대비 큰 폭 감소를 기록했지만, 반도체 산업 호황의 영향이 투자로 연결되지 못한 영향이 크다. 결론부터 말하면 2025년 설비투자는 ICT 경기 회복세 지속과 반도체 첨단 공정 인프라 구축 등으로 2024년 0%대 증가에서 3% 후반대로 증가세가 강화될 전망이다.

지정학적 갈등 지속과 기업 투자 심리 악화

하지만 기업 투자를 둘러싼 환경은 여전히 녹록지 않다는 점은 우려 요인이다.

첫 번째로 세계 경제를 둘러싼 하방 리스크의 상존이다. 신흥국 중심의 완만한 경제 성장세가 지속되면서 지난 7월 국제통화기금(IMF)은 2024년 경제성장률을 2023년 3.3%와 비슷한 수준인 3.2%로 전망했다. 2025년은 3.3%로 지난 4월 전망치보다는 0.1%포인

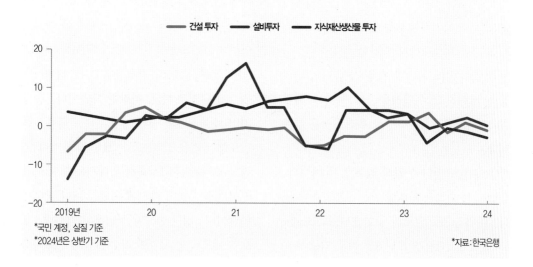

설비투자, 건설 투자, 지식재산생산물 투자 증가율 〈단위:%〉

*국민 계정, 실질 기준
*2024년은 상반기 기준
*자료:한국은행

트 높은 전망치를 제시하면서 세계 경기의 완만한 성장을 예측했다. 다만, 중동 분쟁, 러시아-우크라이나 전쟁 등 지정학적 갈등이 여전히 지속되고 있고, 하반기 미국 대선 결과에 따른 정책 변화, 통화 정책 정상화 속 누적된 부채 확대 등은 간과할 수 없는 위험 요인으로 지목된다. 대외 여건 악화와 불확실성 확대는 반도체 등 특정 산업 의존도가 높은 국내 경제의 구조적 측면을 고려해본다면 분명 부담스러운 점이다.

두 번째로 기업의 투자 심리 위축이다. 기업 활동 위축은 가계의 소득과 소비 감소로 이어져 기업 수익이 감소하는 악순환에 직면하게 된다. 그 결과 기업의 중장기적인 투자 여력이 감소하고 이로 인해 잠재성장률이 하락하는 등 국가 경제 활력 저하로 이어질 우려가 있다. 미국, 중국 경기의 둔화와 전방 산업 부진 등 영향으로 최근 9월 한국은행 기업경기실사지수(BSI)는 지난 7월 95.1포인트 수준에서 9월 91.2포인트까지 3개월 연속 악화됐다. 제조업, 비제조업을 비롯해 대기업, 중소기업, 수출·내수 기업 모두 급락했다. 특히 제조업은 1차금속, 석유화학 등의 체감 경기 악화가 크게 작용하면서 낙폭이 컸으며 대기업과 내수 기업을 중심으로 기업 체감 경기가 부정적으로 인식되고 있다.

세 번째로 기업소득 부진과 부실기업 증가도 불안 요인이다. 제조업을 비롯한 국내 산업의 수익성, 성장성은 크게 개선되지 못하고 있다. 이는 기업소득 감소와 함께 투자 여력을 축소시킬 요인으로 작용할 가능성이 크다. 한국은행 금융안정 상황 보고서에 따르면 국내 외부감사 기업에서 한계 기업(기업 수 기준, 3년 연속 이자 비용이 영업이익보다 큰 기업)이 차지하는 비중이 2021년 14.9%에서 2023년 16.4%까지 증가한 상황이다. 한계 기업이 장기 존속할 경우 정상 기업의 성장을 저해하고 수익성을 악화시키는 외부 효과도 발생된다는 점에서 우려스러운 부분이다.

물론 부정 요인만 산적해 있는 것은 아니다. 산업 경기 회복을 기대할 만한 요인도 엿보인다. 대외적으로 글로벌 종합 PMI(Purchasing Manager Index)는 2022년 8월 이후 기준치 50포인트를 밑도는 수축 국면으로 진입했고, 2023년 1월 49.7포인트를 기록했다. 2024년 들어서는 50포인트를 넘어가는 확장 국면으로 개선되는 모습이다. 다만, 설비투자에 직

접적인 영향을 미치는 반도체 산업을 둘러싼 대내외 여건은 불확실성이 높다. 스마트폰, PC 등 범용 D램 수요 부진이 영향을 미치고 있는데, PC용 D램 반도체 가격(DDR4 8Gb, D램익스체인지)의 경우 5월 2.1달러에서 8월 2.05달러로 소폭 하락한 모습이다. 중국 기업 물량 공세와 공급 과잉 우려도 범용 D램 반도체 가격을 떨어뜨리는 요인 중 하나다.

결국 투자 부문 활성화를 위해서는 첨단 산업 고부가가치 영역 확장에 속도를 내야 한다는 판단이다. 최근 반도체 산업은 초저전력, 고효율 메모리 등 AI 메모리 기술력이 강조되고 있는 흐름 속에서 고대역폭메모리 반도체 HBM(High Bandwidth Memory)과 AI 전용 반도체 솔루션 PIM(Processing-In-Memory) 등 차세대 메모리 반도체 영역이 각광받는다.

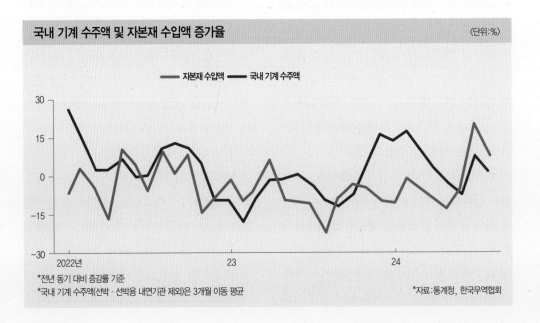

국내 기계 수주액 및 자본재 수입액 증가율 〈단위:%〉

자본재 수입액 ── 국내 기계 수주액

*전년 동기 대비 증감률 기준
*국내 기계 수주액(선박·선박용 내연기관 제외)은 3개월 이동 평균

*자료:통계청, 한국무역협회

국내 기업이 이 부문 세계 시장을 선도하는 것은 고무적이다. 첨단기술 독점 강화와 국가 간 기술력 차이, 보호무역주의 강화, 글로벌 공급망 대립 등 파고 속에서 국내외 기업 투자 유치를 위한 세제 지원, 보조금 도입, 규제 완화 등으로 투자 생태계 강화에 힘써야 할 때다.

건설 투자 회복세 둔화

건설 투자는 2024년 상반기 전년 동기 대비 0.4% 증가했다. 2020년 하반기부터 이어진 감소세가 2023년 상반기 증가세로 전환된 흐름이나 여전히 미약한 수준이다. 부동산 PF 불확실성이 하방 요인으로 작용하고 있지만 건설 경기 동행 지표인 건설기성은 공공 부문을 중심으로 증가하고 있고, 선행 지표인 건설 수주가 최근 민간·공공 부문 모두 증가하고 있는 점은 긍정 신호다. 수도권을 중심으로 부동산 거래·분양 확대, 기준금리 하락에 따른 금융 조달 비용 감소 등도 회복세를 뒷받침할 요인이다. 다만, 토목 부문은 정부 SOC 예산 축소 편성과 주택 건설 인허가 감소, 신규 착공 위축 등이 부정적 요인이다. 이를 종합해볼 때 2025년 건설 투자는 전년 대비 0.6%대 증가에 그칠 것으로 전망된다.

지식재산생산물 투자 증가 지속

2024년 상반기 지식재산생산물 투자는 전년 동기 대비 1.5%로 2023년 상반기 2.9%보다 낮은 수준이나 2023년 하반기 0.5%보다는 높은 증가세다. 미국, 중국 등 경기 둔화 우려에도 불구하고 반도체, 자율주행차 등을 중심으로 미래 경쟁력 강화를 위한 R&D 투자가 확대되고 있다. 특히 혁신 기술에 대한 개발 경쟁이 치열하게 전개되는 상황에서 정부 R&D 예산 확충 등은 주요 기업 기술 경쟁력 확보에 긍정적 요인으로 작용할 전망이다. 다만 소프트웨어 부문에서는 코로나19 시기를 경험하면서 AI를 활용한 플랫폼 투자가 확대됐으나 투자 조정이 이뤄지는 모습이다. 혁신 산업 전반의 미래 경쟁력 강화를 위한 노력이 지속된다는 점에서 2025년 지식재산생산물 투자는 3%대 성장을 보일 것으로 전망된다. ■

기준금리 2.5%가 마지노선
시장금리 연말께 하향 안정세

허문종 우리금융경영연구소 경영전략연구실 매크로센터장

2024년 초 상승세를 보이던 국내외 국채 금리는 주요국 기준금리 인하 기대로 4~5월을 정점으로 하락세를 지속했다. 2023년 말 이후 기준금리(3.5%) 아래로 내려간 국고채 3년물 금리(10월 16일 2.88%)는 2024년 7월 이후 외국인 중심으로 채권 매수세가 강화되며 기준금리와의 마이너스 스프레드폭이 크게 확대(9.25일 기준 69bp(-0.69%))됐다. 이후 한은의 기준금리 인하(10월 11일 금통위) 시

점을 전후로 그 폭이 점차 축소(10월 16일 37bp)됐다. 또한 한은의 금리 인하 기대를 반영, 장기물보다 단기물 금리 하락 속도가 빨라지면서 수익률 곡선은 가팔라지고 (steepening) 있다.

미국, 한국 등을 포함한 주요국들이 2024년 하반기 이후 금리 인하 사이클에 진입하면서 2025년에는 글로벌 금리가 전반적으로 하향 안정 추세를 나타낼 것으로 예상된다. 맹위를 떨치던 주요국 소비자물가 상승률은 긴축 통화 정책을 반영해 각국 중앙은행 목표 수준

IMF(2024년 10월)의 글로벌 CPI 상승률 전망 단위:%

	전 세계	선진국	미국	유로존	일본	한국	신흥국	중국	인도
2024년	5.8	2.6	3	2.4	2.2	2.3	7.9	0.4	4.4
2025년	4.3	2	1.9	2	2	2	5.9	1.7	4.1

*한국은 연구소 전망치
*자료:IMF, 우리금융경영연구소

내외(2024년 9월 기준 미국 2.4%, 유로존 1.8%, 영국 1.7%, 한국 1.6%)까지 안정됐다. 이런 추세는 2025년에도 이어질 가능성이 커 보인다. 2025년 미국·중국 등 주요국의 경기 둔화 우려와 함께 국내 경제성장률 둔화 가능성도 시장금리 하향 안정을 뒷받침하는 부분이다.

2025년 글로벌 물가 역시 선진국을 중심으로 노동 시장 불균형 해소, 국제유가 하락 등 공급 측 요인과 경기 둔화에 의한 수요 측 물가 압력이 동반 축소되면서 하락할 것으로 예측된다. 한국도 이런 전반적인 분위기 속에서 소비자물가 상승률이 2024년 2.5%에서 2025년 2%로 한은 목표 수준으로 수렴할 것으로 전망한다. 이란-이스라엘을 둘러싼 중동 분쟁, 장기화되고 있는 러시아-우크라이나 전쟁 등 지정학적 위험이 국제 상품 가격을 크게 변동시킬 여지가 있지만, 이런 위험들이 각국 물가의 대세 흐름을 바꿔놓을 정도로 확산될 가능성은 제한적인 상황이다.

IMF 등 주요 전망 기관은 대체적으로 한국 경제성장률을 2024년 2.3~2.5% 내외, 2025년에는 2~2.2%(IMF 2.2%, OECD 2.2%, 한은 2.1%, KDI 2.1%, IB 평균 2.2%)로 전망한다. 우리금융경영연구소는 국내 GDP 성장률이 2024년 2.3%에서 2025년 2%로 낮아질 것으로 예상한다. 2025년에는 고물가 고금리 부담이 완화되면서 내수가 개선되겠지만, 주요국에 대한 반도체·자동차 등 주력 품목 수출 신장세가 둔화될 것으로 예상되기 때문이다. 민간 소비는 물가·금리 부담을 다소 덜겠지만, 인구 고령화, 청년층의 고용 부진 등 구조적 요인으로 인해 회복세가 완만할 것으로 보인다.

주요 기관들은 2025년에도 AI 수요가 지속되며 반도체 매출과 가격이 상승할 것으로 보고 있지만, 2024년 국내 반도체 수출(1~10월 전년 동기비 +48.4%) 급증에 따른 기저 효과로 증가폭은 축소될 가능성이 크다. IMF(2024년 10월)는 2025년 글로벌 경제가 G2(미국·중국)의 성장이 둔화되겠지만, 유로존의 경기 개선, 인도·아세안 등 신흥국의 고성장에 힘입어 GDP 성장률이 2024년, 2025년 각각 3.2%로 양호한 수준을 유지할 것으로 예상하고 있다. 다만, 미국·중국 등 주요 교역 상대국의 성장세 둔화는 국내 수출에는 다소

IMF(2024년 10월)의 글로벌 경제성장률 전망

단위:%

	전 세계	선진국	미국	유로존	일본	한국	신흥국	중국	인도
2024년	3.2	1.8	2.8	0.8	0.3	2.3	4.2	4.8	7
2025년	3.2	1.8	2.2	1.2	1.1	2	4.2	4.5	6.5

*한국은 연구소 전망치
*자료:IMF, 우리금융경영연구소

부정적일 여지가 있다. 국내 수출에서 가장 큰 비중(2024년 1~10월 기준 71.9%)을 차지하는 중국(19.4%), 미국(18.6%), 아세안(16.7%), 유로존(10.1%), 일본(4.3%), 인도(2.8%)의 성장률을 GDP로 가중평균해보면, 이들 국가들의 합산 성장률이 2024년 3.8%에서 2025년 3.5%로 소폭 둔화되는 것으로 나타나기 때문이다.

2024년 9월에 시작된 연준의 금리 인하 사이클은 경제위기 대응 차원이 아니라 미국의 경기 연착륙을 지원하기 위한 보험 성격의 인하(insurance cut)라는 점에서 2025년 글로벌 금융 시장에 우호적인 영향을 미칠 것으로 보인다. 주요국 금리와 달러화가 안정세를 보이는 가운데 주식 등 위험자산 가격은 강세를 보일 것으로 예상된다. 2024년 9월 빅컷

(5.5% → 5%, 상단)을 단행한 미 연준은 2024년 말까지 기준금리를 4.5%까지 낮추고, 2025년에는 3.25%까지 125bp 추가 인하할 것으로 예상된다. 전 세계 주요국 중앙은행들도 낮아진 물가 부담과 내수 진작을 위해 높게 유지되던 정책금리를 점차 낮춰갈 것으로 예측된다. 다만, 미 대선에서 트럼프가 당선되면서 향후 글로벌 인플레이션과 주요국 정책금리에는 상방 압력으로 작용할 여지가 있어 예의 주시할 필요가 있다.

한국은행도 2024년 10월 기준금리를 25bp 인하(3.5% → 3.25%)함으로써 피벗(pivot)을 개시했다. 서울 등 수도권 부동산 시장이 과열 양상을 보이면서 2024년 3분기 들어 가계부채가 빠르게 늘었지만, 9월(전년 동월비 1.6%), 10월(1.3%) 물가가 한은의 목표 수

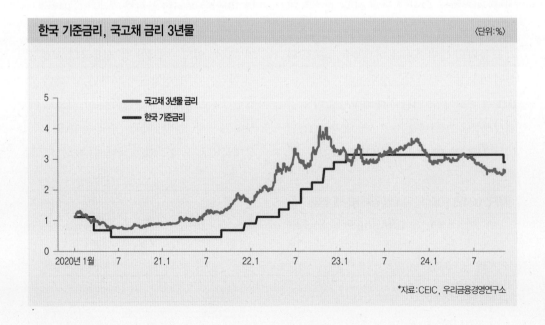

한국 기준금리, 국고채 금리 3년물 〈단위:%〉

국고채 3년물 금리
한국 기준금리

*자료:CEIC, 우리금융경영연구소

준(2%) 밑으로 내려온 데다 깊어지고 있는 내수부진 우려를 감안하지 않을 수 없었기 때문이다. 다만, 금리 인하가 자산 가격과 가계부채를 다시 자극할 우려가 있기 때문에 2025년 한 해 동안 한은의 금리 인하폭은 75bp 내외(연말 기준금리 2.5%)로 제한될 가능성이 크다. 2024년부터 따져보면 한은의 금리 인하폭은 연준의 절반 수준에 불과하다. 이창용 한은 총재는 지난 8월 금통위에서 "고정금리 대출 비중이 높은 미국과 달리 우리나라는 변동금리 비중이 높기 때문에 연준보다 금리 인하폭과 속도가 완만할 것"이라는 점을 분명히 했다. 또한 10월 금통위에서는 금리를 인하하면서 "정부의 정책 효과로 가계부채 증가세가 다소 둔화됐지만, 금리 인하가 대출 수요를 자극할 수 있기 때문에 정부의 거시건전성 대책이

지속될 필요가 있다"는 점을 강조한 바 있다.

목표 수준(2%)을 충족한 물가와 경기 둔화 우려, 한은의 추가 금리 인하 기대, 미국 등 주요국 금리의 하락 가능성 등을 종합적으로 감안할 때 2025년 중 국내 시장금리는 하향 안정될 것으로 예상한다. 다만, 금융 안정을 고려해 한은이 향후 금리 인하폭을 제한할 가능성이 크고, 시장금리가 기준금리 인하를 이미 선반영하고 있는 만큼 2025년 중 시장금리의 추가 하락폭은 제한적일 것으로 예상된다. 트럼프 당선에 따른 글로벌 경제·금융시장 영향, 미국의 경기 여건과 연준의 금리 인하 속도, 중동 분쟁 등 지정학적 위험에 따른 국제유가 움직임에 따라 2025년 중 글로벌 시장금리의 변동성이 크게 확대될 가능성도 예의 주시할 필요가 있다. ■

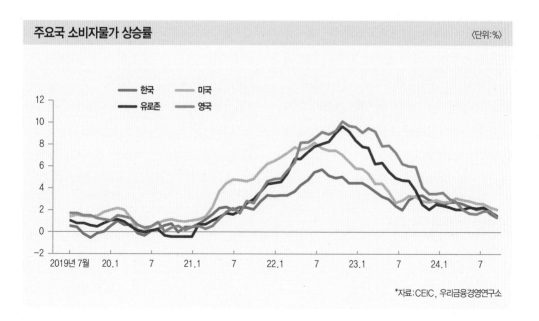

주요국 소비자물가 상승률 〈단위:%〉

범례: 한국, 미국, 유로존, 영국

*자료:CEIC, 우리금융경영연구소

연말께 1350원대 수렴할 듯
대내외 여건 따라…변동성은 높을 듯

서정훈 하나은행 외환파생상품영업부 박사

2023년 후반 미국 CPI(소비자물가지수)가 3% 중반에 근접하면서 연준의 금리 인하 피벗에 대한 기대가 확대되는 가운데, 2024년 원화 환율은 1300.4원으로 시작했다. 그러나 예상보다 강한 미국 노동 시장과 3% 중반 이후 더뎌진 물가 하락 추세가 연준 내 매파 성향 당국자 입지를 대변하며 달러 강세가 지지되는 형국에서 환율은 1340원대까지 상승하는 국면을 나타냈다.

2분기 들어 미국 인플레이션이 소비 지표 등 주요 경제 지표의 견조함 속에서 재차 상승세를 보이며 디스인플레이션 추세가 정체되는 모습이었다. 여기에 중동 지역 긴장이 이란의 이스라엘 보복 공습으로 확대되며 안전자산 선호, 중동 유가 불안정성 확대 등으로 재차 '킹달러'가 재현되는 모습을 보였다. 원달러 환율은 4월 16일 정확히 장중 1400원을 터치하며 연중 고점을 형성했다.

3분기 초반까지 더딘 미국 디스인플레이션 속도와 노동 시장의 견조함 등으로 자체적인 달러 강세 지지력을 유지한 가운데, 유로존과 유럽 주요 국가들의 선제적인 금리 인하

2025년 달러 · 원 환율 전망

단위:원

	1분기	2분기	3분기	4분기	연간
2024년	1329	1371	1358	1340(F)	1350(F)
2025년	1390(F)	1370(F)	1350(F)	1330(F)	1360(F)

*(F)는 전망치

피벗으로 달러화는 여전히 강세 지지력이 유지되는 모습이었다.

이후 9월 FOMC에서 전격적인 '빅컷'이 단행되며 원달러 환율은 1307원까지 하락했다. 10월 중동에서 이스라엘이 헤즈볼라를 넘어 이란으로까지 확전할 수 있다는 가능성으로 인해 글로벌 안전자산 선호 심리가 금융 전반을 지배하는 가운데 환율은 1340원대를 넘어 재차 1350원 직전까지 도달하며 변동성이 커지는 국면으로 전환했다.

2025년 원화 환율은 연준의 중립금리 수준까지의 피벗 지속 등으로 2024년도까지 지속했던 1300원대를 하향 이탈할 것으로 예상된다. 하지만 과거와 달리 더디게 진행될 수 있는 연준 통화 정책과 지정학적 리스크 등에 따른 세계 경제 위축 지속, 우리 경제 또한 회복력이 보다 느려지며 1250원대를 소폭 웃도는 1200원대가 뉴노멀로 자리 잡을 것으로 보인다.

미국 2기 트럼프 시대 변수

2025년 환율 방향성은 2024년과 마찬가지로 주요 국가 중앙은행의 통화 정책, 지정학적 전쟁 확산 가능성, 미국 신정부 출범 이후 미중 무역 전쟁 영향 등에 주요하게 의존할 것으로 보인다.

대외적인 통화 시장 영향 요인으로 디스인플레이션에서 노동 시장 냉각으로 중심이 옮겨간 미국 경제에 대해 연준이 어느 수준까지 어느 정도 속도로 금리 인하를 지속할 것인가가 2025년도에도 원화 환율 향방에 핵심 요소가 될 전망이다. 연준은 점도표상 2025년 100bp(1%) 인하를 경로상에 올려놓고 있는 상태에서 미국 경제 연착륙을 유도하려는 노력을 지속할 것이다. 그러면서 실질 중립금리 수준까지 안정적으로 금리 인하를 단행하고자 하는 의지가 표출될 것으로 보인다. 다만 과거 경험처럼 연준이 금리 인하를 목표 수준까지 일관되게 연속적으로 내릴지는 현재 대외 정세상 높은 변동 가능성이 내재돼 있다. 이에 따라 금리 인하 시점이 점프하는 현상을 보일 수 있고, 해당 시점에는 오히려 달러 강세로 원화 환율의 하방 경직성이 빈번해질 수 있다. 이런 연준 정책의 점프 가능성은 현재 진행형인 중동 전쟁 확산 우려와 미국 신정부 출범 이후 중국 관계로부터도 크게 영향받을 수 있는 요인으로 생각될 수 있는 부분이다.

중동 전쟁은 이스라엘이 전장을 다섯 지역(가자, 하마스, 헤즈볼라, 후티 반군, 이란)으로 확장하는 양상 속에 궁극적으로 이란과 전면전 가능성이 크게 높아졌다. 이에 따라 2025년 중 휴전이 쉬워 보이지 않는다.

특히, 전쟁 종료 조건이 적 병력 섬멸, 적 수도 점령, 적국 동맹을 끊음 등의 세 가지 조건을 충족해야 한다는 논리에 따르면 이스라엘이 완벽하게 이 조건을 달성하기는 쉽지 않은 것이 현실이다. 때문에 중동 질서를 재편할 수 있는 위치를 차지할 때까지 전쟁이 지속될

원달러 환율은 점진적으로 안정화 추세에 접어들 가능성이 높다. (매경DB)

소지가 크다. 따라서 2025년 또는 2026년도까지 지정학적 이슈에 의한 안전자산 선호 강화는 통화 시장 지배 요인이 될 수 있다. 따라서 연준 금리 연속 인하, 급격한 달러 약세를 기대하기 힘들다.

중동 전쟁 장기화는 유가 상승 우려를 높여 연준에 디스인플레이션과 금리 인하에 대한 긴장감과 피로감을 더해줄 수 있다. 그리고 이 전쟁에 대한 막대한 비용은 미국 재정건전성에 영향을 미칠 요인으로 보이는 바, 그동안 위드 코로나 형국에서 가계에 대한 재정지출 압력이 완화하던 국면이 되돌림되면서 미 국채 금리 상승을 통해 달러 강세가 재차 도래할 수도 있다.

대외적 원화 환율에 영향을 미칠 주요한 세 번째 요인은 미국 신정부 출범 이후, 미-중 무역 갈등이 바이든 정부 때보다 심화될 수 있다는 사실이다. 미국의 대중국 무역 전쟁은 관세 부과 등을 통해 재차 인플레이션을 자극할 수 있고, 원화 환율에 부메랑으로 작용할 수 있다. 여기에 현시점까지 한국 경제에 대중국 수출 경제가 미치는 영향이 크다는 점을 고려할 때, 미-중 갈등으로 인한 우리 경제의 수출 회복력이 더뎌질 수 있는 가능성이 있다. 이 또한 원화에 대한 외환 수급에 부정적인 측면이다.

대내적인 요인은 원화에 긍정적인 2025년도가 될 수 있을까.

2024년 우리 경제는 수출이 IT, 반도체, 자동차 등에서 회복하며 반등 흐름으로 전환됐지만 앞선 대외 요인 등으로 인해 외국인 투자자 수급이 2024년 후반으로 가며 원화 환율에 부정적으로 작용했다. 이는 연중 환율이 1400원을 터치하는 원동력으로 작용하기도 했다. 2025년에도 국내 외화자금 수급 상황이 환율에 우호적으로 선회할 가능성은 크지 않아 보인다. 미국 신정부 출범 이후 중국과의 기술 패권을 중심으로 한 무역 전쟁 심화가 우리 대중국 수출에 여전히 부정적으로 작용할 것으로 보이기 때문이다.

이런 가운데 국내도 인플레이션과 가계부채, 대외 요인을 반영한 경기 변수들이 통화 정책을 통해 외환 시장에 반영될 것이다. 2025년 경기가 지정학적 리스크 확대 가능성, 미중 갈등 이슈 등으로 2024년보다 안 좋을 수 있다는 부정적 측면에 원화는 2025년에도 자체적으로 강한 강세를 띠기에는 한계가 있어 보인다. 하지만 2025년 후반 WGBI(세계국채지수) 편입에 따라 11월 실제 지수 반영 이후, 국내 시장금리 안정과 이에 따른 기업 자금 조달

비용 감소 등이 경제 활력 요인이 될 수 있다. 또 외환 시장 유동성 증가가 기대돼 원화 안정에 다소 지지력을 제공할 것으로 예상된다.

종합적으로 2025년에도 원화 환율은 대내외 여건에 따라 변동성이 높아질 것이다. 연간으로 놓고 보면 원달러 환율이 점진적으로 하락하는 추세를 보이겠지만, 트럼프 행정부 출범 후 불확실성이 커지면서 연초 달러당 1400원대 전후 흐름에서 1350원 전후 흐름으로 느리게 하락하는 흐름을 보일 것으로 예상된다. 또한 그 이후로도 원달러 환율은 트럼프트레이드(트럼프 당선 시 강세를 보일 자산에 투자하는 것), 연준 정책과 국내 원화 경제 체질에 따른 변동성 양상을 반영하며 1350원을 소폭 웃도는 흐름에서 움직임이 상당 기간 유지될 것으로 예상된다. ■

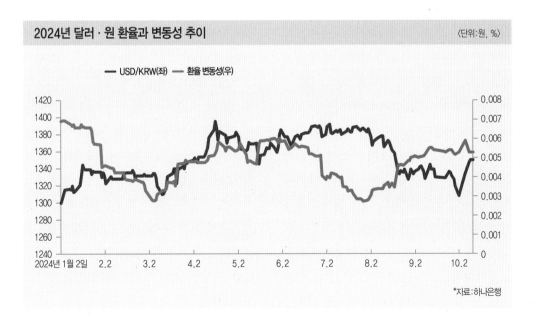

2024년 달러·원 환율과 변동성 추이 〈단위:원, %〉

— USD/KRW(좌) — 환율 변동성(우)

*자료:하나은행

반도체 호조에 상품수지 '好好'
여행수지 '적자'·운송수지 '찔끔 흑자'

신지영 현대경제연구원 선임연구원

2024년 8월까지 기준으로 국제수지의 흐름을 분석해보면, 경상수지의 경우 상품수지의 회복에 힘입어 2023년 대비 흑자폭이 확대되고 있다. 먼저, 경상수지에서 가장 큰 부분을 차지하는 상품수지는 반도체 경기 회복에 따른 수출 증가로 안정적인 흐름을 보이고 있다. 2024년 8월까지 상품수지 누계액은 536억달러 규모로, 2023년 동기간의 107억달러 대비 대폭 확대됐다. 이는 IT와 반도체 경기가 2024년 중 본격적인 회복세에 진입함에 따라 상품 수출이 증가한 반면, 내수 경기 회복세가 상대적으로 미진한 흐름을 보이는 가운데 국제유가 하락 등으로 상품 수입 증가세가 주춤했기 때문으로 판단된다.

서비스수지의 경우 여행수지 적자는 악화했지만, 운송수지가 개선되면서 서비스수지 적자 규모를 일부 상쇄한 것으로 나타났다. 내국인의 해외여행 수요 증가에 따라 여행지출이 여행 수입 대비 더 크게 증가하면서 여행수지 적자는 2024년 8월 누계액 기준 ▲92억달러로 나타나 2023년 동기간의 ▲83억달러 대비 악화했다. 한편, 서비스수지의 또 다른 축인 운송수지의 경우 글로벌 교역량 증가, 해운 운임 상승 등으로 운송 수입이 증가하면서 9억달러 흑자(2024년 1~8월 누계액 기준)를 기록하는 등 개선되는 흐름을 보였다. 이처럼 여행수지 적자 확대에도 불구하고 운송수지가 흑자전환함에 따라 서비스수지 적자 규모는 2024년 8월 누계액 기준 ▲150억달러 수준으로 2023년 동기간의 ▲164억달러 대비 개선될 수 있었던 것으로 판단된다.

본원소득수지의 경우 익금불산입 제도(국내 기업의 해외 자회사 배당금이 비과세) 시행으로 2023년 중 배당 수입이 급증했던 기저 효과가 사라지면서 흑자 규모가 대폭 축소됐다. 2024년 8월 현재 누계액 기준 본원소득수지는 118억달러 규모로, 2023년 동기간의 237억달러 대비 흑자 규모가 축소됐다. 그러나 평년(2019~2022년 1~8월 누계액 기준)의 117억달러와는 비슷한 수준인 것으로 나타나 안정적인 흐름을 유지하는 것으로 보인다.

마지막으로, 금융계정의 경우 국내 투자 유인이 2023년 대비 개선되면서 순자산 규모가 큰 폭 증가하였다. 직접 투자와 증권 투자 모두 좋아져 2024년 8월까지 누계 기준으로 499억달러 순자산 증가했다. 이는 2023년 같은 기간(124억달러)은 물론 2023년 연간(324억

달러)과 비교 시에도 대폭 확대된 수치인 것으로 나타났다.

2025년 국제수지 불확실성 확대

2025년 경상수지는 상품수지 흑자 확대로 증가세를 지속할 전망이다. 단, 본원소득수지 등 여타 부문이 2024년과 비슷한 흐름을 지속할 것으로 전망되는 가운데 서비스수지 적자 확대로 전체 경상수지 흑자 규모는 2024년 대비 소폭 확대에 그칠 것으로 예상된다. 한편, 경상수지 흑자 확대를 견인할 것으로 기대되는 상품수지가 미·중 경기 둔화 가능성, 중동 전쟁 심화 등 리스크 요인에 따라 악화할 경우, 경상수지 흑자 축소의 가능성도 배제할 수는 없다.

부문별로 살펴보면, 상품수지의 경우 2025년

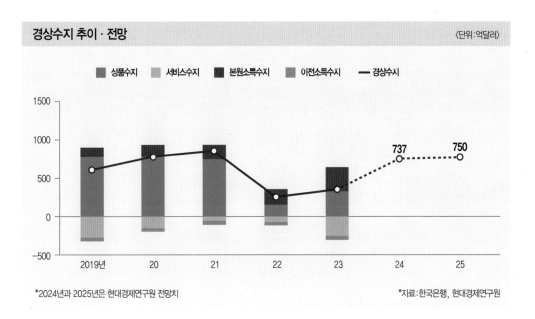

경상수지 추이·전망 〈단위:억달러〉

*2024년과 2025년은 현대경제연구원 전망치

*자료:한국은행, 현대경제연구원

에도 IT와 반도체 경기 호조를 바탕으로 수출 증가세가 이어지며 흑자폭이 확대될 가능성이 높다. 2023년 중 급격히 침체됐던 반도체 경기가 2024년 반등에 성공하며 글로벌 교역 확대를 이끌고 있는 가운데, 글로벌 반도체 거래액 증가율(전년 동월 대비)은 2024년 7월 18%로 11개월 연속 증가세를 유지 중이다. 글로벌 교역량 증가율(전년 동월 대비)도 2024년 7월 1.7%로 4개월 연속 증가세다.

2023년 하반기 이후 저점을 통과했던 기저 효과로 반등폭은 점차 축소되는 한편, 증가세는 유지될 것으로 전망된다. 2025년 글로벌 주요국 통화 정책 전환(기준금리 인하) 등의 영향으로 투자와 금융 여건이 개선됨에 따라 세계 경제가 중성장 기조를 유지할 가능성이 높다. 세계 수입 수요 또한 안정적 증가세를 유지할 것으로 보여 상품 수출 호조는 지속될 가능성이 높다. 국제통화기금(IMF)에 따르면 2025년 세계 경제성장률은 3.3%, 세계 교역 증가율은 3.4%로 각각 2024년 대비 0.1%포인트, 0.3%포인트 확대되는 것으로 나타났다.

다만, 미국과 중국의 경기 불확실성, 중동 지정학적 리스크 등 여러 수출 경기 불안 요인으로 인해 상품수지가 악화할 가능성이 있다. 국내 총 수출액에서 미국과 중국 시장이 차지

2025년 경상수지는 상품수지 흑자 확대로 증가세를 보일 전망이다. (매경DB)

하는 비중이 약 40%에 이르는 등 우리나라의 대미, 대중 수출 의존도는 상당한 것으로 나타난다. 향후 이들 국가의 경기 향방이 국내 수출에 미치는 영향이 높을 것으로 판단된다. 2025년 미국 경기의 경우 연착륙 가능성이 높을 것으로 전망된다. 하지만, 제조업 경기 회복이 지연되고 있는 점, 대선 향방에 따른 경제 정책 불확실성 등 요인이 경기 변동성을 확대시키는 것으로 우려된다. 중국의 경우 적극적인 경기 부양책에도 불구하고 내수 부진과 부동산 시장 침체 흐름이 장기화하고 있어 2025년엔 전년 대비 성장세가 둔화할 가능성이 높다. 미국과 중국 시장의 경기 불확실성이 현실화할 경우, 수출 의존도가 높은 우리나라 상품수지에 악영향을 미칠 것으로 우려된다.

또한, 중동 지역 지정학적 리스크가 심화하면서 글로벌 교역 환경 악화와 공급망 훼손 등 부작용이 나타날 가능성도 수출 경기 하방 요인으로 작용하고 있다. 이스라엘과 저항의 축(하마스·헤즈볼라·후티) 간 충돌로 촉발됐던 중동 전쟁이 2024년 10월 전쟁 1년을 맞은 시점에서 이스라엘과 이란과의 직접 충돌로 확전됐다. 이에 2024년 중 지정학적 위험 지수가 최근 10년 내 장기 평균을 웃도는 수준까지 상승했다. 공급망 압력지수도 상승 추세에 있는 등 글로벌 교역 환경에 불확실성이 높아지는 흐름이 나타난다. 2025년에 중동 리스크가 더욱 심화해 이란의 석유시설 등

을 포함한 원유 공급 체계에 영향을 미칠 경우, 국제유가 급등으로 상품수지 악화 가능성을 높일 수 있다.

서비스수지의 경우 내국인의 해외여행 수요가 꾸준히 유지되는 가운데 외국인 관광객의 국내 여행 증가세가 다소 둔화했다. 이는 만성적인 여행수지 적자가 이어질 것이라는 점을 보여준다. 운송수지의 경우 컨테이너 운임이 점차 안정화됨에 따라 평년 수준 적자로 전환될 것으로 보이며, 이에 전반적인 서비스수지 적자 규모는 확대될 전망이다.

본원소득수지의 경우에는 기업의 배당금 규모가 평년 수준을 유지하며 2024년과 비슷한 수준의 흑자를 기록할 것으로 전망된다. 다만, 밸류업 프로그램 등의 영향으로 외국인 투자가 확대되고 국내 기업 배당까지 확대될 경우, 흑자 규모가 축소될 가능성이 있다.

마지막으로, 금융계정 측면에서는 순대외금융자산 증가세가 2024년에 이어 지속될 것으로 전망된다. 글로벌 교역과 국내 경제성장률의 안정적 흐름이 유지되는 가운데 2025년에는 금리 인하 효과까지 본격화하며 국내로 유입되는 외국 자금이 증가할 것으로 기대된다. 결론적으로, 2025년 경상수지는 2024년에 이어 흑자 확대 기조를 이어갈 것으로 전망된다. 다만, 서비스수지·본원수지 등 여타 항목에서 큰 흑자를 기대하기 어려운 가운데 미·중 경기 불확실성, 중동 전쟁 등 리스크 요인의 현실화 여부를 주목해야 한다. ■

고용률 느리지만 상승세 지속
취업자 1년간 16만명 증가 예측

이진영 강원대 경제 · 정보통계학부 교수

정부가 2024년 5월 1일 코로나19 위기 단계를 '경계'에서 '관심'으로 낮추며 팬데믹 종식을 공식화했다. 이런 가운데 2024년 상반기 노동 시장은 코로나19 이후의 강한 회복세가 둔화되며 코로나 이전 추세로 회귀하는 모습을 보였다.

2024년 1분기 고용률은 전년 동기 대비 0.4%포인트 증가한 61.6%를, 2분기 고용률은 0.1%포인트 증가한 63.3%를 기록했다. 이는 2000년 이후 완만한 상승세를 지속해온 고용률 추세가 2008년 글로벌 금융위기와 2020년 코로나19 팬데믹 위기를 제외하고 재개됐음을 시사한다. 그러나 취업자 수 증가폭은 2023년 상반기에 비해 감소했다. 2024년 1분기 취업자 수는 전년 동기 대비 29만명 증가

한 2806만명, 2분기는 15만명 증가한 2884만명을 기록했다. 2022년 1분기와 2분기 증가폭이 각각 100만명과 88만명, 2023년 1분기와 2분기가 각각 40만명, 35만명이었던 것에 비해 크게 감소한 수치다.

2024년 상반기 고용 개선 업종(취업자 수 상승폭이 가장 컸던 상위 3개 업종)과 고용 부진 업종(취업자 수 하락폭이 가장 컸던 상위 3개 업종)은 2023년과 비교해 큰 차이를 보였다. 2024년 1월부터 8월까지 전년 동월 대비 취업자 수 증가를 기록한 업종은 10개, 감소를 기록한 업종은 11개였다. 고용 개선 업종은 보건업 및 사회복지 서비스업(대분류 Q), 정보통신업(대분류 J), 운수 및 창고업(대분류 H) 순이다. 특히 보건업 및 사회복지 서비스업은 2023년에 이어 2024년에도 취업자 수 증가폭이 가장 큰 업종으로 기록됐으나, 상승폭

은 2023년의 절반 수준인 5만~12만명 정도로 둔화됐다. 반면, 고용 부진 업종은 사업 시설 관리, 사업 지원 및 임대 서비스업(대분류 N), 도매 및 소매업(대분류 G), 농업, 임업 및 어업(대분류 A) 순이다. 특히 도매 및 소매업의 취업자 수 감소폭은 2024년 3월 이후 점점 커지는 추세를 보여 내수 부진을 시사했다.

실업률 지표 부진, 청년 고용 상황 악화

2024년 상반기 실업률 지표는 2023년에 비해 다소 부진했다. 2024년 1분기 실업자 수는 전년 동기 대비 4만명 증가한 96만명, 2분기는 8만명 증가한 88만명을 기록했다. 실업률은 1분기 3.3%, 2분기 2.9%로 전년 동기 대비 각각 0.1%포인트, 0.2%포인트 상승했

다. 청년(15~29세) 실업자 수는 1분기에 26만명으로 전년 동기 대비 2만명 감소했으나, 2분기에는 27만명으로 0.8만명 증가했다. 이는 청년 고용 상황이 크게 악화했음을 의미한다.

이에 따라, 2024년 하반기 고용 시장은 상반기 고용 부진 흐름이 더욱 뚜렷해질 것으로 예상된다. 반도체를 중심으로 한 수출 경기 회복에도 불구하고 내수와 건설 경기 침체가 연말까지 이어지며 고용 시장에 부정적 영향을 미칠 것으로 보인다. 러시아-우크라이나 전쟁과 더불어 이스라엘-이란 전쟁이 끝나지 않고 있다는 점도 하반기 세계 경제에 불확실성을 더해 우리나라 경제 전망을 더욱 어둡게 한다. 우리나라 경제, 고용 시장을 이끄는 양대 업종은 각각 제조업과 도매 및 소매

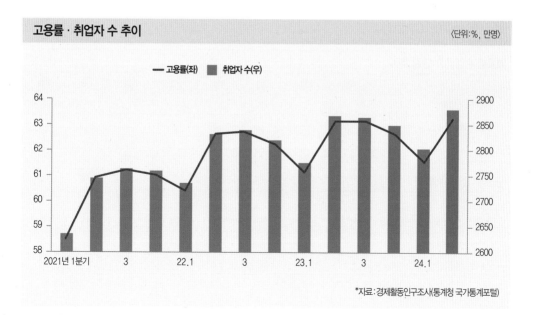

고용률 · 취업자 수 추이 〈단위:%, 만명〉

— 고용률(좌) ■ 취업자 수(우)

*자료:경제활동인구조사(통계청 국가통계포털)

업이다. 2024년 7월과 8월의 제조업 취업자 수가 전년 동월 대비 감소세로 돌아섰다는 사실과 내수를 뒷받침하는 도매 및 소매업의 고용 부진 현상이 2024년 3월 이후 심화하고 있다는 사실 역시 하반기 고용 시장에 암운을 드리운다.

한국은행은 2024년 8월 발표한 경제 전망을 통해 2024년 하반기 취업자 수는 전년 동기 대비 약 18만명, 2024년 연간 취업자 수는 전년 대비 20만명이 증가할 것이라 예측했다. 2024년 연간 취업자 수 전망치는 5월에 발표된 전망치에 비해 6만명이 감소한 수치다. 또한 한국은행은 2024년 하반기 고용률은 63%, 2024년 연간 고용률은 62.7%라 예측했다. 연간 고용률 전망치 역시 5월에 발표된 전망치에 비해 0.1%포인트 감소한 수치다.

2025년 더딘 고용 회복세 전망

2025년 세계 경제는 선진국을 중심으로 완만한 성장세를 이어길 것으로 예측된다. 세계 교역량이 반도체, 정보기술 등을 중심으로 확대될 것이라는 예상도 수출 중심인 우리나라 경제에 긍정적으로 작용한다. 그러나 2024년에 해소하지 못한 한·중 간 무역 갈등이 2025년에도 계속될 수 있다. 중국산 철강, 알루미늄에 대한 관세 부과로 촉발된 미·중 간 무역 갈등 역시 2025년에 심화되면서 2025년 우리나라 경제, 고용 시장의 양호한 흐름에 걸림돌로 작용할 수 있다.

제2기 트럼프 시대 역시 불확실성을 더한다. 특히 북한의 대남 오물 풍선 살포 등 우리나라의 북한 리스크가 점점 커지고 있는 현시점에서 미국의 새로운 대북 정책 방향이 우리나라에 미칠 영향에 대해 정책당국은 예의

업종별 취업자 수 증감 추이

단위:천명

	1월	2월	3월	4월	5월	6월	7월	8월
가. 고용 부진 업종								
사업 시설 관리, 사업 지원 및 임대 서비스업(N)	-45	-19	-51	-66	-64	-62	-37	-30
도매 및 소매업(G)	0	2	-14	-38	-73	-51	-63	-55
농업, 임업 및 어업(A)	-7	-33	-50	5	-33	-32	-26	-40
나. 고용 개선 업종								
보건업 및 사회복지 서비스업(Q)	103	72	50	93	94	121	117	63
정보통신업(J)	49	80	67	68	47	75	81	101
운수 및 창고업(H)	66	54	58	52	49	48	65	94

*2024년 기준 전년 동월 대비 취업자 수 감소폭이 가장 컸던 상위 3개 업종을 고용 부진 업종, 증가폭이 가장 컸던 상위 3개 업종을 고용 개선 업종이라 지칭
*자료:경제활동인구조사(통계청 국가통계포털)

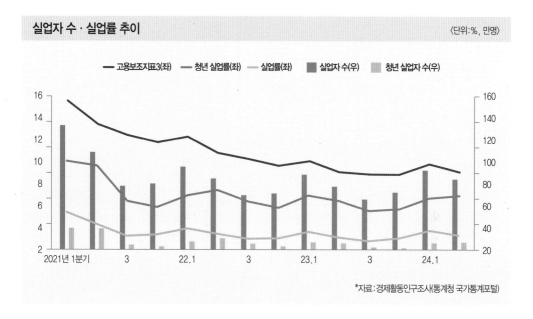

실업자 수 · 실업률 추이

⟨단위:%, 만명⟩

─ 고용보조지표3(좌)　─ 청년 실업률(좌)　─ 실업률(좌)　■ 실업자 수(우)　■ 청년 실업자 수(우)

*자료:경제활동인구조사(통계청 국가통계포털)

주시해야 한다. 2024년 7월 국제통화기금(IMF)은 세계경제전망을 통해 2024년 세계 경제성장률은 3.2%, 2025년 세계 경제성장률은 3.3%일 것이라 추정했다. 특히 2025년 전망치는 이전 발표한 전망치에 비해 0.1% 포인트 상승한 수준이다. 2023년 세계 경제성장률이 3.3%였던 사실에 비춰보면, 2023년에 보였던 세계 경제 회복세가 2025년까지도 이어질 것이라 예측한 것으로 해석할 수 있다.

우리나라의 2024년 경제성장률은 2023년에 비해 높아질 것이나, 세계 경제 성장세에는 미치지 못할 것이라 전망된다. 한국은행은 우리나라 2024년 경제성장률을 2.4%, 2025년 경제성장률은 2.1%일 것이라 예측했다. 2023년 우리나라 경제성장률이 1.4%였던 것

을 감안하면 이런 예측은 우리나라 경제가 2024년 완만한 성장세를 보이고 2025년에도 그 추세를 유지할 것임을 의미한다.

한 가지 긍정적인 점은 우리나라와 세계 경제의 성장률 격차가 시간이 지날수록 줄어들 것이라는 예측이다. 이에 따라 2025년 한국 고용 시장은 다소 느린 회복세를 보일 것이라 전망된다.

한국은행의 취업자 수, 실업률 전망치도 이런 예측을 뒷받침한다. 한국은행은 2025년 연간 취업자 수가 2024년에 비해 16만명 증가하고, 2025년 연간 실업률은 2024년 연간 실업률과 같은 수준인 2.9%일 것이라 예측했다. 또한 2025년 연간 고용률은 2024년 연간 고용률보다 0.2%포인트 상승한 62.9%일 것이라 전망했다. ■

정권 후반 무리한 강경책보단 현상 유지·관리에 집중할 것

정흥준 서울과학기술대 경영학과 교수

2024년 노사 관계 풍경

2022년 말부터 2023년까지 화물연대, 건설노조 등을 계기로 정부와 노동조합 간 갈등이 지속됐다면 2024년은 총선이라는 정치적 결과를 계기로 노동조합에 대한 정부의 강압 전략이 누그러지면서 노사 간 대립도 다소 줄어든 해였다. 여당은 총선에서 패배하면서 정부가 주장해온 노동 개혁을 추진할 명분과 동력을 잃었고 노동 시간 유연화나 기타 노동조합 관련 규제 법안도 단독으로 입법할 수 없게 됐다. 결과적으로 총선 이후 정부는 노사 관계에 대한 주도적 지위를 갖기 어려운 처지에 몰리게 됐고, 이런 상황이 노정 관계에도 반영됐다.

총선을 계기로 노사 간 갈등이 수면 아래로 가라앉았다고 해서 노동조합이 정부 정책에 협조적인 것은 아니다. 코로나 시기 1.5%에 이어 역대 두 번째로 낮아진 최저임금 인상률(1.7%)에 실망한 데다 2024년 비정규직 규모가 크게 급증했기 때문이다. 이런 결과는 정부의 전반적인 고용 정책에 대한 위기감을 불러일으키고 있기도 하다. 또한 노동조합은 2022년 정부의 대노조 강경 대응으로 인해 노조 조직률이 14.2%에서 13.2%로 낮아진 점에도 주목한다.

노동 시장 상황은 고용의 양은 늘었으나 질은 후퇴하는 모습이다. 2024년 9월 15세 이상~64세 미만 고용률은 69.9%로 증가했지만 2024년 조사한 2023년까지의 협약 임금 인상률은 전년 대비 0.5%포인트 하락한 4.2%로 나타나 2020년 이후 상승하던 임금 인상률이 처음으로 하락하는 모습을 보였다. 이런 이유 때문인지 2024년 집계한 2023년 파업 건수 (223건)는 2022년(132건)보다 증가했다. 다만, 근로 손실 일수는 35만5000일로 전년도 (34만3000일)와 비슷해 파업 강도가 크지는 않았음을 확인할 수 있었다.

2024년 한국 노사 관계는 갈등이 완전히 사라졌다기보다 잠시 휴전 상태로, 노동조합의 정부 고용 노동 정책에 대한 불만은 여전하다. 특히, 2024 총선 이후 노동조합을 포함한 시민사회단체와 사회 각계에서 정부의 전반적인 고용 정책에 비판 수위를 높이는 중이다.

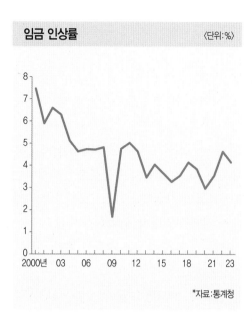

임금 인상률 〈단위:%〉

*자료:통계청

2024년 노사 관계 평가

2024년은 노정 갈등이 잠시 멈추고 대치하는 가운데 윤석열정부 후반기로 접어들면서 고용 노동 정책에 변화가 이뤄진 해였다. 대표적인 사례가 '사회적 대화' 재개다. 구체적으로 노동계 대표로 경제사회노동위원회(이하 경사노위)에 참여해온 한국노총은 정부의 반노동 정책을 비판하면서 경사노위 참여를 중단했으나 2023년 11월 13일 '대통령실 요청으로 사회적 대화에 복귀한다'는 입장을 발표하고 2024년 초 복귀했다. 이에 대해 대통령실도 환영 입장을 공식적으로 밝히면서 경사노위는 지속 가능한 일자리와 미래 세대를 위한 특별위원회와 일·생활균형위원회, 계속고용위원회를 출범시켜 다양한 현안을 논의하게 됐다.

경사노위가 정상화됨에 따라 윤석열정부 초

기 벌어졌던 반노조 강경 정책은 상당 부분 수그러들었으며 한국노총도 정부에 대한 직접적인 비판보다 대화를 통해 정년 연장 등 현안에 집중하고 있다. 특히, 경사노위 위원장이었던 김문수 위원장이 고용노동부 장관으로 자리를 옮기면서 사회적 대화는 고용 노동 정책의 중요한 한 축이 될 전망이다. 한국노총과 달리 경사노위의 사회적 대화에 참여하지 않는 민주노총은 윤석열정부에 대한 비판적 목소리를 높이고 있다.

한편, 우원식 국회의장은 노·사에 국회 차원 사회적 대화를 제안해 관심을 모았다. 국회는 입법과 예산에 대한 권한을 갖고 있고 국민적 관심사에 기민하게 대응할 수 있는 장점이 있다. 국회에서 사회적 대화를 추진할 경우 민주노총 참여 여부도 이후 노사정 사회적 대화에 적잖은 영향을 미칠 것으로 보인다.

2024년 공공 부문 노사 관계의 제도적 변화에도 주목할 필요가 있다. 공무원 노사 관계 주요 쟁점 중 하나였던 공무원 노동조합 전임자에 대한 근로시간면제(타임오프)가 합의됐기 때문이다. 지금까지 공무원과 교원노조 간부들은 휴직을 하고 노조 활동을 했으며 급여는 노동조합이 지급해왔으나 근로시간면제 제도가 시행됨에 따라 휴직을 하지 않고 일을 하면서 일정 시간 노조 활동을 위한 시간을 보장받게 됐다.

구체적으로 2024년 10월 22일 경사노위는 공무원 근로시간면제심의위원회 전원회의를 열고 공무원과 교원노조 간부의 근로시간면제 한도를 의결했다. 이번에 합의된 공무원 근로시간면제 한도는 민간 부분과 비교해 절반 정도 보장 수준이었으나 공공 부문 노사 관계는 민간과 다른 특징이 있고, 그동안 공무원과 교원 노동조합의 오랜 숙원 사업이었던 노조 전임자의 근로시간면제를 본격적으로 시작한 점에서 의의를 찾을 수 있다.

2024년 한국 노사 관계는 2년 남짓 계속된 노정 갈등을 끝내고 경사노위를 통한 사회적 대화 정상화와 공무원 노사 관계 근로시간면제 한도를 합의한 것이 의미가 있으나 협력을 통한 미래 과제를 논의하지 못한 아쉬움이 있다.

2025년 노사 관계 전망

2025년 노사 관계에서도 2024년 기조가 이어질 것으로 예상된다. 집권 후반기에 접어든 윤석열정부는 새로운 정책을 무리하게 추진하기보다 일자리와 고용의 질을 관리하고 집

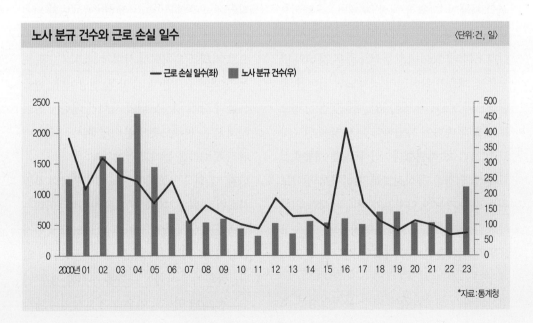

노사 분규 건수와 근로 손실 일수 〈단위:건, 일〉

— 근로 손실 일수(좌)   ■ 노사 분규 건수(우)

*자료:통계청

단적 노사 관계 안정화를 위해 노력할 것으로 보인다.

다만, 가장 큰 변수는 정부에 대한 국민의 낮은 지지율이다. 윤석열정부는 2024년 하반기에 접어들어 국정 지지도가 20% 남짓에 불과한 상황이 됐다. 국정 전반에 대한 불신이 팽배해지면 고용노동 정책도 비판과 정쟁의 대상이 될 수 있다. 향후 정치 일정을 보더라도 2026년은 상반기 지자체 선거, 하반기 대통령 선거 운동이 본격화되기 때문에 다가올 2025년은 윤석열정부의 국정 전반에 대한 광범위한 평가가 시작될 전망이다.

이런 배경을 참고해 2025년 노사 관계를 전망하면 첫째, 집권 전반기와 같은 반노조 정부 정책에 따른 노정 갈등은 반복되지 않을 것으로 보인다. 무리한 강경 정책보다 현재 상황을 유지·관리하는 데 집중할 전망이다. 전반적인 고용의 질이 하락하는 상황이다 보니 정부는 집단적 노사 관계보다 노동 시장 안정화에 집중할 가능성이 크다.

둘째, 이전과 달리 정부가 노사 관계에서 주도권을 갖기는 어려울 것이다. 정부에 대한 낮은 지지율도 큰 이유지만 노동조합과 시민사회단체가 집권 후반기에 접어든 정부에 대한 비판적 입장을 강화할 것으로 보이기 때문이다. 이에 비해 행정부와 입법부에 대한 정부의 장악력은 떨어져 정부가 주도적으로 노동 정책을 힘 있게 추진하기 어려운 상황이다. 오히려 정부 정책 기조 변화에 관계없이

노동조합은 정부의 친사용자·노조 배제 정책 등을 비판할 것이며 늘어난 비정규직, 낮은 최저임금 인상률, 사회 양극화와 불평등에 대한 정부 책임을 주장할 것이다.

셋째, 사업장 수준 노사 갈등은 이전보다 커질 수 있다. 경제 환경 면에서 우리나라는 저성장 국면에 접어들었으며 경기 불안에 따라 소비가 줄어들고 있어 전반적인 침체가 우려된다. 국제 정세도 우호적이지 않아 러시아-우크라이나 전쟁에 이어 중동 전쟁마저 본격화되는 상황이어서 경제적 불확실성은 앞으로 더 커질 전망이다. 내부적으로는 자동차, 반도체, 조선 이후 신산업 성공이 불투명하고 노동 시장 양극화도 점점 확대돼 불평등에 대한 걱정도 커지고 있다. 이처럼 국제 환경과 국내 산업 전망과 노동 시장 모두 불안정한 상황이라 고용 불안과 임금 저하에 대한 우려가 커지고 있다. 이에 따라 사업장 수준에서 고용 안정, 적정 임금 보장을 요구하는 노사 갈등이 늘어날 수 있다.

2025년을 전망하기 쉽지 않지만 모든 상황이 현재보다 나아질 것이 없는 만큼 개인의 일자리, 기업의 성장, 그리고 더 나은 사회를 위해 노사정의 전략적 선택이 그 어느 해보다 중요할 것이다. ■

눈덩이 가계부채…부동산에 달려 재정은 경기 불확실성에 '딜레마'

주원 현대경제연구원 경제연구실장

우리나라 가계부채 규모는 2023년 말 약 1885 조5000억원에서 2024년 말에는 전년 대비 약 1% 이상 증가해 1900조원 이상 규모가 될 것 으로 추정된다. 가계부채 증가율은 코로나 팬데믹에 따른 저금리 기조로 2021년 8.2% 까지 기록하기도 했으나 2022년 0.2%로 크 게 낮아졌다.

그러나 2023년 이후 증가 속도가 다소 높아지 는 모습을 보인다. 최근 가계부채 증가율이 높아지는 가장 큰 이유는 부동산 시장이 반등 하고 있기 때문이다. 가계부채 중 주택담보 대출은 2023년 말 1064조3000억원에서 2024 년 상반기 1092조7000억원으로 증가한 반면, 기타대출은 같은 기간 702조9000억원에서 687조2000억원으로 크게 감소했다.

2024년 재정수지는 2023년보다 크게 악화됐 다. 우선 재정지출 규모는 2023년 638조7000 억원에서 2024년 656조6000억원으로 2.8% 증가했다. 증가율 기준 사상 최저 수준이다. 그만큼 지출 규모를 억제해 코로나 팬데믹 기 간 동안 훼손된 재정건전성을 개선하고자 하 는 의지를 보였다는 평가다.

그러나 2024년 경기 침체를 고려해 재정수입 은 612조2000억원으로 2023년 625조7000억 원보다 크게 줄어들었다. 정부 계획대로라면 2024년 통합재정수지는 44조4000억원 적자 로 2023년 적자 규모보다 크게 늘어날 것으 로 추정된다. 따라서 재정수지의 국내총생산 (GDP · Gross Domestic Product) 대비 비율은 2023년 ▲0.6%에서 2024년 ▲1.8%로 악화 될 것으로 예상된다. 다만, 최근 시장 침체의 강도가 높아 세수입이 예상보다 더 감소할 우려가 있어 2024년 재정수지 적자 규모는 확대될 가능성이 있다.

2025년 가계부채 예측은 고차방정식

2025년 가계부채에 영향을 미치는 변수로 시장금리를 들 수 있다. 미국 중앙은행인 연준(연방준비제도이사회 · FED)의 통화 정책 방향이 완화적으로 전환되면서 국내 시장금리 하락을 유발할 것으로 예상된다. 이론상으로는 연준의 금리 인하 후 한국은행의 금리 인하 그리고 시장금리 하락의 경로를 거친다. 하지만 한국은행의 통화 정책에 대한 시장 신뢰가 크지 못하다는 점을 고려해보면, 우리 시장금리는 연준 연방공개시장위원회(FOMC · Federal Open Market Committee) 결과에 좌우될 것으로 판단된다.

연준의 2025년 말 금리 수준 예상치와 시장 기대치가 다소 차이는 있으나, 미국 정책금리가 하락한다는 것에는 컨센서스가 확고하기 때문에, 우리 시장금리도 하락 추세가 예상된다. 이는 금리와 가계부채가 역(逆)의 관계에 있다는 점을 고려하면 가계부채를 증가시키는 요인으로 작용할 것이다.

다만, 2025년은 한 · 미 간 금리 역전이 조정되는 기간일 것이기 때문에, 한국은행의 정책금리 인하 속도는 매우 완만할 가능성이 높다. 따라서 국내 시장금리의 하락폭이 제한될 것이고 금리가 가계부채를 크게 자극하지는 않을 것으로 전망된다.

둘째, 가장 중요한 요인은 역시 부동산 시장 상황이다. 부동산 시장은 다른 상품 시장과 달리 가격과 수요가 반비례하지만은 않는다. 종종 가격이 상승하면 수요가 같이 증가하는 경우도 상당히 많다. 부동산 시장에 대해 비관적으로 보는 시각이 많은 것도 사실이지만, 코로나 팬데믹 이후 높은 인플레이션 그리고 일부 지역을 제외하고는 대부분 기존 고점 수준을 회복하지 못하고 있는 점을 생각하면, 일정 수준 경기 상승 추세를 가질 가능성이 높다. 따라서 부동산 시장은 가계부채를 높이는 영향을 보일 것으로 예상된다.

그러나 주요국 중 한국 가계부채의 GDP 대비 비중이 높은 수준이라는 점이 문제점으로 지적되므로, 정부가 가계부채 증가 속도를 조절할 유인이 존재한다. 특히 시장금리 하락 국면에서 시중 유동성이 부동산 시장으로 집중될 경우 금융 불균형이 심화될 가능성이 높다. 따라서 정부는 부동산 시장 규제 강도를 높여나갈 것으로 보인다. 물론, 이런 정책들은 가계부채 증가 속도를 줄이는 것이지 가계부채 규모의 방향성 자체를 바꾸지는 못할 것으로 판단된다.

셋째, 실물경제 흐름을 생각해보면 2025년 경제성장률은 2024년보다 낮아질 전망이다. 대외 불확실성으로 수출 경기의 성장 견인력은 약화될 것이고 누적된 인플레이션 영향으로 내수 시장도 의미 있는 반등 가능성이 높지 않다. 전반적인 경제 상황이 크게 개선되기 어렵다고 보면 기업 운영 자금이나 가계 생활 자금 수요는 높아질 것으로 보인다. 다만, 2024년 9월부터 2단계 스트레스 총부채원리금상환비율(DSR · Debt Service Ratio)이 시행되고 있고 2025년 3단계 정책이 적용될 가능성이 높다. 이에 비춰 이미 부채한도에 근접해 있는 상당수 가계가 생활 자금 확보를 위해 추가 대출을 받기 쉽지 않아 보인다. 따라서 신용대출의 경우 가계부채 전체에 영향을 줄 만한 증가 속도는 예상하기 힘들다.

2025년 재정 적자폭 줄겠지만…

기획재정부가 국회에 제출한 2025년 예산안에 따르면, 총지출 규모는 677조4000억원으로, 2024년 본예산의 총지출 규모 656조6000억원 대비 3.2% 늘어났다. 그러나, 이는 대한민국 역사상 가장 낮은 재정지출 증가율을 기록했던 2024년(2.8%)과 비슷한 수준으로 재정지출의 경기 진작 효과는 그게 기대히기 어렵다는 판단이다.

한편, 재정수입(총수입)은 2024년 612조2000억원에서 2025년 651조8000억원으로 약 40조원의 세수입이 더 거둬질 것으로 계획하고 있다. 2025년 경제성장률이 전년보다 낮을 것이라는 전망이 우세한 점에 비춰, 40조원에 달하는 추가 세수입 목표치를 달성할 수 있을지 회의적인 시각이 있다.

다만, 재정수입 중 약 60%를 차지하는 국세수입 중 상당 부분은 소득이나 거래가 발생한 시점과 세금이 부과되는 시점에 시차가 있다. 이 때문에, 2025년 세수입의 상당 부분이 2024년 기업 실적과 개인 소득에 연동될 것으

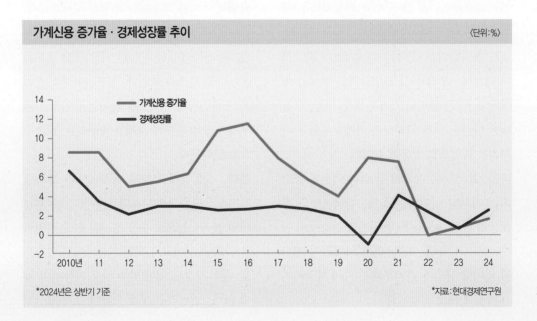

가계신용 증가율 · 경제성장률 추이 〈단위:%〉

*2024년은 상반기 기준   *자료:현대경제연구원

로 보면, 세수입 목표치가 무리는 아니라고 판단된다.

총지출과 총수입이 계획대로 이뤄지면 통합 재정수지 규모는 2024년 44조4000억원 적자에서 2025년에는 25조6000억원 적자로 축소된다. 이에 따라 재정수지 적자의 GDP 대비 비율은 본예산 기준 2024년 ▲1.8%에서 2025년 ▲1%로 재정건전성이 다소 개선될 전망이다.

그러나 세수입까지 고려한 재정 적자폭 감소는 정부 재정 역할이 후퇴하는 것을 의미한다. 2025년 경제 상황이 생각보다 나쁘지 않다면 재정의 경제 성장에 대한 기여도 축소가 크게 문제 되지 않을 수 있다.

하지만, 불확실한 대내외 여건을 감안할 때 2025년 한국 경제의 상황이 녹록지 않아 보인다. 한국 경제에 큰 문제가 발생할 때 재정 정책을 어떻게 펼지에 관한 내용이 당국 컨틴전시 플랜(contingency plan)에 담겨야 할 것으로 생각된다. ■

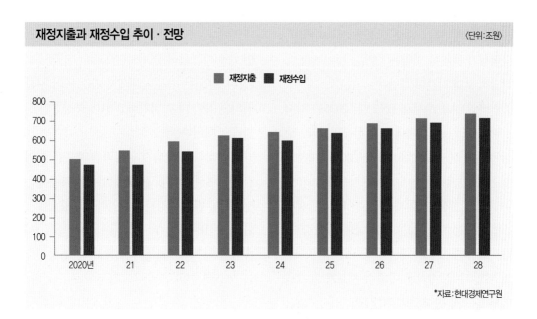

재정지출과 재정수입 추이 · 전망 〈단위: 조원〉

■ 재정지출 ■ 재정수입

*자료: 현대경제연구원

산업 호황…인천·경기·경남 '맑음'
수출 역성장…대구·전남·울산 '흐림'

이영달 뉴욕시립대 교수

지역 경제는 흐름이 중요하다. 코로나19 유행과 같은 대형 사건이 발생하지 않는 이상, 추세가 쉬이 바뀌지 않아서다. 상승세를 탄 지역은 오랜 기간 경제 성장을 질주하지만, 하락세가 뚜렷한 지역은 침체를 벗어나는 데 상당히 오랜 기간이 걸린다.

종합적인 지표 추세로 봤을 때, 2025년 경제 전망이 매우 밝은 지역은 인천광역시다. 생산이 지역 경제를 이끌고 있다. 2024년 2분기 기준, 광공업생산지수 기준(지수값 2020년 =100으로 했을 때 현재 수준)이 147.7, 서비스업생산지수가 126.1로 전국에서 가장 높다. 2022년 이후 소매판매액지수와 법인 창업 기업 수를 제외한 대다수 지표가 2022년 이후 긍정적 방향으로 전개되고 있다. 흐름

을 탄 만큼 2025년에도 성장세를 이어갈 가능성이 높다.

충청남도, 경기도, 세종특별자치시, 경상남도 역시 2025년 전망이 나쁘지 않다. 공통적으로 2022년부터 수출이 지속적으로 증가한 지역이다. 주요 수출 품목이 지역 경제를 견인 중이다. 특히 경기도(반도체), 경상남도(방위 산업)는 최근 국내에서 가장 뜨거운 산업의 공장이 다수 위치하고 있어 긍정적인 성과가 기대된다.

강원도와 제주도 역시 긍정적인 흐름을 이어갈 전망이다. 강원도는 소매판매가, 제주도는 경제활동 참가가 경제를 견인하는 모양새다. 반면 부산광역시, 대전광역시, 충청북도, 서울특별시, 전라북도, 광주광역시, 경상북도는 2025년 현상 유지에 그칠 것으로 보인다. 이들 지역의 공통점은 수출이 2022년 이후 모

두 역성장하는 흐름을 보인다는 점이다. 전라남도, 대구광역시, 울산광역시도 마찬가지로 수출이 2022년 이전 대비 역성장(대구 CAGR −18.3%) 또는 전국 평균 수출 증감률보다 밑도는 지역이다. 고용과 생산이 모두 위축되고 있다.

광공업, 서비스업 모두 최상위권 자랑하는 인천

제조업을 포함한 광공업 생산은 인천, 경기, 경남, 광주, 대구가 타 지역보다 매우 활발한 상황이다. 반대로 제주, 전남, 대전, 울산, 경북, 강원, 서울의 광공업 생산은 활발한 지역의 절반 수준에 이른다. 서비스업 생산에 있어서는 인천, 제주가 다른 지역과 현저한 차이를 보이며 매우 높다. 반면 대구와 전남은 서비스업 생산이 앞선 지역의 절반 정도 수준으로 침체돼 있다.

충남, 부산, 대전, 강원은 소매판매가 상대적으로 활기를 띤다. 반면 서울, 경기, 대구, 전남, 울산의 소매판매는 지지부진하다. 특

각종 지표로 본 2025년 지역 경제 전망

지역	지역 경제 종합 전망	합계 점수	경제활동 참가율	15~64세 고용률	실업률	광공업 생산지수	서비스업 생산지수	소매판매액 지수	소비자 물가지수	수출 증감률	법인 창업 기업 수
전국	다소 부정적	65	7	7	9	9	5	7	9	7	5
서울특별시	현상 유지적	73	9	9	11	4	13	6	9	7	5
부산광역시	현상 유지적	75	7	9	11	9	9	13	9	3	5
대구광역시	다소 부정적	66	5	7	10	13	7	6	9	3	6
인천광역시	매우 긍정적	92	9	9	11	15	14	7	9	11	7
광주광역시	현상 유지적	72	9	7	10	13	9	7	9	3	5
대전광역시	현상 유지적	75	9	9	9	7	9	13	9	5	5
울산광역시	다소 부정적	63	9	7	9	7	9	5	9	3	5
세종특별자치시	다소 긍정적	84	9	9	11	9	9	9	9	14	5
경기도	다소 긍정적	86	9	9	11	13	9	6	9	15	5
강원도	다소 긍정적	79	9	9	11	4	9	13	8	11	5
충청북도	현상 유지적	74	11	9	11	8	9	9	9	3	5
충청남도	다소 긍정적	87	9	9	11	9	9	13	9	13	5
전라북도	현상 유지적	73	9	9	11	9	9	9	9	3	5
전라남도	다소 부정적	67	11	9	9	7	5	6	9	5	6
경상북도	현상 유지적	70	9	9	11	5	9	9	9	3	6
경상남도	다소 긍정적	84	9	9	11	13	9	7	9	11	6
제주도	다소 긍정적	78	13	11	9	7	13	8	9	3	5

히 울산의 2024년 상반기 말 기준 소매판매액지수는 93.3으로 2020년보다 악화됐고, 전국 최고 수준인 부산 107.1 대비 13.8포인트 차이가 난다. 상대적으로 높은 실업률과 함께 지역 경제 활력 저하의 주된 원인이 되고 있다.

소비자물가지수는 전국적으로 모두 좋지 못하다. 서울, 부산, 대전, 울산, 전북, 경남, 제주가 전국 평균 대비 매우 소폭 낮은 상태고, 나머지는 모두 2020년 대비 큰 폭의 물가 상승으로 인해 지역 소비가 위축되고 있다.

경기, 세종, 충남의 수출은 매우 활발하다. 반면 대전, 전남, 부산, 전북, 충북, 경북, 제주, 광주, 대구, 울산은 수출이 매우 어려운 상황이다. 지역 간 수출 편차가 매우 큰 흐름이다. 특히 대구(−18.3%), 제주(−9.4%), 광주(−8%), 전북(−7.1%)은 2022년 들어 수출액 감소폭(CAGR)이 매우 큰 흐름을 보이고 있다. 법인 창업은 전국적으로 모두 매우 가파른 감소세를 보이는 가운데, 상대적으로 인천이 타 지역보다 감소세 정도가 나은 편이다. 경남, 전남, 경북, 대구를

지역 경제 예측에서 가장 발전 가능성이 높은 도시로 '인천'이 꼽혔다. 사진은 인천신항 모습. (인천항만공사 제공)

제외한 나머지 지역 법인 창업은 매우 가파른 감소세를 보여 후속적으로 지역 고용 창출에 어두운 전망을 하게 된다.

2025년 밝은 지역인 인천, 흐린 지역은 울산

2025년 지역 경제 전망을 위한 측정은 총 9가지 지표로 산정했다. 각 측정 항목은 가장 최근 시점 측정값, 2022년 2분기 말(민선 7기 기준) 이래 최근까지의 CAGR(복합연평균성장률)을 적용했다. 또한 전국 평균값과 각 시도 측정값 간 편차도 함께 반영했다. 상위 항목 9개, 각 하위 항목 3개, 총 27개 항목으로 측정됐다. 각 하위 항목 3개는 5점 만점으로 측정돼, 상위 항목은 각각 15점 만점, 총점 135점을 기준으로 측정됐다.

본 측정 결과 경제활동 참가, 고용, 서비스업 생산, 수출 증감률, 법인 창업 기업 수 항목은 전국적으로 하락하는 지표로 파악됐다.

2025 지역 경제 전망 분석 결과, 광주 · 전북 · 전남, 대구 · 경북, 부산 · 울산 지역은 경제적으로 상호 연계성 · 의존성이 높은 지역적 특성을 지니고 있다. 동시에 다른 지역 대비 지역 경제 침체가 지속되는 곳이다. 이들 지역은 초광역적 관점에서 산업 구조와 그 기반을 재구축해야 지역 경제 활성화의 길을 만들어나갈 수 있을 것으로 전망된다.

'수도권 경제'라고 하는 지역적 범주는 이제 '서울 · 인천 · 경기 · 충남 · 세종'이 사실상 하나의 벨트로 묶이는 새로운 흐름을 맞고 있다. 이 중에서도 인천 · 경기 · 충남은 신산업과 대기업 중심의 산업 구조를 지니는 흐름이 완연하다.

총점 만점 135점 중 최고점인 인천(92점)과 가장 낮은 점수인 울산(63점)은 29점의 차이를 보여 2025년 양 지역 간 지역 경제 편차가 크게 엇갈릴 것으로 보인다. 17개 시도의 2025 지역경제전망지수 합계는 인천(92), 충남(87), 경기(86), 경남(84), 세종(84), 강원(79), 제주(78), 대전(75), 부산(75), 충북(74), 서울(73), 전북(73), 광주(72), 경북(70), 전남(67), 대구(66), 울산(63) 순이다. ■

아프리카·중남미 신흥국 FTA 확대
경제 협력 위주 EPA도 동시에 추진

금혜윤 대외경제정책연구원 선임연구원

2024년 우리나라는 전략적 가치가 높은 신흥국과 자유무역협정(FTA)을 추진했다. 협상을 진행 중인 조지아는 유럽과 아시아를 잇는 교역 중심지로 지정학적 가치가 높은 국가며, 몽골은 아시아 내 대표적인 자원 부국이다. 2024년 3월 협상 개시를 선언한 태국은 우리 중소기업의 아세안 지역 진출을 위한 교두보로서 의미가 있다. 같은 해 6월에는 리튬과 코발트, 니켈 등 핵심 광물을 보유한 탄자니아와, 9월에는 리튬·아연을 보유하고 있으며 유럽의 새로운 생산기지로 부상하고 있는 세르비아와 협상을 개시했다.

2025년에도 이런 기조는 이어져 아프리카, 아시아, 중남미 지역 신흥국과 FTA가 확대될 전망이다. 2024년 6월 한·아프리카 정상회의가 개최된 이후 케냐, 모로코, 이집트와 협상 추진도 기대되는 분위기다. 그 밖에 파키스탄, 방글라데시, 도미니카공화국도 우리나라의 FTA 상대 국가로 거론된다. 몽골, 파키스탄, 방글라데시와 모두 FTA를 체결할 경우, 우리나라는 FTA 기발효국인 인도와 함께 서남아시아 통상벨트를 구축할 수 있을 것으로 예상된다.

사우디아라비아, 바레인, 쿠웨이트, 오만, 카타르, 아랍에미리트(UAE) 등 6개국으로 구성된 중동 지역 걸프협력회의(GCC)와 체결한 FTA도 발효될 전망이다. 이를 통해 우리나라는 GCC로부터 수입하는 천연가스, 알루미늄, 일부 석유제품의 관세를 단계적으로 철폐한다. 또한 UAE와 맺은 포괄적경제동반자협정(CEPA)을 통해 우리나라는 UAE산 원유의 수입관세 3%를 10년에 걸쳐 철폐

키로 했다. 대신 우리나라는 GCC와 UAE로부터 주력 수출 품목인 자동차, 자동차 부품 등의 관세 철폐를 약속받았다. 그동안 우리나라는 거대한 소비 시장을 가진 주요 교역국과 FTA 체결에 집중해왔다. 그러나 이제는 소비 시장으로서의 잠재력에 더해 원자재 확보와 글로벌 공급망 강화 차원에서 FTA를 적극적으로 활용한다.

국가 간 협력 필요성 증대
네트워크 구축해 불확실성 대비

2025년 우리나라는 단순한 FTA보다 경제 협력에 방점이 찍힌 경제동반자협정(EPA)을 활발히 추진할 것으로 예상된다. 2023년 기준 우리나라의 전체 수출입에서 FTA 발효국이 차지하는 비중은 수출 81.8%, 수입 74.7%로 이미 높은 수준이다. 이에 2024년 우리나라는 상품 시장 개방이 주가 되는 FTA보다는 상대국과 경제 협력에 중점을 둔 EPA를 추진했다. 협상을 진행 중이거나 진행할 예정인 대

부분의 협정이 EPA 형태다. 전 세계는 지난 수년간 미중 무역 갈등, 러·우 전쟁, 팬데믹 등을 경험하며 국가 간 협력의 필요성을 절감했다. 2025년 우리나라는 다양한 대륙의 국가와 EPA를 체결하고 견고한 협력 네트워크를 구축하면서 글로벌 불확실성에 대비할 전망이다.

한편 2024년 우리나라는 기발효 FTA의 개선 협상도 추진했다. 한·칠레 FTA는 우리나라가 체결한 첫 FTA로, 발효된 지 20년이 경과했다. 디지털경제, 지식재산권, 환경 등 현대화된 통상규범을 협정문에 반영할 필요가 있다. 인도와 CEPA의 개선 협상은 양국의 공급망 협력 관점에서 주력 수출 품목의 추가 자유화와 복잡한 원산지 기준 개선을 목표로 진행된다. 우리나라는 영국의 유럽연합(EU) 탈퇴 후 영국과 FTA를 체결·발효했으며, 2024년 1월부터는 최신 글로벌 통상규범 반영을 위한 개선 협상을 이어가고 있다. 2025년에도 FTA 기발효국과 개선 협상은 계속될

2024년 우리나라의 FTA 추진 현황

협상 진행 중	여건 조성 중
· 한-조지아 EPA(2024년 5월 2차 공식 협상) · 한-말레이시아(2024년 8월 4차 공식 협상) · 한-몽골 EPA(2024년 9월 3차 공식 협상) · 한-태국 EPA(2024년 9월 2차 공식 협상) · 한-영 FTA 개선 협상(2024년 3월 2차) · 한-칠레 FTA 개선 협상(2024년 4월 9차) · 한-인도 CEPA 개선협상(2024년 7월 11차) · 한-탄자니아 EPA(2024년 6월 협상 개시 선언) · 한-세르비아 EPA(2024년 9월 협상 개시 선언)	· [아프리카] 케냐, 모로코, 이집트 · [아시아] 파키스탄, 방글라데시 · [카리브해·중남미] 도미니카공화국, 멕시코 ※ 단 멕시코는 협상 재개, 그 외 국가는 최초 개시 여건 조성

*자료:산업통상자원부

2024년 신흥국과 FTA 추진

원자재 확보·공급망 강화 차원

2025년 협력 네트워크 구축

기발효 FTA 개선 협상 추진

핵심 의제 '디지털·환경·노동'

한·중 경제 협력 재정비 필요

것으로 예상된다. 디지털, 환경, 노동이 핵심 의제가 될 전망이다.

EU와 디지털 통상협정을 추진 중이라는 점에서 알 수 있듯, 우리나라는 디지털 통상에 특화된 협정에 큰 관심을 갖고 있다. 대표적인 사례로 2024년 5월 우리나라는 디지털경제동반자협정(DEPA)의 첫 번째 신규 가입국이 됐다. DEPA는 싱가포르, 칠레, 뉴질랜드 간 디지털 통상규범 확립과 협력 강화를 위해 체결한 세계 최초의 복수국 간 디지털 통상협정으로, 2021년 1월 발효됐다. 현재 중국, 캐나다, 코스타리카, UAE가 가입 협상을 진행하고 있으며, 페루와 엘살바도르도 가입 의사를 표명했다. 이들 국가가 모두 가입할 경우

DEPA는 동북아, 북미, 중남미, 중동 지역까지 디지털 통상 네트워크를 확대해 향후 글로벌 디지털 협력 프레임워크로 발전할 전망이다. DEPA 회원국과 가입 협상국은 모두 우리나라와 이미 FTA를 체결한 국가인 만큼, 앞으로 우리나라가 추진할 FTA 개선 협상이나 새로운 협정에는 DEPA 수준의 내용이 포함될 가능성이 높다.

디지털 통상 특화 협정에 박차
'발효 10주년' 한·중 FTA 주목

2024년 우리나라 통상 정책에서는 인도·태평양 경제 프레임워크(IPEF) 공급망 협정의 발효가 눈길을 끈다. IPEF는 미국 주도 아래 2022년 5월 출범했으며, 인도·태평양 지역 새로운 무역 규범 수립과 안정적인 공급망 구축에 초점을 맞춘 협정이다. 내용은 경제 협력과 통상협정을 포괄한다. IPEF는 한국을 비롯한 총 14개국이 참여하고 있다. 위기 대응 네트워크는 IPEF에서 도입된 세계 최초 공급망 위기 대응 플랫폼으로, 공급망 교란 시 긴급회의 소집을 통해 14개 회원국 간 공조 방안을 모색한다.

우리나라의 FTA 발효국과 교역 비중* 추이

단위:%

구분	2004년	2007년	2010년	2011년	2012년	2015년	2020년	2021년	2022년	2023년	2024년 9월
수출 비중	0.3	11.6	15.2	26.4	37.4	71.2	74.8	75.4	82.2	81.8	79.8
수입 비중	0.9	11.4	14	23	32.1	62.8	69.1	68	72.7	74.7	74.3

*해당 연도 FTA 발효국의 수출입 합이 우리나라 전체 수출입에서 차지하는 비중
*자료:UN Comtrade(2004~2022년), 한국무역협회(2023~2024년) 데이터를 토대로 저자 계산

다만 IPEF는 미국법상 의회 승인 절차를 생략한 행정협정 형식으로 추진된다. 이에 IPEF가 제대로 이행되지 못하거나 폐기될 가능성도 존재한다. 1기 트럼프 행정부는 다자간 협정보다 FTA라는 전통적 무역협정 체제에서 상대국에 대한 요구사항을 반영하는 통상 정책을 선호하는 편이었다. 결국 향후 미국 새 정부의 정책 방향에 따라 지속 여부가 결정될 것으로 판단된다.

그럼에도 IPEF의 출범 배경을 고려할 때, 통상 정책 수립 측면에서 인도·태평양 지역이 중요하다는 점은 변함없는 사실이다. 이 지역 국가들을 중심으로 체결된 대표적인 FTA로 2018년 12월부터 발효 중인 포괄적·점진적 환태평양경제동반자협정(CPTPP)이 존재한다. 일본, 멕시코를 비롯해 총 11개국이 참여하던 CPTPP에 2024년 7월 영국이 신규 가입했다. 우리나라는 2022년 4월 대외경제장관회의에서 CPTPP 추진 계획을 의결한 이후 별다른 움직임을 보이지 않았으나, 영국의 가입을 계기로 우리 정부도 CPTPP 가입 여부를 재차 저울질하는 상황이다. CPTPP는 미국이 불참했으나 최신 무역 규범을 반영한 메가 FTA로서 의미가 있다. 또한 교착 상태에 놓인 한·멕시코 FTA의 대안으로, 안정적 공급망 구축에도 도움을 줄 수 있는 협정이다. 다만 우리나라의 CPTPP 가입 신청을 단언할 수 없는 상황이며, 이 협상이 실제로 추진되기 위해서는 농축산물과 중소 제조업 등 민감

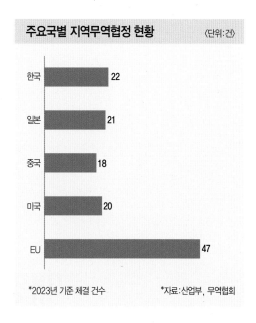

주요국별 지역무역협정 현황 〈단위:건〉

한국	22
일본	21
중국	18
미국	20
EU	47

*2023년 기준 체결 건수 *자료:산업부, 무역협회

한 산업에 대한 보완 대책이 선행적으로 마련돼야 한다.

2024년 우리나라는 그 어느 때보다 적극적으로 다양한 대륙의 신흥국과 FTA 협상을 진행하고 새로운 협정의 체결 가능성을 타진했다. 비록 새롭게 타결된 FTA는 없었으나 우리나라 FTA 정책의 향후 방향성을 명확하게 보여준 한 해였다. 2025년은 이런 협상의 결과물로서 성장 잠재력이 큰 소비 시장을 확보하고 핵심 품목의 공급망 안정화를 기대해볼 만하다. 기존 FTA 중에서는 2025년 발효 10주년을 맞는 한·중 FTA에 주목할 필요가 있다. 우리나라의 최대 교역 상대국이지만, 2022년 이후 대중 수출이 급감한 상황을 고려해 한·중 FTA의 활용과 양국 간 경제 협력 방안을 재정비할 시점이다. ■

IV

2025

매경 아웃룩

세계 경제
어디로

높은 변동성 동반한 달러 약세
日·中 조용한 약달러 지속

오건영 신한은행 WM사업부 팀장

2024년까지 지난 3년을 관통하는 키워드는 무엇이었을까? 우선 '3고(高)'라는 단어를 언급할 수 있다. 고물가, 고금리, 고환율이 3고를 설명하는데, 40년 만에 찾아온 고물가로 인해 전 세계는 고금리와 달러 강세의 파고를 맞이할 수밖에 없었다. 이는 미국을 비롯한 전 세계 경기 둔화를 촉발한다. 실제 2022년 4분기 미국 경제 침체 확률이 크게 높아지면서 미국 중앙은행인 연방준비제도(Fed, 이하 연준)의 피벗, 즉 강한 금리 인하 기대가 나타났던 바 있다. 고물가에도 불구, 경기 침체가 현실화되면 수요 급감으로 인해 물가가 안정되고 급격한 경기 침체를 방어하는 차원에서 연준의 금리 인하가 빠르게 진행될 것이라는 예측이 가능해진다.

이에 금융 시장에서는 연준의 기준금리 인하를 선반영하면서 시장금리, 달러 가치 급락이 나타난다. 그러나 그렇게 낮아진 달러와 금리는 다시금 미국 경제 회복을 자극하고, 연준의 금리 인하 기대가 희석되면서 2023년 중반에는 다시금 강달러, 고금리로 복귀했다. 2023년 4분기에도 비슷한 그림이 나타나는데, 장중 5%를 넘어선 미국의 10년 국채 금리 등에 부담을 느끼며 금융 시장에서는 재차 연준의 피벗 기대를 키우게 된다. 실제 2024년 초 연내 7차례 기준금리 인하 전망이 힘을 얻는 등 연준 금리 인하, 이로 인한 약달러·시장금리 급락이 재차 현실화된다. 그러나 이렇게 낮아진 달러와 금리의 힘으로 미국 경제와 금융 시장이 빠른 복원력을 보이게 되자 연내 7차례 금리 인하 가능성은 신기루처럼 사라졌다. 그러면서 3년간 원달러

원달러 환율과 기준금리 추이 〈단위:원, %〉

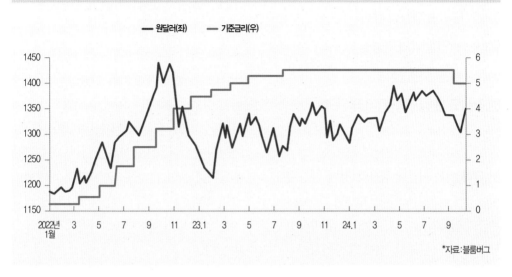

― 원달러(좌) ― 기준금리(우)

*자료:블룸버그

환율이 위아래로 높은 변동성을 보이면서 횡보했다.

2024년 9월 드디어 글로벌 통화 시장에 큰 이벤트가 현실화됐다. 지금까지는 기대에 머물렀던 연준의 피벗이 실제 9월 연방공개시장위원회(FOMC)에서의 50bp(0.5%) 금리 인하와 함께 단행된 것. 지난 3년간의 흐름은 피벗에 대한 기대와 실망으로 점철됐다면 2025년에는 실제 진행되는 연준의 피벗이 외환 시장에 미치는 영향으로 접근해야 한다.

美 경제 여전히 강한 흐름

그렇다면 연준의 피벗, 즉 금리 인하가 현실화된 만큼 2025년 이후부터는 빠른 달러 약세를 기대하는 것이 적절할까? 교과서대로 바라본다면 미국 금리 인하는 달러 보유의 매력을 낮추며, 달러 수요 감소를 촉발해 달러 약세로 이어진다고 할 수 있다. 그러나 과거와 달라진 글로벌 금융 시장의 상황은 이런 교과서적인 흐름을 강하게 제어할 수 있다.

우선 금융 시장 선반영을 생각해볼 수 있다. 지난 2000년대 이후 연준 통화 정책은 매우 느린 금리 인상과 빠르고 강한 금리 인하 패턴을 보여왔다. 실제 금리 인하가 단행된 만큼, 그리고 2024년 9월 FOMC의 50bp 금리 인하가 시장 예상을 뛰어넘었던 만큼 금리 인하 그 자체가 아니라 금리 인하폭과 속도에 대한 기대감이 매우 강해진 상황이다. 시장 참여자 사이에서는 연준이 2025년 말까지 3% 이하로 기준금리를 낮출 것이라는 예상이 힘을 얻고 있는데, 이런 전망이 연준의 실

미국의 차별적 성장 계속
유로 · 日 · 中 제한적 강세
달러는 완만한 약세 가능성
글로벌 환율은 변동성 클 듯
엔 강세도 日 경제 회복 따라 완만

제 금리 인하 이전에 금융 시장에 일정 부분 선반영된 것으로 보인다. 2024년 9월 50bp 기준금리 인하가 단행됐음에도 되레 미국 10년 국채 금리가 반등하는 것이 그 증거다.

다음으로 과거보다 훨씬 강해진 미국의 예외주의(exceptionalism)에 주목할 필요가 있다. 전 세계 국가 중 미국 경제가 가장 강한 흐름을 보이고 있고, 경기 부양에 있어서도 기축

통화 우위를 점한 만큼 다른 어떤 국가보다 강한 정책 집행이 가능하다.

금리 인하는 일반적으로 해당 국가 통화 보유의 매력을 낮추지만, 미국 금리 인하가 미국 경제 성장과 자산 가격 상승을 강하게 자극할 경우, 되레 미국 자산을 매입하기 위해 달러 수요가 크게 높아지는 현상이 나타날 가능성이 있다. 실제 2024년 9월 FOMC 직전 원달러 환율이 1300원 초반대까지 하락했다 금리 인하 이후 미국 주식 시장이 사상 최고치를 연일 넘어서자 1350원 수준으로 반등한 바 있다.

2025년 달러를 바라볼 때는 연준 금리 인하로 인한 달러 약세라는 펀더멘털 요인과 함께, 과거와 달리 미국 금리 인하가 미국의 차별적 성장을 자극한다는 점을 바라볼 필요가 있

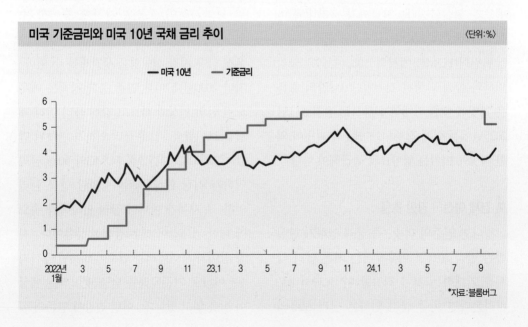

미국 기준금리와 미국 10년 국채 금리 추이 〈단위:%〉

*자료:블룸버그

다. 연준의 기준금리 인하 기대와 달리 느린 속도의, 그리고 높은 변동성을 동반하는 달러 약세를 전망한다.

완만한 달러 대비 유로 강세

2025년에는 달러 이외 통화에서도 큰 변화가 나타날 것으로 보인다.

우선 유로존의 경우 2024년까지 이어져왔던 독일을 중심으로 한 최악의 경기 상황이 일정 수준 회복세로 전환될 것으로 보인다. 아울러 2024년까지 이

일본과 중국은 점진적으로 달러 약세 구간에 진입할 것으로 예상된다. (매경DB)

어져왔던 유로 약세에 힘입어 남유럽 국가의 관광 수입 증가와 기대 이상 성장이 나타나면서 미국과의 성장 갭을 일정 수준 줄일 것으로 예상된다. 완만한 달러 대비 유로 강세를 지지하는 요인이 될 것으로 보인다.

일본은 2024년까지 이어진 과도한 엔 약세로 인해 상당한 인플레이션을 겪고 있다. 물가 안정을 위해서는 엔 약세에서 벗어나야 하고, 이를 위해 일본은행은 금리 인상을 단행해야 할 필요가 있다.

다만 2024년 8월 5일 경험했던 급격한 엔캐리 트레이드 청산의 충격을 감안, 금리 인상의 속도는 매우 완만하게 진행될 것으로 보인다. 이는 완만한 엔 강세 전환을 지지하는 요인이 될 것이다.

중국은 그동안 이어졌던 부진에서 벗어나고자 2024년 하반기부터 기존보다 강한 부양책으로의 전환을 선언했다. 장기 침체 우려를

덜어내면 외국인의 중국 투자 수요를 자극하고, 이는 위안화 수요를 증가시켜 위안화 가치 상승 추세로 이어질 수 있다. 그러나 위안화 가치 상승은 수출 성장 의존도가 높은 중국 경제에는 또 다른 형태의 타격이 될 수 있어 중국 정부가 마구 용인하지는 않을 테다.

2025년에는 달러의 완만한 약세, 그리고 엔, 위안, 유로의 제한적 강세가 가능할 것으로 보인다. 소규모 개방 경제인 한국 입장에서도 다른 국가 통화 움직임을 일정 수준 뒤따라갈 가능성이 높다. 미국 금리 인하 기대로 인한 빠른 달러-원 환율 하락보다는 완만하고 제한적인 수준의 환율 하락을 전망한다.

종합적으로 2025년 국제 환율 시장은 연준의 피벗 현실화에 따른 달러 약세 기대감과 미국의 차별적 성장, 유로존과 일본, 중국의 경제 상황 변화 등이 복합적으로 작용하며 변동성 높은 장세를 보일 것으로 예상한다. ■

美 3.25%까지 낮출 수도
中, 경기 부양 효과 따라 결정

허지수 우리금융경영연구소 경영전략연구실 책임연구원

2023년부터 서서히 내림세를 보이기 시작한 물가는 2024년 들어 둔화세가 더욱 확연해졌다. 어느 정도 물가가 잡혔다고 판단한 각국 중앙은행은 2024년부터 금리 인하를 단행하고 있다. 사실상 오랜 기간 이어진 글로벌 금리 인상 사이클이 종료됐다. 구체적으로 스위스 중앙은행이 지난해 6월부터 1%대 물가 상승률을 확인, 2024년 3월 가장 먼저 금리 인하 움직임을 보였다. 유럽중앙은행(2024년 6월)과 영란은행(2024년 8월)이 그 뒤를 이었다. 그리고 전 세계 이목이 쏠렸던 2024년 9월 연방공개시장위원회(FOMC) 회의에서 미국 연방준비위원회(fed)는 빅컷(-50bp)을 단행하며 기준금리 인하로 돌아섰다. 이를 기점으로 금리 인하를 향한 글로벌 통화 정책 전환이 더욱 공고해졌다.

美, 추가 금리 인하 여력 충분

2024년 한 해 큰 폭으로 안정된 물가 상승세는 2025년에도 이런 흐름을 이어갈 것으로 예상된다. 특히 선진국의 경우 공급 요인(노동시장 불균형 해소, 국제유가 하락)과 수요 요인(경기 둔화), 물가 압력이 동반 축소돼 하락할 것으로 보인다. 각국 물가는 이미 중앙은행 목표 수준에 근접했음을 감안할 때, 앞으로는 금리 인하 속도가 물가 방향성을 결정할 주요 관건이 될 것이다. 글로벌 통화 완화 정책 전환 분위기 속에서 주요국 국채 금리는 전반적으로 하향 안정될 것으로 예상된다. 다만 중동 지역 분쟁으로 인한 유가 급등, 글로벌 정치적 불확실성으로 인한 물가 상방 리스크는 상존한다.

주요국 소비자물가 상승률 〈단위:%〉

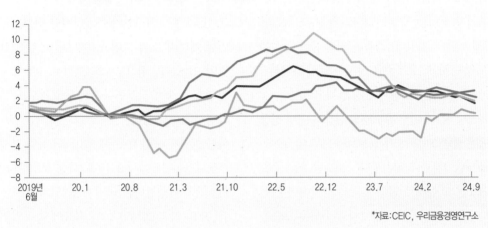

──한국 ──미국 ──유로존 ──일본 ──중국

*자료:CEIC, 우리금융경영연구소

국가별로 살펴보면 미국은 2024년 7월 2%대 물가 상승률을 기록한 뒤 내림세를 보이고 있다. 이미 목표했던 물가 수준에 근접하는 중이다. 이런 물가 하락과 동시에 경기는 상대적으로 견조하게 유지되고 있다. 금리가 급등하던 시기에 경기 경착륙에 대한 우려가 있었으나, 미국은 소비·투자를 기반으로 안정적인 성장세를 보였다. 2024년 1분기와 2분기에는 각각 전분기 대비 1.4%, 3% 성장해 연착륙 가능성을 높였다. IMF는 2024년 10월 발표에서 2024년 7월 발표한 미국의 2024년과 2025년 성장률을 일제히 상향 조정했다. 2024년 전망치는 2.6%에서 2.8%로 올렸고 2025년 전망치도 1.9%에서 2.2%로 상향했다.

팬데믹 이후 미국의 대규모 투자에 따른 생산성 향상과 임금 상승이 2024년 글로벌 경제 성장을 주도하고 있다고 본 것이다. 2025년은 2024년보다 성장세가 둔화하겠지만, 여전히 잠재성장률을 웃도는 수준일 것으로 보인다. 이를 고려하면 미국 경기는 연착륙할 가능성이 높다.

물가·경기 여건을 고려할 때 연준은 앞으로 추가 금리 인하를 단행할 여력이 충분하다. 미 연준은 2024년 9월 금리 인하(상단 기준 5.5% → 5%) 개시 이후 2024년 11월 4.75%(상단 기준)로 0.25%포인트 추가 인하했다. 미국의 경기 연착륙을 위해 2025년 3.25%까지 추가 인하할 가능성도 존재한다. 당초 연준은 2025년 말까지 3.5% 인하할 수 있다고 봤는데, 이보다 폭이 클 것이라는 예상이다. 유로존 상황은 미국과 다르다. 물론 물가에 있어서는 의미 있는 진전이 있었다. 2024년 연초 이후 2024년 10월까지 물가 상승률이 2%대를 유지해왔으며 2024년 9월에는 물가가 전년 동월 대비 1.8% 올랐다. 2021년 4월 이후 최저치다. 그러나 이런 물가 안정에도 불구하고, 유로존은 미국과 달리 고금리·고물가의 여파로 경기 부진을 겪고 있다. 2023년 2분기 이후 유로존의 전분기 대비 성장률은 줄곧 0%대를 기록(2024년 1분기 0.4% → 2024년 2분기 0.6%)했다. 2024년 9월 종합 PMI는 50 아래로 떨어져 수축 국면에 진입했다. 유로존 경기가 예상보다 둔화되는 모습을 보임에 따라 IMF는 2024년 10월 내놓은 경제 전망에서 유로존의 2024년과 2025년 성장률을 하향했다. 2024년은 0.9%에서 0.8%로 2025년은 1.5%에서 1.2%로 조정했다.

유로존 경기 부진의 주요 요인은 독일 경제다. 유로존에서 큰 비중을 차지하는 독일은 제조업 침체 장기화로 수출에도 큰 타격을 받는 상황이다. 러시아와 우크라이나 전쟁으로 인한 에너지 가격 충격 후 에너지 집약적 산업이 어려움을 겪고, 상호 보완적이던 중국 관계가 경쟁적으로 변하면서 독일의 수출에 악영향을 주고 있다.

이를 반영해 독일 재무부는 2024년 독일 경제 성장률을 0.3%에서 0.2%로 하향 조정했다. 2년 연속 역성장하는 국가가 될 위기에 처한 것. IMF 역시 2024년 10월 발표에서 독일의 2024년 성장률 전망치(0.2% → 0%)를 낮췄다. 2025년에는 실질 임금 상승에 따른 소비 확대, 금리 인하로 인한 투자 증가로 경기가 개선될 것으로 예상되나 그 폭은 제한적일 것

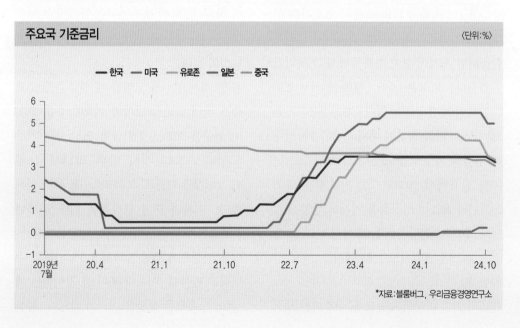

주요국 기준금리 〈단위:%〉

*자료:블룸버그, 우리금융경영연구소

으로 보인다. 유로존이 2024년과 2025년 모두 경기 둔화 조짐이 보이는 만큼 유럽중앙은행은 앞으로 금리를 추가 인하하고, 이에 따라 독일 국채 10년물 금리도 점차 낮아질 것으로 전망한다. 하지만, 유로존 경기 침체 우려에 따라 시장의 금리 인하 기대가 상당 부분 선반영된 부분을 감안하면 향후 하락폭은 제한적일 것으로 전망된다.

중국도 추가 금리 인하 가능성

아시아 주요국 경기도 좋지 않다. 일본은 2024년 3월, 17년 만에 정책금리를 인상하며 마이너스 금리 정책을 해제했다. 임금과 물가 선순환을 앞세워 안정적으로 물가 상승률 2% 달성이 가능하다고 봤기 때문이다. 2024년 7월 또 한 번 0.25% 금리를 인상했다. 두 번의 금리 인상으로 엔화는 강세를 보이는 듯했으나 경제 불확실성 속에서 달러가 강세를 나타내며 절상폭을 상당 부분 되돌렸다.

우에다 가즈오 일본은행 총재는 2024년 10월 미국 워싱턴DC 대담에서 추가 금리 인상 가능성을 시사했다. 미 연준의 금리 인하 속도가 늦어지며 엔달러 환율이 오르자 엔화 약세를 저지하기 위해 금리 인상을 단행하려는 것으로 보인다. 우에다 총리는 2024년 9월 금융정책결정회의에서 경제·물가 전망이 실현되면 정책금리를 계속해서 인상할 것이라고 밝힌 만큼, 관련 지표가 향후 일본 금리 향방을 결정하는 주요 요인이 될 것이다. 다만

IMF는 2024년 10월 발표에서 자동차 생산량 차질과 관광객 증가세 둔화로 2024년 일본 성장률을 하향 조정(0.7% → 0.3%)한 바 있어 금리 인상 속도가 조절될 가능성도 배제할 수 없다.

중국 상황도 좋지 않다. 부동산 시장 침체 장기화와 소비 위축, 제조업 부진 등 산적한 문제가 많다. 시장에서는 중국의 2024년 경제성장률이 5%에 못 미칠 것이라는 인식이 퍼져 있다. 2025년의 경우 이보다 더 떨어질 가능성도 있다. IMF는 2024년 10월 발표에서 2024년 7월 5%로 올렸던 중국의 2024년 성장률 전망치를 4.8%로 하향 조정했다. 부동산 가격이 추가적으로 조정을 받을 경우 내수에 악영향을 줄 것이라는 이유다.

물론 중국 당국이 손을 놓고 있는 것은 아니다. 위기의식을 느낀 중국은 성장동력 활성화를 위해 대규모 부양 정책을 단행했다. 이례적으로 금융당국 수장 3명이 한자리에 모여 발표한 2024년 8월 통화 완화 정책 패키지는 금리 인하와 부동산·증시를 부양하겠다는 당국의 메시지를 강하게 전달했다. 여기에 그치지 않고 2024년 10월에는 기준금리를 인하하고 국채 발행 확대 계획을 발표하기도 했다. 하지만 이런 부양 조치가 시장의 기대를 충족시킬 수 있을지는 지켜봐야 한다. 앞으로 당국은 중국 경기 흐름을 보면서 필요할 경우 금리 인하를 포함한 추가 부양책을 펼칠 것으로 예상한다. ■

성장세 둔화에도 경기 회복력 유지
급격한 침체 가능성도 배제 못해

정민 법무법인 지평 경영컨설팅센터 그룹장

2025년 미국은 '피벗(Pivot) 경제'를 맞이한다. 피벗은 '회전하다' 또는 '어떤 대상의 중심축'이라는 사전적 의미가 있는 용어다. 경제학에서는 중앙은행의 통화 정책 기조 변화를 의미한다. 일반적으로 금리 인하와 통화 정책의 변화를 의미하지만, 2025년 미국 경제에서 피벗의 의미는 조금 더 확대될 전망이다. 새로운 행정부가 출범하며 미국 경제 정책에 커다란 변화가 예상되기 때문이다.

2025년 세계 경제는 2020년 이전의 고성장으로 돌아가지 못한 채 저성장이 고착화될 가능성이 크다. 그동안 견고한 성장세를 유지하면서 글로벌 경제 중심축 역할을 하던 미국 경제마저 노동 시장 냉각 등 최근 주요 경제 지표가 기존 추세를 이탈한 분위기다. 특히

2024년 9월은 주식 시장에서 가장 무서운 시기 중 하나였다. 미국으로부터 초래된 '경기 침체(R) 공포'가 재발하면서 코스피를 비롯한 글로벌 증시가 출렁거렸다.

다만 2025년 미국 경기는 연착륙할 것으로 전망한다. 성장세는 둔화하겠지만 어느 정도 회복력은 유지될 것이라는 기대가 우세하다. 가계는 소득 성장이 완화되며 신중한 지출이 나타날 가능성이 크다. 기업 또한 여전히 높은 자금 조달 비용으로 인해 신중하게 고용하고 투자할 전망이다.

이처럼 민간 부문 경제 활동 둔화와 제한된 통화 정책 등으로 미국의 성장동력은 2024년 대비 약화될 것으로 예상된다. 노동 시장의 급격한 냉각과 새로운 행정부 출범 등에 따라 갑작스러운 침체 가능성도 배제할 수 없다.

건재함 보여준 2024년
경제성장률 안정적 유지

완강한 인플레이션과 높은 이자율에도 불구하고 미국 경제는 2024년 건재함을 증명했다. 최근 인플레이션은 2021년 이전보다 높지만 2023년 초와 비교하면 낮은 수준이다. 과거 미국 경제를 보면 인플레이션이 내려갈 때 경제성장률도 동반 하락했다. 그러나 최근 인플레이션이 내려간 만큼 경제성장률이 하락하지 않고 안정적으로 유지됐다는 점에서 미국 경제는 양호한 성장을 시현했다고 평가할 수 있다.

2024년 2분기 미국 경제성장률은 1.6%를 기록한 1분기보다 높은 3%로 집계됐다. 민간 지출에 힘입어 확장세를 유지했다는 분석이다. 개인 소비 지출은 상품과 서비스 소비 증가세가 양호한 수준을 유지했다. 민간 투자는 주거 투자 감소에도 불구하고 설비투자가 개선된 효과로 증가폭이 확대됐다. 정부 지출은 2023년에 비해 축소됐지만 여전히 성장에 긍정적으로 기여했다.

견조한 고용으로 노동 시장 침체 우려도 약화됐다. 2024년 9월 비농업 부문 취업자 수는 25만4000명 증가했다. 15만9000명을 기록한 8월 수치를 크게 웃돌았다. 실업률도 4.1%로 2024년 7월 4.3%에서 내려갔다. 특히 9월 실질 임금 상승률은 전년 동기 대비 1.5%로,

2023년 6월 이후 최고치를 기록했다. 고용 호조와 임금 상승으로 소비 여력은 여전히 유효한 것으로 분석된다. 최근 소비재 기업의 실적 회복 기대감이 형성되는 상황에서 미국의 연착륙 기대감은 더욱 높아지고 있다.

미국 소비는 여전히 견고하다. 2024년 9월 소매판매는 전월 대비 0.4% 늘며 시장 예상치를 웃돌았다. 특히 휘발유와 자동차를 제외한 핵심 소매판매도 전월 대비 0.7% 증가하며 3개월 내 최대 증가폭을 보였다. 고용 시장 개선이 이어지고, 고물가와 고금리가 조금씩 완화된 영향이다.

미국 소비는 2024년 말까지 양호한 흐름이 유지될 전망이다. 전미소매연합(NRF)은 2024

트럼프 주요 경제 정책

구분	내용
경제·산업 정책	· 일자리법(TCJA) 영구화 · 화석에너지 개발을 통한 에너지 가격 안정화 · 법인세 15%로 대폭 감세 추진 · 부유층, 대기업 대상 감세
통상 정책	· 모든 수입 품목에 10~20% 보편 관세 부과 · 트럼프 상호 무역 법안 통과 · 대미 무역흑자국 견제
미-중 관계	· 디커플링(분리) 추진 · 對중국 60% 이상의 관세율 적용 · 중국의 최혜국 대우 박탈
에너지 정책	· 석유·가스 생산 및 원전 활성화 · 전기차 의무화 철폐 등 인플레이션감축법(IRA) 폐기

*자료: DRAFT 2024 Democratic Party Platform, 2024 GOP PLATFORM MAKE AMERICA GREAT AGAIN 등 자료 요약

미국 경제성장률		단위:%
구분	2024년	2025년
IMF	2.8	2.2
FOMC	2	2
IB 평균 2024년 9월	2.6	2

*자료:IMF, FOMC, 블룸버그   *전년 대비 성장률

년 말 소비 시즌 매출 규모가 2023년 대비 2.5~3.5% 증가한 9890억달러에 이를 것으로 발표했다. 이는 팬데믹 이후 연말 대비 다소 부진한 수치지만, 소비가 급격하게 꺾이기보다 완만한 둔화 추세가 이어진다는 점에서 그다지 부정적인 전망은 아니다.

한편 산업 생산은 감소 전환하며 소비와 엇갈린 흐름을 보인다. 2024년 9월 산업 생산은 전월 대비 0.3% 감소했다. 단, 수요 부진보다 대선을 앞두고 정책 불확실성에 따른 보수적 투자가 확대되며 생산에 영향을 미친 것으로 분석된다.

이런 이유로 미국 제조업은 상대적으로 회복이 더딘 편이다. 2024년 9월 미국 공급관리협회(ISM) 제조업지수는 47.2로 기준치 50을 밑돌았다. 2024년 3월 50.3을 기록한 후 하락세가 이어지는 상황이다. 기업 여력이 없어서라기보다는 확신이 부족해서 소극적으로 대응하고 있다고 판단된다. 전국독립사업연맹(NFIB)의 소기업낙관지수(Small Busиniess Optimism index)에서 채용, 투자, 실적 등이 불확실하다는 응답은 사상 최고 수준이다.

이는 불확실성 때문에 계획을 미루고 있다는 의미로 해석된다. 연말 기업 체감 경기 개선은 2025년 생산과 투자 회복으로 나타날 전망이다.

미국 부동산 시장은 주택 거래가 점차 되살아나는 모습이다. 모기지 금리 하락에 따라 신규 주택을 중심으로 판매량이 증가하고 있다. 기존 주택 판매는 감소세지만 재고 수준은 여전히 낮은 편이다. 신규 주택의 판매량 증가에 따라 착공호수도 상승 반전했다.

소비·투자 약화 가능성
새 정부 정책 방향 중요

최근 경기선행지수와 심리지수는 소비와 투자의 약화 가능성을 시사한다. 향후 경기 향방을 나타내는 경기선행지수는 2024년 1월 102.6포인트에서 9월 100.2포인트로 하락했다. 소비자신뢰도지수도 같은 기간 110.9포인트에서 98.7포인트로 떨어졌다. 여기에 뉴욕 연방준비은행의 향후 12개월 경기 침체 확률은 최근 50% 이상으로 나타난다.

전미경제연구소(NBER)에 따르면 2009년 글로벌 금융위기 이후 경기 수축기는 약 2개월에 불과하다. 지난 15년 동안 미국 경제가 견고하게 유지됐다는 뜻이다. 하지만 호황기가 길었던 만큼 경기 침체에 대한 불안감이 팽배하다. 최근 발표되는 선행 지표와 심리 지표로부터 불안감이 묻어나오는 것으로 판단된다. 결국 이 같은 불안 심리는 급격한 내수 위

2016년과 2024년 정책·경기 사이클 비교

	2016년	2024년
통화 정책	금리 인상 2부 능선	금리 인하 시작
경기	실업률 하락 국면	실업률 상승 국면
재정 정책	큰 정부로의 전환	이미 큰 정부

*자료:NH투자증권 리서치본부

축의 촉매제가 될 수 있다. 경기 침체 가능성을 배제할 수 없는 이유다. 그럼에도 전반적인 실물 경제 지표를 감안할 때, 최근 미국의 경기 침체 우려는 다소 과도한 측면이 있다. 가계는 양호한 소득 기반의 재정건전성을 갖추고 있고, 기업은 누적 이익과 보유 현금을 통해 투자 여력이 존재하기 때문이다.

2025년 미국 경제는 2% 내외 성장을 전망한다. 주요 투자은행 평균 예측치는 2024년 4분기를 바닥으로 본다. 2025년 1분기부터는 2%대 초반 성장세가 나타날 것이라는 예측이다. 2024년 10월 국제통화기금(IMF)의 미국 경제 전망치는 2024년 2.8%, 2025년 2.2%로 발표됐다. 기존 7월 전망치보다 각각 0.2%포인트, 0.3%포인트씩 상향 조정된 수치다. 식어가는 고용 시장과 완만한 소비 둔화, 긴축적인 재정 정책 등이 2025년 미국 경제 성장

속도를 더디게 만든다는 전망이다. 주요 기관 전망치 역시 미국 경제가 여전히 양호하다고 보면서도 2025년 경기 둔화 가능성에 무게를 둔다.

한편 2025년 금리 인하는 상반기에 집중될 것으로 예상된다. 시장과 연준 위원들 전망치를 종합하면 2024년 내 추가 25bp(1bp=0.01%포인트), 2025년 100bp 금리 인하가 예상된다. 2025년 상반기까지 금리 인하 기조가 이어지고 하반기에는 동결될 가능성에 무게가 실린다.

2025년 미국 경제 향방에 큰 변수는 당연히 새로운 행정부의 정책 방향성이다. 세법, 정부 지출, 무역, 이민 정책 등의 공약 이행에 따라 경제에 상당한 영향을 미칠 수밖에 없다. 무디스는 미국 대선과 의회 선거 결과에 따라 미국 경제성장률을 예측했다. 결론적

으로 트럼프 대통령 재당선이 미국 경제에 더 안 좋다는 분석이다. 피터슨국제경제연구소 역시 트럼프 전 대통령의 무역과 이민 등 경제 정책이 인플레이션을 부추기며 미국 경제에 타격을 줄 것이라는 유사한 전망을 내놨다. 이 경우 예상 성장 경로를 벗어나 경기 침체 가능성이 상존한다.

그 외에도 2025년 미국 경제에서 주목받을 몇 가지 이슈가 존재한다. 그중에서 미국 재정 건전성 악화에 대한 우려를 가장 먼저 꼽을 수 있다. 새로운 행정부가 재정 적자를 줄이고 신규 차입을 억제하는 정책 조치를 취하지 않는다면 미국 재정력은 실질적으로 약화될 전망이다. 미국 의회예산처(CBO)에 따르면, 국가부채는 2023년 국내총생산(GDP) 대비 97.3%에서 2025년 101.6%로 증가하며,

같은 기간 재정 적자도 6.3%에서 6.5%로 증가할 것으로 예상된다. 새 정부가 재정 적자를 바로 잡지 못한다면 부채 비율은 더 늘어날 가능성도 충분하다. 국가부채 부담 축소를 위한 의회 협상이 중요해질 전망이다. 재정 적자가 늘어나는 상황을 고려하면 채무불이행(디폴트) 사태를 막기 위해 의회가 부채 한도를 높여줘야 한다. 이런 대응이 미흡하다면 미국의 신용등급 강등 가능성도 무시할 수 없다.

두 번째 이슈는 예상보다 강한 인플레이션이다. 미국의 강한 소비 수요가 지속되면서, 물가에 대한 시장 경계는 높아지고 있다. 대선을 앞두고 정부 재정 지출 확대에 대한 우려도 기대 인플레이션 상승 압력으로 작용했다. 여기에 항만 파업, 허리케인 이슈, 중동

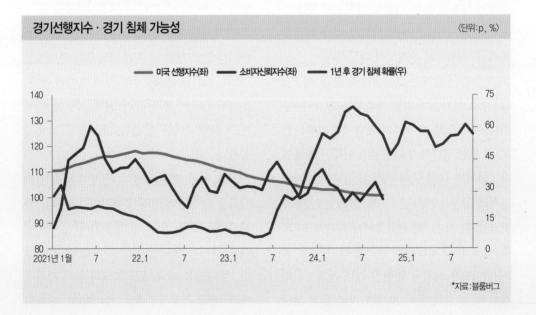

경기선행지수 · 경기 침체 가능성 〈단위:p, %〉

*자료:블룸버그

미국 워싱턴DC에 있는 미국 국회의사당 전경. (AFP = 연합뉴스)

지정학적 불안 등 미국의 경기 흐름을 방해하는 외생 변수도 깔려 있다. 이와 함께 관세 전쟁 등 급진적 무역 정책은 인플레이션을 끌어올릴 수 있는 요인이다. 물가가 다시 3% 내외 수준으로 올라갈 가능성도 충분하다. 인플레이션 상승은 미국 경제 위축 요인으로 작용할 전망이다.

달러 가치도 주목할 이슈다. 미국 달러화 지수는 2024년 10월 추세적으로 상승했다. 주요국 금리 인하 사이클이 대체로 동조화 현상을 보이는 가운데, 외환 시장은 통화 정책보다 경제 기초체력(펀더멘털)에 의해 움직이는 것으로 분석된다. 미 달러 강세의 근본적인 원인이 미국 경제의 견고한 펀더멘털이라는 판단이다. 물가 하락과 서서히 식어가는 고용 시장 여건으로 금리 인하의 당위성을 확보한 연준은 2024년 내 추가 금리 인하를 단행할 것으로 예상된다. 미국 우위의 경기 펀더멘털이 2025년 초까지 이어지며 달러 강세를 지지할 전망이다. 관세와 감세 등 트럼프의 주요 공약이 인플레이션을 높일 여지도 충분하다. 트럼프 2기 행정부의 주요 정책을 고려하면 중장기적으로 무역 갈등에 따른 위험 회피 현상과 미 재정 확대 등이 달러화 강세 여건을 형성할 것으로 예상된다.

2025년 미국 경제는 완만한 둔화를 보일 가능성이 크다. 다만 새로운 행정부의 정책 방향성에 따라 미국 경제는 물론 한국 경제에 미치는 영향이 달라질 전망이다. 이로 인해 발생할 수 있는 긍정적 효과는 극대화하고 부정적 영향을 최소화하기 위한 대응 방안 마련이 필요한 시점이다. 새로운 행정부에 대한 대응 시나리오를 갖고 중요한 현안을 풀어갈 준비를 해야 한다. ■

美·EU 압박 속 기술 자립 '총력' 21.3% 청년 실업률 해소가 관건

이찬우 창원대 중국학과 교수

2025년은 중국 경제에 있어 중요한 전환점이 될 해다. 14차 5개년 규획(2021~2025년)이 마무리되는 동시에 '중국제조 2025'의 첫 번째 단계가 끝나는 해기 때문이다. 두 정책은 자체 내수 시장으로 선순환하는 경제 시스템 구축과 반도체, 로봇, 신재생에너지, 전기차 같은 미래 전략 산업에서 세계 강국으로 진입하는 목표를 제시하고 있다. 2025년에는 이런 목표에 대한 가시적 성과가 필요할 시점이다. 특히 시진핑 정부 3기는 2023년 6월 기준으로 21.3%에 달하는 청년 실업률을 얼마나 완화할 수 있느냐에 따라 중국 공산당 리더십이 시험대에 오를 것이다.

글로벌 불확실성과 지정학적 갈등이 지속되는 상황에서, 2025년 중국은 대내적으로는 내수 촉진과 기술 자립을 강화하고 대외적으로는 다자주의 협력을 확대해 글로벌 공급망에서의 영향력을 유지하는 방향으로 나아갈 것이다. 중국 경제의 부침과 그에 따른 정책 변화는 한국을 포함한 국제 사회의 경제·안보 환경에 적지 않은 영향을 미칠 것으로 예상된다. 이에 따라 중국 경제 리스크와 그에 대한 대응 전략을 보다 면밀하게 점검할 필요가 있다. 2025년 중국의 대내외 상황과 시진핑 정부의 정책을 검토해 중국 사회의 변화를 분석하고 전망해본다.

중국 경제 리스크 핵심은 '부동산'

중국 경제에 대한 낙관론과 회의론은 다양한 관점에서 논의된다.

회의론자들은 중국 경제의 기저에 자리 잡은 구조적 모순을 지적한다. 헝다(恒大)와 같은 대형 부동산 기업의 부채 위기와 부동산 경기 침체, 미국의 대중국 견제, 해외 기업들의 탈중국화 흐름 등이 대표적인 예다. 반면, 낙관론자들은 중국과 같이 18조달러 경제 규모와 3조3000억달러 수준 외환보유액을 가진 국가가 매년 4~5%의 경제성장률을 기록하면서도 위기라고 하는 것은 서구 사회의 잘못된 인식에 기초한다고 주장한다. 이들은 반도체, 인공지능(AI), 전기차 등 첨단 산업에서의 성장과 넓은 내수 시장에 기초한 수요 우위, 중국 정부의 적극적인 정책 개입을 강조하며, 중국 경제가 여전히 유리한 조건에 있다고 본다.

그러나 현재 중국은 글로벌 불확실성이 장기화되는 가운데 디플레이션, 부동산 시장 침체, 소비 심리 위축, 그리고 미국과 EU의 대중국 견제 등 다양한 도전 과제에 직면해 있다. 특히 2025년 중국 경제 리스크 중 주목해야 할 요소는 부동산 시장 침체다. 2023년 매출 기준 1위 부동산 개발 업체인 비구이위안(碧桂園·컨트리가든)이 채무 불이행을 선언하면서 중국 부동산 시장의 심각한 구조적 문제가 표면화됐다. 이는 일본이 겪었던 '잃어버린 30년'과 유사한 상황으로 해석될 수 있다. 일본이 장기 불황을 겪은 이유는 복합적이지만 요약하면 경기 침체와 자산 가치 하락의 악순환이라고 볼 수 있다. 거품이 끼어 있던 부동산 가격이 폭락하면서 자산 가치가 떨어지고 소비·투자 심리는 더욱 위축되는 악순환이 반복되면서 장기 침체로 이어진 것. 중국 부동산은 가계 자산의 70%, 부동산 관련 경제활동은 GDP의 25~30%를 차지한다. 부동산 경기 하락세가 가속화되면서 가계, 부동산 관련 기업뿐 아니라 부동산 개발 의존도가 높은 지방정부 재정에도 큰 부담으로 작용하고 있다.

또한 중국은 지방정부가 징수한 조세수입을 중앙과 지방정부가 나누어 갖는 제도인 '분세제(分稅制)' 개혁과 2008년 글로벌 금융위기를 거치면서, 중국 지방정부는 토지 등 자산을 담보로 재원을 조달해 인프라 투자 사업을 앞다퉈 벌였다. 지방정부는 토지 매각을 통해 재정을 확보하고, 대규모 인프라 프로젝트와 도시 개발을 추진하며 도시화와 경제 성장을 촉진하는 긍정적 성과를 거뒀다. 그러나 부동산 수요 부진으로 대형 부동산 업체들이 디폴트 위기에 몰리는 상황이 발생하고 있다. 중국 정부는 중국 부동산 시장이 2022년부터 본격적인 침체 국면에 들어가면서 부동산 개발 업체의 과도한 부채를 규제하는 동시에 대출 규제 완화, 임대주택 활성화 등 수요 진작 정책을 발표했다. 2024년 9월, 중국인민은행과 중앙정부가 공동으로 주택 구매 초기 납입금 비율 하향, 지방정부의 미분양 주택 구매 후 임대 전환 등의 조치를 발표한 것은 중국 정부가 부동산 침체를 얼마나 심각하게 보고 있는지를 보여준다.

다만, 중국의 상대적으로 낮은 도시화율

(66%)과 주택담보인정비율(60%), 국유 상업은행과 부동산 관련 기업들이 정부의 통제 아래 있다는 점을 고려하면, 부동산 침체가 금융 리스크로 전이될 가능성은 작다. 하지만 부동산 시장의 불안정성은 가계와 기업의 심리에 부정적인 영향을 미칠 수 있으며, 지방정부의 재정과도 연관돼 있어 중국 부동산 시장의 향방은 여전히 중요한 관심사다.

'내우외환' 직면한 중국 경제

중국 경제 리스크 중 또 다른 중요한 요소는 중국 경제성장률 둔화의 구조적 원인으로 지목되는 '총부채 비율'이다.

중국의 GDP 대비 총부채 비율은 2024년 1분기 기준 294.8%로, 선진국 평균인 264%를 웃도는 수준이다. 최근 몇 년간 중국의 총부채 비율이 급증하면서 재정 여력이 악화되고, 투자 감소로 이어져 경기 하방 압력이 가중되고 있다. 경제 주체별로 보면 가계부채는 64%, 기업부채는 156%, 정부부채는 74%로 나타나, 가계부채 비율은 한국, 태국, 영국, 미국 등 주요국과 비교해 양호한 편이다. 주목할 점은 정부부채 비율이 수치상으로 안정적 수준이지만 지방정부의 음성 채무인 지

2025년 중국 주요 산업 정책

목표	세부 계획
신질생산력 제고	첨단 제조 클러스터 구축
	국가급 신형공업화(新型工業化)시범구 구축
디지털 경제 촉진	'AI플러스' 추진
	디지털 산업 클러스터 구축, 스마트도시 및 디지털 농촌 구축
	국가통합 컴퓨팅 파워 시스템 구축 가속화
	플랫폼 기업 글로벌 경쟁력 강화 지원
미래 산업의 육성	수소에너지, 신소재, 혁신의약, 바이오 제조, 상용항공우주 등 산업 육성
	양자기술, 생명과학 등 미래 산업 육성
	벤처캐피털 등의 산업투자펀드의 기능 활성화
과학 기술 자립	국가실험운영실, 중대 과학 기술 인프라 구축 확대
	기초연구 및 국가전략인재 등 고급 인재 육성 강화
	과학 기술 성과 평가, 포상, 연구 프로젝트 및 예산관리 시스템 개혁
대외 개방 확대	국경 간 전자상거래 발전 촉진, 해외 물류창고 건설 확대
	국경 간 서비스무역 네거티브 리스트 전면 실시
	디지털, 그린, 혁신, 보건, 문화관광, 빈곤 감소 등 분야에서 일대일로 협력 확대

*자료:2024 정부 업무 보고 등 각종 자료 저자 정리

방정부 융자기구(LGFV) 부채까지 포함할 경우 실제 정부부채 규모는 공식 통계의 두 배에 달할 것으로 추정된다. 다수 LGFV는 최근 부동산 시장 침체로 인프라 투자수익으로 대출금 상환이 어려운 상황에 처해 있다. 또한 정부부채의 70% 이상을 차지하는 지방정부의 재정 여력 약화는 지역 간 격차 확대와 서민들에 대한 보조금 삭감 등으로 이어져 사회 불안 요인으로 작용할 수 있다. 실제 2023년 구이저우성 정부의 공개적인 부채 위기 선언이나, 윈난성 LGFV의 만기채권 연체 사례는 예기치 못한 리스크에 노출될 수 있음을 보여준다.

미국과 EU의 대중국 견제 장기화도 중요한 요소다. 미·중 갈등은 2018년 미·중 무역분쟁으로 촉발된 이후 기술 패권 경쟁으로 확산했다. 미국은 중국의 반도체, AI 관련 기업을 수출 통제 기업 리스트(Entity list)에 올리고, 수출과 투자를 금지하는 행정명령을 발표했다. 최근에는 중국의 주요 수출품인 전기차, 전기차 배터리, 태양광 패널 등에 대해 불공정 무역행위를 이유로 반덤핑 조사 등 무역 제재를 단행했고, EU는 2024년 7월 이후 중국산 전기차에 대해 최대 47.6%의 상계 관세를 부과하기로 했다. 이런 갈등은 단순한 무역 문제를 넘어 경제적, 기술적, 군사적 패권 경쟁으로 이어지고 있다. 이미 미국과 EU는 중국에 대한 경제 의존도를 낮춰 위험을 줄이고 안정적인 공급망 확보와 자국의 첨단 기술을 보호하기 위해 '디리스킹(de-risking)'을 추진할 것임을 공식화했다. EU 집행위원회는 EU 경제안보전략 조치계획(European Economic Security Package)을 발표해 최첨단 반도체, AI 기반 시스템, 양자 컴퓨팅, 유전공학 등 핵심 기술 영역을 '임박한 위험'으로 지정하고 위험 평가, 투자 심사, 수출 통제 등 규제를 EU 차원에서 통합할 것이라고 밝혔다. 핵심 기술 보호와 공급망 안정에 도움이 되는 우호국 또는 동맹국과는 협력을 강화하고, 중국과 같이 안보에 우려가 있는 국가와는 협력은 하되 핵심 기술, 안정적 공급망과 같은 위험 요소는 전략적으로 관리하겠다는 것이다. 이런 미국, EU 등의 전략적 대중국 견제는 2025년까지도 계속될 것으로 예상된다.

미국·EU에 '기술 자립'으로 반격할 것

중국 정부는 2025년 대내외 리스크를 극복하고 사회주의 현대화 강국 건설을 위한 중요 돌파구로 기술 자립에 방점을 둘 것으로 전망된다. 제20기 중앙위원회 제3차 전체회의에서 통과한 '진일보한 전면적 개혁 심화와 중국식 현대화 추진에 관한 당 중앙의 결정'에서 '개혁'이라는 단어만 50여차례나 언급됐다. 시진핑 국가주석이 직접 나서 4600자에 달하는 '과학 기술 자립자강(科技自立自強)론'도 설파했다.

이미 중국의 첨단 과학 기술은 한국을 넘어

시진핑 중국 국가주석. (AP = 연합뉴스)

미국 등 선진국의 80% 이상 수준에 도달한 것으로 평가된다. 최근 과학기술정보통신부가 발표한 '2022년도 기술 수준 평가'에 따르면 첨단모빌리티, 첨단바이오, AI, 항공우주, 해양, 차세대통신 등 다수 분야에서 한국보다 높은 기술 수준을 확보한 것으로 나타났다. 2025년 중국은 보다 강화된 기술 자립에 모든 국가 자원과 에너지를 집중할 것이다. 이를 통해 미국 중심의 글로벌 기술 공급망에서 탈피하고, 자국의 독립적인 기술 생태계를 구축할 것으로 보인다. 특히 달 탐사와 상업 항공기, 고속철, 전기자동차의 성과를 바탕으로 반도체, AI 등 핵심 기술 분야에서 자립도를 높일 것이다. RCEP(역내포괄적경제동반자협정)와 일대일로(Belt and Road Initiative)를 통해 자국 중심의 공급망을 강화하고 동남아시아, 유럽, 아프리카와의 경제 협력을 확대해 글로벌 협력 네트워크를 재편할 계획이다. 이는 중국이 기존의 서구 중심 질서에서 벗어나 독자적인 기술과 경제 블록을 구축하려는 전략의 일환이다.

중국의 기술 자립 전략은 '신질생산력(New

Productive Force · 新質生産力) 제고'와 '디지털 중국(Digital China) 구축' 두 가지 형태로 구체화할 것이다.

신질생산력은 국가 재정 투입을 통한 경제 성장에서 벗어나 첨단기술, 고효율, 고품질 생산을 통한 새로운 성장 모델이다. 기존 중국 정부가 추진해온 기술 혁신 등의 공급 개혁을 새롭게 명명한 것이다. 기술 혁신을 통한 산업 구조 고도화를 넘어 AI, 빅데이터, 사물인터넷, 스마트 팩토리 등 첨단기술을 스마트화, 디지털화, 네트워크화해 기술 자립을 이루겠다는 전략이다. 중앙정부의 신질생산력 제고 전략은 지방정부로 확산돼 지역 첨단특화 산업 클러스터 형성으로 이어지고 있다. 베이징은 AI · 생명공학 · 6G 분야, 안후이성 허페이는 양자정보 기술 · 융합에너지 분야, 쓰촨성 청두는 항공우주 · 스마트 제조, 저장성 후저우는 배터리 분야, 허베이성 탕산시는 로봇 산업, 광둥성 주하이시는 첨단드론 산업 등 지역 첨단산업 클러스터 구축이 그 예다.

신질생산력을 다시 AI · 네트워크 기술로 연결한 것이 '디지털 중국' 전략이다. 디지털 중국 전략은 '중국제조 2025'에 이어 '인터넷 플러스' '차세대 AI 발전규획' 'AI 플러스' 등 일련의 정책을 통해 산업의 전반에 AI 기술을 접목해 디지털 경쟁력을 강화하겠다는 구상이다. 구체적으로는 스마트시티, 빅데이터 센터, 디지털 클러스터, 스마트 컴퓨팅 센터, 빅데이터 공유와 유통 메커니즘 구축 등 새로운 SOC(사회간접자본) 건설을 포함해, 대외적으로는 전자상거래 플랫폼의 해외 진출, 디지털 실크로드 구축 등을 통해 전 분야에서 디지털 사회를 형성할 계획이다.

中 과제는 '종합 국력 강화'

2025년 중국은 '신질생산력'과 '디지털 중국'으로 한층 더 업그레이드될 것으로 전망된다. 그러나 중국의 기술 자립 전략에는 여전히 해결해야 할 과제가 남아 있다.

첫째, 미국과 EU 등 기술 선진국의 집중적인 중국 견제가 기다리고 있다. EU의 중국산 전기자동차에 대한 관세 부과는 그중 하나의 사례에 불과하다. 둘째, 중국의 국가 주도 기술 자립 전략은 단기간의 집중적인 지원으로 일정 수준까지 도달할 수 있겠지만, 미래 사회에서는 기존 사고와 지식을 뛰어넘어 새로운 것을 창출하고 문제를 해결하는 능력이 필수적이다. 이는 개인과 기업의 창의적이고 혁신적인 사고에서 비롯된다. 과연 중국이 사회 전반적으로 자유롭고 창의적인 시스템을 구축할 수 있을지는 의문이다. 마지막으로, 미국 퓨리서치센터의 국가 이미지 인식 조사에 따르면 중국에 대한 비호감도는 미국, 한국, 일본, EU는 물론 일대일로 연선 국가 대부분에서 큰 폭으로 상승했다. 소프트파워를 포함한 중국의 종합 국력을 강화해야 할 시점이다. ■

디플레이션 탈출…경제 회복 가시화
고임금·AI 혁신 속 1% 성장 가시권

이지평 한국외대 특임교수

2024년 일본 경제는 2023년에 비해 성장세가 둔화됐지만 견실한 경기 회복세를 유지하며 2%를 넘는 물가 상승세가 이어졌다. 부동산 가격도 상승하는 등 디플레이션에서 벗어날 것이라는 기대가 커지고 있다. 2024년 10월 1일에 취임한 이시바 총리는 당분간 전임자인 기시다 전 총리의 새로운 자본주의 정책에 기초한 분배와 성장의 선순환 정책을 이어받아, 일본 경제의 디플레이션 탈출을 확실히 하기 위해 주력할 것으로 보인다.

일본 경제는 2024년 1월에 발생한 노토 지역 대지진의 여파와 소비 부진으로 마이너스 성장에 빠졌다. GDP 통계상 실질 소비 지출은 2023년 2분기 이후 2024년 1분기까지 4분기 연속으로 마이너스를 기록했다. 이는 명목 임금을 웃도는 소비자물가 상승으로 인해 2024년 5월까지 26개월 연속 실질 임금이 감소한 결과로 볼 수 있다. 그러나 2024년 6월과 7월 실질 임금이 연속으로 상승세로 돌아서면서 2024년 2분기의 개인 소비 지출은 연이율 3.7% 증가세를 보였다. 실질 GDP 성장률도 2.9%의 플러스 성장을 회복했다. 이후 8월 실질 임금은 다시 소폭 마이너스로 전환됐으나, 전반적인 상승세는 이어질 것으로 예상된다. 중동 사태 등 대외 경제의 불확실성은 있지만, 2024년 하반기에도 일본 경제는 플러스 성장을 이어갈 것으로 예상한다.

임금 인상 · 관광 수요로 회복세 강화

경제 성장세를 뒷받침한 실질 임금 회복 배경으로는 2024년 봄철 임금 협상인 '춘투(春鬪)'에서 33년 만에 5.1%의 높은 임금 인상률을 기록한 것이 꼽힌다. 원자재 등 수입물가를 비롯한 물가 상승률이 둔화한 점도 주요 요인이다. 여기에 외국인 여행객 수요가 계속 호조를 보이면서 각종 소비재와 소매 사업자 매출도 확대되고 있다. 2024년 8월 이후의 '엔고(엔화의 가치 상승)' 반전은 물가 안정에 기여하는 한편, 외국인 관광객 수요 호조도 유지되고 있으며 소매 지출 확대에도 긍정적 영향을 미치고 있다. 경제 회복세 유지 · 디플레이션 탈출 추세와 함께 도쿄 상업 지역 토지 가격도 상승세다. 기준지가(2024년 7월 1일 기준)는 전년 대비 7% 상승했다. 상대적으로 부진했던 지방권(삿포로, 센다이, 히로시마, 후쿠오카 등 제외)도 상업 지역 지가가 0.9% 상승하며 32년 만에 상승세로 전환했다.

한편, 기업 설비투자는 견실한 확대 기조를 유지하고 있다. 높은 임금 인상에도 불구하고, 과거 수십 년 동안 임금 동결로 수익성을 높여왔던 효과도 작용하고 있다. 일본의 노동 분배율(부가가치 중 임금과 복리후생 등의 인건비 비중)은 역사적으로 낮은 수준에 머물러 일본 기업의 수익성이 양호한 상태다. 일본의 노동 분배율은 1990년대 후반 70%대 초반에서 2023년에는 60%대 초반 수준에 그쳤다. 일본 기업이 구조조정으로 수익성을 높이면서 구조적 '엔저'의 혜택도 보는 한편, 2010년대 이후 밸류업 전략을 일본 정부와 함께 강화하면서 수익성이 더욱 향상됐다. 일본 기업들은 앞으로 디지털 혁신(DX), 그린 이노베이션(GX) 등에 주력하며 성장 전략을 강화하겠다는 입장이다. 여기에 일본 정부 역시 반도체, 배터리, 수소 관련 성장 산업

2025년 일본 경제 전망치

단위:%

구분	2023년	2024년			2025년		
	실적	일본경제연구센터	미쓰비시	다이와	일본경제연구센터	미쓰비시	다이와
실질 GDP 성장률	0.8	0.7	0.6	0.8	0.9	1.3	1.3
명목 GDP 성장률	4.9	3.1	2.9	3.3	2.8	3.1	1.8
개인 소비	-0.6	1.1	0.5	1.1	1.1	0.9	1.3
설비투자	0.3	2.6	3	2.1	1.7	2.9	2
순수출 성장 기여도(%p)	1.4	-0.4	-0.4	-0.2	-0.2	0.1	0.2
소비자물가(신선식품 제외)	2.8	2.7	2.4	2.5	2	1.5	2.1
경상수지(조엔)	25.1	24.6	24	27.6	22.5	26.5	27.8
국제유가(달러/배럴, WTI)	77.8	77.7	74.6	73.5	77.2	72.3	69.2
엔/달러 환율	144.6	148.5	146.7	148	141.3	136.5	143.5

*회계연도 기준. 일본경제연구센터는 2024년 8월 29일 발표 자료, 미쓰비시(미쓰비시UFJ & 컨설팅)는 2024년 9월 10일 발표 자료, 다이와(다이와종합연구소)는 2024년 9월 9일자 발표 자료

지원 정책을 강화하고 있어 견실한 기업 설비 투자 확대 기조가 지속될 것으로 보인다. 일본 정부는 경제 안보를 명분으로 삼아 반도체, 배터리 등에 자국 내 공급망을 확충하는 정책에도 힘쓰고 있다. 규슈 등 지역에는 반도체 클러스터 관련 투자가 급증하면서 지역 경제가 크게 활성화되는 분위기다.

'엔고'에도 수출 채산성 영향 적을 듯

일본은행이 2024년 7월 말에 정책금리를 0.1%에서 0.25%로 인상한 후 엔화가 1달러당 160엔대 초반 수준에서 145엔 전후로 급상승했으나, 이것이 일본 기업의 수출 채산성을 크게 악화시키지는 않을 것으로 보인다. 완만한 금리 인상과 제한적인 엔화 회복세는 당분간 일본 경제에 큰 부담을 주지 않을 것이라는 전망이다. 일본 기업 체감 경기는 상대적으로 호조를 유지하고 있다. 내수 비즈니스를 중심으로 하는 중소·중견 기업의 경우, 엔고로 인한 수입 원자재 가격 부담이 감소하면서 수익 확대에 기여하는 구조다.

이들 중소기업으로서는 1달러당 120~125엔대(일본상공회의소) 엔고가 진행되는 것을 오히려 바라는 상황이다. 수출 대기업의 경우 엔고는 수출 채산성 악화 요인이지만, 1달러당 140엔대의 엔화 환율도 실질 실효 환율로 보면 1980년대 이전 수준의 역사적인 초엔저며, 수출 채산성을 크게 악화시키지 않고 있다. 2024년 9월, 일본 대기업 사장 100명을 대상으로 한 설문조사에서는 일본 경기가 좋아지고 있다고 평가한 비율이 70%를 넘었으며, 실질 임금의 확대와 소비 확대에 대한 기대를 밝힌 경영자가 많았다. 향후 일본 경기에 대해 '확대' 혹은 '완만하게 확대'라고 응답한 비율은 76.6%에 달했다. 또한 이들 대기업 사장이 희망하는 엔화 환율은 1달러당 135엔(중앙치)으로 나타났다.

이시바, 기시다 '투자입국화' 전략 계승

일본 경제는 대외 불확실성 악화 등 돌발 사태가 없으면 2024년 2분기 이후 2025년 초반까지 플러스 성장을 기록할 것으로 예상된다. 2025년 이후 일본 경제는 새로 집권한 이시바 시게루 신임 총리의 정책 방향이 주목된다. 이시바 총리는 금리 인상에 적극적인 발언을 해왔으며, 자민당 총재 선거 승리 이후 엔화가 급등하고 주가가 약세를 보이기도 했다. 그러나 이시바 총리는 디플레이션 탈출을 우선 과제로 삼아 금융 시장의 과도한 불안감을 해소하며 엔고 현상을 억제하는 데 집중했다.

소비자물가 상승률은 일본은행 목표치인 2%를 2년 연속 초과하며 디플레이션에서 벗어난 상황이다. 그러나 일본 정부는 디플레이션 탈출이 확실해졌을 때만 이를 평가할 것이라 밝혔다. 따라서 일본은행의 초금융 완화 정책 정상화와 금리 인상, 양적 금융 완화 축소 정책은 이시바 총리 시기에 급격히 가속화되지는 않을 것으로 보인다.

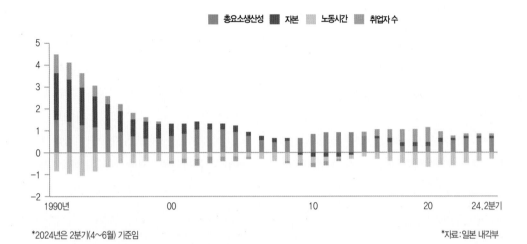

일본 경제의 잠재성장률에 대한 생산 요소별 기여도 〈단위:%p〉

총요소생산성　자본　노동시간　취업자수

*2024년은 2분기(4~6월) 기준임　　　　　　　　　　　*자료:일본 내각부

일본은행은 세계 경제의 불확실한 상황도 고려하면서 월간 국채매입액을 2024년 7월까지 6조엔 수준에서 2026년 1~3월까지 3조엔 정도로 감축하는 계획을 2025년에도 변화 없이 추진할 것으로 예측된다. 실제로 2024년 9월의 본원통화 유통 잔액은 0.1% 감소한 것으로 나타났다. 추가 금리 인상에 관해 일본은행 우에다 총재는 경제 성장세가 지속되고, 소비자물가 상승률 2024 회계연도에 2.5%, 2025 회계연도 2.1%, 2026 회계연도 1.9%라는 일본은행의 전망치(2024년 7월 기준)대로 달성될 것인지 확인하면서 금리 인상을 판단하겠다고 밝혔다. 다만 금융 시장 환경이 동요하는 시점에서는 금리 인상 시기를 일시 조절할 수도 있을 것이다.

일본 경제의 완만한 회복세와 세계 경제·금

융 시장 환경을 고려하면 추가 금리 인상도 완만하게 이뤄질 것으로 보인다. 일본 37개 주요 연구기관 담당자의 평균 전망치(일본경제연구센터, ESP Forecast, 2024년 9월 기준)를 보면 0.25%의 정책금리가 재인상돼 2024년 말에 0.3~0.4가 될 것으로 보는 전문가는 1명, 0.4~0.5% 8명, 0.5~0.6% 14명이다. 동결(0.2~0.3%)될 것으로 보는 전문가는 13명이다. 2024년 말까지의 재인상은 불확실하지만, 2025년 말까지는 2회 정도 금리 인상이 이뤄져 정책금리가 1% 이하에 도달할 것으로 보는 견해가 많다. 정책금리가 2025년 말에 0.7~0.8%가 될 것으로 보는 전문가가 18명, 1~1.1%가 8명으로 나타났다. 이런 완만한 금리 인상 정책은 미국과의 금리차를 유지하고 일본의 물가 상승률보다 낮은 '실질 마이너스 금리' 상태를 지속시킬 것으로 보이며, 급격한 엔고가 발생할 가능성은 작을 것으로 선방된다.

또한 이시바 총리는 디플레이션에서 완전히 벗어나기 위해 2024년 전국 평균치인 최저임금을 1055엔에서 2020년대 후반에 1500엔으로 인상하겠다는 정책 의지를 밝혔다. 물가 상승률을 초과하는 임금 인상을 통해 실질 임금을 올리고, 소비를 확대하며 기업 투자를 촉진하려는 전략이다. 다만 경제계에서는 중소기업의 임금 인상 여력이 제한적이라는 점을 고려해야 한다는 입장이기에 최저임금 인상 정책은 단계적으로 이뤄질 것으로 보인다.

한편, 이시바 총리가 주장해온 금융투자소득세는 당분간 추진되지 않을 전망이다. 금융투자소득세가 주식 등 자산 시장에서 매도 압력을 증가시키고 소액 투자자나 연금 기금 운영에 타격을 줄 수 있는 문제가 있기 때문에 신중하게 대응할 가능성이 크다. 이시바 총리는 취임 후 기시다 내각이 추진한 '투자입국화' 전략을 계승할 것을 강조했다. 약 2000조엔, 한화로 약 1경8000조원에 달하는 일본의 막대한 개인 금융자산을 운영하면서 소득을 확대하고 연금 기금의 투자 수익을 증대시켜 인구 감소와 초고령사회에 대응할 방침이다.

AI · 디지털 기술 활용에 박차

일본 정부의 고임금 유도 정책에 따라 일본 기업은 2025년도 춘투 임금 협상에서도 높은 임금 인상률을 제시할 것으로 예상된다. 다만 이런 임금 인상이 기업 투자를 위축시키지 않으려면 높은 임금에 상응하는 생산성 향상이 필요하다. 사실 일본 정부와 기업 모두 생산성 향상에 주력하고 있다. 일본 경제의 잠재 성장률은 저출생과 인구 감소로 인해 2000년대에는 노동 공급 기여도가 마이너스였으나, 여성과 고령자의 노동 시장 참여 확대, 취업자 수 증가로 2010년대 후반에는 다시 플러스로 회복됐다. 그러나 2025년 이후에는 여성과 고령자의 여유 노동력도 고갈되고 있어 점차 한계에 직면할 것으로 보인다.

노동 공급 감소에 따른 잠재 성장률 하락을 억제하기 위해서는 생산성 향상이 과제가 될 것이다. 이에 따라 일본 기업들은 대기업뿐 아니라 중소기업에서도 AI 등 디지털 기술을 활용한 업무 개선에 주력하는 분위기다. 2025년에는 국제적으로 낙후된 일본의 디지털화 수준을 높이는 데 핵심 역량을 집중할 것으로 예상된다.

AI 붐에 따른 최근 IT 경기 확장세에 대해 일부에서는 조기 위축 우려도 나오고 있다. AI 경기가 조기에 끝나면 2025년 일본 경제에도 영향을 미칠 수 있다. 그러나 AI를 뒷받침하는 반도체 붐으로 인해 일본 반도체 관련 소재·장비 기업들은 여전히 호조를 보이고 있다. 반도체 기업의 매출 확대세 등을 고려하면 아직 초기 단계에 있는 이번 IT · 반도체 경기 확장 사이클이 조기에 종료될 가능성은 낮다.

AI 반도체는 데이터센터용으로, 엔비디아의 GPU(그래픽처리장치)가 딥러닝에 유리한 기능성을 갖춰 성장하고 있으며, 일본의 반도체 관련 기업 매출도 확대되고 있다. AI 반도체의 고도화와 고층화를 지원하는 일본 소부장 기업 동향을 고려할 때, 최소한 2025년 상반기까지는 호황 사이클이 지속될 가능성이 크다. 일본 산업계는 현재의 데이터센터용 AI 반도체 수요에 이어 AI가 스마트폰, PC, 각종 기기에 탑재되면 2025년에는 엣지 AI용 반도체 수요도 점차 확대될 것으로 기대한다.

2025년 日, 경제성장률 1% 예상

일본 경제성장률 전망치에 관해 일본의 주요 연구기관 전문가 37명의 전망치를 보면 2024 회계연도는 0.55%, 2025 회계연도는 1.05%로 예상된다. 2024 회계연도 성장률은 2023년 0.8%에서 다소 하락할 것이지만, 2025년에는 다시 상승세를 보일 것으로 예상된다. 2025년 춘투 임금 인상률이 2024년 5%보다 낮은 4% 수준이 될 것으로 보이며, 소비를 뒷받침할 것으로 기대된다. GDP 수요 항목 기준으로 소비 지출 증가율은 2024년 0.5%에서 2025년에는 1% 내외로 확대될 전망이다. 한편, 해외 경제가 미국, 유럽, 중국 등에서 경기 급락을 피할 것으로 예상되면서 일본 수출 경기도 IT 경기 호조에 힘입어 견실하게 확대될 것으로 보인다. 이로 인해 일본 기업 설비투자는 2024년에 이어 2025년에도 2% 이상 견실한 확대를 유지할 것으로 예상된다.

소비자물가 상승률은 임금 인상에 따른 비용 상승분과 엔저의 누적 효과로 2024년에 이어 2025년에도 2%를 넘을 것으로 보인다. 이에 따라 일본은행은 2025년에도 1~2회 금리 인상에 나설 가능성이 있다. 미·일 금리차는 크게 유지되겠지만, 금리차 축소가 예상돼 엔화 환율은 등락을 거듭하면서도 완만한 엔화 강세가 예상된다.

다만, 미국 대선 이후의 정책 불확실성, 중동발 국제 유가 급등 리스크 등이 2025년 일본 경제를 위협할 돌발 요인으로 작용할 가능성은 있다. 다이와종합연구소는 국제유가(WTI 기준)가 표준 전망치인 1배럴당 73.5달러(2024 회계연도), 69.2달러(2025 회계연도)보다 20% 상승할 경우 일본의 실질 GDP는 2024년도에 −0.1%포인트 하락 효과가 발생하고 2025년도에는 −0.2%포인트 하락 효과가 나올 것으로 전망했다. 국제 석유 시장은 공급 과잉 경향이 있으며, 이란의 석유 수출은 규제된 상태에서 그 수출국이 중국 등으로 한정되고 있다. 이에 이스라엘과 중동의 전쟁 확장이 제한적인 수준에 그친다면 일본 경제에 미치는 영향도 제한적일 것이다. 그러나 중동 석유 시설이나 수송망에 큰 차질이 발생해 유가의 급등세가 지나치게 커질 경우, 일본 경제에도 적지 않은 부담이 될 것이다. ■

"고물가 이젠 안녕" 유럽 경제 회복세 일부 국가 3% 성장률···독일은 '글쎄'

강유덕 한국외국어대 Language&Trade학부 교수 · EU 연구소장

2025년 유럽 경제 전망을 위해 먼저 살펴봐야 하는 게 있다. 2024년 유럽 경제가 어땠느냐다. 2024년 유럽 경제 키워드는 '완만한 회복'이었다. 인플레이션이 완화됐고 완만한 경기 회복세를 보였다. 가계 소득 여건이 개선되면서 민간 소비가 확대됐다. 고용 지표도 견조한 모습을 보였다. 다만 중앙은행의 고금리 정책 탓에 투자 확대는 어려웠다. 특히 일부 국가를 제외하면 주택과 건설 분야 투자 부진이 눈에 띄었다.

금리도 변화의 연속이었지만, 결론적으로 인하 국면이다. 앞서 러시아와 우크라이나 전쟁으로 촉발된 고물가에 대응하고자 유럽중앙은행(ECB)은 기준금리를 4.5%까지 올렸다. 그러나 에너지 가격 안정에 따른 물가 하락 움직임이 감지, 2024년 6월 기준금리를 0.25%포인트 인하해 통화 정책을 완화 방향으로 전환했다. 또 3개월 후에는 기준금리를 재차 0.6%포인트 낮췄다.

종합하면 2024년 유럽의 대내외 경제 여건은 불안했지만, 실물 경제는 소비를 중심으로 완만하게 개선됐다. 2024년 유럽연합(EU) 경제는 1%에 못 미치는 성장률을 기록했고, 유로 지역은 0.7~0.8% 수준의 성장률을 보였다.

유로 지역 경제의 30%를 차지하는 독일이 2023년 후반부터 경기 침체가 이어진 탓이다. 독일 경제는 2023년 -0.2%의 성장률을 기록한 데 이어 2024년에도 분기별 성장률이 마이너스를 기록했다. 전통 제조업 부진이 영향을 미친 모습이다. 영국 경제도

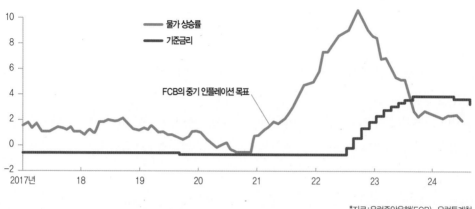

유로 지역 물가 상승률과 기준금리 변화   〈단위:%〉

물가 상승률
기준금리

FCB의 중기 인플레이션 목표

*자료:유럽중앙은행(ECB), 유럽통계청

0.4~0.5% 정도의 낮은 성장률을 기록했다. 2023년 시작된 경기 부진에서 서서히 벗어나고 있지만, 속도가 더디다.

유럽 핵심 독일, 더딘 회복 속도 왜?

하지만 국가별로 살펴보면 예상치 못한 수치들도 나타난다. 통상 유럽 경제를 살필 때 우선적으로 확인하는 국가 중 하나가 독일이다. 유럽 경제를 이끄는 핵심 멤버 중 하나여서다. 그런데, 2024년 독일 경제는 2023년에 이어 부진한 모습을 보였다. 독일 경제가 2년 동안 침체된 모습을 보이는 이유는 러시아와 우크라이나 전쟁으로 인한 에너지 공급 충격과 독일 경제의 구조적 특징이 결합된 결과로 풀이된다. 대내적 요인을 살펴보면, 2023년 대비 2024년 민간 소비는 회복세를 보였다. 다만

지난 2년 동안 이어진 고금리로 인한 자금 조달 부담은 독일 기업의 투자 활동을 가로막았다. 독일 기업의 국내 투자는 장기간 약세를 보이며 경제 성장에 긍정적 기여를 못했다. 대외적 요인을 살펴보면 자본재와 중간재 관련 해외 수요 약세가 독일 수출에 부정적인 영향을 미쳤다. 제조업 생산 비용은 늘어난 반면 대중국 수출 등이 줄면서 수출 자체가 부진했던 셈이다. 2023년부터 수출 부진이 이어지고 있다는 점은 독일 입장에서 우려할 만한 대목이다. 특히 미국과 중국 간 갈등, 공급망 균열, 중국 경제성장률 둔화, 중국 기업의 경쟁력 상승 등으로 인해 독일의 수출 여건은 계속 악화하고 있다. 이게 끝이 아니다. 에너지 조달 비용 상승은 일부 에너지 집약 산업 부문의 경쟁력 악화로 이어졌다. 그

결과, 2024년 독일의 순수출은 경제성장률에 거의 영향을 미치지 못했다.

통상 유럽 국가는 주요국 경기 침체 시 동조화 현상을 보인다. 하지만 회복 단계에서는 국가별 요인에 따라 각각의 속도로 회복한다. 실제 2024년 유럽 경제는 전반적으로 회복세를 보였다. 독일과 영국의 회복 속도는 느렸지만 스페인과 이탈리아 등 남유럽 관광국과 중동부 유럽 국가는 빠른 회복세를 보였다. 대표적으로 이탈리아는 2023년에 이어 2024년에도 0.9%의 성장률을 기록하며 경기 회복세를 이어갔다. 특히 정부의 주택 보수와 투자 관련 인센티브가 가계 소비와 투자에 긍정적인 영향을 미쳤다. 관광 산업과 기타 자영업도 확장세를 보였다. 스페인은 내수 확대에 힘입어 2024년 2%를 웃도는 성장률을 기록했다. 금융 여건 개선에 따른 투자 확대와 관광업을 비롯한 서비스 수출의 확장이 성장에 유리하게 작용했다.

중동부 유럽 국가들은 특히 독일 경제와의 동조화가 강하다. 독일과 밀접한 공급망을 형성하고 있어서다. 하지만 이번에는 달랐다. 독일과 달리 내수 회복에 힘입어 비교적 강한 회복세를 보였다. 폴란드와 헝가리, 슬로베니아, 슬로바키아는 2024년 2% 이상의 성장률을 기록하며 강한 반등세를 보였다. 2023년 마이너스 성장을 기록해 우려를 낳았던 체코도 1% 이상의 성장률을 기록하며 경기 침체에서 벗어났다.

통화 정책 완화 방향 선회

ECB는 러시아와 우크라이나 전쟁 이후 발생한 물가 급등에 대응해 2022년 7월부터 10차례에 걸쳐 금리 인상을 단행했다. 그 결과 2023년 9월 기준금리는 4.5%에 도달했다. 급격한 기준금리 인상은 물가 상승 압력을 억제하기 위한 조치였다. 하지만 자금 조달 비용이 높아지는 현상으로 이어졌고, 2023년 유로 지역 성장률 하락의 주요 원인이 됐다. 유로 지역의 물가 상승률은 2022년 10월 10.6%로 최고점을 찍은 후 하락하기 시작했다. 미국에 비해 물가 하락 속도는 느렸지만, 2023년 10월에는 3% 이하로 떨어졌다. 이에 따라 ECB는 금리 인상 시작 약 1년 11개월 만인 2024년 6월에 기준금리를 0.25%포인트 인하했고, 3개월 후인 9월에는 다시 0.6%포인트 인하했다. 2024년 9월 물가 상승률은 1.8%로 떨어져, 잠깐이지만 ECB의 중기 목표치를 밑돌았다. ECB는 기준금리 인하를 미리 설정된 선제적 지침이 아닌, 물가 상황에 따른 데이터 중심의 판단으로 결정했다. 이를 고려하면 향후 물가 안정세가 유지되고 경기 회복이 예상보다 저조할 경우 추가적인 금리 인하 가능성도 높다.

금리 인하가 추가로 이뤄질 경우 경제 성장에 긍정적인 영향을 미칠 수 있다. 그러나 지정학적 긴장 고조로 인해 에너지 가격과 운송 비용이 상승하거나 임금 상승률이 예상보다 높아질 경우, ECB의 추가 인하 가능성은 불확실해질 수 있다. 점진적 금리 인하를 고려할 때, 2025년 기준금리는 2~2.5%에 도달할 것으로 보인다. 경기 침체가 예상보다 심각할 경우 기준금리가 2% 이하로 내려갈 가능성도 있다. 영국은행(BOE)은 ECB보다 더 공격적으로 금리 인상을 단행했으나, 금리 인하에는 상대적으로 소극적이었다. 2024년 8월 BOE는 기준금리를 5.25%에서 5%로 0.25%포인트 인하했다. BOE는 인플레이션 압력을 완전히 제거해야 한다고 강조하고 있기 때문에 ECB보다 신중하고 느린 속도로 완화 결정을 내릴 전망이다. 이 같은 상황을 종합하면 2025년 유럽 경제는 2024년보다 더 강한 회복세를 보일 것으로 예상된다. EU의 경제성장률은 1.5~1.7%에 이를 것으로 보이며, 유로 지역은 1.4~1.6%의 성장률을 기록할 것으로 전망된다. 중동부 유럽과 남유럽 국가들의 회복세가 가장 빠르게 나타날 것으로 보이며, 독일과 영국은 그 뒤를 따를 것으로 예상된다. 독일은 투자 여건 개선과 내수 확대가 이뤄질 경우 1~1.3%의 성장이 기대된다. 프랑스와 스페인은 각각 1.6~1.7%의 성장률을 기록할 것으로 전망된다. 중동부 유럽 국가는 뚜렷한 경기 회복세를 보이며, 일부 국가들은 3%를 웃도는 성장률을 기록할 가능성도 있다. 영국 역시 1.4~1.5%의 성장률을 기록하며 견조한 성장세를 보일 것으로 예상된다.

2024년 6월 선거에 따른 유럽의회 구성

단위:개, %

정치그룹	정치적 성향	의석 수	의석수 변화	의석 비중
유럽국민당(EPP·Group of the European People's Party)	• 중도 좌파 • 기독교 민주주의 • 보수주의·시장 중심 • 친EU 성향	188	+12	26.1
사회민주진보연맹(S&D·Group of the Progressive Alliance of Socialists and Democrats in the European Parliament)	• 중도 좌파 • 사회민주주의 • 복지 국가 모델 선호	136	-3	18.9
유럽을 위한 애국자 (PfE·Patriots for Europe)	• 강성 우파 또는 극우 • 자국 중심 보수주의 • 주권주의 • 강성 유럽회의주의	84	+35	11.7
유럽보수개혁 (Reformists Group)	• 우파 또는 강성 우파 • 보수주의·대서양주의 • 연성 유럽회의주의	78	+9	10.8
리뉴 유럽 (RE·Renew Europe Group)	• 중도파 • 자유주의 • 친EU 성향	77	-25	10.7
녹색당(Green/EFA·Greens-European Free Alliance)	• 환경주의 • (중도) 좌파로 분류 • 대체로 친EU 성향	53	-18	7.4
좌파그룹 (The Left·The Left in the European Parliament)	• 좌파 또는 강성 좌파 • 사회민주주의·공산주의 • 연성 유럽회의주의	46	+9	6.4
주권 국가들의 유럽 (ESN·Europe of Sovereign Nations)	• 극우 성향 • 대중영합주의 • 주권주의 • 강성 유럽회의주의	25	0	3.5
무소속 (NI·Non-attached Members)		33	-29	4.6

*자료:European Parliament, Politico, 저자의 구성

정치적 변동성 극심…EU 정책 방향 주목

2024년 진행된 선거 결과와 이에 따른 정치적 변동성도 2025년 유럽 경제를 점칠 때 주의할 대목이다. 2024년 유럽에서는 17개국에서 전국 단위 선거가 진행됐다. 3월 포르투갈 총선을 시작으로, 4월과 5월에는 슬로바키아와 리투아니아에서 대통령 선거가 진행됐다. 6월에는 벨기에 총선, 9월에는 오스트리아 총선이 있었다. 독일에서는 작센·튀링겐·브란덴부르크 3개 주에서 지방선거가 실시됐다. 이 중 가장 주목할 만한 선거는 6월에 치러진 10차 유럽의회 선거와 7월에 마무리된 프랑스와 영국 총선이다.

유럽의회 선거에서 중도 좌우파 계열은 과반 의석을 유지했으나, 극우 성향 정치 그룹의 약진이 두드러졌다. 유럽회의주의를 표방하는 3대 정치 그룹인 '유럽 보수와 개혁(ECR)' '유럽을 위한 애국자들(PfE)' '주권 국가의 유럽(ESN)'은 유럽의회 내 약 26% 의석을 차지했다. 개인적 판단으로는, 난민과 이민 문제에 여론이 민감하게 반응했고 극우 정당과 강성 우파 정당에 유리한 정치 환경이 조성됐다고 보인다. 이 선거로 구성된 유럽의회는 2024~2029년 동안 EU의 입법과 정책에 중요한 역할을 할 것이다.

프랑스에서는 6월의 유럽의회 선거 직후, 극우 성향의 국민연합(RN)이 1위를 차지하자, 에마뉘엘 마크롱 대통령은 하원을 해산하고 예정에 없던 총선을 치르게 했다. 1차 투표에서 RN은 약 33.2%의 득표율로 1위를 기록했으나 2차 결선투표에서 좌파연합과 마크롱 대통령이 이끄는 중도파가 후보 단일화를 통해 RN을 3위로 밀어냈다. 그러나 마크롱 대통령은 기존보다 더 작은 소수 정부를 구성하게 됐다. 이로 인해 과감한 정책을 추진하는 데 한계가 있을 것으로 보인다.

7월 영국 총선에서는 보수당이 참패하며 14년 만에 노동당 정부가 구성됐다. 물가 급등과 공공 의료 악화, 그리고 브렉시트에 대한 실망감(브레그렛)으로 인한 민심 변화가 선거 패배의 주요 원인으로 작용했다. 노동당은 키어 스타머 대표가 당내 중도 좌파와 강성 좌파를 결집시키며 승리했다. 노동당 정부는 중도 성향을 보이고 있어 경제·산업 정책에서 보수당과 크게 차별화되지 않고 있다. 반면 기후 변화 대응을 위한 친환경 정책에 적극적이라는 점에서는 다르다. EU에 재가입하지는 않겠지만 유럽 국가들과의 연대를 강화할 것으로 예상된다.

독일에서는 9월 튀링겐주 지방선거에서 극우 정당인 '독일을 위한 대안(AfD)'이 1위를 기록했다. 작센주에서는 2위를 기록하며 역대 최고 득표율을 보였다. 다른 정당들은 AfD를 배제한 연립 정부 구성을 시도하고 있으나, AfD는 다양한 거부권을 통해 주 의회 운영에 큰 영향력을 행사할 수 있게 됐다. 이 같은 변화는 장기화된 경제 문제가 선거 결과에 중요한 영향을 미치고 있음을 보여준다.

동시에 2025년 유럽 경제를 가늠하기 위해선 2024년 12월 새롭게 출범한 EU 집행위원회(European Commission)의 주요 정책 방향에 주목할 필요가 있다. 우르줄라 폰 데어 라이엔이 다시 임명되면서 향후 5년간 EU를 이끌 리더십이 확정됐다. 폰 데어 라이엔 2기(2024~2029년)는 산업 경쟁력 강화와 EU 차원의 안보와 국방 강화를 주요 과제로 삼을 것으로 보인다. 경제 정책 측면에서는 1기(2019~2024년) 때 추진했던 유럽 그린딜을 지속하면서도, 산업 경쟁력 강화와 탈탄소화라는 두 가지 목표를 동시에 추구할 것이다. 그린딜은 2019년 말 발표 당시 높은 정치적 지지를 받았고, 기후변화 대응은 EU의 최우선 정책 과제로 자리 잡았다.

다만 러시아와 우크라이나 전쟁으로 인한 에너지 가격 급등은 그린딜을 둘러싼 경제 여건에 변화를 초래했다. 이제는 환경 규제에 대한 비용 문제가 더 큰 주목을 받으면서, 변화가 요구되고 있다. 그럼에도 그린딜의 기존 입법과 정책이 후퇴할 가능성은 낮다. EU의 향후 정책 방향은 마리오 드라기 전 ECB 총재·이탈리아 총리가 2024년 9월 발표한 EU 경쟁력 보고서에서 엿볼 수 있다. 이 보고서는 폰 데어 라이엔 2기 집행부가 추진해야 할 정책으로 기술 혁신을 강조하면서도 탈탄소화 목표를 유지하고, 청정 기술 산업의 경쟁력을 강화하는 데 집중할 것을 제안했다. 쉽게 말해 유럽 산업을 보호하는 동시에 국제적인 탈탄소화를 추진하는 것이 목표다. 이런 변화 속에서 EU는 다양한 산업 정책을 강화하고 회원국 간 이견을 조율하며 외교·안보 분야에서도 입지를 강화할 것으로 예상된다.■

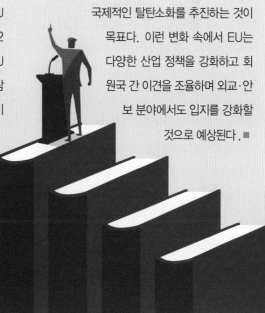

모디 3.0 출범으로 '고성장 굳히기' 2024년 7%대, 2025년 6%대 성장

김용식 포스코경영연구원 수석연구원

2023년 세계 최대 인구 대국으로 부상한 인도는 2023년(회계연도 기준 2023년 4월~2024년 3월) 8.2% 성장하며 주요 경제국 중 가장 높은 성장률을 기록했다. 미·중 갈등 지속과 코로나 팬데믹 이후 재편되는 글로벌 공급망 수혜국으로서 인도의 강점이 재부각되며, 그동안 답보 상태였던 인도 경제 성장에 새로운 동력이 생겼다고 할 수 있다.

2025년 인도 경제 전망도 긍정적이다. 인도인민당(BJP)이 단독 과반은 확보하지 못했지만, 여당 BJP 주도 정당 연합인 전국민주연합(NDA)에 참여한 지역 정당들의 지지로 모디 3.0 정부가 출범(2024년 6월 9일)했다. 지난 10여년간의 정책 지속성과 개혁 추진 동력을 유지할 수 있다는 점과 세계 최대 청년 인구를 바탕으로 글로벌 공급망 기지로서 투자가 이어지면서 6% 후반대 고성장을 지속할 것으로 예상된다.

중국 대체 생산기지로 매력도 ↑

2024년 인도 경제는 2023년의 8.2% 성장률보다 다소 낮아진 7%대에 머물 것으로 전망된다.

2023년에는 글로벌 공급망 재편 과정에서 애플의 공급 업체인 폭스콘을 비롯한 반도체 부문 투자 등으로 제조업이 9.9% 성장해 농업 부문의 부진(1.4% 성장)을 상쇄하며 높은 성장률을 기록했다. 2024년은 제조업 성장세가 둔화된 반면 농업 성장이 회복됐고 총고정자본 형성의 지속, 민간 부문 부동산 수요 증가 등이 이어지면서 7%대 성장률을 기록할 것으로 보인다.

연도별 업종별 GDP 성장률 추이　　　　　　　　　　　　　　　　　　단위:%

구분	2014년	2019년	2020년	2021년	2022년	2023년	24.2Q
제조업	7.9	-2.8	2.8	10.1	-2.2	9.9	7
농업	-0.2	5	4.7	4.5	4.7	1.4	2
건설업	4.3	1.3	-5.3	21.3	9.4	9.9	10.5
서비스업	9.8	6.3	-8.2	9	10	7.6	7.2

*자료:인도 통계청(MoSPI)

인도 경제 활성화를 견인한 요인으로는 먼저 민간 부문 소비 회복을 들 수 있다. 민간 소비는 2023년 3분기 2.6%에서 2분기 연속 4%대로 높아졌다.

2024년 2분기에는 7.4%로 뚜렷한 회복세를 보였다. 세계은행(World Bank) 역시 2024년 9월 '민간 부문 소비 증가와 투자 회복으로 인도 경제가 7%대의 고성장을 이어갈 것'이라고 보도했다. 2023년 정부 지출 증가분을 앞섰던 민간 소비 지출은 농업 부문 회복으로 농촌 지역 소비가 증가하며, 중앙은행의 금리 인하가 단행되면 소비 증가는 더욱 가속화될 것으로 기대된다.

둘째, 농업 부문 성장 회복이다. 2022년 4.7% 성장에서 2023년에는 몬순 강수량 부족으로 1.4% 성장에 그쳤지만, 2024년에는 평균 이상의 강수량으로 4.1% 성장이 전망된다. 농업 부문 회복으로 농가 소득이 증가하고, 이는 내구소비재와 자동차 소비를 촉진하며 경제 활력을 불어넣을 것으로 예상된다. 또한 작황 증가로 인한 식료품 가격 하락은 소비자물가를 낮추고 경제에 긍정적인 순환을 가져올 것이다. 아시아개발은행(ADB)의 인도 국장인 미오 오카(Mio Oka)는 "인도 전역의 평균 이상 강수량이 농업 부문 실적 회복으로 이어져 농촌 지역 소비를 견인할 것이며 산업과 서비스 부문의 견고한 성장을 지원할 것"이라고 밝혔다.

셋째, 투자 분위기 개선과 외국인직접투자(FDI) 증가도 부족한 자본을 메우고 일자리 창출에 기여했다. 인도는 중국을 대체할 수 있는 생산기지로 매력도가 커지고 있으며, 미국의 반도체 부문 지원과 기술 지원 등으로 미국 기업의 투자를 비롯한 외국인직접투자도 늘고 있다. 특히 정부의 생산 연계 인센티브와 정부의 수입 대체 의지 등을 반영해 제조업 투자가 확대되며 청년층 일자리 창출과 경제 성장으로 이어질 것으로 전망된다.

마지막으로 모디 정부가 지난 10여년간 추진해온 다양한 개혁 정책이 성장 기반을 확고히 하고 있다. 제조업 부문 'Make in India' 이니셔티브에 이어 주요 산업 부문의 수입 대체화를 목표로 하는 자립인도(Atmanirbhar Bharat), 전국 도로의 연계성을 강조한 국가 인프라 파이프라인(NIP) 정책, 국가 반도체 미션 추진과 고용 연계 인센티브 정책 강화 등 각종 개혁 조치들이 상호보완적으로 작용해 경제 성장의 기틀을 확대하고 있다는 분석이다. 알바로 페레이라(Alvaro Pereira) 경제개발협력기구(OECD) 수석 이코노미스트는 "지난 10년간 진행된 주요 개혁 조치 중 하나인 Make in India 이니셔티브가 제조업 다변화를 이끌었다"고 평가했다.

2025년, 6~7% 고성장 이어갈 듯

국제통화기금(IMF)은 지난 2024년 4월 보고서에서 2025년에 인도의 명목 GDP가 4조 3398억달러로 일본(4조3103억달러)을 제치고 세계 4위로 부상할 것이라고 전망했다. 인도의 고성장세와 별개로 일본 엔화 가치 하락

이 주요 원인이지만, 인도 경제는 세계 최대 인구를 무기로 고성장을 이어가며 주요 경제권 중에서도 가장 높은 성장률을 기록할 것으로 예상된다.

2025년 인도 경제성장률은 6% 후반에서 7% 초반에 이를 것으로 보인다. OECD, ADB, 세계은행, 무디스(Moody's) 등은 인도 경제가 6.7~7.2% 성장할 것으로 전망했다. 이들 기관은 정부의 인프라 투자 확대 지속과 농업 생산량 증가, 되살아난 민간 투자 회복 등이 고성장을 견인할 것이라고 설명했다. 페레이라 OECD 수석 이코노미스트는 "인도 경제가 견고한 국내 수요를 바탕으로 고성장을 이어갈 것이며 뛰어난 거시경제 지표 관리 능력을 바탕으로 중진국 함정에는 빠지지 않을 것"이라면서 인도에 대해 "지난 7~8년간 경제의

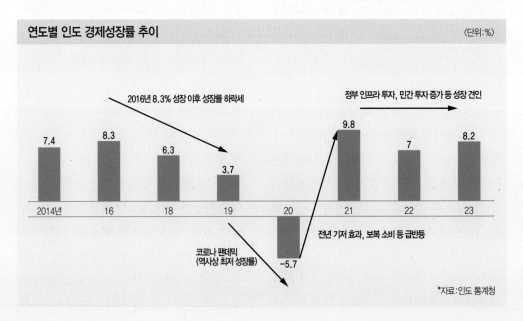

연도별 인도 경제성장률 추이 〈단위:%〉

2016년 8.3% 성장 이후 성장률 하락세

정부 인프라 투자, 민간 투자 증가 등 성장 견인

코로나 팬데믹
(역사상 최저 성장률)

전년 기저 효과, 보복 소비 등 급반등

2014년	16	18	19	20	21	22	23
7.4	8.3	6.3	3.7	-5.7	9.8	7	8.2

*자료:인도 통계청

2024년 6월 4일 나렌드라 모디 인도 총리가 뉴델리의 당 본부에 도착하여 선거에서의 승리를 선언하고 있다. (EPA = 연합뉴스)

여러 부문을 자유화했고, 다양한 부문에서 중요한 개혁 조치를 시행한 국가 중의 하나"라며 "이 같은 요인이 인도 내 투자를 촉진하고 경제 성장을 이끌어왔다"고 평가했다.

무디스는 "인도 경제는 견고한 경제 성장과 인플레이션 완화 노력으로 최적의 상황에 있다"며 "긴축 통화 정책 지속에도 불구하고 재정 건전화가 진행되고 있으며 산업·서비스 부문이 호조를 보이면서 2024년 2분기에 7.8% 고성장세를 보였다"고 설명했다. 무디스는 인도의 중장기 전망에 대해서는 "인도가 노동력을 어떻게 활용하느냐에 달려 있지만, 현재 상황만 놓고 보면 6~7% 성장이 가능할 것으로 보인다"고 긍정적으로 평가했다.

ADB는 가장 높은 7.2% 성장을 전망했다. ADB는 인도 경제가 2차 산업과 서비스 부문의 지속적인 성장, 민간 투자와 도시 지역 소비 증가로 인해 긍정적인 영향을 받을 것으로 설명했다.

2024년 6월 출범한 모디 3.0 정부는 고용 연계 인센티브 제도를 확대해 고용이 증가하고, 이는 가처분 소득 증가로 이어져 경제 성장에 기여할 것이라고 예상했다.

대인도 외국인직접투자 증가도 긍정적 요소로 평가된다. 제조업 중심 투자가 증가하고, 농업 부문 작황 활황으로 식료품 가격이 인하되면서 소비자물가가 낮아지고 금리 인하와 소비 분위기 회복으로 경제의 선순환이 이뤄질 것으로 전망한다.

세계은행은 인도 경제가 코로나 팬데믹 이후 공급망 재편 과정에서 각국의 보호무역주의와 미·중 갈등이 지속되는 불확실한 세계 경제에서 가장 큰 수혜자가 됐다고 평가했다. 특히, 인도가 추진해온 국가물류정책(National Logistics Policy)과 디지털 이니셔티브가 교역 비용을 줄이는 데 기여하며, 인도의 세계 경제에서의 수출 기여도가 높아졌다고 설명했다. 다만, 각국에서 강화되고 있는 관세·비관세 장벽은 무역에 집중된 투자의 잠재성을 제한하는 요인으로 작용할 수 있으며, 경제성장률 제고에 부정적인 영향을 미칠 수 있다고 지적했다.

인도 경제는 지정학적 리스크에도 불구하고 글로벌 공급망 재편 속에서 지정학적 위상이 증가하고, 모디 정부의 제조업 활성화·인프라 투자가 성과를 내는 동시에 국내외 기업들 투자 활성화가 신순환을 일으키면서 고성장을 이어갈 것으로 보인다. 다만, 유가 향방과 기준금리 인하 시기, 제조업 활성화 시기 등이 경제성장률을 결정짓는 중요한 요소로 작용할 것이다.

유가 향방·금리 인하는 '변수'

첫째, 국제유가 향방이 가장 큰 관심사다. 인도는 석유 수요의 80% 이상을 수입에 의존한다. 중동 불안으로 인해 유가 변동성이 커지면 이는 인도 경제에 부정적인 요인으로 작용할 수 있다. 중동 불안이 해소되고 국제유가가 하락하면 이는 인도 경제에 긍정적인 요소가 된다.

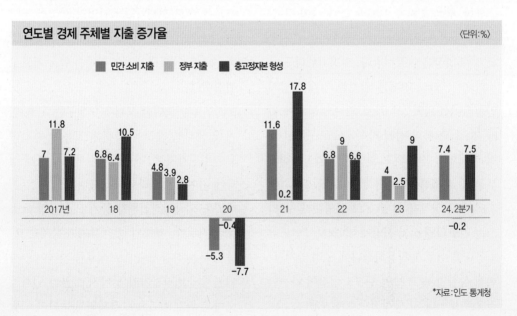

연도별 경제 주체별 지출 증가율 〈단위:%〉

민간 소비 지출 · 정부 지출 · 총고정자본 형성

*자료:인도 통계청

2024년 9월 21일(현지 시간) 미국 델라웨어주 윌밍턴에서 열린 쿼드(Quad · 미국, 일본, 호주, 인도의 안보 협의체) 4개국 정상회의에서 정상들이 단체 사진을 찍고 있다. (AP = 연합뉴스)

둘째, 기준금리 인하 시기도 중요한 변수다. 인도 중앙은행(RBI)은 물가가 안정세를 보이지만 여전히 인플레이션 압력이 존재한다며 2024년 10월 기준금리 동결을 결정했다. 하지만 2024년 9월 미국이 기준금리를 0.5%포인트 인하하는 '빅컷'을 단행한 이후 여러 국가가 긴축 완화에 나서고 있다. 만약 소비자물가 안정세가 지속된다면, 인도 중앙은행은 빠르면 2024년 12월, 늦어도 2025년 2월에는 기준금리를 인하할 것으로 예상된다. 금리 인하는 소비 확대와 투자 증가를 유도해 경제 활성화에 기여할 것이다.

셋째, 제조업 부문 활성화 시기도 중요한 요소다. 인도는 청년 인구와 정부의 규제 개혁 덕분에 고성장을 이어가고 있지만, 제조업 활성화가 예상보다 더디게 진행되거나 노동 문제로 인해 발목이 잡힐 가능성도 있다. 2014년 시작된 'Make in India' 이니셔티브가 10년이 됐지만, 여전히 GDP에서 제조업이 차지하는 비중은 16~18% 수준에 불과하다. 경제 성장에 따라 노동자의 요구가 증가하면서 노동 운동이 기업 투자를 억제하는 요인으로 작용할 수 있다.

마지막으로, 모디 정부 1기 이후 추진해온 노동법과 토지 개혁이 지연될 가능성도 있다. 연립정부 내 지역 정당들의 압박과 강력한 야당의 존재로 인해 고용 유연성을 높이는 노동법 개혁과 토지 개혁이 지연된다면, 대규모 토지가 필요한 제조업 부문 투자가 어려워질 수 있다.

인도 경제는 지정학적 리스크 확대, 글로벌 공급망 불안정 등 여러 경제 불확실성 속에서도 새로운 제조업 허브로 주목받고 있다. 모디 3.0 정부 출범으로 정치적 안정성이 확보되며, 다양한 개혁 조치가 지속될 수 있다는 점은 인도의 강점이다. ■

자연재해보다 글로벌 경기 침체
성장 모멘텀 상실 힘든 한 해 예상

오성주 포스코경영연구원 수석연구원

2024년 브라질 경제를 강타한 키워드는 '자연재해'다. 홍수를 시작으로 때아닌 가뭄이 찾아왔고, 대형 산불이라는 연속적인 자연재해가 펼쳐졌다. 하지만 최악의 상황에서도 견조한 성장세를 이어갔다는 점이 눈에 띈다. 특히 2024년 5월 주요 농업 생산지인 남부의 히우그란지두술(Rio Grande do Sul)을 강타한 대홍수로 농업 부문에서 큰 생산 감소(-2.3%)가 있었음에도 2분기 성장률은 2.8%를 기록했다. 민간 소비가 2023년 동기 대비 5.5% 증가해 내수가 살아난 결과라고 판단된다. 또 이는 브라질 고용 시장이 살아나고, 인플레이션이 감소해 실질 임금이 상승한 결과라고도 할 수 있다.

이 같은 성장세는 2024년 하반기에도 이어지고 있다. 다만 2024년 3분기부터 글로벌 경기 하강 압력에 따른 침체 징후가 브라질에서도 조금씩 감지된다. 2024년 8월 이후 서비스구매관리자지수(비제조업 PMI)와 제조업구매관리자지수는 모두 하락했다. 2024년 중 최저치에 근접했다. 일각에서는 성장 모멘텀이 상실돼 2025년 쉽지 않은 한 해가 될 것이라는 예상도 나온다. 브라질 경제성장률도 이를 반영한다. 2024년 경제성장률은 2023년과 비슷한 수준이나 당초 예상했던 것보다 훨씬 높은 3%대를 기록할 전망이다. 2025년은 이보다 다소 낮은 2.5%대 성장이 예상된다.

2025년 키워드 '안정적 펀더멘털'

브라질 중앙은행(BCB)은 2024년 미국 연방준비위원회(fed)와 달리 정책금리를 신속하게 결정했다. 덕분에 통화 정책이 효과를 발휘했고 소비자물가 상승률이 4%까지 하락, 안정 추세로 진입했다. 현재 일시적 변동성이 있지만 국내 수요가 안정적으로 둔화 추세여서 2025년 소비자물가 상승률은 3.8% 수준까지 내려갈 것으로 기대된다.

그러나 이런 전망은 경기 요인만을 고려한 결과다. 만약 2025년에도 큰 가뭄이나 홍수 등 자연재해가 다시 발생해 농업 분야에서 피해가 커질 경우, 국내 생산 감소로 인해 물가가 다시 올라갈 수 있다. 또 중동 분쟁이 더 커지거나 예상치 못한 전쟁 발발 등 외부 충격까지 더해질 경우, 국제 오일 쇼크로 인한 물가 급등 가능성 등을 배제할 수 없다.

금리의 경우, 2024년 초 11.7%에서 지속적인 인하로 2024년 5월 이후부터 10.5% 수준을 이어가고 있다. 2024년 9월 BCB는 통화정책 회의에서 현 물가 수준과 기대 인플레이션이 목표치에서 벗어남에 따라 정책금리를 10.5%에서 10.7%로 기습 인상했다. 그러나 이는 브라질 전역에서 동시다발적으로 발생했던 극심한 가뭄으로 인해 일시적인 농산품 가격 상승과 수력 발전량 부족으로 인한 전기 요금 인상의 결과였다. 이를 고려하면 2025년 추가 인상폭은 다소 제한적일 것으로 예상된다. 미 연준을 비롯한 글로벌 금리 인하 추이가 역행하지 않고, 국내 공급 쇼크가 일부 회복되면 금리 인하가 재개돼 2025년 연말에는 9~9.5% 수준까지 낮아질 것으로 전망한다.

현재 브라질의 외환보유고는 튼실하다. 2024년 2분기 기준 3480억달러(미화) 수준이다. 큰 변동성 없이 견고하고 대외 부채도 건전한 수준이다. 2023년 말 기준 국내총생산(GDP) 대비 27.9% 정도다. 다만 정부가 지출을 줄일 수 있을 것이라는 뚜렷한 신호를 시장에 전달하지 않는 한 2025년에도 재정 불확실성 리스크로 헤알화 약세가 현재처럼 지속될 수밖에 없다. 2025년에도 브라질 헤알화는 달러당 5.3~5.4헤알화 수준으로 유지될 전망이다.

고용 시장은 꾸준히 개선되고 있는 것으로 보이는데, 2025년에도 지속될 가능성이 높다. 2024년 2분기 기준 실업률은 7.1%로 나타났는데, 이는 2014년 이후 최저치다. 2024년 하반기 가뭄과 홍수 등 자연재해가 연달아 발생해 농업 생산과 1차 산품 수출 부진 영향으로 다소 주춤해졌지만 공급이 정상적으로 회복되면 2025년부터 재차 좋은 시장 상황을 이어갈 수 있을 것으로 보인다.

본격 시험대 오른 룰라 정부

현재 룰라 정부가 추진하는 다양한 개혁 정책을 두고 브라질 금융 시장은 어느 한편으로 치우치지 않고, 예의 주시하고 있다. 온전히 긍정적으로 보거나 부정적으로 보지 않는다는 의미다.

룰라 대통령은 2023년 집권과 동시에 구조적으로 다당제가 기본인 브라질 의회에서 빠르

브라질 경제 전망			단위:%
구분	2023년	2024년(e)	2025년(f)
GDP(YoY)	2.9	3	2.5
민간 소비(YoY)	3.1	4.5	2.1
산업 생산(YoY)	0.3	2.1	2
실업률(연평균)	8	7.4	7.7
외환보유액(US억달러, 연말)	3465	3350	3455

*(e)는 추정치, (f)는 전망치   *자료:포스코경영연구원 종합

게 연합 여당을 결성하고, 야당과도 원만한 관계를 유지하며 빼어난 협상력을 발휘했다. 지난 30여년간 난제로 꼽혔던 세제 개혁 법안을 양원에서 통과시켜 2023년 말 최종 발효했다. 주요 내용은 부가세 통합과 단순화, 누적 과세 종료, 최종 소비지 세금 징수, 지역개발기금(FNDR)과 세제혜택보상기금(FCBF) 조성 등이다. 복잡한 내용이지만 대부분 브라질 투자 심리 회복에 도움을 줄 정책으로 보인다. 해외 투자자들이 오랜 기간 기다려온 조세 개혁이기 때문이다.

또 이런 입법 성과 덕분에 현재 브라질이 안고 있는 커다란 재정 지출과 부채 리스크에도 불구하고 성장 잠재력 향상에 대한 기대가 커지는 게 사실이다. 2024년 10월 국제신용평가사인 무디스는 브라질 국채 등급을 기존 Ba2에서 Ba1으로 상향 조정했다. 또 긍정적(positive) 전망을 유지한다고 밝혔다.

다만 룰라 정부가 들어선 이후, 민영화 정책은 크게 후퇴하고 있다. 룰라 대통령은 과거 브라질에서 진행된 민영화 사업은 무분별했고, 정책적으로 결함이 있다고 인식하고 있

다. 한 예로 1990년대 후반 추진된 국영 통신 기업 텔레브라스(Telebras)의 사례를 인용, 민영화기 가져온 서비스 보급률의 빠른 확대라는 긍정적인 효과보다는 통신 요금의 상승, 통신 인프라의 불균형, 대규모 해외 자본 유입으로 인한 의존도 증가 등 부정적인 영향을 크게 강조하고 있다. 특히 룰라 정부는 2015년 마리아나(Mariana) 댐 붕괴 사고를 언급하며 민영화 기업은 사회적 책임에 대한 회피 성향이 강하다고 비판했다. 현재 브라질의 전력 공급 불안과 에너지 안보 위기의 근본적인 원인도 무분별한 민영화 탓으로 돌리고 있다.

이 같은 '반민영화' 움직임은 룰라 대통령의 행보로도 파악 가능하다. 룰라 대통령은 정부의 공익 보호 중요성을 강조하며 예정됐던 민영화 계획 대부분을 취소했다. 이미 민영화된 기업에 대해서도 다시 규제를 강화해야 한다고 주장하고 있다. 정부가 민영 기업 경쟁력을 약화시키고, 역할을 왜곡시키는 의지를 노골적으로 드러냄에 따라 2025년에는 산업계와 연방 정부의 반발이 표면화될 수 있을 것이다.

반면 룰라 정부의 대표적인 산업 정책인 브라질 신산업 육성 방안(Nova Industria Brasil·NIB)은 2024년과 연속성을 유지하면서 2025년에는 한층 더 가속화될 전망이다. 이는 브라질의 최첨단 기술 산업의 육성, 발전과 사회 안전망 강화를 주요 목적으로 하고 있다. 분야별로 살펴보면 ① 지속 가능한 디지털 농산업

체인 구축 ② 공공 보건 강화 ③지속 가능한 도시 인프라 강화 ④ 산업 디지털 전환 ⑤ 바이오 경제, 탈탄소화와 친환경에너지 전환 ⑥ 국방 안보 강화 등 6대 분야로 나눠 추진 중에 있다.

관련 사업 분야가 수출 산업의 국제 경쟁력 제고, 생산 효율성 향상과 일자리 창출 증대라는 정책 목표에 초점을 맞춰 진행되는 만큼, 브라질 국내외 기업은 이런 요건을 충족시키면서 사업을 추진할 가능성이 높다. 이 경우 정부 예산과 사회경제개발은행(BNDES), 연구프로젝트지원기관(FINEP) 등을 통해 자금 조달과 지원을 확보할 수 있다.

종합하면, 시장은 브라질 경제를 두고 단기 리스크는 낮다고 본다. 다만 정부가 추진하는 개혁과 경기 부양 정책에 대해서는 기대와 우려가 상존하는 양가적 입장을 취하고 있다. 또 브라질의 성장 잠재력은 개선되는 추세지만, 여전히 높은 정부의 재정 지출과 부채 규모는 2025년 글로벌 경기 하강 압력과 함께 중장기 리스크를 쉽게 해소시키지 못하는 장애물로 작용하고 있다.

국제 사회 존재감 '쑥쑥'

최근 몇 년간 미국과 중국이 국제 질서 재편 과정에서 주도권을 두고 전략 경쟁을 심화하면서 다양한 광물 자원과 관련 산업에서 우위가 있는 브라질이 새로운 글로벌 공급망 구축의 핵심 국가로 주목받고 있다. 주요 20개국

(G20) 정상회의와 브릭스(BRICS)의 회원국인 브라질은 2024년 11월 역외 모임인 아시아태평양경제협력체(APEC) 정상회의에도 초대받았다. 이 자리에서 브라질은 중국이 주도하는 '일대일로' 사업에 참여하는 방안을 논의하겠다는 입장을 보였다. 일대일로는 중국이 개발도상국에 대규모 사회기반시설(인프라)을 짓거나 자본을 투자해 경제 · 외교 관계를 강화해온 정책이다.

역내 존재감도 키우고 있다. 브라질은 과거 이데올로기의 차이에 따른 분열로 사실상 소멸된 남아메리카국가연합(UNASUR)의 부활을 제안하고 있다. 역내 통합을 위해 목소리를 내고 있는 것이다. 역내 다른 주요 국가인 아르헨티나의 경우 우파 정부가 집권하고 있어 실질적 협력을 모색하기는 힘들 것으로 보이지만 에너지, 금융, 범죄 예방, 기후 변화 대응 등에서 한목소리를 내면서 역외 국가 개입은 낮추고, 탈달러화와 통합 화폐 도입 등을 주장하며 국제 사회 영향력을 키워나갈 것으로 보인다. ■

2024년까진 잘 버텼지만…
전쟁 후유증 이제부터 본격화

러시아

이종문 부산외대 러시아학과 교수 · 러시아 경제학 박사

2025년 러시아 경제는 3년간 지속되고 있는 우크라이나 전쟁과 서방의 전방위적인 제재에도 불구하고 기대 이상 성장률을 보일 것으로 예상된다. 약 4% 정도 성장률이다. 러시아 경제개발부는 2024년 9월 내놓은 경제전망 보고서에서 2024년 러시아 경제가 연초 전망치인 2.8%보다 1.1%포인트 높은 3.9% 성장이 가능하다고 봤다. 러시아 중앙은행 역시 연초 전망치 1.8%보다 2배나 높은 3.5~4% 수준 성장이 가능할 것으로 내다봤다. 러시아 정부 발표 지표 관련 신뢰성 문제는 고려해야 할 지점이지만, 국제통화기금(IMF) 역시 연초 예상치보다 0.6%포인트 상향한 3.2% 달성을 전망했다.

2022년 2월 러시아의 우크라이나 침공과 함께 시작된 서방 제재로 일시적인 불황에 직면했던 러시아 경제는 유럽연합(EU)에서 아시아로의 교역 파트너 전환, 방위 산업 중심 산업 생산 확대, 전시 재정 편성과 운영 등 정책 지원에 힘입어 2023년 하반기부터 회복세로 진입한 후 2024년 들어 성장 속도를 높이고 있다. 민간 소비와 고정자본 투자 증가, 에너지자원 수출 확대가 2024년 경제 성장을 견인했다. 민간 소비는 7.8% 증가할 것으로 예상되는데 이는 2024년 3월 대통령 선거와 전쟁 지속에 따른 민심 무마 · 취약계층 지원 강화를 목적으로 최저임금을 18.5%, 연금을 7.5% 인상한 효과다. 또 군 동원령에 따른 노동력 부족으로 실질 임금이 2008년 글로벌 금융위기 이후 최대치인 9.2% 상승한 데 기인한다. 전쟁에서 승리를 위한 군수 산업 중심

제조업 생산이 확대되면서 고정 자본 투자가 7.8% 늘어날 것으로 예상된다. 러시아 수출의 핵심 품목인 에너지 제품 수출 증가도 5.7%를 기록할 것으로 보인다. 서방 금수조치에 대응해 러시아가 중국, 인도, 튀르키예 등으로 수출선을 전환했고, 이스라엘-하마스 전쟁으로 촉발된 중동에서의 지정학적 리스크 증가와 우랄 원유의 할인율 축소 등으로 러시아 원유 수출 가격이 9% 상승한 데 힘입은 결과다.

임금 상승에 따른 소비 심리 개선으로 내수는 확장했으나, 물가 상승과 고금리가 동반돼 2024년 러시아 경제는 썩 좋은 편은 아니다. 소비자물가 상승률은 8월까지 8.6%에 달하며 물가 안정 목표인 4%를 2배 이상 웃돌았다. 중앙은행 기준금리는 19%로 역대 2번째로 높은 수준을 유지 중이다. 경기 회복에 따라 노동 수요가 증가했지만, 전시 동원과 고급 인력의 해외 유출, 루블화 가치 하락에 따른 중앙아시아 출신 이주 노동자 이탈로 노동 공급이 감소하면서 실업률은 2.6%로 역대 최저치를 기록할 것이 확실해 보인다.

2025년은 어떨까. 러시아 경제 상승 추세는 꺾이고 물가 불안은 다소 진정될 것으로 전망된다. 러시아 경제개발부는 2025년 러시아 경제성장률을 2.5%로 하향 제시했다. 러시아 중앙은행은 0.5~1.5% 성장이라는 비관

러시아 주요 거시경제 지표 현황

단위:%

구분		2022년	2023년	2024년(e)	2025년(f)	2026년(f)
경제 성장률	러시아 경제개발부	-1.2	3.6	3.9	2.5	2.6
	러시아중앙은행	-1.2	3.6	3.5~4	0.5~1.5	1~2
	IMF	-1.2	3.6	3.2	1.5	1.3
소비자 물가 상승률	러시아 경제개발부	11.9	7.4	7.3	4.5	4
	러시아 중앙은행	11.9	7.4	6.5~7	4~4.5	4
	IMF	11.9	7.4	5.3	4.4	4

*(e)는 추정치, (f)는 전망치
*자료:국제통화기금(IMF), 러시아 경제개발부, 러시아중앙은행

적인 전망치를 내놨다. IMF 역시 성장률 전망치를 1.5%로 대폭 낮췄다. 소비자물가 상승률은 물가 안정 목표치에 근접한 4.5% 수준을 제시했다. 그러나 2025년 실질 임금 증가율이 7%, 최저임금 상승률이 14.8%, 처분가능소득 증가율이 6.1% 예상되고, 루블 가치 하락과 그에 따른 수입물가 상승 등이 예상되는 여건 아래에서 소비자물가 상승률은 정부 전망치를 웃돌 가능성이 매우 높다.

물가 억제를 위한 중앙은행의 긴축 통화 정책이 유지되면서 2024년 성장동력원이었던 민간 소비와 자본 투자에 부정적 영향을 미칠 것이다. 석유-가스 산업·군산복합 분야에서 선진 기술에 대한 접근성 상실과 노동력 부족 등이 성장의 하방 요인으로 작동할 것이다. 대외적으로는 전쟁 장기화와 서방의 제재 확대, 세계 경제, 특히 최대 교역 파트너인 중국의 경기 둔화, 중동의 지정학적 요인과 국제유가 변동성 등이 하방 위험으로 작용할 가능성이 높다.

특히 크렘린이 2023년부터 군사비 지출 증가를 통해 성장을 포함한 경제 문제를 해결하는 방식을 취하고 있는데 이는 추후 러시아 경제 구조 왜곡을 초래할 것이다. 전시 재정은 인플레이션을 동반하며, 과도한 국방 지출은 재정수지 적자와 국민 경제의 불균형을 심화할 테다. 단기적으로는 군산복합체가 산업 생산 증가를 가능하게 하지만 민간과 서비스 산업을 잠식하고 민간 투자를 위축시켜 성장을 둔화시키며, 장기적으로는 경제의 구조개혁을 후퇴시키고, 경제 전반의 생산성을 저하해 성장잠재력을 훼손한다.

동유럽

조양현 연세대 동서문제연구원 객원교수

동유럽 지역 주요국(폴란드·헝가리·체코) 2025년 경제 전망을 한마디로 요약하면 '회복세'다.

동유럽 지역 최대 경제권인 폴란드는 2023년의 저조했던 경제성장률이 2024년에는 다소 회복됐다. 수출과 고용 등 노동 시장 수요 부진은 여전했지만, 소비와 투자 증가로 3% 달성이 예상된다. 이 같은 흐름은 2025년에도 이어져 2025년 경제성장률 3.5%를 넘볼 전망이다.

폴란드 경제 성장의 요인은 안정적이고 양호한 경제 펀더멘털이다. 이와 동시에 기업 친화적인 외국인 투자 환경을 마련한 게 큰 힘이 됐다. 2025년 경제성장률은 3.5% 정도로 예상된다. 재정 지출 제약에도 불구하고 가계소비의 지속적인 증가, 유럽연합 구조조정기금(2021~2027년 예산 편성) 유입 기대에 따른 투자 증가 등이 힘을 낼 전망이다. 2023년 11.4%로 급등했던 인플레이션율(소비자물가 상승률)도 2024년 3.9%, 2025년 4.5%로 크게 진정되는 추세다. 다만 내수 증가가 지속된 가운데, 노동비용(임금)과 에너지(연료) 가격 상승에 따른 물가 상승 압박이 잠재된 점은 우려할 대목이다.

글로벌 금융위기(2008~2009년)로 국제통화기금 긴급 구제금융(차관)을 받은 헝가리는 가계 구매력 증가와 금융지원(대출) 조건 완화, 임금 상승 등으로 내수가 호전되고 있다. 경제성장률은 2023년 역성장에서 호전돼 2024년에는 1.5%로 추정된다. 2024년 경제 성장 요인은 재정 지출 억제, 상업용 부동산의 공급 과잉 등으로 투자가 전반적으로 부진했지만 실질 임금(연금·최저임금) 상승, 노동 시장 여건 호전 등으로 가계 소비가 회복된 데 기인한다. 2025년에는 외국인 직접 투자 유입과 설비투자 증가, 건축 비용에 대한 정부 지원(주거 환경 개선) 등으로 투자가 증가하면서 경제성장률은 2.9% 수준으로 전망된다. 2025년 인플레이션율은 3.5% 수준으로 예상된다. 지출 억제 기조 재정 정책이 총수요를 제한, 물가 상승 추세가 둔화될 것으로 보여서다.

체코는 에너지 소비재 가격과 금융 시장 여건에 민감한 경제 구조로 인해 물가와 금융 경기 상황에 대한 파급 효과가 경제 성장의 주요 관건이다. 체코 경제성장률은 물가 상승 추세가

동유럽 주요국의 경제 성장과 물가 상승의 추이 비교

단위:%

구분		2023년	2024년(e)	2025년(f)
경제 성장률	폴란드	0.2	3	3.5
	헝가리	−0.9	1.5	2.9
	체코	−0.1	1.1	2.3
인플레이션율	폴란드	11.4	3.9	4.5
	헝가리	17.1	3.8	3.5
	체코	10.7	2.3	2

*(e)는 추정치, (f)는 전망치
*자료:IMF, World Economic Outlook Database: October 2024

국내총생산(GDP)의 5.7%로 2023년 대비 악화된 것으로 추정된다. 2024년 폴란드 재정수지 적자 요인은 러시아와 우크라이나 전쟁에 따른 국방비(군수품수입) 지출 증가, 에너지(연료) 가격 안정

진정되면서 구매력이 점진적으로 회복됨에 따라 2024년 1.1%, 2025년 2.3% 수준으로 예상된다. 2025년에는 긴축 금융 조건 완화, 유럽연합의 구조조정기금 유입 등에 따른 건설 투자 증가로 경제 성장 추세가 지속될 것으로 예상된다. 체코도 폴란드, 헝가리와 마찬가지로 노동 공급(숙련 노동자)의 지속적인 부족(노동의 초과 수요 상태)으로 노동 비용이 상승 추세를 나타내면서 물가 상승의 잠재적인 압박 요인으로 작용하고 있다. 2024년 물가 상승 요인은 농산물 가격 하락, 부가가치세(식품) 인하에도 불구하고, 상품과 에너지 가격의 광범위한 상승, 임금 상승, 기저 효과 등에 기인한다. 2023년에 10.7%에 달했던 인플레이션율이 2024년 2.3% 수준으로 크게 둔화되면서 2025년에는 2% 수준으로 전망된다.

주요국 재정수지 살펴보니

동유럽 주요국 재정수지와 공적채무 추이를 비교하면 2024년 폴란드는 재정수지 적자가

을 위한 정부보조금 지원, 정부의 육아수당 지원과 공무원·교사 임금 인상 등으로 인한 재정 지출이다. 2025년 에너지 분야에 대한 정부 재정 지원(조치) 중단에도 불구하고, 지속적인 국방비 증가 등 정부 재정 지출의 확대 정책 기조가 유지될 것으로 예상된다. 이를 고려하면 재정수지 적자는 국내총생산의 5.5% 수준으로 유럽연합 재정준칙 권고 기준(3%)을 웃돌 전망이다.

헝가리도 2025년 재정수지 적자가 소폭 완화될 것으로 예상된다. 2024년 GDP 대비 재정수지 적자는 5%로 예상되는데, 2025년 전망치는 4.6%다. 임금 상승에 따른 근로소득세 수입 증가 등이 개선에 영향을 미칠 전망이다.

체코의 GDP 대비 재정수지 적자 비중은 2024년 2.9%에서 2025년에는 2.3% 수준으로 개선될 것이라는 전망이다. 2024년 재정수지 적자 개선 요인은 정부 재정 정책이다. 체코 정부는 에너지 가격 충격 완화책을 꺼내들 전망이다. ■

해외 투자·관광객 급증에 '방긋'
트럼프 당선에 수출 타격 '변수'

정재완 대외경제정책연구원 선임연구원

대외 수출 둔화로 2023년 4.1% 성장에 그쳤던 동남아 경제는 2024년 들어 점차 회복세를 보이고 있다. 분기마다 경제성장률을 발표하는 국가 중 인도네시아를 제외한 모든 국가(말레이시아·필리핀·싱가포르·태국·베트남)의 2분기 국내총생산(GDP) 증가율이 전년 동기 대비 상승하는 중이다. 예외가 있다면 1분기와 같은 성장률을 보인 인도네시아인데, 이는 1분기에 성장률을 견인했던 선거 관련 비용 지출이 줄어든 것과 관련이 있다.

동남아 경제 성장세는 2024년 하반기에도 이어질 것으로 예상된다. 특히 동남아 경제는 내수 회복, 외국인 직접 투자(FDI) 활발, 상품 수출 증가, 인플레이션 압력 완화, 관광객 증가, 노동 시장 개선, 정부의 공공 지출 확대 등을 바탕으로 다소 회복돼 2024년 전체로는 4.5% 성장할 것으로 전망된다. 2023년에 비해 0.4%포인트 높은 수치다.

나라별로 살펴보면 경제에서 수출이 차지하는 비중이 높은 베트남, 말레이시아, 캄보디아 등과 내수 시장 비중이 큰 필리핀, 그리고 인도네시아가 비교적 높은 성장세를 구가할 것으로 예상된다. 반면 쿠데타 이후 정치·사회적 혼란과 경제적 어려움을 겪고 있는 미얀마는 0.8% 성장에 그칠 것으로 보인다.

인플레이션 압력 감소…내수 성장
베트남 관광은 팬데믹 이전 회복

동남아 내수는 미국 금리 인하를 계기로 추진하고 있는 각국의 긴축 완화와 금리 인하, 공공 지출(대형 인프라나 선거자금) 확대, 노동 시장 개선 등을 배경으로 성장하는 중이다. 개도권 지역 중에서는 세계에서 가장 많은 투자 금액을 유치하고 있는 FDI 역시, 제조업 생산과 수출 확대에 크게 기여하고 있다. 동남아 FDI 유치 규모는 이미 2017년부터 전 세계 FDI 블랙홀 역할을 수행했던 중국을 능가하고 있다. 유엔무역개발회의(UNCTAD)에 따르면 2023년 동남아 FDI 규모는 2263억달러로 중국(1632억달러)을 크게 앞섰다. 2024년에는 1분기에만 1440억달러에 달하는 것으로 알려졌다. 수출 역시 IT와 반도체 등을 중심으로 확대되고 있어 베트남과 같은 수출 규모가 큰 국가의 제조업 회복과 성장에 기여하고 있다. 공급망 교란, 달러화 강세, 수입물가 상승 등으로 높아졌던 인플레이션 압력은 에너지 가격 하락과 각국 중앙은행의 금융 긴축 추진, 공급망 회복 등을 바탕으로 점차 안정되는 분위기다.

최근 회복되고 있는 관광업도 동남아 경제 성장에 기여하는 요인이다. 아시아개발은행(ADB)에 따르면 2024년 1분기에 동남아를 찾은 외국인 관광객은 6140만명으로 2023년 동기 대비 32% 증가했다. 특히 베트남은 2023년에 이미 코로나 팬데믹 이전 규모를 초과할 정도로 많은 외국인 관광객을 유치했다.

동남아 지역 경제성장률과 물가 상승률

단위:%

구분\국가	경제성장률			소비자물가 상승률(평균)		
	2023년	2024년	2025년	2023년	2024년	2025년
브루나이	1.4	3.7	2.8	0.4	0.4	1
캄보디아	5	5.8	6	2.1	0.5	2.5
인도네시아	5	5	5	3.7	2.8	2.8
라오스	3.7	4	3.7	31.2	25	21.5
말레이시아	3.6	4.5	4.6	2.5	2.4	2.7
미얀마	0.8	0.8	1.7	27	20.7	15
필리핀	5.5	6	6.2	6	3.6	3.2
싱가포르	1.1	2.6	2.6	4.8	2.6	2.2
태국	1.9	2.3	2.7	1.2	0.7	1.3
동티모르	1.9	3.1	3.9	8.4	3.4	2.9
베트남	5.1	6	6.2	3.3	4	4
동남아 전체	4.1	4.5	4.7	4.2	3.3	3.2

*2024년, 2025년은 전망치   *자료:아시아개발은행(ADB, 2024년 9월)

지역 내 대부분 국가 상황이 긍정적이지만 예외도 있다. 쿠데타 이후 정세 불안과 경제 제재를 받고 있는 미얀마와 내륙국이자 제조품의 대부분을 수입에 의존하고 대외부채에 많이 노출돼 있는 라오스의 경우 자국 통화 가치 하락과 수입물가 급상승 등으로 2024년에도 여전히 높은 물가 상승률을 기록할 것으로 예상된다.

2025년 성장률은 소폭 상승
수출 많은 베트남·캄보디아 주목

2025년 동남아 경제는 2024년부터 이어지고 있는 경기 회복 흐름을 이어받아 성장률이 소폭(0.2%포인트) 높아져 4.7% 성장할 것으로 전망된다. 동남아 전체적으로는 내수 회복, 수출 증가, 물가 다소 안정, 공공 지출 증가

중국 기업의 동남아 진출 현황: 가전과 자동차 사례

가전

투자 기업	진출 국가	주요 생산제품	연도
메이디	베트남	소형가전	2007년
	태국	R&D	2022년
		에어컨	2022년
		GMCC 컴프레서 모터	2021년
		냉장고, 세탁기	2016년
		냉장고, 전자렌지 등	2021년
하이센스 (海信)	베트남	TV	2022년
	태국	에어컨, 냉장고	2019년
		상용디스플레이	2016년
		자동차 에어컨	2021년
	말레이시아	자동차 에어컨	2021년
	인도네시아	TV	2022년
		자동차 에어컨	2021년
	싱가포르	자동차 에어컨	2021년
	라오스	네트워크 테크놀로지	2022년
하이얼	베트남	냉장고, 세탁기 등	2011년
	태국	백색가전	2002년
	말레이시아	가전	1998년
		냉장고, 세탁기 등	2011년
	인도네시아	가전	1996년
		냉장고, 세탁기 등	2011년
	필리핀	가전	1997년
		냉장고, 세탁기 등	2011년
TCL	베트남	TV	1999년
		소비자용 전자기기	2019년
	인도네시아	에어컨	2019년

*2024년 8월 기준

자동차

진출 국가	투자 기업	연도
태국	상하이자동차	2017년
	Foton	2019년
	만리장성자동차	2020년
	BYD	2023년
	창안자동차	2023년
	Hozon	2022년
	AION	2024년
	Chery	2024년
인도네시아	상하이GM우링	2017년
	BYD	2023년
	Hozon	2024년
	Chery	2023년
	AION	2024년
말레이시아	Geely	2017년
	창안자동차	2019년
	광저우자동차그룹	2023년
	Hozon	2024년
베트남	Chery	2024년

*자료:미즈호은행 데이터 토대로 재작성

등이 배경으로 거론된다.

나라별로는 브루나이와 라오스를 제외하고 모든 국가가 2024년 성장률을 초과할 것으로 전망된다. 특히 수출 비중이 높은 베트남과 캄보디아, 내수 시장 비중이 높은 필리핀과 인도네시아의 성장률이 높으나 쿠데타로 어려움을 겪는 미얀마의 성장률은 여전히 낮을 것으로 보인다. 내수는 관광업 회복, 금리 인하와 노동 시장 개선을 바탕으로 한 실질 소득 증가, 각국의 대형 인프라 개발 가속화 등으로 빠르게 회복될 것으로 예상된다. 대외 수출 역시 세계적으로 IT 수요 회복, 주요국의 금리 인하를 바탕으로 한 글로벌 경제 회복, 서비스 시장 확대 등으로 증가세를 이어갈 것으로 보인다. 미·중 전략 경쟁 이후 동남아로 유입되는 FDI의 증가 역시 동남아 제조업과 수출 확대에 크게 기여하고 있고, 이는 성장률을 높이는 데도 일조할 것으로 보인다.

2025년 동남아 최대 이슈는 트럼프 시대의 관세 부담

2025년 동남아 경제 최대 이슈는 '트럼프 대통령 2기'의 탄생이다.

트럼프 미국 대통령 당선자는 중국으로부터 수입하는 모든 제품에 대해 일률적으로 60%의 관세를 부과하고 중국 이외 국가 수입품에 대해서도 10% 관세 부과를 공언했다. 여기에 더해 미국과의 교역에서 대규모 흑자를 지속하고 있는 국가에 대한 제재를 제안하고 있다. 더 나아가 모든 분야에서 미국제일주의를 추구할 것으로 보인다. 이는 동남아 경제에 대한 직간접적인 영향은 물론 글로벌 공급망과 산업에 악영향을 끼칠 수 있다.

두 번째로 큰 이슈로는 '중국 경제에 대한 의존도 심화'를 들 수 있다. 중국은 이미 동남아 최대 교역 파트너가 된 데 이어 최근에는 투자와 개발 협력 등에서도 최대 파트너로 부상하고 있다. 미중 전략 경쟁 이후 전 세계 다국적 기업과 중국 진출 다국적 기업이 동남아로 생산 거점을 이전하는 사례가 높아지고 있는 가운데 중국 기업의 동남아 투자도 최근 급증

하고 있다. 중국 상무부에 따르면, 2023년 중국의 해외 투자(홍콩, 마카오, 영국령 버진군도, 케이먼 군도에 대한 투자 제외)에서 동남아가 차지하는 비중이 절반 가까운 46.7%에 달했다. 중국의 가전과 자동차 기업이 글로벌생산네트워크(GPN)를 구축하기 위해 동남아에 진출하는 사례가 늘어나는 중이다. 중국이 동남아에 해외 원조(Foreign Aid)를 통해 제공하는 자금과 일대일로 이니셔티브(BRI)를 위해 아시아인프라투자은행(AIIB)을 통한 융자 역시 최근 급증하는 추세다.

여기에 최근 초저가로 수입되는 중국산 제품으로 인해 동남아 주요 산업 피해가 심각해지고 있다. 중국에 대한 경제 의존도가 심해지면서 동남아는 주요 산업 피해에 대한 대응조치(상계관세 부과, 반덤핑 조사, 세이프가드 발동)조차 중국 보복을 우려해 추진하기가 쉽지 않은 상황이다.

세 번째 이슈로는 2025년 종료되는 '아세안경제공동체 청사진 2025(AEC Blueprint 2025)'의 후속 작업이다. 아세안은 2023년부터 태스크포스(TF)를 구성해 '아세안공동체 포스트 2025 비전(ASEAN Community's Post-2025 Vision)'을 수립하고 있다. 이는 아세안 최초로 2045년까지의 20년 장기 비전을 제시하기 위한 마스터플랜을 수립하는 것이며, 이를 통해 아세안공동체, 특히 아세안경제공동체(AEC)의 방향과 실체를 파악할 수 있을 만큼 중요하다. ■

전쟁 여파 속 성장 희비 교차 '중동'
협력 확대하며 활로 모색 '중앙亞'

중동

이스라엘·하마스 전쟁 '여파'
사우디·UAE는 '성장세'

유광호 대외경제정책연구원 아프리카중동팀 전문연구원

2024년 중동은 이스라엘 · 하마스 전쟁 발발과 이에 따른 역내 분쟁 확산으로 큰 혼란을 겪었다. 이는 곧 지역 내 분쟁 당사국들의 경제적 피해로 이어졌다. 직접 분쟁에 참여하고 있는 이스라엘뿐 아니라 팔레스타인, 레바논, 예멘, 이란 등도 투자와 수출이 크게 감소했다. 각국 정부 주도 대형 인프라 프로젝트에도 차질이 생겨 성장세가 한풀 꺾이는 모습을 보였다. 특히 투자 유치는 각 지역의 정세적 안정과 직결돼 있기 때문에, 전쟁이 벌어지는 상황에서 투자 주도의 성장이 이뤄지기는 어려웠다. 이스라엘은 전쟁 비용 증가로 정부부채가 급격히 늘어나며, 자국 신용등급이 여러 차례에 걸쳐 하향 조정되기도 했다.

그러나 직접적인 분쟁 당사국을 제외한 대부분 중동 국가는 성장 추세가 확대되는 양상을 보였다. 특히 중동 역내 산유국은 긴장 고조에 따라 상승한 국제유가가 성장에 오히려 도움이 된 측면도 있다. OPEC+ 감산 정책과 사우디아라비아의 자발적 감산이 계속 이행되고 있지만, 2024년 역내 산유국 대부분이 2023년 대비 더 높은 성장률을 기록할 것으로 전망된다. 역내 주요 산유국의 2024년 경제성장률은 사우디아라비아 1.5%, UAE 3.5%, 카타르 2%로 2023년 대비 각각 2.3%포인트, 0.1%포인트, 0.5%포인트 증가할 것으로 예측된다. 2023년에 이어 정부 주도

대규모 투자가 꾸준히 이어지고 있다는 점도 성장에 긍정적인 요인으로 작용하고 있다. 사우디아라비아의 인프라 건설 시장은 2023년에 이어 2024년에도 사상 최대 규모를 달성할 것으로 보인다.

중동 주요국의 경제성장률 추이·전망				단위:%
구분		2023년	2024년	2025년
산유국	사우디	-0.8	1.5	4.8
	UAE	3.4	3.5	3.7
비산유국	이스라엘	2	0.5	1.9
	이란	4.7	3.3	2.4
	이집트	3.8	2.5	2.4

*2024년은 추정치, 2025년은 전망치임
*자료:IMF, EIU 등 참고하여 저자 작성

전쟁 확산 시 비산유국 성장 둔화
OPEC+ 감산 완화로 산유국은 성장세

2025년 역내 비산유국 성장세는 현 갈등 상황의 전개 양상에 따라 달라질 것으로 보인다. 이스라엘은 하마스와의 전쟁을 넘어 레바논으로 전선을 확장했다. 헤즈볼라는 하마스보다 규모가 훨씬 더 큰 조직이기 때문에 이스라엘이 목표를 달성하려면 상당한 재정적 부담이 따를지도 모른다. 이란은 중국으로의 원유 판매를 지속하고 있어 2020년 초반 대비 경제 상황이 개선됐지만, 이스라엘과의 중강도 공격을 주고받으며 전면전 위험에 계속 노출돼 있다.

단, 최근 취임한 마수드 페제시키안 대통령이 자국 경제 살리기에 주력하고 있는 점이 고무적이다. 이집트는 분쟁에 참여하고 있지 않지만 후티 반군의 홍해 선박 공격으로 인해 수에즈 운하를 통한 수입이 급감했다. 외화 부족에 따른 환율 상승이 전반적인 거시 경제 문제를 야기하고 있기 때문에 외화 수입원의 안정이 반드시 필요하지만 향후 상황은 불투명하다. 현 분쟁 상황이 2025년에도 지속된다면 이란, 이집트의 경제성장률은 2024년에 비해 둔화될 것으로 전망된다. 이스라엘 성장률은 기저 효과 등으로 2024년에 비해서는 다소 상승할 것으로 보이나, 회복 정도는 제한적일 것으로 예상된다.

역내 산유국 성장 추세는 2025년에도 꾸준히 이어질 것으로 예상된다. 2024년 12월부터 OPEC+ 감산 완화가 점진적으로 추진되면서 각국 원유 생산량과 수출량이 2024년 대비 크게 확대될 것으로 기대된다. 석유 수출 수입이 증가함에 따라 정부 주도의 산업 투자 또한 탄력을 받을 것으로 보인다. 역내 산유국은 탈석유 시대를 대비한 경제 구조 다각화 정책을 적극적으로 이행하고 있으며, 이를 위한 대규모 정부 투자가 필요하다. 2025년 사우디아라비아, UAE, 카타르의 경제성장률은 각각 4.8%, 3.7%, 2.5%를 기록할 것으로 예측된다.

이런 예측이 현실화되려면 무엇보다 전쟁이 확전되지 않아야 한다. 이란과 이스라엘의 전면전이 발발할 경우, 분쟁 당사국뿐 아니라 역내 산유국도 전쟁에 직간접적으로 참여할 수밖에 없다. 특히 예멘 후티 세력은 팔레스타인 문제에 적극적으로 나서지 않는 사우디아라비아의 행보에 불만을 품고 있다. 2019년 사우디아라비아 내 원유 시설을 직접 타격한 경험이 있는 후티 세력은 전면전 발발 시 이를 기회로 삼아 공격을 재개할 수 있다. 이란의 호르무즈 해협 봉쇄 가능성도 역내 경제에 대한 위협 요인으로 꾸준히 제기된다. 호르무즈 해협이 봉쇄되면 전 세계 원유 생산의 3분의 1을 담당하고 있는 중동 산유국의 원유 수출길이 막혀버린다.

러–우 전쟁 속 협력 강화 중앙亞 공동 대응 필요성 ↑

조영관 한국수출입은행 해외경제연구소 선임연구원

2024년 중앙아시아 5개국의 평균 경제성장률은 2023년 5.1%에서 4.3%로 하락했다. 카자흐스탄, 투르크메니스탄 등 에너지 생산국의 원유·가스 생산 정체가 이들 국가의 경제성장률 하락에 영향을 주고 있다. 또한 중앙아시아 각국의 최대 경제 협력국으로 부상한 중국 경제의 성장률 둔화도 이 지역 경제에 부정적인 영향을 미쳤다. 2024년 중앙아시아 지역 정치·안보 상황은 러시아–우크라이나 전쟁 지속에도 별다른 변동은 없었던 것으로 평가된다. 중앙아시아 각국 내에서도 급격한 정치적 변동은 발생하지 않았다.

2025년에도 중앙아시아 각국 경제 상황은 2024년과 유사할 것으로 보인다. 2025년 중앙아시아 5개국 평균 경제성장률은 4.4%로, 2024년의 4.3%에서 큰 변동은 없을 전망이다. 국가별로 차이는 있지만, 전반적으로 중앙아시아 국가 경제는 비교적 안정적으로 유지되고 있다. 그러나 각국 내에서 지속되는 높은 물가 상승률과 재정수지 적자는 경제 취약성으로 꼽힌다. 대외적으로는 중국에 대한 높은 교역, 투자 의존도가 각국 경제의 위협 요인이 되고 있다. 중앙아시아 주요국은 제조업이 부진해 다수의 기술·장비와 생필품을 중국으로부터의 수입에 의존하고 있다. 이를 극복하기 위해 중앙아시아 각국 정부는 수입 대체화 정책을 추진하는 동시에 한국, 중국, 튀르키예 등 외국 기업의 투자 유치를 적극 추진하고 있다. 이런 정책의 성과는 점진적으로 나타날 것으로 보인다.

전쟁 끝 보이자 협력 강화 새 국면

2025년에는 러시아–우크라이나 전쟁의 휴전 또는 종전 가능성이 높아질 것으로 예상한다. 전쟁 지속에 대한 미국과 EU 내에서의 여론이 점차 부정적으로 변하고 있기 때문이다. 우크라이나 내에서도 전쟁 지속에 호의적인 여론이 줄어들고 있다. 미국 새 행정부가 이전과 같은 규모로 우크라이나 전쟁을 지원하지 않을 가능성도 제기된다. 미국과 EU의 우크라이나에 대한 지원이 축소될 경우, 우크라이나 정부

중앙아시아 국가들의 경제성장률 단위:%

국가	2020년	2021년	2022년	2023년	2024년	2025년
카자흐스탄	-2.6	4.1	3.3	5.1	3.1	5.6
키르기즈	-7.1	5.5	6.3	4.2	4.4	4.2
타지키스탄	4.4	9.4	8	8.3	6.5	4.5
투르크메니스탄	-2.1	-0.3	5.3	2	2.3	2.3
우즈베키스탄	2	7.4	5.7	6	5.2	5.4

*자료:IMF

는 러시아와의 전쟁을 지속적으로 수행할 역량이 크게 약화될 것이다. 이 경우 휴전 또는 종전을 위한 협상 가능성이 커질 수밖에 없다. 한편 전쟁 중단 시기와는 별개로 2025년 전개될 중앙아시아를 둘러싼 대외 협력 관계는 다음과 같은 상황이 전개될 것으로 예상된다.

첫째, 러시아와 중국과의 협력 확대다. 전쟁 이후 서방과의 관계가 단절된 러시아는 중앙아시아 국가들과의 협력 확대를 대외 정책의 우선순위로 삼고 있다. 이에 따라 중앙아시아 국가들과 러시아 간 정치·경제적 협력이 확대될 가능성이 있다. 또한 최근 교역·투자 협력이 크게 늘어난 중국과도 에너지, 운송망, 제조업 부문에서의 협력이 지속될 것이다. 교육·문화 차원의 협력도 확대될 테다.

둘째, 서방 국가와의 협력도 활발하게 이뤄질 것이다. EU, 미국, 일본 등은 중앙아시아의 에너지·광물 자원에 높은 관심을 보여왔으며, 2025년에는 이와 관련된 협력을 더욱 강화할 것으로 보인다. 2024년 9월, 올라프 숄츠 독일 총리는 중앙아시아 주요국인 우즈베키스탄과 카자흐스탄을 방문해 투자·교역 협력 확대를 논의한 바 있다. 앞으로 서방과 중앙아시아 국가 간 정상회담이 더욱 활발해질 전망이다. 중앙아시아 국가들은 서방과의 협력과 함께 IMF, WTO, EBRD 등 서방이 주도하는 국제기구와의 금융·투자 협력에도 큰 관심을 두고 있다.

셋째, 중앙아시아 역내 협력 확대다. 중앙아시아 국가들은 역내 국가 간 협력을 통해 지역 문제를 해결하고, 대외 문제에 공동으로 대응하려는 정책을 추진할 것으로 보인다. 이를 보여주는 대표적인 사례가 '중앙아시아 정상회의'의 지속이다. 2018년 처음 개최된 '중앙아시아 정상회의'는 2025년 우즈베키스탄에서 제7차 회의가 개최된다. 중앙아시아 각국 정부는 역내 협력 확대의 필요성을 더욱 크게 인식하고 있다. 러시아-우크라이나 전쟁과 미군의 아프가니스탄 철군 등을 비롯한 중앙아시아 관련 국제 안보 상황이 급변하는 가운데, 중앙아시아 국가들 간의 협력을 통한 공동 대응의 필요성이 더욱 커지고 있어서다. ■

아르헨티나 2년 연속 역성장 쇼크
물가 안정·美 니어쇼어링은 '호재'

나건웅 매경이코노미 기자

중남미 지역은 코로나 팬데믹으로부터 촉발된 경제위기를 좀처럼 떨쳐내지 못하는 모습이다. 연착륙 중인 다른 신흥국 지역과 달리 2023년에 이어 2024년에도 성장이 둔화되고 있다. 국제통화기금(IMF)이 전망한 2024년 중남미 지역 경제성장률은 2.1%다. 신흥국 지역 평균(4.2%)은 물론 전 세계 평균 경제성장률 전망치인 3.2%에도 한참 못 미치는 수치다.

2022년만 해도 중남미 경제 성장은 낙관적이었다. 당시 중남미 지역 경제성장률은 4.2%로 전 세계 평균(3.6%)과 신흥국(4%) 성장을 웃도는 수치를 기록했다. 하지만 2023년 들어 상황이 달라졌다. 러시아·우크라이나 전쟁이 장기화되면서 교역에 타격을 입었고 금융 불안에 안전자산 선호 현상이 커지며 위험

자산인 중남미 자본이 빠르게 유출됐다. 2023년 경제성장률이 2.2%로 추락하더니 2024년(2.06%)에는 반올림으로 간신히 2.1%를 맞췄다.

중남미 지역을 향한 투자가 전반적으로 정체되면서 경제 성장은 점점 내수 소비에만 의존하게 됐다. 문제는 인플레이션이다. 2022년 14.2%였던 중남미 인플레이션은 2023년에 14.8%, 2024년에는 16.8%까지 급등했다. 2025년에는 8%대로 안정화할 것으로 전망되기는 하지만 물가 불안이 경제 전체에 미치는 영향은 계속된다는 게 다수 경제 전망 기관의 분석이다.

멕시코·아르헨티나 빅2 나란히 저성장
멕시코 수출 부진, 아르헨은 긴축 부작용

브라질을 제외한 멕시코와 아르헨티나, 중남

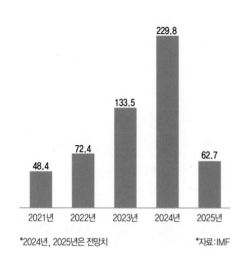

역대급 인플레이션 기록한 아르헨티나 〈단위:%〉

- 2021년: 48.4
- 2022년: 72.4
- 2023년: 133.5
- 2024년: 229.8
- 2025년: 62.7

*2024년, 2025년은 전망치   *자료:IMF

국가	2023년	2024년	2025년
멕시코	3.2	1.5	1.3
아르헨티나	−1.6	−3.5	5
콜롬비아	0.6	1.6	2.5
칠레	0.2	2.5	2.4
페루	−0.6	3	2.6
도미니카공화국	2.4	5.1	5
에콰도르	2.4	0.3	1.2
과테말라	3.5	3.5	3.6
베네수엘라	4	3	3
코스타리카	5.1	4	3.5
파나마	7.3	2.5	3
우루과이	0.4	3.2	3
파라과이	4.7	3.8	3.8

중남미 지역 주요 국가 GDP 성장률 단위:%

*2024년, 2025년은 전망치   *자료:IMF

미 양대 경제 대국의 부진이 뼈아프다. 2024년 멕시코 경제성장률은 1.45% 정도로 추정된다. 코로나 팬데믹 기저 효과로 2021년 6% 성장률을 기록한 이후 매년 성장이 둔화되는 중이다.

현재 멕시코를 둘러싼 환경을 보면 상황이 나쁘지만은 않다. 멕시코는 미-중 패권 경쟁 가운데, 글로벌 공급망 재편의 최대 수혜국으로 떠올랐다. 미국의 '니어쇼어링(자국 기업을 본국과 가까운 국가로 불러들이는 정책)' 기조와 중국의 북미 진출 전략 교차점으로 자리매김한 덕분이다. 멕시코 중앙은행과 경제부 통계 자료를 보면 지난해 멕시코의 외국인직접투자(FDI)는 387억달러(약 52조 7300억원)로 전년 대비 28% 증가했다. 특히

제조업 부문 FDI가 크게 늘었는데 미국이 중국 중심 공급망에서 탈피하고자 니어쇼어링을 가속하면서 나타난 결과다.

하지만 정작 수출은 전년 대비 0.5% 넘게 감소하며 부진한 모습이다. 미국이 중국의 멕시코를 통한 우회 수출에 제동을 걸면서 관세를 강화하고 있다는 점이 문제다. 특히 트럼프 당선 이후 중국 기업이 멕시코에서 생산한 자동차 등에 대규모 관세 부과 가능성이 제기되며 앞날이 밝지 않다. IMF는 멕시코 2025년 경제성장률도 1.3%로 전망하며 2024년보다 성장이 더 더뎌질 것으로 봤다. 아르헨티나 상황은 훨씬 안 좋다. 2024년 경제성장률은 −3.5%로 전망된다. 2023년(−1.6%)에 이어 2년 연속 마이너스 성장이 확실하다. 아르헨티나 물가 상승

률은 그야말로 살인적이다. 2024년 인플레이션이 229.8%에 달한다. 당시 역대 최악이라고 평가받던 2023년(133.5%)이 괜찮아 보일 지경이다. 2023년 12월 대권을 거머쥔 하비에르 밀레이 아르헨티나 대통령은 유례없는 급진적인 '긴축' 정책을 추진 중이다. '재정 적자'를 만악의 근원으로 지목하고 잔혹한 허리띠 졸라매기에 나섰다. 공무원을 대거 자르고 각종 보조금을 삭감하고 있으며 공공 건설 사업을 대부분 중단했다. 2023년 113%에 달했던 아르헨티나 기준금리는 2024년 40%까지 떨어졌다.

덕분에 물가 상승이 완화되고 있기는 하다. 말레이 대통령이 집권했던 2023년 12월 25.5%까지 치솟았던 물가 상승률이 2024년 8월에는 4.2%까지 떨어졌다. 2024년 9월 기준 정부 누적 지출액은 전년 동기 대비 27.7% 줄었다. 2024년 1월 아르헨티나는 12년 만에 처음으로 '월별 재정 흑자'를 기록했다.

문제는 너무 과도한 긴축 덕에 망가진 실물 경제다. 2024년 상반기 기준 아르헨티나 빈곤율은 53%로 전년 대비 11%포인트 올랐다. 20년 만에 최고 수치다. 2024년 대형마트·편의점 소비 감소는 전년 대비 약 15%, 건축업은 약 35% 줄어들 것으로 전망된다. 아르헨티나 현지 방송 채널인 C5N은 2024년 10월 한 컨설팅사가 발표한 여론조사 결과를 인용해 아르헨티나 소비 시장이 최악으로 치닫고 있다고 보도했다.

전체 응답자의 71%가 아르헨티나 국민이 주말마다 즐겼던 소고기 바비큐 '아사도'를 포기

2023년 12월 대권을 거머쥔 하비에르 밀레이 아르헨티나 대통령. 급진적인 긴축 개혁으로 인플레이션과 재정 적자 문제 해결에 나섰지만 무너진 실물 경제가 골칫거리다. (AP=연합뉴스)

숫자로 보는 중남미 경제 (단위:%)

경제성장률		인플레이션		수출	
2024년	2025년	2024년	2025년	2024년	2025년
2.1 ➡	2.5	16.8 ➡	8.5	2.6 ➡	3.7

*2024년, 2025년은 전망치   *자료:IMF

했고, 61%는 애인이나 가족과 외출을 자제하고 있다고 전했다. 58%가 외부에서 커피나 아이스크림 먹는 것을 그만뒀고 56%는 과자를 사지 않으며 55%는 음료수 구매를 포기했다고도 덧붙였다.

그나마 2025년 경제 전망은 긍정적이다. 5% 성장률을 기록하며 마이너스 성장에 마침표를 찍을 것이라는 게 IMF 의견이다. 긴축 정책에 힘입어 연간 인플레이션은 60%대까지 안정되고, 2024년에만 80% 넘게 오른 아르헨티나 주가 지수 등 증시 낙수 효과로 경제 전반이 회복세에 진입한다는 전망이다.

IMF "중남미 경제, 2024년이 바닥"
기후위기 속 급감했던 생산량 정상화

전년 대비 성장률이 하락한 멕시코와 아르헨티나를 제외하면 여타 중남미 국가 경제는 2024년 꽤나 선방했다. 콜롬비아(0.6% → 1.6%), 칠레(0.2% → 2.5%), 페루(-0.6% → 3%), 도미니카공화국(2.4% → 5.1%)까지 모두 호성장을 보였다. 금·구리·알루미늄 등 광물 자원 수출 비중이 높은 콜롬비아와 칠레는 생산량을 크게 늘리며 성장 궤도에 올랐고, 2023년 기록적인 폭우에 물가 급등과 인프라 파괴로 신음하던 페루도 기후가 정상화되며 안정을 되찾았다. 2023년 역대급 가뭄에 시달렸던 우루과이(0.4% → 3.2%) 역시 2024년 생산량 회복에 성공했다.

2025년에도 중남미 지역 경제는 소폭 성장할 것으로 IMF는 전망한다. 2024년 2.1%로 바닥을 찍은 경제성장률이 2025년에는 2.5%까지 오른다고 봤다. 같은 기간 다른 신흥국 지역(4.21% → 4.19%) 경제성장률 추이보다 낙관적인 의견을 제시했다.

중남미 경제 고질병으로 꼽혔던 인플레이션이 천천히, 하지만 분명하게 완화되고 있다. 대부분 국가에서 2026년까지 각국 중앙은행 목표에 수렴할 것으로 예상된다. 전 세계 공급망 불확실성이 높아지는 가운데 미국 니어쇼어링 호재가 여전하고, 최근 관심이 높은 신재생에너지 자원도 풍부해 글로벌 기업 투자자 관심이 쏠리는 중이다. ■

2024년 잊어라…회복세 '호주' 0%대 성장 탈출하는 '뉴질랜드'

반진욱 매경이코노미 기자

2024년 호주 경제를 상징하는 키워드는 '진퇴 양난'이다. 경제 성장은 둔화되고 있는데 물가는 오히려 치솟고 있다. 물가 상승과 경기 침체가 동반으로 일어나는 '스태그플레이션' 상태다. 좀처럼 잡히지 않는 물가 때문에, 미국을 필두로 한 다른 국가들이 경기 침체를 막기 위해 금리 인하를 결정할 때도 호주 중앙은행(RBA)은 금리를 내릴 엄두조차 내지 못하고 있다.

2024년 호주 경제는 임대료, 주택 공급 등 부동산 부문에서 수요·공급 불균형의 지속으로 인한 물가 상승에 시달렸다. 물가를 내리기 위해 RBA는 2022년 5월부터 총 13차례 기준금리를 올렸다. 2023년 11월 인상이 마지막이다. 이후 4.35%의 기준금리를 지금까지

유지하고 있다.

높은 금리는 호주 경제의 활력을 떨어트리고 있다. 인플레이션, 금리 상승, 주요 수출 품목인 원자재 가격 인하로 인한 경상수지 적자 여파는 경기 침체로 이어졌다. 호주 국민 1인당 실질 소득은 대폭 감소했고 내수 시장은 쪼그라들었다. 2024년 IMF는 호주 경제성장률을 1.2%로 전망했다. 2023년 2%의 성장세를 기록하며 한국, 대만보다 높은 성장세를 보였던 모습은 찾아보기 힘들다.

2025년 상황은 다소 호전될 것으로 보인다. IMF는 호주 정부가 내건 재정 정책 효과가 2024년 4분기부터 나타날 것이라 내다본다. 현재 물가 상승률은 다소 안정됐고, 수요·공급의 극심한 불균형에 시달리던 부동산 시장은 안정화되는 추세다. 2025년 연말에는 RBA의 목표치 수준으로 물가가 안정될 것이

라는 분석이다. 물가가 안정되면 RBA는 단계적으로 경기 활성화를 위해 금리 인하를 단행할 가능성이 높다. 시장에 돈이 풀려 활력이 돌고, 이는 곧 경기 회복으로 이어진다. IMF는 2025년 호주 경제성장률을 2.1%로 예측했다.

0% 성장 굴욕 뉴질랜드, 천천히 회복하나

뉴질랜드는 2024년 예상 성장률이 0%에 그친다. 상반기 마이너스 성장을 기록했고, 하반기 간신히 회복에 성공할 것이라는 전망이다. 최근 뉴질랜드는 중앙은행의 공격적인 금리 인상으로 경제 성장이 위축되고, 실업률이 상승했다. 2024년 현재 뉴질랜드 기준금리는 5.5%에 달한다. 2024년 2분기 실업률은 4.7%로 올랐고, 1분기 경제성장률은 0.2%에 그쳤다. 물가 상승률은 3.3%로 높은

수준을 유지하고 있다.

2025년에는 상황이 나아질 것이라는 예측이 나온다. 2023년 말부터 외국인 유입이 본격화됐다. 인력 증가로 인한 노동 비용 증가세 둔화로 뉴질랜드 인플레이션이 감소할 가능성이 높다. 물가 상승률 감소는 기준금리 인하의 명분이 된다. 뉴질랜드 중앙은행은 2025년 말까지 기준금리를 점진적으로 4%까지 낮출 것으로 예상된다. 이는 소비·투자 활동 촉진에 기여할 것이다.

주요 수출 대상국인 중국의 대규모 경기 부양책도 호재로 작용한다. 중국은 뉴질랜드의 제1위 수출 대상국이다. 중국 재정 정책이 본격적으로 빛을 발하면, 뉴질랜드 농업 수출에 청신호가 켜진다. IMF는 뉴질랜드가 0% 성장률에서 회복, 2025년 1.9%의 경제성장률을 기록할 것이라 전망한다. ■

호주와 뉴질랜드 양국 모두 2024년 힘든 시기를 보냈다. 2025년은 2024년보단 상황이 나아질 것으로 양국은 기대한다. 사진은 시드니 일대 금융타운 모습. (매경DB)

팬데믹 전 수준까지 경제 회복
나이지리아·남아공 개혁 주효

나건웅 매경이코노미 기자

사하라 이남 아프리카(SSA · Sub Saharan Africa) 지역 경제가 회복 조짐을 보인다. 2년 연속 둔화했던 경제성장률이 2024년 반등에 성공한 모습이다. 세계은행에 따르면 해당 지역 경제성장률은 2023년 2.4%에서 2024년 3%까지 오를 것으로 전망된다. 2년 가까이 내전을 치르며 국가 경제가 붕괴된 수단을 제외하면 3.5%까지 오른다. 2025년과 2026년에는 평균 4%대 경제 성장을 보이며 회복이 가속화할 예정이다.

아프리카 경제 성장은 민간 소비 증가가 견인했다. 최악으로 치달았던 인플레이션 압력이 낮아지면서 내수 시장이 되살아났다. 인플레이션율은 2023년 7.1%에서 2024년 4.8%까지 줄었다. 여기에 2023년 경제 성장을 저해한 원흉 중 하나인 전력 공급난이 정상화되면서 생산이 안정을 되찾았다. 2023년 남아공을 비롯한 아프리카는 발전소 노후화와 신규 발전소 공사 지연으로 주력 산업인 석유 생산과 광산업에 차질을 겪었다. 일부 국가에선 국가 재난 사태를 선포했을 만큼 상황이 심각했다.

아프리카 최대 산유국이자 국내총생산(GDP) 기준 1위 국가인 나이지리아는 집권 2년 차에 접어든 볼라 티누부 나이지리아 대통령이 주도 중인 경제 개혁에 힘입어 견조한 성장세를 보이는 중이다. 2024년 기준 나이지리아 경제성장률은 3.3% 수준이다. 2024년 2분기 석유 생산량이 전년 동기 대비 15.6% 증가한 일평균 141만배럴을 기록하면서 전체 경제 성장을 견인했다.

하지만 석유를 제외한 비석유 부문 성장이

2.8%에 그치며 극적인 성장에는 실패했다. 살인적인 인플레이션이 내수 시장을 강타했다. 인플레이션은 2024년 6월에 34.2%로 정점을 찍었다. 하지만 7월 33.4%, 8월에는 32.2%로 둔화되면서 이듬해 경제 전망을 밝혔다. 2025년 예상 경제성장률은 3.6%로 2024년 대비 소폭 오를 전망이다.

나이지리아와 함께 아프리카 2대 경제 대국으로 꼽히는 남아공은 2023년 0.7%까지 떨어졌던 경제성장률이 2024년에는 1.1%로 소폭 반등에 성공하는 모습이다. 2025년에는 1.5%까지 오르는 등 완만한 회복세를 이어갈 것으로 전망된다. 2024년 7월 정권을 잡은 시릴 라마포사 남아공 대통령의 국정 운영이 안정감을 보이고 있다는 점에서 앞날이 밝다. 라마포사 대통령 집권 후 남아공 화폐인 '랜드'화는 달러에 비해 0.44% 상승했고 요하네스버그 증권거래소는 사상 최고치를 기록했다. JP모건도 남아공의 신용등급을 상향 조정했다.

정부가 추진 중인 개혁이 주효한 모습이다. 남아공 내무부는 비자 업무 효율성을 높여 비자 신청 잔여 건수를 약 30만건에서 10만건으로 줄였다. 덕분에 남아공 기업은 숙련된 외국인 노동자를 좀 더 빠르고 쉽게 고용할 수 있게 됐다. 또 빈곤 농촌 지역에 인터넷 접속을 확대하고 사용하지 않는 국유지를 매각하는 개혁도 진행 중이다.

사하라 이남 아프리카 주요 국가 GDP 성장률 단위:%

구분	2023년	2024년	2025년
남아공	0.7	1.1	1.5
나이지리아	2.9	2.9	3.2
에티오피아	7.2	6.1	6.5
케냐	5.6	5	5
앙골라	1	2.4	2.8
코트디부아르	6.2	6.5	6.4
탄자니아	5.1	5.4	6
가나	2.9	3.1	4.4
콩고 공화국	8.4	4.7	5
우간다	4.6	5.9	7.5
카메룬	3.2	3.9	4.2

*순서는 GDP 기준   *자료:IMF

2024년 경제성장률 반등…3% 전망
인플레 압력 낮아지며 민간 소비 ↑
나이지리아 석유 생산량 증가 호조
남아공은 주가 · 신용등급 모두 상승

아프리카에서 가장 우려스러운 국가는 지금도 한창 내전이 치열한 수단이다. 2023년 20.1% 역성장을 기록했던 국가총생산은 2024년에는 15.1% 감소할 것으로 전망된다. 기저 효과에 따라 2025년에는 1.3% 수준으로 경제성장률이 반등할 것으로 예상되지만 미국을 비롯한 주류 국가 정치권에서 방관하는 양상이라 전쟁이 쉽게 끝날 조짐이 보이지 않는다. ■

V

2025
매경 아웃룩

원자재 가격

수요는 줄고 공급은 늘어난다 '어게인, 저유가 시대' 기대

백영찬 상상인증권 리서치센터장

러시아 · 우크라이나 전쟁 이후 국제유가는 급등했다. 2024년 상반기까지 물가 상승 요인으로 작용하며 금융 시장 불확실성 확대 요인으로 작용했다. 반면, 2025년은 국제유가를 둘러싼 환경 변화가 극명해질 전망이다. 감산을 지속한 OPEC+는 증산을 준비하고, 글로벌 원유 수요 전망은 하향 조정되고 있다. 이는 전형적인 유가 하락의 전조 증상이다. 2025년 저유가 진입 시점에서의 역사적 패턴이 반복될 것으로 보인다. 유가 하락 추세는 불가피할 전망이다.

저유가 국면의 정의는, 소비자물가 상승률로 조정한 WTI(서부텍사스유) 현물 가격 절대치가 낮거나, 연간 유가의 하락폭이 큰 기간이다. 유가가 낮았던 기간은 ① 1993~1994

년 ② 1998년이며 유가 낙폭이 컸던 기간은 ③ 1986년, 1998년 ④ 2009년 ⑤ 2015~2016년 ⑥ 2020년으로 분류된다. 두 요인이 겹친 1998년을 제외하면 우리는 1983년 이후 총 6번의 저유가 국면을 맞이했다. 각 국면마다 저유가 발생 요인을 점검해보자.

유가 결정 요인 중 가장 중요한 부분은 수요와 공급이다. 과거 저유가 국면 진입 시점에서도 원유 수요 · 공급 충격이 작용했으며, 공통적인 점이 확인됐다. 바로 ① 수요 둔화 국면에서 미국 또는 OPEC이 증산하거나 ② 공급과 무관하게 강한 경기 침체가 발생하면 저유가 국면에 진입했다(케이스 ①: 1986년, 1993년, 1998년, 2015년 / 케이스 ②: 2009년, 2020년). 흥미로운 점은 경기 침체 발생으로 인한 저유가 진입은 2009년 글로벌 금융위기 시기와 2020년 코로나 팬데믹 두 번에 불과했다. 즉, 경기 침체가 없더라도 국제유가 급락이 빈번하게 일어났다는 의미다. 따라서 중립 이하 경제(원유 수요) 성장과 공급 증가가 합쳐진다면 2025년 또한 유가 하방 압력이 높아질 것으로 판단한다.

수요: 완만한 경기 하강, G2 원유 수요 둔화

단일 국가 기준, 원유 수요량이 가장 많은 국가는 미국(20%)과 중국(15%)이다. 양국을 합치면 글로벌 원유 총수요의 3분의 1 이상을 차지한다.

미국부터 살펴보면, 미국의 2025년 원유 수요 증가세는 둔화될 전망이다. 미국의 고용 과열 양상 정상화와 연비 향상이 주된 원인이

다. 미국의 원유 수요 중 절반가량은 자동차용 휘발유다. 미국 내 월평균 차량 주행거리는 2730억마일로, 차량 이동량이 가장 많은 국가다. 차량 주행거리 증가에 따라 미국 내 원유 수요가 결정될 가능성이 높다는 의미다. 주행거리는 미국 고용 시장과 연관성이 크다. 고용 상황이 좋을 때는 직장 출퇴근과 여가 활동은 물론, 소득을 바탕으로 한 휴가철 장거리 여행도 많아지며 차량 주행거리는 점진적으로 증가한다. 고용 시장이 위축되는 시점에서는 경제 활동이 이전보다 줄어들면서 차량 주행거리 증가폭도 따라서 줄어드는 경향이 확인됐다.

코로나 팬데믹을 지나며 미국은 노동력이 부

유가는 민생에 직접적인 영향을 미치는 중요한 요소다. 2025년은 공급 증가와 수요 둔화로 유가가 소폭 하락할 것으로 전망된다. (매경DB)

OPEC · 미국 원유 생산량 증감 · 실질 유가 추이 〈단위:%, 배럴당 달러〉

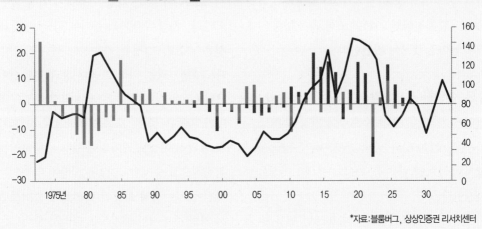

■ OPEC 생산량(좌)　■ 미국 원유 생산량(좌)　— 실질 유가(우)

*자료:블룸버그, 상상인증권 리서치센터

족해지면서 실업률 급감과 임금 상승 등 전례 없는 호황기를 맞이했다. 이로 인한 물가 상승 등 부작용에 따라 미 연준은 가파르게 기준금리 인상을 결정했다. 고금리는 노동 시장과 경기 과열을 냉각하는 역할을 한다. 2022년 3월 연준의 기준금리 인상 이후 미국 노동 시장 초과 수요 규모는 618만명에서 2024년 8월 96만명으로 크게 감소했다. 이에 따라 차량 주행거리 증가 속도 또한 2022년 3월 전년 동기 대비 11% 증가에서 2024년 6월 +1.4%까지 축소됐다. 이는 점진적으로 원유 수요 증가폭 둔화를 시사한다. 더욱이 하이브리드를 비롯한 전기차 보급 역시 미국 원유 수요 둔화를 뒷받침한다. 하이브리드 차량 점유율은 미국 내 10% 수준이다. 2019년 2%에 비해 가파른 증가세를 나타낸다. 이

는 미국 내 차량의 연비 향상을 유발한다. 주행거리가 늘어나더라도 오히려 휘발유 수요는 줄어들 가능성도 잔존한다.

글로벌 경제 2위 국가인 중국의 수요 또한 부진할 전망이다. 중국은 현재 디플레이션 우려 속에서 부동산 시장의 구조적 리스크, 미 대선 이후 불거질 수 있는 미중 무역 마찰과 대중 제재 등 향후 성장 경로에 상당한 불확실성이 잔존한다.

특히 중국 부동산 건설업은 원유 수요 유발 효과가 크고, 가계 자산 효과 등 민간 소비와도 연결되는 중국의 주요 산업이다. 현재 중국 부동산 착공 흐름은 전년 대비 −20%가량 감소세에 있다.

개선 여지도 불투명하다. 중국 정부의 대규모 부양책이 발표되고 있으나, 여전히 실효

성과 의구심이 남아 있다. OPEC을 비롯한 원유 관련 기관들은 2025년도 중국의 원유 수요 전망치를 일제히 낮추고 있는 상황이다. 인도를 비롯한 신흥국 수요가 증가하더라도, G2의 부진을 상쇄하기 어렵다고 내다본다.

공급: OPEC · 미국의 동반 증산 전망

OPEC은 2024년 6월 회의를 통해 2024년 10월부터 자발적 감산의 단계적 완화를 발표했다. 이는 총 220만b/d 규모(글로벌 수요의 2%)다. 수요 부진과 유가 하락으로 12월 이후로 증산 일정을 미뤘으나, 계획 자체를 취소하진 않고 있다. 감산을 유지해 더 이상 얻을 게 없다는 의미다. 실제로 2022년 10월 OPEC은 대규모 감산(누적 586만b/d)에 돌입했다. 동일 기간 동안 Non OPEC+ 국가들 증산으로 WTI 가격은 80달러 전후로 유지됐다. 시장점유율만 잃는 상황이 연출됐다. 가격은 유지되지만 생산량이 감소하면서 OPEC 총 감산량의 50%를 차지하는 사우디의 GDP 내 석유 부문 수입이 전년 대비 −10% 전후 줄어들었다. 감산을 통한 가격 상승이 부재한 상황에서 OPEC+가 할 수 있는 일은 시장 점유율을 확보하는 것밖에 없다. 즉, 완급 조절은 있을 수 있겠으나, 올해 증산 기조에 돌입하는 것은 불가피한 상황이다.

단일 국가 중 가장 많은 원유 생산량을 보유한 국가는 미국(글로벌 원유 생산 대비 13%)이다. 2025년 미국의 원유 생산 전망에는 대선이라는 변수가 남아 있었다. 트럼프 · 해리스 후보 공약에서 극명하게 갈리는 분야 중 하나는 에너지였다. 친환경 정책에 중심을 둔 해리스 후보는 기후 관련 세금과 규제를 통해 석유 산업 신규 투자를 저해하며 미국 원유 생산량의 둔화를 이끌 것으로 전망됐다. 반면 트럼프 당선인은 화석연료에 대한 중요성을 강조하며 규제 완화를 외친다. 이번 트럼프의 당선으로 미국 내 셰일 생산량 증가가 이어질 것으로 보인다.

정리하면, 수요 측면에서 경기 침체 진입 가능성은 낮지만, 미국과 중국의 원유 수요 부진 가능성은 부정하기 어렵다. 이 가운데 원유 공급은 OPEC+의 단계적 증산과 미 트럼프 대통령의 귀환으로 점진적 증가 전망이 우세해지고 있다. 즉, 2025년은 수요 부진 속 공급 증가라는 역사적 저유가 트리거가 반복될 가능성이 높다. 2025년도 유가 하락을 전망한다. ■

2025 곡물 시장 키워드 '웨더 마켓'
라니냐로 남미發 수급 불균형 우려

김민수 애그스카우터 대표

3차 애그플레이션이 정점을 찍은 2022년 상반기 이후 곡물 가격은 하락세를 보였다. 2024년 8월까지도 곡물 가격은 지속 떨어졌다. 미국 시카고상품거래소(CME)에서 거래되는 곡물 선물의 2024년 8월 평균 가격은 2020년 하반기의 저점 수준까지 떨어졌다. 애그플레이션은 '농업(agriculture)'과 '인플레이션(inflation)'을 합친 말이다. 농산물 등 식료품 가격 상승이 일반 물가까지 끌어올리는 현상이다.

구체적으로 2024년 8월 옥수수를 비롯한 콩 가격은 연중 최저치를 기록했다. 2020년 10월 이후 가장 낮은 가격대였다. 옥수수, 콩과 달리 밀 가격의 하락세는 제한을 받았으나 연중 최저치 가까이에서 등락을 거듭했다. 러시아와 우크라이나, 유럽연합의 생산 악화 우려가 밀 시장을 불안하게 만들었으나 캐나다, 호주, 아르헨티나 등의 생산 확대 전망이 시장 불안을 누그러뜨리는 모양새였다. 결론적으로 2024년 8월 기준 콩과 옥수수, 밀 가격은 2024년 연초 대비 각각 21%, 17%, 12% 내렸다.

하지만 2024년 9월 이후 곡물 시장은 바닥을 딛고 오르는 장세다. 이를 이끄는 건 이상 기후다. 이른바 기후가 수급 균형도를 결정하는 '웨더 마켓(Weather Market)' 형태 시장이 형성되고 있다.

주요 국가의 기상 여건이 나빠지자 시장 참가자들은 떨어뜨렸던 곡물 가격을 다시 끌어올리기 시작했다. 옥수수를 비롯한 콩의 경우 남미의 건조한 날씨로 인한 파종 지연이 가격 상승의 요인이 됐다. 우크라이나군이 러시아

세계 밀 생산량과 기말 재고율 〈단위:백만톤, %〉

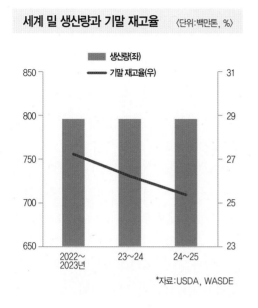

*자료:USDA, WASDE

밀 선물가격 추이 〈단위:부셀당 달러〉

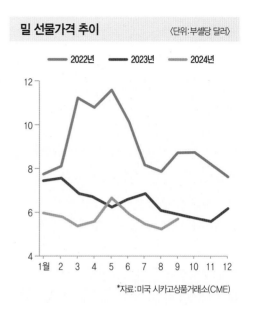

*자료:미국 시카고상품거래소(CME)

국경을 넘어 곡창 지대인 쿠르스크 지역으로 진격하고 러시아는 우크라이나의 주요 항구들에 대한 공습을 가하는 등 흑해에서의 공급 불안은 밀 가격의 상승을 견인했다. 우크라이나 정부의 수출 제한 움직임과 주요 수입국들의 수입 확대 역시 밀 가격 상승을 부추기고 있다.

국제연합식량농업기구(FAO)가 발표하는 세계식량가격지수 또한 최근 상승하고 있어 전 세계 식량 물가가 다시 불안해지고 있다. 세계식량가격지수는 2022년 3월 160.3까지 치솟았다가 2024년 2월 117.4까지 내려가 2021년 3월 이후 가장 낮은 수치를 나타냈으나 2024년 5월부터 다시 120선 위로 올라섰다. 2024년 9월에는 124.4로 최근 1년 중 가장 높은 수치를 나타냈다. 하위 지수인 곡물가격지수도 2022년 5월 173.5에서 2024년 8월 110.2까지 급격하게 내렸으나 9월 113.5로 반등했다. 유지류가격지수 역시 2022년 3월 251.8에서 2023년 6월 115.8까지 떨어졌으나 2024년 9월 142.4로 2023년 1월 이후로 가장 높은 수치를 나타냈다.

거시경제 측면의 변수도 곡물 가격 변동성에 영향을 미치고 있다. 2024년 11월 도널드 트럼프가 미국 대선에서 승리했다. 고관세 정책으로 중국과의 새로운 무역 전쟁을 우려하는 목소리가 나온다. 미국산 농산물의 대중국 수출에 제동이 걸릴 것이라는 우려도 있다. 다만 중국은 이미 미국산 농산물 의존도를 줄이고 있어 큰 파장은 없을 것으로 예상된다. 오히려 브라질과 아르헨티나 등 남미 공급 불안을 고려하면, 중국을 제외한 나머지 지역의 미국산 농산물 수요는 늘 가능성이 높고 이는 2025년 미국의 농산물 잉여 재고 감소로 이어질 가능성이 크다.

동시에 중동전 확전 여부와 유가의 향방 역시 곡물 가격의 움직임에 상당한 변화를 줄 것으로 보인다. 펀더멘털 측면에서는 북반구를 중심으로 한 주요 국가들의 수확이 마무리되고 시장의 초점은 브라질, 아르헨티나 등 남반구 주요 국가의 생산 전망에 집중될 것이다. 이들 지역의 기상 여건 변화와 곡물 생육 속도가 향후 곡물 가격 형성에 중요한 역할을 하게 될 것이다.

2025년 곡물 가격 변수 '이상 기후'

2025년 곡물 가격은 크게 두 가지로 구분해 살펴볼 필요가 있다. 2025년 5월 전까지는 남미 시장을 중심으로 한 세계 곡물의 수급 전망이 곡물 가격의 흐름을 결정할 가능성이 높다. 2025년 5월 이후로는 곡물 가격에 직접적 영향을 미치는 미국 농무부의 '세계 곡물 수급 전망'에 따라 곡물 가격 방향성이 정해질 가능성이 높다.

일단 남미의 경우 이상 기후가 문제다. 동태평양 해수면 온도가 평년보다 낮은 경우 발생하는 이상 기온인 라니냐 현상이 2024년 겨울부터 2025년 봄까지 이어질 것으로 예보돼 있는 상태다. 만약 라니냐 현상이 심화하면 주요 곡물 생산국인 아르헨티나와 브라질에 악영향을 미칠 수 있다.

브라질의 경우 콩 생육 속도가 느려질 수 있는데, 이 경우 콩 수확 후 파종에 들어가는 2기작 옥수수 생산이 차질을 빚게 된다. 2기

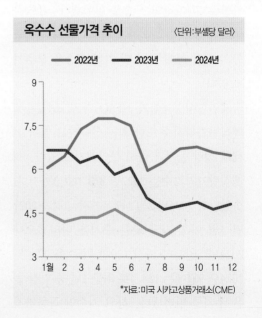

세계 옥수수 생산량과 기말 재고율 〈단위:백만톤, %〉

생산량(좌)
기말 재고율(우)

*자료:USDA, WASDE

옥수수 선물가격 추이 〈단위:부셀당 달러〉

2022년　　2023년　　2024년

*자료:미국 시카고상품거래소(CME)

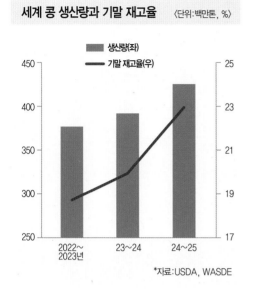

세계 콩 생산량과 기말 재고율 〈단위 : 백만톤, %〉

*자료 : USDA, WASDE

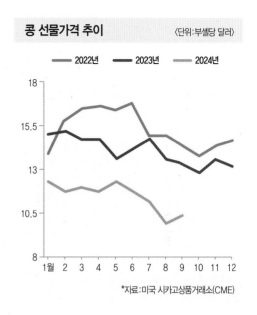

콩 선물가격 추이 〈단위 : 부셀당 달러〉

*자료 : 미국 시카고상품거래소(CME)

작 옥수수는 브라질 전체 옥수수 생산량의 80%를 차지한다. 또 대부분 수출되는 물량인 탓에 브라질 옥수수 수출 부진은 전 세계 옥수수 공급 감소로 이어진다. 특히 브라질의 경우 내수 소비 확대로 인해 라니냐 우려를 해소하더라도 옥수수 수출량이 2024년보다 줄어들 가능성이 높다. 이 때문에 콩 가격 대비 옥수수 가격의 상승세가 더 두드러질 전망이다.

아르헨티나도 마찬가지다. 이미 2024년 병해충 발생으로 인해 옥수수 생산에 어려움을 겪으며 2025년에는 옥수수 파종을 줄이고 콩 파종을 늘릴 것으로 예상된다. 이 때문에 라니냐가 겹칠 경우 남반구를 중심으로 한 옥수수 공급 감소 추세가 이어질 가능성이 높다.

밀 역시 2025년 전망이 좋지 않다. 유럽연합을 비롯한 러시아, 우크라이나 등 동유럽권 국가들의 생산 부진으로 인해 세계 밀 공급이 부족해지는 반면 이집트를 비롯한 사우디아라비아 등 주요 수입국들의 밀 수입 수요는 확대 국면이다. 이는 2025년에도 이어져 세계 밀 수급의 불균형이 심화할 것으로 보인다.

이는 미국 농무부가 내놓은 2024년 10월 내놓은 2024~2025 생산연도 세계 곡물 수급 전망에서도 드러난다. 세계 곡물 수급 전망은 밀과 옥수수, 콩의 생산량, 수요 전망 등을 통해 수급의 안정도를 판단하는 지표다. 미국 농무부는 보고서에서 2024~2025 생산연도 세계 밀 생산량은 7억9408만t으로 2023~2024 생산연도 대비 0.5% 증가하지만, 기말 재고율은 25.3%로 0.8%포인트 내려갈 것으로 봤다. ■

움츠러들었던 금이 피어난다
차별 자산의 시대는 오는가

이석진 원자재 · 해외투자연구소장

우리는 안다. 경기가 좋아지면 주식이 오르는 위험자산 시대가 온다는 것을. 우리는 안다. 경기가 나빠지면 금이 오르는 안전자산 시대가 펼쳐진다는 것을. 모두가 아는 것, 바로 상식이다. 그렇다면 지금은 위험자산의 시대인가, 아니면 안전자산의 시대인가? 2024년 10월 기준 1년간 금은 45%, S&P500은 33% 올랐다. 안전자산의 시대라 말할 수 있는가? 좀 더 기간을 늘려보자. 5년간으로 확장하면 S&P500은 97%, 금은 77% 상승했다. 위험자산의 시대라고 불러야 하나?

분명한 사실은 팬데믹 이후 위험자산과 안전자산 가리지 않고 무차별적으로 상승했다는 점이다. 그렇다면 우리는 팬데믹 이후 기간을 위험자산의 시대 또는 안전자산의 시대라

칭할 수 없다. 그렇다면 우리는 어떤 시대에 살고 있는 것인가? 정답은 돈의 시대다. 돈이 얼마나 많이 풀렸는지는 GDP 대비 통화량(M2) 비중을 보면 알 수 있다(그림1).

대부분 기간 동안 미국의 해당 비중은 평균 0.5 수준이었는데 팬데믹 이후 연준의 돈 복사(찍어내기)가 이뤄지면서 2020년 무려 0.9까지 급등한다. 돈이 많이 풀리면 어떤 일이 벌어지고 어떤 자산이 유리할까.

양호한 대출 환경 속에서 수조달러 현금성자산(M2) 증가는 투자자들의 부(富)에 대한 욕망을 건드린다. 혹자는 부동산을 통해, 혹자는 주식과 채권을 통해, 어떤 이는 가상자산을 통해 '부자 고속도로'에 뛰어든다. 마찬가지로 명목화폐로서 돈의 실질 가치 하락을 염두에 둔 투자자들은 금을 통해 자신의 생각이 옳았음을 증명하려 한다. 결과는 '에브리싱

랠리', 무차별 자산 가격 상승이다. 우리는 돈의 시대에 살고 있다.

에브리싱 랠리의 시대, 금이 왜 더 유리한가

돈이 많이 풀리면 사람들은 명목 가격에 덜 민감해지고 희소성 높은 자원이나 자산에 더 돈이 몰린다.

돈을 아낄 필요가 없는(시간은 유한한) 백만 장자가 급증한다면 자산 시장에서도 이와 유사한 일이 벌어진다. 팬데믹 이후 1년간 전 세계 백만장자 수는 500만명 이상 증가했다. 이들이 원하는 고가 주택의 희소성이 높아지고 그 결과로 고가 주택은 수백억원을 호가하게 된다. 그렇게 앵커링 효과(새로운 가격이 향후 가치 판단에 기준이 되는 현상)가 만들어지면 자산 가격 인플레이션은 확산된다. 세상에 부자가 많아지면 자연스럽게 벌어지는 희소성 추구 현상이다.

투자 관점에서 보면 희소성 유무는 안전자산과 위험자산을 가르는 기준과는 아무 상관이 없다. 그저 전 세계 부자들이 원하는 희소성에 부합하기만 하면 된다. 그렇게 해서 팬데믹 이후 세상에서 투자자에게 가장 희소성 높은 자산으로 간택된 것이 미국 주식과 금이 아닌가 싶다. 미국 주식에 대한 희소성 증가는 해외 증시에 투자하는 각국의 서학개미 투자 동향으로 판단 가능하다. 가령 한국의 서학개미 중 미국 주식이 차지하는 비중은 매년 증가하면서 2024년에는 90%에 육박하고 있다. 투

자액에 해당되는 미국 주식 보관금액도 팬데믹 이전인 2019년 12조원에서 2024년 약 120조원으로 열 배가량 급증했다(한국예탁결제원). 해외 서학개미도 비슷할 거라 가정하면 소위 미국에 투자하고 싶어 안달이 난 투자자가 얼마나 많은지 헤아릴 수 있다. 이렇게 전 세계 투자자들이 몰리니 미국 증시의 밸류에이션(이익 대비 주가비율 · PER)이 올라간다. 주가가 더 비싸도 기꺼이 사고자 하는 투자자가 널렸다는 뜻이다. 희소성의 힘이다.

한편, 부자들이 금 투자를 얼마나 늘렸는지 보여주는 자료는 제한적이다. 하지만 데이터가 아예 없는 것은 아니다. 또 다른 중요 투자자라 할 수 있는 중앙은행의 금 보유량 증가는 금의 희소성을 증가시키는 증거다. 특히 세계의 큰손인 중국 인민은행은 2023년 225t 매입 등을 통해 금 보유량을 2264t으로 증가시켰다. 그럼에도 외환보유액 대비 4.6%에 불과해 선진국 절반 수준에도 미치지 못한다. 추가 금 매입 가능성은 충분하다. 이런 인민은행의 금 사랑은 외환보유고의 미 국채 처분과 함께 나타나고 있어 희소성의 승자가 금이라는 점을 분명하게 드러내고 있다.

금의 희소성을 높여주는 결정적 원인은 제한된 공급이다. 금값이 오를수록 금을 생산하는 기업은 더 많이 채굴해 이익을 극대화하고 싶을 것이다. 더욱이 원유 시장처럼 생산을 제한하는 쿼터 제도도 존재하지 않는다. 그럼에도 금 채굴량은 늘지 않고 있다. 늘릴 수

없다고 말하는 것이 보다 정확한 표현이다. 금광산 채굴량(Mine Production)은 2018년 3657t으로 정점을 찍은 뒤 2023년 3645t으로 뒷걸음질 치고 있다. 금 채굴 가능량은 감소하는데 채굴량을 증가시키려다 보니 생산 기업들의 생산 비용(all-in sustaining cost) 증가는 필연적이다. 2021년 온스당 1300달러대에서 2024년 1500달러대로 증가하면서 금값 상승이 당연한 결과임을 보여준다.

금리와 달러 관점에서 금 가격을 바라본다면

희소성과는 별도로 금값에 가장 중요한 영향을 미치는 금리와 달러에 대해 알아보자. 달러는 미국과 그 외 국가의 상대적인 경쟁력 변화를 보여주는 대표적 금융 시장 지표다. 또한 글로벌 금융 시장 위험도를 보여주는 지표기도 하다. 달러가 급등한다는 것은 미국의 상대적 경쟁력 강화로 해석할 수도 있지만 일반적으로는 글로벌 금융 시장에 대한 투자자 불안이 반영된 결과로 보는 것이 합리적이다. 그렇다면 2024년 달러의 흐름은 어땠을까? 큰 폭으로 오르지도 떨어지지도 않았다. 10월까지 달러지수는 1% 정도 상승했는데 이 정도면 글로벌 금융 시장에 대해 시장 참여자들은 안정적이라고 느낄 것이다. 이런 상황에서라면 일반적으로 금은 인기 없는 자산이 되기 마련이다. 그런데 금은 같은 기간 28% 상승하며 S&P500의 20% 상승률을 크게 앞지르는 이변을 연출했다. 어떤 이유에서일까? 무차별 자산의 시대기 때문이다. 무차별 자

투자 관점에서, 재화의 희소성이 재화의 가치를 결정짓는 시대가 됐다. 희소성의 재화인 금의 매출 질주가 일어날 것이라는 분석이 나오는 이유다. (매경DB)

산의 시대에는 매크로 요인보다는 투자자가 느끼는 희소성과 효용성에서 우위를 보이는 자산이 힘을 얻는다.

2025년 금 전망:
무차별 자산에서 차별 자산으로 업그레이드

2024년 4월 미국 시장금리는 4.7%에서 9월 3.6%대까지 떨어졌다. 연준의 정책금리가 여전히 4.75~5% 선이라고 보면 1% 이상 차이 나는 수준이다. 향후 추가적인 정책금리 인하가 연속적으로 펼쳐질 것이라 시장이 예상하고 있는 것이다. 이런 현상은 두 가지 예측에 대한 결과다. 하나는 인플레이션 우려가 매우 빨리 사라지면서 연준이 정책금리를 빠른 속도로 되돌림할 것이라는 예상이다. 해당 시나리오는 금융 시장의 최대 걱정거리가 사라지는 것인 만큼 주식으로 대표되는 위험자산에 득이 된다고 볼 수 있다.

두 번째는 경기 둔화 가능성이 향후 더 높아질 것이라는 예상이다. 이 역시 연준이 빠르게 정책금리를 내릴 수밖에 없는 환경을 조성한다. 현재 금 시장의 가장 큰 리스크는 이번 금리 하락에 경기 둔화 가능성이 다소 과도하게 선반영돼 있을 수 있다는 점이다. 경기 둔화 가능성은 2024년 하반기 금값이 온스당 2400달러대에서 2700달러 목전에까지 급등하게 만든 배경이다. 경기 둔화 가능성이 낮아지면 금값 상승 역시 일정 부분 되돌림 과정이 일어날 가능성도 배제할 수 없다.

그럼에도 불구하고 2025년 금값에 대한 전망은 여전히 긍정적인 측면이 더 많다. 금의 지위를 위협하는 무차별 자산 전망이 그다지 밝지 않아서다.

비트코인이 대체할 수 없는 금의 차별적 자산의 성격을 강화하는 재료들은 진행형이다. 이스라엘과 주변 중동 국가들 간 전쟁 상황은 조기에 마무리될 가능성보다는 점차 격화될 가능성이 높다. 해당 지역에 대한 미국의 관심이 과거에 비해 낮아졌고 이스라엘에 대한 영향력도 감소했기 때문에 과거처럼 미국의 중재자 역할 기대감도 높지 않다. 미국 대선은 어떤가? 대선 전에는 민주당과 공화당 후보 모두 감세나 금리 인하, 재정 지출 확대 등 유권자에게 호소하는 정책을 펴고 있으며 가상자산 등에 대해서도 전향적인 정책을 내세우며 장밋빛 미래라는 주단을 깔고 있다. 이는 대선 후에는 절반 이상이 실현될 수 없는 정책에 가깝다. 무차별 자산에 대선 이후는 '루머가 뉴스가 되는 시대'와 다름없다.

향후 금 시장에서 가장 주목할 경제 지표로는 고용 지표를 꼽지 않을 수 없다. 신규 고용 인구 수가 감소하고 자발적 퇴사율 역시 감소하는 추세가 이어진다면 하드랜딩에 대한 설왕설래 역시 많아질 것이다. 필자는 2025년 말 미국 실업률이 5%에 달할 것으로 예상한다. 이런 예상이 이뤄진다면 금값은 사상 최초로 온스당 3000달러를 돌파할 것이다. 차별적 자산, 금이 피고 있다. ■

중국발 공급 과잉 속 가격 하락 '지속'
수요 늘어도 가격 상승엔 '역부족'

정은미 산업연구원 선임연구위원

국제 철강 가격은 시황 회복세 반전을 기대하며 2024년 연초에 상승세로 출발했다. 그러나 자금 조달 여건 악화에 따른 건설 경기 부진과 중국 철강 수요 부진이 지속되면서 1월부터 하락세를 보였다.

무역 규제로 인해 상대적으로 높은 가격대를 형성하는 미국 중서부 기준 열연 가격조차 3월에 잠시 반등세를 보였으나 다시 큰 폭으로 하락한 후 횡보세를 계속했다. 철강 제품 가격 약세를 반영해 철광석 등 원료 가격도 전반적으로 하락세에서 벗어나지 못하고 있다. 지정학적 불확실성이 확대되고 구매력이 위축되면서 세계 철강 수요는 2022년 이후 3년 동안 계속 감소했다. 인도와 일부 신흥국을 제외하고는 전반적으로 수요가 별로다. 공급

과잉에 대한 우려가 고개를 들면서 중국, 일본 등 주요 철강 생산국이 하반기 들어 생산량을 줄였으나 세계 철강 수요 부진과 투자 불확실성으로 인해 철강 가격 하락세가 계속

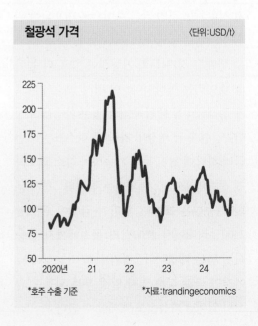

철광석 가격 〈단위: USD/t〉

*호주 수출 기준   *자료: trandingeconomics

됐다. 중국은 2024년 5월 9290만t에서 8월 7790만t까지 생산을 크게 줄였음에도 불구하고 중국 국내 가격은 급락세를 유지했다.

중국발 철강 공급 과잉은 국제 철강 수출 시장으로 전이돼 2015~2016년 세계 철강 시장 혼란이 재현될 것이라는 우려도 커지고 있다. 중국 철강 제품 가격은 이미 2017년 이후 가장 낮은 수준까지 떨어졌다. 이런 상황에서 중국의 철강 수출이 2016년 이후 8년 만에 다시 1억t을 돌파할 것으로 예상되면서 주요국들은 이미 반덤핑 제소에 착수하고 있다. 중국의 공격적인 철강 수출로 인해 철강 업

체 수익성이 크게 낮아지고 있으며, 남미 철강 업체들은 폐쇄 위기까지 몰리고 있는 상황이다.

수요 증가 예상되지만 불확실성 높아

국제철강협회는 2025년 세계 철강 수요가 17억7200만t으로 2024년 대비 1.2% 증가할 것으로 전망한다. 통화 긴축 효과, 비용 상승, 구매력 제약, 지정학적 불확실성에도 불구하고 2025년에 세계 철강 수요가 회복될 것이라는 전망은 중국 부동산 부문 안정화, 탈탄소화와 디지털 전환을 위한 인프라 지출 증가세

세계 철강재 수요 전망
단위:백만t, %

구분	수요량			전년 대비 증감률		
	2023년	2024년(추정)	2025년(전망)	2023년	2024년(추정)	2025년(전망)
세계 전체	1767	1750.9	1771.5	-0.8	-0.9	1.2
세계(중국 제외)	871.3	882.1	911.4	2	1.2	3.3
EU(27)+영국	138.7	136.6	141.4	-8.7	-1.5	3.5
기타 유럽	44.7	42.5	42.2	14.7	-5	-0.7
CIS+우크라이나	60.3	60.5	60	11.5	0.3	-0.8
USMCA	132.5	131.3	133.4	-0.3	-0.9	1.6
중남미	45.7	45.6	47.8	1	-0.3	4.8
아프리카	35.4	37.1	38.9	0.5	4.8	4.8
중동	54.2	56.9	58.7	4.2	4.9	3.3
아시아-대양주	1255.5	1240.5	1249.1	-1.2	-1.2	0.7
선진권	359.4	352.2	359	-4.1	-2	1.9
중국	895.7	868.8	860.1	-3.3	-3	-1
인도	132.8	143.4	155.6	14.4	8	8.5
신흥권(중국,인도 제외)	223.7	238.9	255	7.4	6.8	6.8
ASEAN(5)	71	74.2	76.8	-2.2	4.5	3.5
MENA	67.8	71.3	74.1	0.6	5.3	3.8

*자료:국제철강협회

가 유지될 것이라는 예상에서 비롯된다. 중국은 정부 지원에 대한 기대가 반영되고 있음에도 불구하고 건축용 철강재 수요 위축과 대량의 재고가 부담이 되는 이유로 철강 수요는 2024년의 −3%에 이어 2025년에도 −1%로 예상된다.

반면, 중국을 제외한 신흥 개발국 철강 수요는 계속 늘어날 것으로 보인다. 인도는 2024년 8%에 이어 2025년에 다시 8.5% 증가해 2021년 이후 신흥국 철강 수요를 견인하는 주인공이 될 것이라는 예상이다. ASEAN·MENA 등 다른 신흥국 철강 수요도 2025년에 3~6%대 증가가 기대된다. 선진국은 미국, 일본, 독일 등 주요 제조국에서 철강 수요가 계속 감소했으나 2025년에는 다소 회복될 것으로 보인다. 이는 미국, 일본 등에서 제조 시설과 공공 인프

라에 대한 전략적 투자가 이어질 것이라는 예상에서 비롯된다.

세계적인 에너지·탈탄소회를 위한 투자는 철강 수요를 견인하는 요인으로 작용하지만, 재정 부담과 선거 이후 주요국 정책 기조 변화는 투자 속도에 영향을 미치며 철강 생산 증가를 제한할 수 있다. 따라서 국제철강협회의 2025년 철강 수요는 예상 가능한 시나리오 중 낙관적인 편에 가깝다고 볼 수 있다.

공급 과잉 우려 속 가격 약세 지속

2024년 10월 개최된 국제개발기구(OECD) 산하 '철강 공급 과잉에 대한 국제 포럼(GFSEC)' 장관급 회의에서는 세계적으로 철강 과잉 생산 능력이 여전히 심각한 구조적 문제라고 진단했다. GFSEC 참여국들이 제출

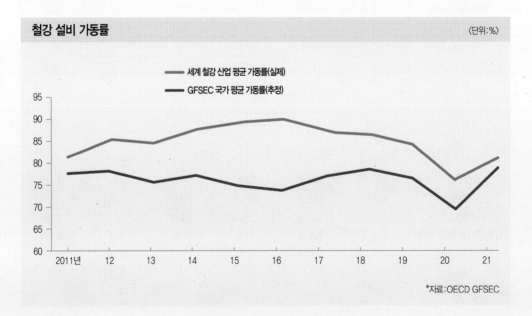

철강 설비 가동률 (단위:%)

— 세계 철강 산업 평균 가동률(실제)
— GFSEC 국가 평균 가동률(추정)

*자료:OECD GFSEC

한 기초 자료에 따르면 GFSEC 국가들 철강 설비 가동률은 80%를 크게 밑돌아 어려움을 겪고 있는 것으로 나타난다. 신흥국 대부분이 포함된 GFSEC 비참여 국가들 철강 설비 가동률은 과거에는 90%를 웃돌기도 했으나 최근에는 GFSEC 참여국과의 가동률 차이가 크지 않은 것으로 추정된다.

결국 세계적인 과잉 설비는 전 세계로 확산되고 있으며, 급격한 수요 증가를 보이는 인도에서도 2020년 이후 설비 능력이 철강 생산을 앞지르기 시작하면서 가동률이 떨어지는 것으로 나타났다. 과잉 설비에서 생산된 철강 제품은 대량의 저가 수출로 이어지며, 불공정 경쟁으로 인한 주요국의 산업 피해와 덤핑·반덤핑 제소 증가로 나타나고 있다.

신흥국에서 진행 중인 철강 신규 투자로 인해

중국 탕산(唐山)항에서 선적을 기다리는 철강 제품. (신화뉴스)

세계 철강 과잉 설비는 2023년 5억5100만t에서 2025년 6억3000만t으로 계속 늘어날 것으로 예상된다. 이로 인해 경쟁 환경이 왜곡되고 설비 비효율성이 발생하고 있다. 또한 철강 산업에서 전 세계 CO_2 배출의 최대 8%를 차지하는 탄소 배출을 줄이기 위한 신규·기존 기술에 대한 투자 여력이 심각하게 훼손되고 있다고 GFSEC는 지적한다.

국제 철강 가격은 기본적으로 수요 변화에 의해 결정된다. 그러나 2025년 철강 수요가 다소 회복될 것이라는 예상에도 불구하고, 국제 철강 가격이 상승세로 전환하기 쉽지 않을 것으로 보인다. 주요국 재정 악화, 이로 인한 인프라 투자 확대의 불확실성, 인플레이션으로 인한 소비 부진 가능성이 여전한 가운데, 국제 공급 과잉에 대한 강한 우려가 국제 철강 가격을 약화시키는 주요 요인으로 작용할 것이라는 예측이다. ■

열간압연강판 가격

〈단위:USD/t〉

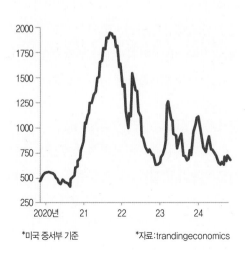

*미국 중서부 기준   *자료:trandingeconomics

美 관세·中 수요 회복이 '가격 변수'
구리·아연 공급난…니켈 인기는 '뚝'

강유진 한국투자증권 운용전략부장

비철금속은 2024년 원자재 시장에서 의외로 강세를 보였다. 블룸버그 원자재가격지수는 연중 3년 만에 최저로 하락했지만, 런던금속거래소(LME)의 비철금속지수는 2년 만에 최고를 기록했다. 6대 비철금속 중 시장 규모가 가장 작은 주석 가격은 10월 15일 기준으로 연초 대비 29% 상승해 가장 큰 상승폭을 기록했고 아연(+16%), 구리(+11%), 알루미늄(+10%)도 10% 이상 올랐다. 구리는 5월 중에 신고가를 경신했다. 같은 경기순환 원자재인 철광석 가격은 연초 대비 20% 이상 하락했고, 유가는 중동 분쟁에도 불구하고 약보합세를 유지해 대조적이었다. 비철금속 가격은 수요 부진에도 불구하고 공급 부족에 따른 수급 불균형 우려와 글로벌 금리 인하 사이클

의 혜택을 받아 상승했다.

비철금속에 대한 강세 기대는 여전히 남아 있다. 2025년 전망도 긍정적이다. 세계 경제는 둔화되고 중동 분쟁으로 불안정하지만, 경기 침체 가능성은 거의 거론되지 않는다. 세계 중앙은행들의 통화 완화 정책과 함께 경기 연착륙이 기본 시나리오로 제시되고 있다. 다만 트럼프 대통령 당선으로 가격 변동성이 커질 수 있다. 아직까지 관세·무역 전쟁 확대 위험은 가격에 완전히 반영되지 않았다.

중국 수요 회복이 관건…전망은 '밝음'

반면 중국 정책은 비철금속 가격의 상방 요인으로 떠오르고 있다. 중국 정부는 대규모 유동성 공급 대책을 포함한 9·24 경기 부양책을 발표하며 시장에 활력을 불어넣었다. 중국 당국의 강력하고 적극적인 메시지 덕분에 비관

적으로 일관했던 중국 참여자 심리가 확연히 개선됐다. 구체적인 재정 투입 규모나 소비 활성화 방안은 아직 발표되지 않았지만, 향후 의미 있는 재정 부양책이 나온다면 중국의 수요는 최소 1%포인트 추가로 상향 조정될 수 있다. 이는 구리 15만t, 알루미늄 45만t에 해당한다. 경기 부양 효과는 미지수다. 사람들은 반신반의하며 섣불리 나서지 않고 있다. 하지만 세계 최대 비철금속 소비국인 중국의 수요가 회복될 기미를 보인다면 시장 판도는 달라질 수 있다.

공급 문제는 보다 장기적이고 구조적이다. 구리, 아연, 납의 제련 수수료(TC)는 역대 최저로 하락했다. 이는 심각한 광물 부족을 의미한다. 최근 몇 년간 중국을 비롯한 인도·다른 지역에서 제련소가 대거 늘어난 것이 주요 원인이다. 중국 제련소들은 낮은 제련 수수료로 인해 채산성이 악화되고 있지만, 지역 경제와 GDP 기여 때문에 생산을 감내하고 있다. 하지만 버티는 데도 한계가 있다. 감산 압박이 점차 커지고 있다. 알루미늄 원료인 보크사이트와 알루미나도 공급 부족에 직면해 있다. 상하이 알루미나 가격은 2024년 들어 40% 이상 급등해 알루미늄 가격의 하단을 지탱하고 있다. 공급 문제는 쉽게 해결되지 않는다. 공급이 부족한 상황에서 예상치 못한 생산 차질이나 수요 증가가 발생하면 가격은 상승할 수밖에 없다. 비철금속은 저탄소

페루에 위치한 앵글로 아메리칸의 켈라베코 구리광산 조감도. (로이터 = 연합뉴스)

미래와 전기차·에너지 전환과 관련해 수요 성장 잠재력이 높아 다른 원자재와 차별화된다. 이에 따라 2025년에도 비철금속의 괄목할 만한 성과를 기대해볼 만하다.

구리의 질주…변동성 속 성장 기대

구리는 비철금속 중 유일하게 신고가를 경신했다. LME 구리 가격은 2024년 5월에 t당 1만1104.5달러로 치솟았다. 2분기 성수기와 함께 세계 10위 구리 광산인 꼬브레 파나마의 생산 중단, 중국 제련 업체들의 감산 위험 등으로 인해 공급 부족 우려가 가중되면서 가격 상승을 이끌었다. 또한 뉴욕금속거래소(COMEX)의 기술적 숏스퀴즈가 가격 상승폭을 키웠다. 이후 LME 재고가 4년 만에 최대로 증가하면서 구리 가격이 9000달러 아래로 떨어졌으나, 중국의 경기 부양책에 힘입어 반등해 10월 현재 9000달러를 초과하고 있다.

구리는 투자자들이 가장 선호하는 금속으로 여전히 높은 인기를 자랑한다. 에너지 전환에 따른 잠재적인 수요 성장에 비해 공급이 크게 부족하다는 전망이 지속적으로 제기되고 있다. 역대 최고가 수준의 매력적인 전망에도 불구하고 광산 업체들은 투자를 적극적으로 나서지 않는다. 이는 생산 비용의 인플레이션으로 인해 자본 지출을 늘리기에 구리 가격이 충분히 높지 않기 때문이다. 기존 광산 프로젝트의 생산능력 확장을 위한 인센티브 가격은 t당 9000~1만달러고, 신규 광산의 경우 t당 1만3000~1만5000달러다. 투자를 이끌어내기 위해서는 구리 가격이 더 높아야 한다. 이것이 구리에 대한 강세 전망을 기대하는 이유 중 하나다.

구리 광물 부족은 제련·정련 공급에도 타격을 준다. 역대 최저로 떨어진 제련 수수료가 제련 생산을 제한할 수 있다. 2025년 구리의 제련/정제 수수료(TC/RC)에 대한 협상이 진행되는 가운데, 2024년 t당 80달러, lb(파운드)당 8센트에서 t당 20~40달러, lb당 2~4센트로 급락할 가능성이 제기된다. 칠레의 Antofagasta 광산 업체는 이미 2024년 하반기부터 중국 구리 제련소와 23.25달러, 2.325센트에 계약을 체결했다. 국제구리연구그룹(ICSG)은 2024년 세계 구리 광물 생산이 전년 대비 1.7% 증가에 그친 후, 2025년에는 콩고의 카모아-카쿨라, 몽골의 오유 톨고이와 같은 대형 광산의 증산 덕분에 3.5% 증가하겠지만, 세계 정련 구리 생산은 2023년 4.9%, 2024년 4.2% 증가에서 2025년 1.6% 증가로 둔화될 것으로 전망한다. 이와 함께 세계 구리 시장에 대한 전망은 2023년 5만3000t의 공급 부족에서 2024년 46만9000t의 공급 잉여로 전환된 후, 2025년에는 19만4000t으로 과잉 공급이 줄어들 것으로 예상한다. 하지만 이것도 상당히 보수적인 전망이며, 일각에서는 심각한 공급 부족 위험에 임박했다고 경고한다.

하지만 아직은 강세 신호가 보이지 않는다. 현물 가격은 3개월 선도 가격보다 t당 140달러 할인돼 역대 최대 스프레드로 확대됐다. 이는 당장 현물을 구매해야 할 만큼 시급하지 않다는 의미다. LME 구리 재고는 8월 말 32만t으로 4년 만에 최대로 늘어난 후 서서히 줄어들고 있다. 미국 트럼프 대통령 당선으로 공격적인 관세 정책이 예고되고 중국을 포함한 다른 교역국들의 대응이 불확실해 단기적으로 시장 변동성이 커질 수 있다. 그러나 구리에 대한 장기 전망은 크게 변하지 않을 것이다. 변동성은 오히려 기회를 제공한다. 2025년에도 구리가 새로운 역사를 써 내려갈지 지켜보도록 하자.

아연은 공급난 직면…니켈은 '수요 파괴'

아연은 비철금속 시장에서 가장 심각한 공급 부족에 직면해 있다. 이는 누구도 예상치 못한 상황이다. 1년 전 국제아연납연구그룹(ILZSG)은 2024년 세계 아연 시장에 대해

구리, 비철금속 중 유일하게 신고가 '경신'

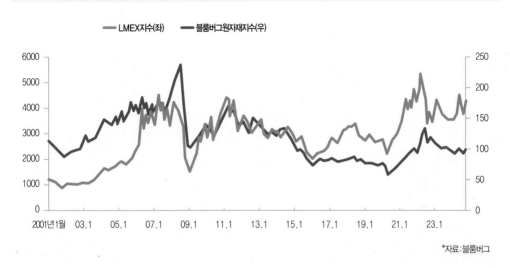

― LMEX지수(좌)   ― 블룸버그원자재지수(우)

*자료:블룸버그

2023년 33만5000t 공급 잉여보다 많은 37만t 을 전망했으나, 지난 4월 5만6000t으로 하향 조정한 후 5개월 만에 16만4000t의 공급 부족 으로 대폭 수정했다. 2025년에는 14만8000t 공급 잉여를 전망하지만, 이것도 지나치게 낙관적이라는 평가를 받는다.

대부분의 공급에서 문제가 발생했다. 아연 가격이 2022년 3월 역대 최고인 t당 4896달러 로 오른 후 1년여 만에 반 토막 나면서 유럽의 고비용 광산 업체들이 가동을 멈췄다. 아일 랜드 타라 광산과 포르투갈 알저스트렐 광산 이 생산을 중단하면서 유럽의 2024년 아연 광 물 생산은 11.4% 급감할 것으로 예상된다. 아연 광물 생산은 3년째 감소세를 보이고 있 으며, 2024년 세계 아연 광물 생산량은 전년 대비 1.4% 감소한 1206만t으로, 이는 2021년

보다 5.7% 낮다.

광물 부족으로 인해 중국의 아연 제련 수수료 (TC)는 t당 마이너스(-) 40달러로 추락했다. 이는 생산할수록 손실을 입는 상황이다. 50% 현금 손실을 겪는 제련소들은 폐쇄 압박이 커 지고 있으며 제련·정련 공급에도 타격을 준 다. 소규모(생산능력 5만t 이하) 중국 제련소 생산능력을 합치면 총 150만t에 달한다. 2024 년 중국 정련 아연 생산량이 전년 대비 3.4% 감소한 여파로 세계 정련 아연 생산도 1.8% 감소한 1419만t으로 전망된다. 2025년에는 광물과 정련 생산이 각각 6.6%, 3.8% 증가 할 것으로 예상되지만, 기대만큼 빠르게 회 복될지는 두고 봐야 한다. 공급 부족이 해소 되지 않는 한, 아연 가격은 t당 3000달러를 웃 돌 가능성이 높다. ■

전기차 '캐즘'에 발목 잡힌 '값싼 리튬' 뉴노멀 시대로

반진욱 매경이코노미 기자

"더럽게 쌉니다."

2024년 7월 리튬 가격 추이를 두고 '월스트리트저널'이 표현한 문장이다. 표현 그대로 리튬 가격은 연일 하락세다. 한국자원정보서비스에 따르면 2024년 10월 탄산리튬 가격은 ㎏당 71.42위안에 그쳤다. 최고점인 2022년 11월 기록한 571.45위안 대비 7분의 1토막이 났다. 전기차 열풍에 힘입어 '백색 황금'이라 불리던 리튬은 이제 저렴한 자원으로 전락했다. 값싼 리튬이 정상인 '뉴노멀' 시대가 도래했다.

리튬 가격은 2025년에도 계속 하락세를 이어갈 가능성이 높다.

이유는 2가지다. 공급은 계속 늘고 있고, 수요는 줄고 있어서다. 탄산리튬 공급량은 매년 증가하는 추세다. 2020년대 리튬 가격이 폭발적으로 상승하면서 리튬 광산을 보유한 각국이 자원 개발에 뛰어들었다. 시장조사 업체 BMI에 따르면 리튬 3대 생산 국가인 호주·칠레·중국은 2024년부터 2023년까지 10년에 걸쳐 연평균 10.6%씩 리튬 생산량이 증가할 전망이다. 이들 국가 외에도 아르헨티나와 짐바브웨, 나이지리아 등 신흥 국가까지 뛰어들면서 리튬 생산을 크게 늘리고 있다.

공급 늘고, 수요 줄고…가격 '하락'

공급은 폭증하는데 수요는 줄어든다. 리튬 가격이 오르려면 리튬을 사용하는 이차전지 배터리 수요가 무조건 늘어야 한다. 이차전지 수요 대부분은 전기차용 배터리다. 2022년 리튬 가격 급등도 '전기차 열풍'에 힘입은 영향이 크다. 문제는 전기차 시장이 일시적으로

전기차 수요가 증가하다 감소하는 '캐즘' 현상이 나타나면서, 배터리 주요 원료인 리튬과 코발트는 가격이 저렴해졌다. 값싼 리튬이 '뉴노멀'인 시대로 접어들었다. 사진은 전기차 니오. (매경DB)

수요가 감소하는 '캐즘' 현상에 빠졌다는 점이다. 지나치게 높은 가격으로 인해 일반 소비자의 전기차 구매가 늦춰지면서 성장을 거듭하던 전기차 시장은 암초를 만났다. 현재 주요 완성차 업체 대부분이 전기차 확대 계획에 제동을 걸었다. 포드, 폭스바겐그룹, 메르세데스-벤츠 등이 전기차 생산을 급격히 줄이고 있다. 씨티그룹은 리튬 가격이 현재 수준에서 15~20% 더 하락할 수 있다고 내다봤다. 2024년 글로벌 리튬 수요가 14% 증가에 그치지만 공급은 18% 늘어나기 때문이다.

2025년 리튬 가격 변수는 공급 축소다. CATL은 리튬 광산 채굴 중단을 결정하며 연간 20만t 이상 생산 규모를 갖춘 공장 가동을 중단했다. 앨버말은 리튬 공장 확장 계획을 취소하며 공급량을 줄였다.

2025년 들어 전기차 시장이 회복세를 보이고, 광산 업체들이 리튬 공급량을 줄이면 소폭 반등할 가능성이 크다. 다만, 2022년과 같은 역사적 고점으로는 짧은 시간 안에 돌아가기 어렵다는 분석이 주류를 이룬다. 2025년까지는 여전히 낮은 가격에 머무를 것이라는 설명이다.

리튬과 함께 배터리 핵심 소재로 쓰이는 코발트 가격 역시 부진을 면치 못한다. 코발트 가격은 2022년 8월 t당 8만달러를 넘긴 후 계속 감소하고 있다. 2024년 10월 2만4000달러대로 떨어지며 4분의 1 수준으로 전락했다. 전기차 시장 축소에 따른 수요 부족이 영향을 미쳤다. 전기차 수요가 되살아나지 않는 한 코발트 가격 역시 2025년에는 현재 수준을 유지할 것이라는 게 시장 중론이다. ■

VI

2025
매경 아웃룩

자산 시장
어떻게 되나

〈주식 시장〉

1. 빅컷 시대 코스피 주도주는

2. AI 거품론 기우? … 나스닥 M7

3. 빅컷 시대 주목받는 ETF

4. 2025년 IPO 대어의 귀환

5. 트럼프 시대 날아가는 가상자산

〈부동산 시장〉

1. 재건축 … 강남 청약 열풍 언제까지

2. 재개발 … 규제 완화 '노른자' 구역 어디

3. 신도시 … GTX 수혜지 노려라

4. 전세 … 수도권 전세 4~5% 올라

5. 수익형 부동산 … 여전히 '상가'는 주춤할까

주식 시장

Preview

2024년 국내 주식 시장은 여느 때보다 투자 난도가 높았다. 2024년 들어 지난 10월 11일까지 코스피 수익률은 −2%로 주요국 증시 가운데 가장 낮은 편에 속했다. 시가총액 대형주로 구성된 코스피200은 −3.5%로 더 부진했다. AI 투자 열풍, 미국 기준금리 인하 등으로 세계 주식 시장이 일제히 상승세를 탄 것과 대조를 이뤘다. 2024년 9월 말부터 불이 붙은 중국 주식 시장 랠리도 한국에는 부정적으로 작용한다. 중국 비중을 줄였던 미국 등 선진국에선 뜻밖 랠리에 아시아 신흥국 내 한국 비중 축소가 결과로 이어졌단 평가다. 여러 면에서 2024년 코스피는 다사다난했던 해로 기록될 전망이다.

그럼에도 2025년 국내 자산 시장 투자를 주저할 필요는 없다는 게 다수 전문가 시각이다. 무엇보다 기업 '밸류업(기업가치 제고)'이 2025년 본격화한다. 향후 배당수익과 자사주 매입·소각 효과까지 고려하면 오히려 지금의 매수 기회라는 인식이 적지 않다. 특히 밸류업 프로그램에 발맞춰 배당 관련 과세 혜택 부여는 투자자들이 관심 가질 만한 내용이다.

결국 2025년 세 가지 투자 키워드는 밸류업 관련주, 이익 성장주, 저평가 산업 테마주로 요약된다. 밸류업과 이익 증가를 기대할 수 있는 업종으로는 은행, 증권, 보험, 자동차, 통신 등이 해당한다. 플랫폼, 콘텐츠, 게임 등의 업종도 저평가 산업 테마주로 관심을 둘 만하다고 전문가들은 조언한다.

밸류업·이익 성장 종목 잡아라
삼성전자, 빠질 만큼 빠졌다

노동길 신한투자증권 연구위원

2024년 국내 주식 시장 투자자들은 그 어느 때보다 난도 높은 주식 시장 상황을 통과했다. 코스피의 2024년 수익률은 −2.2%로 주요국 주식 시장 중 가장 낮은 편에 속했다(10월 11일 종가 기준). 대형주 지수인 코스피 200은 −3.5%를 기록했다. 글로벌 주식 시장이 AI 투자 열풍, 연준 기준금리 인하 사이클 돌입, 디스인플레이션 기조 속에서 상승한 것과 다른 움직임이다.

여기에 과거와 달라진 외국인 투자자 행보도 난도 높은 국내 주식 시장 상황에 일조했다. 과거 달러 약세는 외국인 투자자들의 코스피 순매수로 이어졌으나 이번에는 달랐다. 외국인은 반도체와 IT를 중심으로 빠른 속도로 순매도 행진을 이어갔다. 달러 약세 원인이 신흥국 통화 강세로 이어지지 못한 탓이겠으나 다소 뼈아픈 결과다. 9월 말부터 본격화된 중국 주식 시장 랠리는 한국 수급에 부정적으로 작용하고 있다. 미국 등 선진국 주식 시장 투자자들은 중국 비중을 축소했던 바 있다. 중국 경기 부양책에 따른 상승 리스크는 인도, 대만, 한국 등 신흥국 내에서 경쟁 중인 국가 주식 시장 수급을 빨아들이는 결과를 가져왔다. 코스피는 2024년 한 해 이중고에 직면했던 듯하다.

삼성전자 못 올라 힘들었지만…
삼전 반전과 세금 고려하면 '국장'도 희망

2024년 투자의 어려움에도 불구하고 국내 주식 투자 자체를 주저할 필요는 없을 듯하다. 이유는 크게 두 가지다. 첫째, 지수 관점에서 코스피를 보면 실제 성과를 과소평가한 측면

이중고에 빠진 코스피 〈단위:%〉

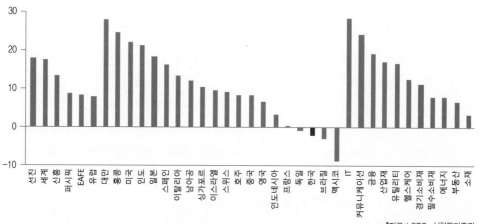

*자료:LSEG, 신한투자증권

이 있다. 일례로 삼성전자를 제외한 코스피 200 연초 이후 수익률은 6.4%로 비교적 안정적 수익을 냈다.

여기에 올 한 해 늘었던 배당수익과 자사주 소각 효과까지 더한다면 실제 실현 가능한 코스피200 수익률은 더 높았을 것이라는 예상도 가능하다. 지수 성과를 과소평가하게 만들었던 원인은 삼성전자다. 삼성전자는 이익 추정치 하향, 3분기 어닝 쇼크, 불확실한 해외 세트 수요 예상에 부진을 겪고 있지만 밸류에이션 하락은 상당 부분 진행됐다. 삼성전자 12개월 선행 PBR(주가순자산비율)은 0.95배로 청산 가치인 1배 수준을 밑돌았다. 예상치 추가 하향 가능성을 반영해 기존 확보한 실적에 기반한 PBR을 계산해도 밴드 하단에 가까워졌음은 명확하다. 반도체 업황 하락기에서 삼

성전자 PBR이 추가 하락했던 전례가 있다 (2014~2016년). 하지만 AI 잠재력을 완전히 확인하지 못한 상황에서 해당 구간과 비교는 지나치게 비관적이라는 판단이다. 첫 번째 결론은 삼성전자를 제외한 나머지 종목군은 선방하고 있으며 삼성전자도 추가 하락을 예단하기 힘든 밸류에이션 영역에 들어섰다.

둘째, 세금 효과다. 국내 주식 시장은 금융자산 내에서 가장 뚜렷한 절세 효과를 기대할 수 있다. 이는 금융투자소득세를 시행하든, 시행하지 않든 달라지지 않는 결과다(금융투자소득세에서도 국내 주식 공제 한도를 상당 부분 부여하고 있어서다). 특히 정부는 세법개정안을 통해 주주환원 우수 기업에 대해 배당 소득을 분리 과세하는 안을 내놨다. 예컨대 과거 배당과 자사주 매입 규모 대비

코스피 과소평가 심각

삼전 빼면 나름 선방

금투세 폐지는 기회

에너지·소재·헬스 주목

밸류업·이익·성장도 고려

바닥권 종목 잡아야

5% 늘린 기업에 대해 배당 소득을 분리 과세하는 방안이다(일반과세 9%, 종합과세 세율 최대 25%). 이는 배당 투자를 주저할 수밖에 없었던 일반 투자자에게 뚜렷한 투자 유인이 된다.

또한 법인 입장에서는 과거 배당 등 주주환원을 주저했던 경영진 또는 오너 일가에 배당 유인책으로 작용한다. 국내 주식 시장에서 2024년 한 해 작동했던 중요 팩터는 배당이었다. 2024년 말과 2025년을 생각해볼 때 배당주 투자 필요성을 높이는 변수다. 연초부터 지속됐던 밸류업 프로그램에 발맞춰 배당 관련 과세 혜택 부여는 국내 주식 시장에 투자해야 할 중요 요인 중 하나다.

지수보다 업종 주목…이익이 늘어나는 업종은 에너지 · 소재 · 헬스케어

결국 국내 주식 투자는 지수보다 업종에 집중해야 한다는 결론에 이른다. 그렇다면 올 한 해 주도주는 어디에서 나타났을까? 업종별 수익률 비교, 테마 비교를 통해 파악할 수 있다. 연초 이후 업종별 누적수익률은 2024년 증권, 기계, 은행, 조선, 보험, 비철, 상사·자본재, 유틸리티 순이었다. 업종 관점에서는 대체로 밸류업 프로그램 영향을 올해 내내 받았음을 알 수 있다. 특히 증권, 은행, 보험 등 금융 섹터는 밸류업 프로그램 취지와 원리를 가장 잘 파악하고 있는 산업이다. 2024년 3분기 밸류업 공시를 가장 적극적으로 시행하기도 했다. 밸류업 프로그램이 금융 섹터를 넘어 제조업으로 확산하려면 미공시 기업들의 참여가 필요하다. 한 가지 다행인 사실은 2024년 4분기 밸류업 공시를 예정하고 있는 기업들이 다수 존재한다는 점이다. 통신, 자동차 등 밸류업 프로그램과 직간접적으로 얽힌 업종군들도 코스피 수익률을 웃도는 결과를 기록했다.

테마별로는 K-방위 산업, AI 반도체, K-뷰티, 태양광과 ESS, 친환경 선박 순으로 높은 상대수익률을 기록했다. 해당 테마 중 방위산업 상대수익률은 65.5%포인트를 웃돈다(2024년 연초 이후 2024년 10월 11일까지 기준). 국내 주요 테마 지수의 수익률은 부진한 지수에도 불구하고 종목과 테마 선별을 통해 얼마든지 수익률을 높일 수 있다는 점을 보여준다. 국내 주식 시장 내 반도체가 당장 주도주로 떠오르기 어려운 상황에서 업종과 종목 선별을 통해 2025년에도 수익률을 추구해야 한다.

우선 이익이다. 애널리스트 당기순이익 컨센서스는 2024년 204조원으로 전년 대비 80% 증익을 예상한다. 투자자 관심사는 2025년이다. 2025년 당기순이익 예상은 256조원으로 2024년 대비 25.3% 증익을 전망한다. 2024년 이익 증가율 대비 속도는 늦춰지지만 이는 커진 규모를 고려할 때 당연하다.

주목할 영역은 이익 증가율 기여다. 2025년 이익 증가율 상위 섹터는 에너지, 소재, 헬스케어, IT, 유틸리티 위주다. 반면 경기소비재, 금융, 필수소비재, 산업재, 커뮤니케이션은 비교적 덜한 이익 성장률을 보일 전망이다. 특히 낮은 경기소비재, 금융은 한 자릿수 이익 증가율을 보일 가능성이 높다. 전통적 손익계산서 관점에서 최우선 순위에 놓고 대응하기 어려운 상황이다. 그러나 현재는 밸류업의 시대다. 증가율보다 수익성(ROE, ROIC)에 방점을 둔다면 경기소비재, 금융을 피크아웃 탓에 매수하지 않을 이유란 없다고 볼 수 있다.

2차전지를 주목할 필요가 있다. 2차전지를 구성하는 에너지, 화학, IT 가전이 이익 증가율 상위 3개 업종을 차지한다. 2025년의 이익 증가 규모는 2024년 대비 100% 이상이다. 2차전지는 2024년 긴 터널을 통과해왔지만 미국과 유럽 등 주요 시장 관세 부과, 미국 대통령 선거 종료에 따른 불확실성 완화, 이익 증가율 개선 등 호재가 적지 않다. 아울러 조선, 미디어, 헬스케어가 2024년보다 2025년에 높은 이익 성장률을 보일 전망이다.

반면 운송, 디스플레이는 역성장을 우려할 수 있다. 증권, 자동차, 화장품·의류, 보험, 은행, 통신, 건설은 10% 이내 성장을 예상한다. 다만 밸류업 관점에서는 이익 증가율과 함께 다른 잣대를 들이대도 괜찮다는 판단이다. 수익성 관점에서 2023년보다 개선된다면, ROE(자기자본이익률) 증분을 기대할 수 있다면 투트랙(Two-Track)으로 접근해야 한다. 여기에 해당하는 업종은 가장 개선된 주주환원을 발표 중인 은행, 증권, 보험, 자동차, 통신 중심이다.

테마 관점에서는 바닥에 위치한 종목군에 무게 중심을 둘 만하다. 과거 중심 테마로 부상할 종목군은 공통점을 갖고 있었다. 수익률이 바닥에 위치하고, 외국인과 기관 매수세가 비어 있으며, 펀더멘털(이익 변화율)이 턴어라운드했다. 테마 수익률 상위에 포진한 헬스케어, K-방산도 2023년 이맘때쯤 해당 구간에 위치했다. 세 가지 주요 변수에 부합하는 테마는 플랫폼, 콘텐츠(미디어·드라마), K-게임이다. 2년 이상 상대수익률 하위에 포진해 있고 기관과 외국인 순매수도 실종됐다. 여기에 EPS(주당순이익) 변화율은 바닥을 딛고 개선 중이다. 이익 증가율 상위 업종에 더불어 역발상 차원에서 접근할 만한 테마라고 판단한다.

결국 2025년 세 가지 투자 엔진은 1) 밸류업 프로그램 관련주 2) 이익 성장 3) 바닥에 위치한 테마주로 요약할 수 있다. ■

빅테크 '세큘러 사이클' 초입
(10년 이상 장기 성장)
AI 거품론 기우…7~8년 강세

김중원 현대차증권 리서치센터 상무

2024년에도 미국 증시와 미국 기술주의 상승 흐름은 지속되고 있다. 2024년 10월 11일 기준 코스피와 코스닥 시장은 연초 대비 각각 2.2%와 11% 하락하며 부진한 흐름을 기록했다. 반면 미 S&P500과 미국 기술주인 나스닥지수는 연초 대비 각각 21.9%와 22.2% 상승하며 높은 수익률을 기록하고 있다. 이런 미 증시 강세 배경에는 소위 'Magnificent 7(이하 M7)'으로 불리는 미국 대형 기술주의 강세가 자리한다.

M7은 생성형 AI 시대 유망 기업으로 알려진 '엔비디아'를 비롯해 '애플, 마이크로소프트, 알파벳, 아마존, 테슬라와 메타'의 7개 빅테크 기업을 함께 부르는 별칭이다. 2024년 엔비디아를 필두로 7개 기업 주가는 연초 이후 현재까지(10월 11일 기준) 평균 43% 상승을 기록해 미국 기술주의 상승 흐름을 주도하고 있다.

다만, 2024년 하반기는 M7을 포함해 미국 기술주가 S&P500지수 대비 부진한 흐름이다. 2024년 하반기 S&P500지수가 6.5% 상승하는 동안 나스닥지수는 3.4% 상승에 그쳤고 M7 주식도 평균 4.5% 수익률을 기록해 S&P500 대비 부진하다. 그렇다 보니 '엔비디아와 메타 등 미국 성장주에 지금 들어가도 괜찮은가?'라는 질문에 현재 투자자 관심이 높다.

M7 성장 지속될지 투자자 관심 뜨거워

결론부터 말하면, 2025년에도 나스닥 M7의 성장세는 지속될 것이라는 판단이다. 이는 빅테크 등 신산업이 주도하는 경기 순환 사이

Chat-GPT 출현 이후 반도체 지수는 경기와 무관하게 상승 〈단위:pt〉

— MSCI ACWI 반도체/ 반도체 장비 지수(좌)
— ISM 제조업 지수(우)

Chat-GPT 출시

*자료:블룸버그, 현대차증권

클과 전통 산업 기반 경기 순환 사이클의 속성이 다르기 때문이다.

금융 시장에는 '세큘러 사이클(Secular cycles)'이라는 것이 있다. 보통 경기 순환은 4~5년에 걸쳐 상승과 하강을 반복한다. 하지만 세큘러 사이클은 특정 자산이 경기 순환과 무관하게 10년 이상 장기 성장하는 현상을 의미한다.

금융위기 이후 기술주 중심 미국 주식 시장이 그렇다. 2009년 스마트폰이라는 애플의 '아이폰'이 출현하며 미 기업은 모바일 혁명을 주도하게 됐다. 금융위기를 계기로 미국 주식 시장은 기술주가 주도했다.

애플이 아이폰을 선보이면서 '모바일 혁명'이 시작됐고 반도체, 스마트폰 부품 등 관련 산업이 폭발적으로 성장했다. 특히 애플은 1

년 단위로 신제품을 내놓으면서 2014년 당시 'FAANG(페이스북(현 메타), 애플, 아마존, 넷플릭스, 구글의 앞 글자를 딴 용어)'을 중심으로 관련 산업의 지속적인 성장을 견인하며 FAANG이라는 새로운 플랫폼 기업이 등장했다.

FAANG의 출현 이후 2010년부터 2019년까지 약 10년 동안 미 기업의 자기자본이익률(이하 ROE)이 추세적으로 개선되며 주식 시장이 장기 상승하는 세큘러 사이클을 경험하게 된다. 2010년부터 2023년까지 S&P500과 나스닥 시장은 각각 321%와 551% 상승했고 이 기간 미국 FAANG 기업 주가는 평균 3284% 올라 미 증시 주가 상승을 견인했다.

하지만 스마트폰 기반 플랫폼 기업 중심 고도성장 스토리는 2019년 제동이 걸린다. 유럽

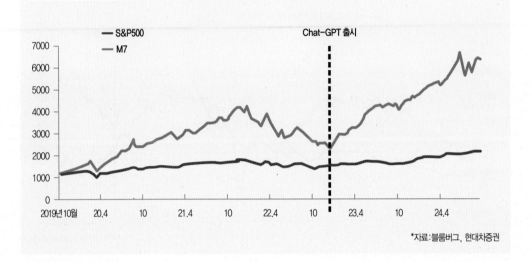

2019년 이후 S&P500과 M7 주가 흐름 비교

〈단위:pt〉

- S&P500
- M7

Chat-GPT 출시

7000
6000
5000
4000
3000
2000
1000
0

2019년 10월   20.4   10   21.4   10   22.4   10   23.4   10   24.4

*자료:블룸버그, 현대차증권

주요국들은 미국 기업 중심 FAANG의 독주를 막기 위해 디지털세 도입을 주도하기 시작했다. 한국과 중국 등에서도 플랫폼 기업 때문에 발생하는 골목 상권 침해 등 부작용을 막기 위해 각종 규제가 정부 주도로 출현한다. FAANG을 중심으로 미국 기술주의 성장에 제동이 걸리는 모습이었다.

그럼에도 미국 기술주의 혁신은 끝이 없었다. 2022년 말 생성형 AI '챗GPT'가 등장하며 미국 주식 시장에 M7이 나타난다. FAANG이 IT 기기와 플랫폼의 개화로 주목받았다면 M7은 그보다 진일보된 AI를 비롯한 4차 산업혁명을 선도한다는 점에서 시장의 뜨거운 관심을 받고 있다. FAANG과 M7은 모두 빅테크 기업으로 통칭되며 그 종목의 구성은 유사하나 AI를 비롯 기술 발전 수혜를 영위할 것으로 기대되는 기업들 중심으로 재편된 것이다.

AI 산업, 시스템 반도체 중심 성장

AI 산업에 대한 투자는 현재 AI 학습과 추론에 필요한 시스템 반도체 위주로 이뤄지고 있다. 미국 IT 자문 기업 가트너에 따르면 AI 반도체 시장 규모는 2022년부터 향후 5년간 연평균 20% 이상 성장할 것으로 전망된다. 즉 AI 관련 산업이 경기 순환과 무관하게 장기간 성장하는 2차 세큘러 사이클(Secular cycles)에 진입한 것으로 해석된다.

생성형 AI는 기존 범용 연산처리 반도체와는 그 목적이 상이하다. 그래픽처리장치(GPU)와 고대역폭메모리(HBM) 중심으로 이뤄지고 있다.

챗GPT 출현으로 생성형 AI 팽창
M7 PBR 밸류에이션 높지만
2025년에도 성장 지속 기대 커
'세큘러 사이클' 시작된 지 2년
일반적 경기 사이클보다 훨씬 길어
M7 투자 매력 7~8년간 지속 전망

M7 기업 중 엔비디아는 GPU 제품을 통한 데이터 서버 부문 매출의 높은 성장과 함께 시장 기대를 웃도는 가이던스를 지속적으로 제시하고 있다. AI, 클라우드 컴퓨팅, 자율주행 등 기술을 선도하는 빅테크 기업은 일각의 고평가 우려에도 불구하고 지속적으로 펀더멘털 제고를 통해 높은 기업가치를 정당화한다.

더불어 챗GPT와 생성형 AI는 기술주 실적 가시화를 앞당기며 빅테크에 대한 우호적인 투자 심리를 조성하고 있다.

현재 M7의 2024년 평균 ROE는 42% 이상으로 S&P500의 20.5%와 비교해 펀더멘털 측면에서 확실한 격차가 존재한다. 이를 바탕으로 시장은 미래 사업성에 대해 빅테크 기업가치 수준인 주가순자산비율(이하 PBR)을 재평가했다. 2018년 9.4배였던 M7 평균 12개월 선행 PBR은 2024년 현재 20배 이상으로 2배 이상 상승하게 된 것이다.

정리하면, 이렇게 높은 PBR 수준에도 불구하고 2025년에도 M7과 함께 미국 성장주 투자는 유효하다고 판단한다. 첫 번째는 2022년 말 챗GPT 출현으로 시작된 생성형 AI가 주도하는 새로운 세큘러 사이클이 시작된 지 2년에 불과하다는 점이다.

통상 세큘러 사이클은 일반적인 4~5년의 경기 사이클보다 훨씬 길다는 점과 앞서 FAANG의 경험에 비춰 생성형 AI로 각광받는 M7의 투자 매력은 향후 7~8년간 지속될 것으로 예상된다.

두 번째로 기업가치를 고려해서 주식 시장 적정 가치를 가장 잘 판단하는 것으로 알려진 '잔여 이익 모형(Residual Income Model)'에 기초해 미국 S&P500과 미국 대형 성장주의 2025년 상승 여력을 비교해도 M7 중심 미국 대형 성장주의 상승 여력이 높게 나타난다. 2025년 S&P500지수의 상승 여력은 7%로 나타나는데 미국 대형 성장주의 2025년 상승 여력은 12%로 S&P500보다 높을 것으로 추정된다. 따라서, 2025년에도 M7을 포함한 미국 성장주의 상승 흐름을 전망한다. ■

제약·바이오·인프라 테마 뜬다
IHE·PPH·SMH·SOXX 주목

박승진 하나증권 리서치센터 글로벌투자분석실 수석연구위원

ETF 성장세가 뚜렷하다. 지난 2019년까지 6조3000억달러에 머무르던 글로벌 ETF 시장 규모는 5년 사이 2배 이상 성장하며 14조달러에 근접해간다. 글로벌 ETF 시장의 70% 비중을 차지하는 미국 ETF 시장 규모는 10조달러를 돌파(종목 수: 약 3700개)했다. 국내 ETF 시장 역시 2019년 연말 52조원 수준에서 5년이 채 지나지 않아 160조원을 넘어서며 3배 이상 성장했다.

금융 시장 변수들이 늘어나고 대응 난도가 상승하는 과정에서 ETF에 대한 관심은 더욱 커져간다. 주가가 종목별 차별화를 보이자 분산 투자 차원에서 다양한 전략이 반영된 ETF 포트폴리오로 수익성과 안정성을 높이려는 투자자가 늘어났다. 수요가 뒷받침되며 국내외 ETF 운용사들은 상황에 따라 다양한 전략을 수립할 수 있는 ETF 종목들을 꾸준히 내놓고 있다.

글로벌 중앙은행 통화 정책이 변화하는 지금, 다양한 ETF들을 활용하면 보다 효율적인 시장 대응이 가능하다.

미 연준의 'Higher for Longer(더 높은 금리를 더 오래)' 기조가 마무리되며, 팬데믹 국면에 진입한 2020년 이후 약 4년 반 만에 금리 인하가 시작됐다. 연준은 금리 인하 사이클로 전환하는 첫 번째 FOMC(2024년 9월)에서, 0.5%포인트 인하를 결정했고, 이후 11월 추가 인하를 단행했다. 사실 연준이 정책금리를 인하의 방향으로 돌려놓는 타이밍에 0.25%포인트 넘는 조정을 선택했던 과거 사례는 2001년(IT 버블), 2007년(금융위기), 2020년(팬데믹) 등 대형 위기가 발생했던 시기

에만 찾아볼 수 있었다. 반면 현 국면에서는 경제 지표들이 견조한 흐름을 이어가고, 기업 이익 증가세도 유지되고 있다. 따라서 이번 금리 인하는 연준이 그 어느 때보다 선제적 대응을 통한 경제 안정 의지를 강하게 이끌고 가겠다는 의지를 보여줬다고 봐야 한다.

이런 적극적 정책 스탠스와 경제 안정 의지는 ETF를 활용한 투자 전략 수립 과정에도 반영할 필요가 있다. 일단 그동안 고금리 기조가 장기화하며 어려움을 겪었던 만큼 금리 하락이 직접적인 실적 개선 요인으로 작용하는 섹터와 테마를 골라야 한다. 또한 적극적 정책 대응 기조가 반영되며 나타나는 경기 개선 수혜 부문의 ETF를 편입 대상 우선순위로 추려낼 수 있겠다.

미국 제약사로만 구성된 IHE
글로벌 상위 제약사 담는 PPH 추천

먼저 제약·바이오 섹터는 금리가 하락하는 상황에서 주가 모멘텀이 부각될 수 있는 대표 업종이다. 산업 특성상 R&D(연구개발)와 상용화 프로세스에 굉장히 오랜 시간이 소요돼서다. 먼 미래에 예상되는 이익을 현재 가치로 추정해 주가에 반영하는데, 이 계산 과정에서 반영되는 할인율에 현 시장금리가 사용된다. 더불어 장기간 진행되는 연구개발 투입 자금 조달 비용이 낮아진다는 점도 제약·바이오가 금리 하락의 대표 수혜 업종으로 분류되는 주요 배경 중 하나다.

구체적으로 제약 테마 ETF와 바이오테크 기업으로 구성된 ETF로 분류할 수 있다. 먼저 제약 회사들로 구성된 미국 상장 ETF의 경우, 미국 제약 기업들로 편입 대상을 제한하는 IHE나, 글로벌 상위 제약사들에 집중하는 PPH를 주목해야 한다. IHE의 경우 대형 제약사인 J&J와 일라이릴리(Eli Lilly)에 높은 비중을 할당하는 한편, 미국 제약 회사들로만 포트폴리오를 구성한다.

PPH는 글로벌 제약사 상위 25개 기업들을 시가총액 가중 방식으로 편입해 비만 치료제로 주목받고 있는 일라이릴리와 노보노디스크(Novo Nordisk)를 가장 높은 비중으로 편입한다. 국내 증시 상장 종목 중에는 비만 치료제 톱(Top)2 기업들과 더불어 기술력을 갖춘 강소 기업들을 함께 편입하는 'KODEX 글로벌비만치료제TOP2 Plus', 메가 히트 의약품을 보유한 제약사들을 골라 편입하는 'KOSEF 미국블록버스터바이오테크의약품+' 등이 대표적인 제약 업종 테마 ETF다.

바이오테크 테마의 경우 IBB와 XBI가 대표적인 미국 ETF 종목이다. IBB는 미국에 상장된 200여개의 생명공학 기업들로 포트폴리오를 구성한다. XBI는 제약 분야에 속한 기업들을 최소화하고 순수 생명공학 기업에 집중하는 ETF다. 편입 종목 수와 비중 배분 방식의 차이로 IBB는 중대형주 비중이, XBI는 중소형주 비중이 높다. 의료 디바이스 기업 테마 ETF인 IHI와 'KOSEF 의료AI' 역시 제약·바이오 강세 국면에서 함께 살펴볼 만한 종목이다.

반도체는 美 SMH·SOXX
국내에선 'KODEX 미국반도체MV'

AI 반도체 테마는 기대와 고민이 함께 담겼다. 장기간 진행된 주가 상승으로 밸류에이션 부담에 대한 언급은 이어진다. 주가 변동성이 높아진 것을 감안해 전보다 '압축된' 형태의 포트폴리오를 구성하는 방식을 권한다. 수요에 대한 민감도가 높아질 수 있고, 마찬가지로 미래 수익을 현 주가에 반영하는 과정에서 금리 하락의 수혜가 가능한 영역이라서다.

시장금리 하락은 경기 개선에 따른 수요 촉진 효과를 이끌고, 자금 조달 비용을 감소시키는 환경을 조성한다는 점에서 AI·반도체 기업 전망을 밝게 만든다. 다시 말해 AI 산업 성장 모멘텀이 확실한 가운데 제반 환경 개선 요인이 긍정적으로 변하는 환경으로 요약된다.

반도체 섹터는 미국 SMH와 SOXX, 국내 'KODEX 미국반도체MV'나 'ACE AI반도체 포커스'와 같은 ETF가 있다. SMH와 SOXX는 대표적인 글로벌 반도체 ETF다. 두 종목의 가장 큰 차이점은 비중 한도와 편입 종목 수에서 찾아볼 수 있다. SMH는 개별 종목의 최대 한도를 20%로, SOXX는 8%로 적용하고 있어 엔비디아나 브로드컴, TSMC 등 상위 종목들의 주가 영향력이 차별화된다. SMH가 좀 더 집중된 형태로, SOXX는 분산된 형태의 투자가 이뤄진다.

'KODEX 미국반도체MV'의 경우 SMH와 동일한 기초지수를 적용해 글로벌 반도체 테마

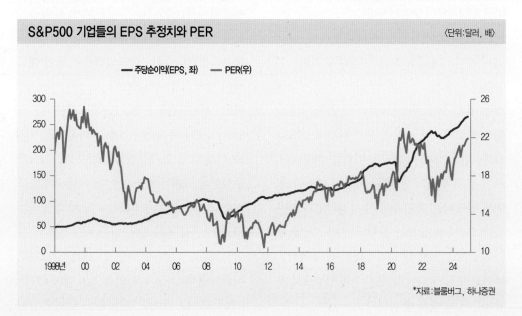

S&P500 기업들의 EPS 추정치와 PER 〈단위: 달러, 배〉

— 주당순이익(EPS, 좌)　— PER(우)

*자료: 블룸버그, 하나증권

에 집중된 포트폴리오를 구성한다. 'ACE AI 반도체포커스'는 SK하이닉스와 한미반도체, 삼성전자에 높은 비중을 할당하는 국내 반도체 테마 ETF다.

AI 테마의 경우 미국 상장 ETF 중에서 AIQ가 티커 그대로 AI 산업에 집중하는 포트폴리오를 구성한다. 국내 상장 ETF 종목군에서는 'TIMEFOLIO 글로벌AI인공지능액티브'와 'TIGER 글로벌온디바이스AI'가 시가총액(유동성) 우위를 보인다. 'TIMEFOLIO 글로벌 AI인공지능액티브'는 엔비디아, 테슬라, 메타, 브로드컴 등을 담아 성과가 좋다. 'TIGER 글로벌온디바이스AI'는 퀄컴과 ARM, 애플 등의 기업들을 중심으로 온디바이스AI 상용화 트렌드에 집중하는 ETF다.

새로운 미국 정부 인프라 키울 수
XLI, VIS, AIRR…대표 산업재 눈길

한편 금리 인하로 발생하는 경제 부양 효과와 더불어, 대선 이후 더욱 부각될 수 있는 정책 모멘텀 조합의 수혜 분야인 산업재, 인프라 테마도 관심권에 둘 만하다. 새 정부의 적극적 정책 지원은 경기 민감도가 높은 미국 산업재 기업들의 실적 증가 요인으로 연결될 가능성이 높다. 정책 불확실성을 경계하며 투자 집행과 생산 활동에 보수적이었던 상황도 해소될 듯 보인다. 대형주 중심의 XLI와 상대적으로 종목 편입에서 균형감을 갖춘 VIS, 중소형주 중심의 AIRR은 미국에 상장된 대표 산업재 ETF 종목이다. 국내 한국 상장 종목군에서는 'KODEX 미국S&P500산업재'가 XLI와 유사한 형태로 미국 산업재 섹터를 추종한다.

인프라 테마는 산업재와 유사하게 경기 민감도가 높다. 또한 프로젝트 진행 과정의 자금 조달 비용 감소(금리 하락), 정책 부문의 조합이 복합적인 모멘텀으로 작용한다. 최근에는 도로, 항만, 다리, 철도 등 미국의 노후화된 전통 인프라 시설뿐 아니라, AI 산업의 성장 과정에서 전력 인프라에 대한 수요가 급격한 증가세를 보인다.

텍사스주(州)는 신규 데이터센터가 설립되는 경우 자체 전력 조달이 가능한 발전소를 함께 건설하도록 하는 방안까지 언급했다. 마이크로소프트, 아마존 등의 빅테크 기업들은 발전소와의 직접적인 전력 공급 계약을 통해 에너지 확보에 나서고 있는데, 이런 흐름은 인프라 테마 ETF의 주가 상승 가능성을 높인다.

전통 인프라 종목군에 대한 투자는 글로벌X의 테마 ETF인 PAVE를 활용해보자. 전력 수요에 집중한다면 스마트 그리드 테마 ETF인 GRID 투자를 고려해볼 수 있다. 국내 증시에는 미국 기업 중심의 전력 인프라 테마 ETF로 'KODEX 미국AI전력핵심인프라' 'KOSEF 글로벌 전력GRID인프라' 등이 상장됐다. 국내 기업 구성 ETF로는 'KODEX AI전력핵심설비', 글로벌 기업군은 'TIGER 글로벌AI인프라액티브'를 활용한 투자가 가능하겠다. ■

SK에코플랜트·LG CNS·CJ올리브영 조 단위 평가 기업 안착이 초관심사

이병화 신한투자증권 기업분석부 부서장

2024년 대어급 IPO가 성공적으로 마무리되며 2025년 IPO 시장의 기대치가 높아졌다. 2024년 상반기 에이피알과 HD현대마린솔루션, 하반기 시프트업과 산일전기가 IPO에 성공했다. 상장 건수는 양호했으나 공모 규모가 아쉬웠던 2023년과 비교하면 2024년 시장은 회복 기조가 확연하다. 공모 건수는 평이했지만, 시가총액 1조원 이상의 IPO 성공 사례를 남겼고, 공모금액도 2023년 대비 늘어났다.

유통 시장의 침체를 감안한다면 공모 시장 분위기는 상대적으로 좋다. 코스피와 코스닥 합산 거래대금은 2024년 일평균 20조원을 밑돌고 있다. 코스피와 코스닥 2024년 연초 수익률은 9월 말 기준 각 −2.2%, −11.2%로 부진하다.

반면 2024년 9월 말 기준 투자자 예탁자금은 56조8000억원(YoY +13.7%), CMA 잔고는 86조2000억원(YoY +22.1%)으로 전년 대비 증가됐다. 유통 시장 거래대금을 감안하면 주식 시장 주변의 자금은 공모 시장에 우호적이라는 의미로 해석된다.

청약 증거금도 2024년 3분기 누적 기준 286조원으로 4분기를 남겨둔 시점에서 2022년 322조원과 2023년 300조원에 근접했다. 이는 주식 시장 대비 공모 시장의 투자 매력이 높아졌기 때문이다. 2024년 3분기까지 공모가 대비 시가 수익률은 93%에 달한다. 2023년 83.8%, 2022년 29.9% 대비 높은 수치다.

글로벌 경기 침체 우려, 금리 인하 기조, 금투세 이슈 등 투자 환경 불확실성 기조 속에서 국내 주요 기업 실적 감익이 우려된다. 이

2024년 대표 공모 기업

단위:원

기업명	상장 일자	시가총액	상장 단계
HD현대마린솔루션	2024년 5월 8일	4813.9억	상장 완료
에이피알	2024년 2월 27일	2076.5억	상장 완료
현대힘스	2024년 1월 26일	372.4억	상장 완료
하이젠알앤엠	2024년 6월 27일	290억	상장 완료
엔젤로보틱스	2024년 3월 26일	389.3억	상장 완료
우진엔텍	2024년 1월 24일	145.5억	상장 완료
디앤디파마텍	2024년 5월 2일	457.4억	상장 완료
그리드위즈	2024년 6월 14일	191.8억	공모 청약
케이뱅크	–	약 5조	6월 심사청구
동국생명과학	–	–	6월 심사청구

*자료:한국거래소, 언론보도, 신한투자증권

에 상장 기업들보다는 IPO 시장에서 확실한 수익을 얻으려는 수요가 몰릴 수 있다. 1) 2023년 6월 시행된 상장 당일 공모가의 가격 변동폭 확대 시행 2) 보호예수 비중 확대를 비롯한 유통 물량 축소 노력 3) 수요예측 성공을 위해 공모 가격을 낮췄던 전략이 맞아떨어졌다. 또한 시가총액 1조원 이상의 대어급 IPO가 성공적으로 마무리되며 투자 심리 역시 개선됐다.

바닥 확인했나…2024년 상반기 공모금액은 2023년 전체 분량 뛰어넘어

2024년 3분기 기준 IPO 기업 수는 코스피 11개, 코스닥 83개, 코넥스 2개로 2023년과 유사한 흐름이다. 2023년 IPO는 코스피 17개, 코스닥 114개, 코넥스 14개를 기록했다. 10년 평균 코스피 16개, 코스닥 95개, 코넥스 24개임을 감안하면 코스피와 코스닥은 평균치, 코넥스는 저조하다. 코넥스를 제외하면 코스피와 코스닥은 공모 시장 회복 기조가 뚜렷하다. 주목할 점은 코스피 IPO 시장이다. 2021년 호황 이후 2~3년 침체와 조정기를 거쳐 시총 1조원 이상의 대어급까지 소화됐다.

2024년 상반기 코스피의 공모금액은 1조5900억원으로 2023년(1조800억원)을 뛰어넘었다. 공모주펀드 설정액 역시 2022년 3596억원, 2023년 2605억원 대비 높은 4255억원을 기록했다. 코스피 IPO 시장에 훈풍이 불면서 2024년 4분기 중 케이뱅크를 비롯해 서울보증보험이 상장에 재도전한다. 케이뱅크와 서울보증보험이 코스피 입성에 성공하면 2024년 기업가치 1조원 이상의 코스피 기업 IPO는 총 5개가 된다.

참고로 2023년은 두산로보틱스(상장 시 시가총액 1조7000억원), 에코프로머티리얼즈(2조5000억원) 등 코스피 2개 기업과 코스닥 파두(1조5000억원) 등 총 3개 기업이 상장 시 기업가치 1조원 이상을 기록한 바 있다.

2024년 4분기 예정된 케이뱅크와 서울보증보험의 IPO가 성공하면 2025년 IPO 시장은 이 기운을 타고 회복세를 이어갈 것이다. 케이뱅크는 예상 공모 규모가 1조원, 서울보증보험은 3000억원 내외가 될 전망이다. IPO 대기 중인 대어급 기업들에 두 기업 IPO 성패가 중요한 이정표다.

카카오모빌리티, SSG닷컴, 토스, 컬리 등 조 단위 평가받던 기업 주목

2025년 IPO를 준비하는 기업 중에는 시가총액 1조원 이상의 대어급들이 많다. SK에코플랜트와 LG CNS를 비롯해 CJ올리브영과 카카오모빌리티, SSG닷컴, 토스, 컬리와 같이 수조원의 시가총액이 예상되는 기업들 다수가 상장에 도전한다. 시총 1조원 이상 IPO 기업이 2023년 3개, 2024년 최대 5개 수준이라면, 2025년에는 최소 8개 이상이 될 전망이다.

금리 인하기 IPO 시장 대응 전략도 필요하다. 주식 시장이 크게 하락했던 2024년 8월 5일 '블랙먼데이' 전후 한 달간 로우볼(저변동, 배당주)과 성장주로 대표되는 헬스케어 강세

흐름이 뚜렷했다. 로우볼은 경기 둔화에 대응할 수 있지만 밸류에이션 매력이 높은 업종이 많다. 로우볼 접근은 IPO 시장보다는 유통 시장 내 적합한 대응 전략이다.

성장주는 금리 하락에 반사 수혜가 있다. 과거 금리 인하기에는 경기 부진과 저성장이 나타났다. 금리보다 높은 성장을 보이는 업종으로 주도주의 지위가 넘어갔다. 2025년 깊은 경기 침체가 발생하지 않을 것이라 가정해본다면 헬스케어와 같은 성장주에 금리 인하는 긍정적 요인이 된다.

IPO 대기 중인 대어급 중에서 성장주로 불릴 만한 핀테크와 중개 플랫폼, O2O가 많다. 대어급 성장주들은 금리 상승과 IPO 시장 침체기에 높은 밸류에이션 부담이 발목을 잡았는데 2025년은 '역발상'으로 접근해도 좋을

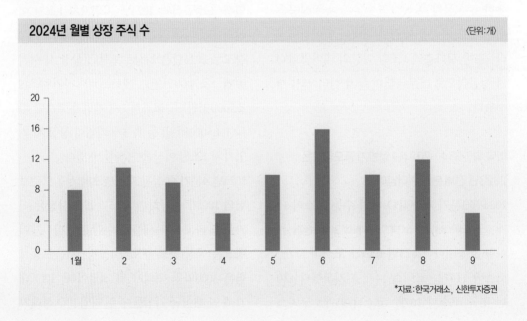

2024년 월별 상장 주식 수 〈단위:개〉

*자료:한국거래소, 신한투자증권

기업가치 1조원 이상 비상장 기업 현황

기업명	사업 분야 · 브랜드	추정 기업가치
케이뱅크	국내 최초 인터넷전문은행, KT 계열사	4조~5조원 내외
서울보증보험	보증보험 전업사	3조원 내외
LG CNS	LG 계열 SI사, IT 시스템 구축 · 운영	5조~7조원 이상
SK에코플랜트	친환경 신에너지 솔루션 기업	5조~6조원 이상
SSG닷컴	신세계그룹 산하 온라인 부문 통합 쇼핑몰, 관련 사업 운영	8조~10조원
오아시스	친환경, 유기농 상품 전문 소싱 기업, 새벽 배송 진행	1조원 내외
비바리퍼블리카	모바일 금융 플랫폼 토스 운영, 핀테크 기업	8조~9조원
컬리	신선식품 전문 플랫폼 마켓컬리, 화장품 판매 전문 뷰티컬리 운영	2조~4조원
CJ올리브영	CJ그룹에서 운영하는 헬스, 뷰티 스토어	2조원 내외
두나무	블록체인 가상자산 거래소 업비트, 증권 거래 서비스 증권플러스 운영	3조~5조원
무신사	의류 브랜드 플랫폼 '무신사'	4조원
버킷플레이스	원스톱 인테리어 플랫폼 '오늘의집'	1조~2조원
메가존클라우드	클라우드 운영 관련 서비스 제공사	4조~6조원
야놀자	국내 트래블테크 기업, 여행 관련 B2B2C 사업 운영	4조~5조원
직방	대한민국 부동산 기업, 원투룸 · 오피스텔 등 온라인 부동산 중개 서비스 제공	1조~2조원
카카오모빌리티	카카오그룹의 모빌리티 전문 자회사, 택시 등의 서비스 운영	3조~4조원

*자료: 신한투자증권

만큼 투자 환경이 변했다. 적극적으로 IPO 투자에 도전해도 괜찮다는 의미다.

헬스케어 비상장 기업들도 유통 시장 내 헬스케어 강세에 힘입어 IPO를 서두를 가능성이 높다. 유통 시장에서 IT 섹터 수익률은 부진한 반면, 헬스케어 기업들은 신약 플랫폼 기업을 중심으로 신고가 행진이 이어진다. 경쟁력 있는 헬스케어 기업이 등장한다면 IPO 흥행을 충분히 예상해볼 수 있다. 2024년 3분기 기준 건강관리 부문의 IPO 비중은 25%로, 2023년 5.7% 대비 크게 증가했다. 2023년 IT 섹터의 비중이 30.1%에서 2024년 3분기 14.3%로 감소한 것과는 반대되는 행보다.

헬스케어 외 미래 유망 산업은 금리 인하 시기 IPO 시장에서 각광받기 좋은 분야다. AI 소프트웨어, 로봇과 자율주행 5단계, ESS와 같이 산업은 글로벌 전방 산업 확대와 공급망 재편으로 국내 기업 수혜가 예상된다. 또한 금리 인하와 맞물려 유통 시장 내 주가 재평가 가능성이 높다. 경쟁력 있는 기업들은 IPO 시장에서 주목받기 쉽고 상장 후에도 높은 가치를 형성할 수 있다. ■

금투세·트럼프·가상자산법···
2025년 코인 시장 '5대 이슈'

홍기훈 홍익대 경영학과 교수
나건웅 매경이코노미 기자

2024년은 디지털자산(코인) 시장을 둘러싸고 정말 다양한 이슈가 터져 나온 한 해였다. 연초부터 시작된 랠리에 힘입은 사상 최초 비트코인 1억원 돌파, '테라-루나' 사태 주범인 권도형 테라폼랩스 전 대표에 대한 한국 송환 결정에 이은 송환 무효 판결 등이 대표적이다.

국내 코인 거래소와 정부 관련 논란도 많았다. 챗GPT 아버지로 불리는 샘 알트만 오픈AI 대표가 주도하는 '월드코인'은 개인정보법 위반 불법 행위로 개인정보보호위원회에서 11억원 과징금을 부과받았고 한국 코인 '위믹스' 시세 조작 혐의를 받는 장현국 전 위

메이드 대표 첫 공판이 진행됐다.

빗썸에서 거래 지원했던 코인 '어베일'은 시세 조종 1호로 지목받으며 금융감독원이 현장조사에 나서기도 했다.

2024년 현재, 코인 시장은 그 어느 때보다 불확실성이 커진 상황이다. 코인 가격 급격한 상승·하락과 그에 따른 국내외 규제 환경 변화로 산업이 어디로 나아갈지에 대한 방향성이 모호해진 상황이다.

최근 갑작스러운 '밈 코인(인터넷 유행에 힘입

2025년 코인 시장 5대 이슈

구분	이슈	내용
1	금융투자소득세 향방	금투세 폐지 안 될 경우 코인 시장으로 자본 유입
2	코인 사업자 신고 갱신	특금법 까다로워지면서 거래소 등 사업자 갱신 포기
3	밈 코인의 약진	기술적으로 유망한 코인보다 당장 차익 노릴 수 있어
4	트럼프 당선 수혜	코인 업체 후원금 역대 최대···친코인 정책 기대감
5	가상자산기본법	가상자산감독국, 조사국, 위원회 등 규제 기관 신설

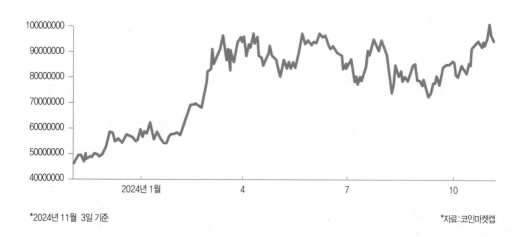

최근 1년 동안 2배 이상 급등한 비트코인 〈단위:원〉

*2024년 11월 3일 기준   *자료:코인마켓캡

어 가격이 오르내리는 코인)' 강세는 그간 투자자 사이에서 쌓여온 코인 시장 내러티브(서사)가 더 이상 유지되지 않을 것 같다는 생각을 하게 만든다.

트럼프 미국 대통령 당선 이후, 코인 시장을 둘러싼 호재 만큼이나 불확실성이 더욱 커질 것으로 전망되는 2025년, 코인 투자자가 눈여겨봐야 할 코인 시장의 이슈 5개를 정리해 본다.

1. 코인 과세 유예, 금투세 폐지
과세 유예는 호재, 금투세 폐지는 악재

논란이 됐던 '코인 과세'는 일단 유예하는 것으로 결정이 났다. 2024년 7월 발표된 세법개정안에서 정부는 코인 과세 도입 시기를 2025년에서 2027년으로 2년 유예하기로 했다. 당초 정부는 2025년부터 코인 투자로 얻는 소득

이 250만원을 초과하면, 초과분에 대해 20% 세율을 적용해 분리 과세하기로 했었다.

코인 과세는 유예는 반갑지만, 금융투자소득세(이하 금투세) 폐지 결정은 코인 투자 시장에는 악재다. 증권 시장과 코인 시장은 지난 10년간 계속해서 가까워졌다. 투자자는 코인을 별개 자산이나 화폐로 보기보다는, 주식과 같은 투자 상품으로 인식하는 경향이 짙어졌다. 코인을 시장 가치가 있는 투자·투기용 자산으로 인식하고 있다는 얘기다. 2025년에는 더욱 동조화 정도가 심해질 것으로 전망된다. 국내 주식 시장에서 투기성이 짙은 고위험 주식과 코인 사이 대체 효과는 더 강해질 예정이다.

이런 맥락에서 금투세가 폐지되지 않는다면 증권 시장에서 코인 시장으로 유동성이 흘러

들어갈 것은 자명했지만 금투세 폐지가 사실상 확정되면서 코인 투자자 입장에선 아쉬운 결과가 됐다.

2. 코인 사업자 신고 갱신
2024년 말 예정…사업 존폐 기로

일단 특정 금융거래정보의 보고 · 이용 등에 관한 법률(이하 특금법)에 따른 코인 사업자 라이선스 갱신 신고가 2024년 말 그리고 2025년에 예정돼 있다. 특금법이 이전보다 더 까다로워졌고 규제당국의 코인 산업에 대한 규제 강도가 갈수록 높아진다는 점을 감안하면 기대만큼 갱신 신고가 수월하게 이뤄지지 못할 수도 있다는 생각을 할 수 있다.

실제 많은 업체들이 갱신 신고를 포기하고 있다. 투자자가 거래소 사업 중단에 따른 리스크를 해소하기 위해서는 갱신 신고 심사 결과에 주목할 필요가 있다. 2024년 문제가 된 코인을 거래 지원했던 또는 지원 중인 거래소나 재무건전성에 적신호가 켜진 거래소들, 또 최대주주와 임원들 불법 행위가 수면 위로 떠오른 거래소들, 가상자산이용자보호법에 명시된 규제를 잘 지키지 못하는 거래소들은 특히 주의해서 지켜봐야 한다.

3. '밈 코인'의 약진
어렵고 복잡한 코인, 외면받는다

도지 · 페페 · 밈벳 · 크립토 올스타 · 시바이누 · 봉크 · 캣인어독스월드….

2024년 하반기 주목받는 코인 이름을 나열해보자면 잠깐만 생각해도 20개를 쉽게 넘길 수 있다. 그야말로 밈 코인 전성시대가 열렸다.

그동안 코인 시장은 일반적으로 내러티브를 기반으로 전개됐다. 스마트 콘트랙트, 솔라나 디자인 등 새로운 기술, 아니면 스테이블 코인과 같이 기존 화폐를 대체한다는 주장 등 대중이 납득할 만한 내러티브를 만들어내고 그 내러티브를 홍보해 투자자 지지를 이끌어내는 방식이었다. 그러나 2025년 상반기 코인 시장은 아마도 아직까지 우리가 알고 있는 것과는 사뭇 다르게 전개될 확률

2024년 수익률 '톱10'…밈 코인이 휩쓸어

단위:%, 억원

순위	코인	연 수익률	시총 순위	시가총액
1	팝캣(POPCAT)	18145	53	1조8725
2	모그코인(MOG)	4476	92	9284
3	만트라(OM)	2376	60	1조6026
4	도그위프햇(WIF)	1345	37	2조8540
5	페페(PEPE)	582	24	4조8089
6	펜들(PENDLE)	301	87	9922
7	플로키(FLOKI)	286	57	1조68783
8	레이디움(RAY)	192	70	1조25499
9	재스미코인(JASMY)	174	73	1조1466
10	수이(SUI)	155	19	7조3115

*2024년 1월 1일 이후 연간 수익률(11월 3일 기준)
*굵은 글씨가 밈 코인
*자료:코인마켓캡

이 높다. 그리고 그 중심에 밈 코인이 있다.

사실 밈 코인이 주목받은 것은 새롭지 않다. 과거 일론 머스크 테슬라 창업주로 인해 도지코인이 엄청난 주목을 받았던 적도 있다. 그러나 2025년에는 단지 이슈에 편승한 몇몇 코인이 아니라, 수많은 밈 코인이 더 많은 주목을 받을 것으로 예상된다. 특히 트럼프 당선에 머스크가 힘을 실으면서 도지코인 가격은 급등세를 보인다.

이면에는 비트코인 가격 상승에 따라 코인 시장에 새로 유입된 유동성이 자리한다. 코인 시장에 더 많은 자금이 유입되면서 기술적으로 복잡하거나 따로 공부를 해야 하는 코인, 즉 '미래에 유망하다고 주장되는 스토리'를 가진 코인보다는 당장 양떼 효과로 투자 차익 수혜를 볼 수 있는 밈 코인이 투자자에게 더 매력적으로 다가갈 수 있는 셈이다.

4. '親코인 대통령' 트럼프 당선
비트코인 급등···불확실성은 여전

2024년 11월에 진행된 미국 대선은 앞으로 미국, 나아가 글로벌 코인 규제 방향에도 큰 영향을 줄 것으로 보인다. 당초 도널드 트럼프와 카멀라 해리스, 두 후보 중 누가 되더라도 코인 업계 친화적인 정책이 수립될 것으로 전망됐었다. 코인베이스, 리플 등 코인 관련 기업 후원금이 급증하면서 코인 규제 완화와 제도 수립이 힘을 받게 됐다.

그 와중에 상대적으로 더 강력한 '친코인 행보'를 보인 트럼프가 미국 대통령에 당선되면서 코인 시장 상승세는 더 탄력을 받는 모습이다. 트럼프 당선인은 비트코인을 미국의 국가 전략 자산으로 비축하고 비트코인 채굴을 장려하겠다고 공약해온 바 있다. 비트코인 외에도 이더리움, 솔라나 등 알트코인 현물 ETF 승인 가능성도 커진 상황이다.

트럼프가 4년 만에 백악관에 재입성한 2024년 11월 7일, 비트코인 가격은 장중 한때 1억600만원을 돌파하는 등 당장 사상 최고치를 경신하기도 했다. 11월 11일 현재 기준 비트코인 가격은 1억1300만원을 기록 중이다. 연일 사상 최고가를 경신하는 모습이다.

5. 가상자산기본법: 더 강한 규제
코인 규제 감독기관, 잇따라 신설

2025년 코인 시장은 더 강력한 규제를 마주할 것으로 예상된다. 금융감독원에 가상자산감독국과 가상자산조사국이 신설됐다. 금융위원회에서도 기존 특금법에 관여하던 금융정보분석원(FIU)만이 아니라 '가상자산위원회'가 새롭게 만들어질 예정이다. 또한 지난 국회에 발의됐다 폐기된 가상자산 2단계 법안은 2025년에는 새로운 법안으로 발의될 것으로 기대한다. 규제의 강화는 악재만은 아니다. 제도권 테두리에 더 많은 코인과 관련 정책이 들어올 경우, 앞으로 코인 시장과 산업에 더 큰 신뢰를 부여해줄 것으로 기대한다. ∎

부동산 시장

Preview

2024년 부동산 시장은 유례없는 호황을 보였다. 상반기 들어 아파트값이 치솟으면서 '패닉바잉' 수요가 몰려 서울, 수도권 주요 단지 매매가 고공행진을 이어갔다. 하반기에는 정부 대출 규제로 매수세가 주춤하기는 하지만 여전히 상승 곡선을 그렸다.

2025년 부동산 시장도 완만한 상승세를 이어갈 전망이다. 원자잿값 상승 여파로 아파트 분양가가 급등했지만 입주 물량이 워낙 부족해 '로또청약' 수요가 끊이지 않기 때문이다. '얼죽신(얼어 죽어도 신축)' 열풍 속에 신축 아파트는 활황세를 지속할 것으로 보인다. 특히 정부가 주택 공급 활성화를 위해 정비사업 규제를 풀면서 강남권뿐 아니라 마용성(마포, 용산, 성동구) 일대 재건축, 재개발 투자 수요는 꾸준할 전망이다.

다만 수익형 부동산은 상품별로 '옥석 가리기'가 심화될 것으로 보인다. 집값이 급등하면서 '아파트 대체재'로 자리매김한 서울 역세권 오피스텔에는 수요가 몰릴 가능성이 높다. 자산가 러브콜이 이어졌던 꼬마빌딩은 기준금리 인하 효과로 꾸준한 인기를 이어갈 전망이다. 다만 경기 침체 여파로 상가 시장에는 찬바람이 불 것으로 보인다.

아파트 전셋값도 상승세를 보일 전망이다. 입주 물량이 부족한 데다 금리 인하로 월세에서 전세로 이동하는 수요가 늘어나면 전세 가격이 우상향곡선을 그릴 가능성이 높다.

강남 재건축 청약 열풍은 계속된다
사업 초기 재건축 단지 노려볼 만

박합수 건국대 부동산대학원 겸임교수

2024년 재건축 시장은 1분기까지 조정 흐름을 보이다 2분기 들어 보합세로 서서히 반등 기반을 다졌다. 3분기에는 서울 부동산 시장 활황 덕분에 상승세로 전환하며 회복하는 양상을 보였다. 특히 서울 강남권은 재건축 기대감이 커지며 매매가 상승폭이 컸다. 다만 9월 이후 단기 급등에 대한 부담감과 정부 대출 규제로 추격 매수세는 다소 잠잠해진 상태다.

서울 강남 재건축 분양 시장은 청약 경쟁률이 수백 대 일에 이르는 등 그 어느 때보다 관심이 높았다. '얼죽신(얼어 죽어도 신축)' 열풍 속에 새 아파트 선호도가 높아진 데다 분양가 상한제가 적용돼 주변 시세의 약 70% 수준으로 분양가가 책정되다 보니 '로또 청약'이라는 진풍경이 연출됐다.

정부 재건축 규제 완화 눈길

지난 10년간 재건축 사업은 정부 규제 강화로 사실상 손을 놓은 상태였다. 안전진단 강화로 첫 출발이 늦어지고, 다음 단계인 재건축 단지들도 재건축 초과이익환수제 영향 등으로 지체됐다. 여기에 금리 인상과 공사비 상승이라는 직격탄을 맞으며 사업이 지체됐다. 하지만 이번 정부 들어 분위기가 달라졌다. 도심 주택 공급을 늘리기 위해 재건축 활성화에 나섰다. 정비사업 첫 단계인 기본계획 수립과 정비구역 지정 절차를 하나로 묶고, 사업시행인가와 관리처분인가 절차를 통합하기로 했다.

절차 간소화도 눈길을 끈다. 정부는 재건축 조합설립 동의 요건을 75%에서 70%로, 동별 요건도 2분의 1에서 3분의 1로 완화했다. 동의 요건 완화는 상가 등의 참여를 조속하게

재건축이 마무리되면 서울 양천구 목동신시가지 일대는 '미니 신도시'로 탈바꿈한다. (매경DB)

끌어내려는 방편이다. 이 밖에도 인허가 지원을 위해 법정 처리 기한 관리를 강화하고, 관계기관 이견 방지를 위한 지자체 합동 조정회의체를 신설한다. 용적률도 추가로 높였다. 재건축 등 역세권 정비사업은 법적 상한의 1.3배까지, 일반 정비사업은 1.1배까지 추가로 가능하다. 예를 들어 3종일반주거지역 재건축 용적률은 법적 상한이 300%다. 역세권은 390%로 고밀도 개발이 가능해진다.

재건축 사업성을 악화시키는 요인으로 불렸던 재건축 초과이익환수제 폐지도 추진하기로 했다. 재건축 초과이익환수제는 재건축으로 조합원이 얻는 시세차익이 주변 집값 상승분과 비용 등을 빼고 1인당 평균 8000만원이 넘을 경우 초과이익의 최대 50%를 부담금으로 환수하는 제도다. 초과이익환수제가 폐지될 경우 그만큼 재건축 사업성이 높아질 것이

라는 기대가 크다. 서울 도심 주택 공급은 재건축, 재개발 등 정비사업이 약 80%를 차지한다. 그런 만큼 정비사업 지체는 주택 공급 부족의 가장 큰 원인으로 작용한다. 아파트 입주 물량 부족은 2025년 한 해의 문제가 아니라 2030년까지도 지속될 우려가 크다. 재건축 규제 완화가 중요한 이유다.

다만 변수는 있다. 재건축 안전진단의 경우 준공 후 30년이 지나면 노후계획도시에서는 면제되지만, 일반 재건축 단지는 아직 남아 있다. 정부는 명칭을 '재건축 진단'으로 변경하고, 사업시행계획인가 전까지 받으면 되도록 했다. '재건축 진단' 통과와 상관없이 정비구역 지정, 정비계획 수립, 추진위와 조합설립 등 재건축 사업 추진이 가능하다는 의미다. 국토교통부는 재건축 사업 기간을 3년 정도 줄일 수 있다고 예상한다. 문제는 재건축

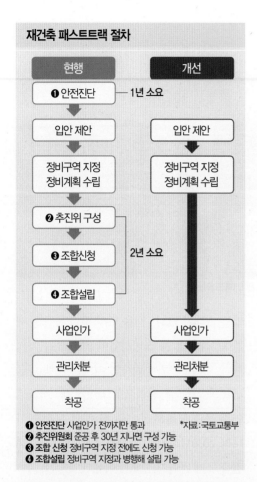

재건축 패스트트랙 절차

현행	개선
❶ 안전진단 —1년 소요	
입안 제안	입안 제안
정비구역 지정 정비계획 수립	정비구역 지정 정비계획 수립
❷ 추진위 구성	
❸ 조합신청 (2년 소요)	
❹ 조합설립	
사업인가	사업인가
관리처분	관리처분
착공	착공

*자료:국토교통부

❶ 안전진단 사업인가 전까지만 통과
❷ 추진위원회 준공 후 30년 지나면 구성 가능
❸ 조합 신청 정비구역 지정 전에도 신청 가능
❹ 조합설립 정비구역 지정과 병행해 설립 가능

사업 진행 중 안전진단이 통과되지 않으면 비용 등 여러 이슈가 복합적으로 작용할 수 있다는 점이다. 부동산R114에 따르면 2024년 1월 기준으로 준공 후 30년이 지난 아파트는 전국 1232만가구. 경기도 52만2000가구, 서울 50만 3000가구, 인천 19만9000가구에 이르는 만큼 조속한 재건축 추진을 위해서는 안전진단 규제를 파격적으로 완화하는 것이 중요하다.

또한 분양가상한제가 폐지될 경우 재건축이 더욱 활성화될 가능성이 크다. 2024년 말 기준으로 분양가상한제 적용 지역은 서울 강남 3구(강남, 서초, 송파구)와 용산구 등 4곳이다. 분양가상한제의 목적은 분양 가격을 낮춤으로써 주변 시세를 끌어내리는 것이다. 하지만, 현실에서는 공급 물량 부족 등으로 분양하자마자 주변 시세 수준으로 가격이 뛴다. 청약을 하는 사람은 로또 당첨 특혜를 누리지만 사업자인 조합과 건설사는 추가 분담금 증가로 사업을 미루게 되고, 공급이 줄어드는 현상이 발생한다.

재건축 분양 인기 지속될 듯

정부 대출 규제로 2024년 하반기 부동산 투자 열기가 주춤하지만 2025년에도 재건축 시장은 들썩일 가능성이 높다. 신축 투자 열풍으로 입지 좋은 재건축 아파트 청약 열기는 계속 이어질 것으로 보인다. 한국부동산원 청약홈에 따르면 서울 송파구 신천동 진주아파트를 재건축한 '잠실래미안아이파크'는 2024년 10월 22일 진행한 307가구 1순위 공급에 8만2487명이 신청해 평균 경쟁률이 268.7 대 1에 달했다. 앞서 특별공급에도 4만명 가까이 몰리며 경쟁률이 140 대 1을 기록했다.

잠실래미안아이파크 흥행 덕분에 잠실 일대 재건축 청약 열기가 지속될 것으로 보인다. 잠실 미성·크로바를 재건축한 잠실르엘이 대표적이다. 지하 3층~지상 35층, 총 1865

주요 단지 재건축이 속도를 내는 서울 송파구 잠실 일대 전경. (매경DB)

가구 규모로, 이 중 전용 45~74㎡ 219가구가 2025년 초 일반분양 물량으로 나온다. 인근 장미1~3차아파트도 2024년 8월 신속통합기획이 확정돼 재건축을 추진 중이다. 최고 49층, 4800가구 규모로 탈바꿈한다. '잠실 재건축 최대어'로 꼽히는 잠실주공5단지도 정비사업에 속도를 낸다. 1978년 준공된 이 단지는 향후 최고 70층, 6491가구의 초고층 대단지로 탈바꿈한다. 분양 시장 흥행 덕분에 서울 재건축 아파트 가격은 전반적인 상승세를 이어갈 전망이다.

아직 분양 단계에 이르지는 않았지만 초고층 재건축 추진 단지도 눈여겨볼 만하다. 서울 강남구 압구정2구역은 최고 층수를 70층으로 한 정비계획 변경안이 강남구 의회 의견 청취 절차를 통과했다. 압구정4구역(현대8차, 한양3·4·6차)과 압구정5구역(한양1·2차)도 기존 49층에서 최고 69~70층으로 층수를 높

이는 정비계획 변경을 추진 중이다.

비강남권에서 눈길을 끄는 지역은 서울 양천구 목동이다. 목동신시가지는 지난 정부에서 재건축 첫 단추인 안전진단에서 번번이 고배를 마셨지만 2024년 들어 14개 단지가 모두 안전진단을 통과하며 본격적인 재건축 물꼬를 텄다. 안전진단 통과 이후에는 정비구역 지정 절차가 순조롭게 진행되는 분위기다. 6단지가 최고 49층 높이로 재건축을 확정한 데 이어 14·4·8·13단지가 차례로 정비구역 지정을 위한 주민공람에 돌입했다. 재건축이 마무리되면 목동신시가지1~14단지 일대는 5만3000여가구 규모 '미니 신도시'로 탈바꿈한다. 여의도에서는 초고층 재건축을 추진하는 시범아파트(65층), 진주아파트(58층)가 투자자 관심을 한 몸에 받는다. 재건축 규제 완화로 사업 속도가 빨라질 가능성이 높은 만큼 사업 초기 단계인 재건축 단지 투자를 노려볼 만하다. ■

용적률 등 규제 완화로 사업성 UP
'노른자' 성수전략정비구역 눈길

고종완 한국자산관리연구원장

부동산 시장에서 재건축, 재개발 등 정비사업이 화두다.

서울, 수도권 주택 공급을 늘리려면 정비사업 외에는 뚜렷한 대안을 찾아보기 어렵기 때문이다.

2025년에도 재건축과 더불어 재개발이 부동산 시장 흐름을 주도할 것으로 보인다. 특히 서울 도심 재개발, 뉴타운 분양 물량은 여전히 실수요자 관심이 뜨겁다. 일례로 2024년 7월 진행된 성북구 장위뉴타운 '푸르지오라디우스파크' 1순위 청약에서 365가구(특별공급 제외) 모집에 1만2830여명이 몰리며 평균 경쟁률이 35.1 대 1을 기록했다. 최고 경쟁률은 전용 84㎡A타입으로, 64.6 대 1의 경쟁률을 낼 정도로 인기를 끌었다.

전용 85㎡ 이하 주택 공급 의무 폐지

2025년에도 재개발 시장이 활황을 이어갈 것으로 보인다. 무엇보다 재개발 규제 완화가 호재로 작용할 전망이다.

정부는 특례법인 '재건축·재개발 촉진법'을 제정해 도심 주택 공급을 늘리기로 했다. 정비사업의 첫 단계인 기본계획 수립과 정비구역 지정 절차를 하나로 묶는 한편 조합설립 동의율도 기존 75%에서 70%로 완화한다. 재개발 지역에서 전용 85㎡ 이하 주택을 80% 이상 공급해야 하는 의무도 폐지된다.

정비사업 용적률도 완화한다. 법적 상한 기준에서 3년간 한시적으로 추가 허용하는 방안을 예고했다. 3종주거지역의 경우 법적 상한 용적률이 300%인데 이를 일반 정비사업 지역에서는 330%까지, 역세권은 390%까지 확대한다.

서울 동작구 노량진뉴타운은 서남부권 노른자 사업지로 손꼽힌다. (매경DB)

서울시도 힘을 보탰다. 재정비촉진지구(뉴타운) 사업성을 높여주기 위한 방안 마련에 나섰다. 서울시는 땅값이 낮은 지역 재개발 분양 가구 수를 대폭 늘려주기 위해 최근 기본계획을 고시했다. 서울시 평균 공시지가 1㎡당 586만원 이상인 구역은 사업성 보정계수(단지 규모, 밀도 등을 고려해 용적률에 반영하는 계수)를 최대 2까지 적용받아 분양 가구 수를 늘릴 수 있게 된다. 이를 통해 공공기여와 임대주택 건설에 따른 부담을 줄일 수 있다.

임대주택을 사실상 짓지 않아도 되는 재개발 구역도 나올 전망이다. 서울시는 기존 건축물의 용적률(현황용적률)이 기준용적률을 초과하는 곳에선 현황용적률을 그대로 인정해주기로 했다. 이렇게 되면 허용용적률 인센티브에 공공기여에 따른 상한용적률 인센티브까지 채워 임대주택 없이도 법적으로 정해진 용적률 최대치를 채울 수 있다.

덕분에 재개발 추진 동력이 부족했던 사업장에 도움이 될 것으로 기대된다. 그간 정비구역 지정부터 추진위원회 설립, 조합설립인가 등 사업시행자를 설립하는 과정까지 오랜 시간이 걸렸지만 앞으로는 사업 기간이 단축될 가능성이 높아졌다. 재개발은 재건축과 달리 초과이익환수 제도가 없는 것도 장점이다.

서울시가 내놓은 신속통합기획 제도도 눈여겨볼 만하다. 신통기획은 일반적인 재건축, 재개발 사업과 달리 사업 초기부터 개별 단지와 서울시가 함께 정비사업 밑그림을 그리고 향후 심의 과정에서도 절차 간소화 등을 통해 사업 속도를 높이는 방식이다. 서울시는 신통기획 도입 이후 대상지 선정부터 당초 5년

서울 성동구 성수전략정비구역은 한강변 초고층 아파트촌으로 변신하기 위한 준비 작업이 한창이다. (매경DB)

정도 걸리던 정비구역 지정 기간을 2년 7개월로 단축했다.

재개발 투자 유망 지역은 어디일까. 가장 눈길을 끄는 곳은 서울 성동구 성수전략정비구역이다. 한강변 초고층 아파트촌으로 변신하기 위한 준비 작업이 한창이다. 성수4지구 재개발 조합은 2025년 상반기 시공사 선정을 목표로 사업을 추진할 계획이다. 입지는 괜찮다. 4지구에서 영동대교만 건너면 강남구 청담동에 다다르고 영동대교북단IC를 이용해 강변북로에 진입하기 용이하다. 4지구는 공사면적이 40만㎡로 성수 4개 지구 중 가장 넓고 77층 초고층 설계가 가능하다는 점도 매력 요인이다. 한강 조망권도 우수하다. 설계사인 디에이건축 컨소시엄이 제출한 성수4지구 설계안을 살펴보면 한강과 잠실을 바라보는 가구가 55%, 한강과 서울숲을 바라보는 가구가 45%에 이를 전망이다. 즉, 재개발 사업이 마무리되면 대부분 가구가 남향으로 한강을 바라볼 수 있는 구조다.

4지구 개발 사업이 본격화되면서 다른 지구도 사업에 속도를 내는 중이다. 성수1·2지구는 정비계획 확정고시를 위한 주민공람을 마쳤다. 성수전략정비구역 개발이 완료되면 1지구에는 2909가구, 2지구 1907가구, 3지구 1852가구, 4지구 1579가구가 들어설 계획이다. 전체로 보면 약 53만㎡ 부지에 42개동, 8247가구가 입주한다.

동작구 노량진뉴타운도 서울 서남부권 '노른자' 사업지로 손색이 없다. 동작구 노량진·대방동 일대 73만8000㎡ 규모의 노량진뉴타운은 2003년 서울시 2차 뉴타운지구로 지정됐다. 2009년 6개 구역으로 나뉘어 지정됐고 이듬해 대방동 일대 1000㎡가 7, 8구역으로 추가 지정됐다. 노량진수산물시장, 학원가 등을 중심으로 토지 이해관계가 복잡해 개발 사업이 속도를 못 냈지만 최근 분위기가 달라졌다. 8개 구역 중 1·3구역을 제외한 모든 구역이 관리처분인가를 받은 상태다. 사업시행인가 단계인 1·3구역도 관리처분인가 준비가 한창 진행 중이다. 모든 구역이 시공사 선정도 마친 상태다.

재개발이 마무리되면 노량진 일대는 약 9000가구 규모 새 아파트 주거지로 탈바꿈한다. 노량진뉴타운은 광화문, 강남, 여의도 등 도심 접근성이 좋은 데다 올림픽대로, 강변북로, 서부간선도로, 강남순환도로 등으로 진입하기도 수월해 교통 환경이 우수하다. 다만 지분 매매가가 많이 뛰어 초기 투자금으로 최소 10억원은 있어야 투자가 가능하다.

권리산정기준일 꼼꼼히 살펴야

재개발 투자 시 주의할 점도 많다.

첫째, 도시 및 주거환경정비법 제77조에서 규정한 '권리산정기준일'이다. 권리산정일인 정비구역 지정고시가 있기 전에 입주권을 확보해야 한다. 권리산정기준일 이후 빌라 등을 매수하면 분양권을 받을 수 없기 때문이다. 지분 쪼개기로 간주되면 현금청산 대상으로 이때 청산으로 받는 보상금이 통상 시세보다 낮은 감정평가액으로 책정된다. 매수 타이밍을 놓치면 투자 손실을 입을 수 있다는 의미다. 입주권을 목적으로 투자를 생각한다면 제외 조건과 산정일 등을 꼼꼼히 확인하고 시·군·구청 홈페이지의 '고시공고'를 통해 확인하거나 조합 사무실을 방문, 확인할 필요가 있다.

둘째, 재건축 사업이 조합설립인가 후 조합원 지위 양도를 금지하는 것과 달리, 재개발 사업은 관리처분계획인가 때까지 조합원 지위를 양도할 수 있다. 또한 재개발 사업은 전세나 레버리지를 일으키는 데 한계가 있어 리스크도 크다는 점에 유의해야 한다. 셋째, 투기과열지구에서 2018년 1월 24일 이후 최초 사업시행인가를 신청한 재개발 조합은 전매가 금지된다. 이왕이면 뉴타운, 재개발 사업지의 대단지에 주목해야 한다. 단지가 클수록 다양한 커뮤니티 시설과 조경 설치가 가능해 랜드마크 단지로 떠오를 가능성이 높다.

특히 신속통합기획 대상지라고 해서 '묻지마 투자'는 금물이다. 우후죽순 난립하던 서울시 재개발 후보 지역 가운데 주민 반대가 많거나 갈등이 심한 곳은 제외되는 지역도 적잖다. 서울시는 주민 반대 동의율이 높아 사업 추진이 어려운 강북구 수유동, 서대문구 남가좌 일대 신통기획 재개발 후보지 선정을 취소했다. 이들 지역은 주민 반대가 30% 이상으로 사업 추진이 불투명하고 주민 간 심각한 갈등, 분쟁을 겪던 곳이다. 향후 정비구역 지정을 위한 입안 동의 요건(찬성 50%)과 조합 설립 동의 요건(찬성 75%)도 충족하기 어려웠다. 투자에 앞서 주민 동의율이 얼마나 확보됐는지, 추진위가 난립하지는 않는지 등 사전 정보 파악이 필요한 이유다. 재개발 사업은 대체로 10년 이상 오랜 기간이 소요되는 만큼 대출 부담을 줄이고 자금 조달 계획을 철저히 세워야 한다. ■

1기 신도시 재건축 선도지구 눈길
GTX 수혜지 분양 시장 활기 띨 듯

김일수 아스트라자산운용 전무

부동산 시장에서 신도시 핵심 기능은 급증하는 구도심의 인구 밀집 현상을 분산하는 데 있다. 입주 초기에는 도로, 공원 등 각종 인프라 시설 구축이 미흡할 수밖에 없다. 입주 후 대략 15년 이상이 되면 완벽한 도시 기능을 수행하게 된다. 이후 안정적인 매매, 임대 가격을 형성하는 경우가 많다. 하지만 입주 후 30년을 초과하면 상황이 달라진다. 아파트와 기반시설이 노후화되다 보니 정비사업 필요성이 커진다.

2024년 하반기 들어 서울 집값 상승세가 주춤했지만 분당, 평촌 등 수도권 신도시 아파트 매매가는 상대적으로 공고한 상승세를 이어가는 중이다. 이유는 뭘까.

첫째, 1990년대 초반 입주가 시작된 1기 신도시의 대규모 정비사업 추진 필요성이 커지면서 주택 가격 상승 기대감이 높아졌다.

둘째, 현 정부 출범 이후 부동산 프로젝트파이낸싱(PF) 부실 사태가 부각되면서 건설 대출 시장이 위축돼 신규 주택 건설 물량이 급감했다. 실질적으로 신도시 공급 물량에는 큰 영향을 주지 않았지만 신축 물량 감소는 고스란히 신도시 주택 거래 수요로 이어졌다. 셋째, 서울 아파트값이 급등하면서 상대적으로 가격이 저렴하고 학군, 인프라가 탄탄한 신도시 투자 수요가 늘었다. 우수한 주거 여건을 구비한 신도시의 전월세 가격이 단계적으로 상승했다.

'노후계획도시 특별법' 기대 커져

2025년에도 신도시 부동산 시장은 들썩일 가능성이 높다. 정부가 추진 중인 '노후계획도시 특별법'이 호재로 작용한 덕분이다. 원활한 정비사업을 위해 진입장벽 규제를 완화해 보다 많은 노후 주거지가 신속히 사업에 착수할 수 있도록 하는 데 중점을 뒀다.

정부 추진 방향에 따르면 지자체는 정비구역 지정 전 정비계획 기본 방향을 의무적으로 사전 제시하도록 해 정비구역 지정 소요 기간을 대폭 단축하기로 했다. 안전진단, 추진위원회 구성, 조합설립 등을 정비구역 지정과 병행하면서 사업시행계획, 관리처분계획을 동시에 수립하는 등 순차적인 계획 통합 처리가 핵심이다.

특히 1기 신도시는 2024년 기본계획이 수립돼 분당 8000가구, 일산 6000가구, 평촌 4000가구, 중동 4000가구, 산본 4000가구 등 신도시마다 선도지구가 지정된다. 2025년 특별정비계획 수립, 2026년 사업시행계획 인가 등 절차를 마무리할 계획이다. 이렇게 되면 2027년 선도지구의 첫 착공이 이뤄져 2030년부터 순차적으로 입주가 시작된다.

조합원 부담을 최소화하기 위해 초기 사업비에 대한 기금 융자, 주택도시보증공사(HUG) 보증 등 금융 지원을 통해 사업을 안정적으로 추진할 수 있도록 돕는다. 주거지역의 평균 용적률을 100%포인트 정도로 올리면 준주거지역의 경우 최대 500% 용적률을 기대할 수 있게 된다.

물론 장밋빛 전망만 있는 것은 아니다. 원자잿값, 공사비 인상으로 인한 재건축 부담금

1기 신도시 재건축이 속도를 내면서 부동산 시장이 들썩이는 모습이다. 사진은 경기도 성남 분당신도시 전경. (매경DB)

증대는 사업 추진의 가장 큰 걸림돌이 될 것으로 보인다. 향후 지자체 기부채납 조건 완화, 적극적인 공공 재건축 추진, 일반분양 사업성이 재건축 성공을 위한 핵심 변수가 될 것으로 예상된다.

그렇다면 2025년에도 신도시 집값은 상승세를 이어갈까. 1기 신도시 재건축 선도지구 중심으로 매매 가격이 강보합세를 유지할 것으로 보인다. 재건축이 추진 중이지만 착공 이전 단계기 때문에 서울 강남권 재건축 단지와 비교하면 상승폭은 제한적일 가능성이 높다. 실수요가 탄탄한 분당, 평촌, 중동신도시와 달리 비교적 대체 주거 단지가 풍부한 일산, 산본신도시는 분양가 인상에 한계가 나타나면서 높은 분담금이 걸림돌이 될 수도 있다.

신도시 재건축이 속도를 낼 때 눈여겨볼 변수도 있다. 보통 신도시 정비사업을 진행하면 대규모 이주 수요가 발생하면서 전월세 가격

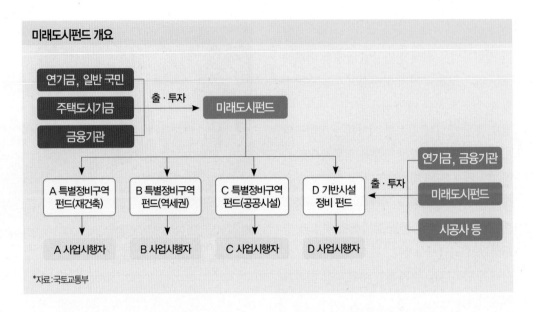

미래도시펀드 개요

- 연기금, 일반 국민
- 주택도시기금
- 금융기관

출·투자 → 미래도시펀드

- A 특별정비구역 펀드(재건축)
- B 특별정비구역 펀드(역세권)
- C 특별정비구역 펀드(공공시설)
- D 기반시설 정비 펀드

- A 사업시행자
- B 사업시행자
- C 사업시행자
- D 사업시행자

- 연기금, 금융기관
- 미래도시펀드
- 시공사 등

출·투자 → D 기반시설 정비 펀드

*자료: 국토교통부

이 급등하는 경우가 많다. 시장 불안을 해소하기 위해 공공 부문 역할이 중요한 이유다. 이를 위해 정부가 추진 중인 정책은 크게 두 가지다. 미래도시지원센터를 통해 공공기관이 체계적인 이주 대책을 마련하는 한편 원활한 사업 진행을 위한 재원 조달 방안을 내놓을 계획이다. 재원 조달을 위해 공공기여를 현금으로 산정하고, '공공기여금 유동화'를 통해 도시 기능 확충에 필요한 기반시설 비용을 조달하겠다는 것. 예를 들어 특별정비구역 공공기여금을 담보로 지자체 채권을 발행하는 방안 등이 거론된다. 정비사업 자금 조달 지원을 위해 신도시 정비 전용 보증상품인 '미래도시펀드' 조성이 현실화될 것으로 보인다.

신도시 상가 시장 분위기 반전

신도시 아파트뿐 아니라 상가 시장도 분위기가 다소 살아날 전망이다. 2022년 말 이후 코로나 팬데믹이 사실상 종료되면서 신도시 상업시설 투자는 탄력을 받을 것으로 기대됐다. 하지만 고금리에 따른 소비 위축이 전반적인 리테일 시장 침체를 불러왔다. 경기 악화로 상업시설 공실률이 늘면서 2024년 신도시 리테일 임대 시장은 부진한 양상을 이어갔다.

하지만 2025년에는 기준금리 하락 영향으로 리테일 임대 가격이 바닥을 치면서 신도시 상가 매매 가격은 다소 반등할 것으로 예상한다. 주택 투자 수요가 저평가된 리테일 시장으로 전환될 수 있는 데다 최근 몇 년 새 대규모 상업시설 개발이 크게 위축되면서 공급이 제한적이라는 점도 변수다.

정리해보면 2025년 신도시 주택 매매 가격은 완만한 상승세를 보일 전망이다. 무엇보다 1

수도권광역급행철도(GTX) 개통 수혜지에 투자자 수요가 몰리는 중이다. 사진은 경기도 화성 동탄신도시. (매경DB)

기 신도시의 대규모 정비사업은 단순한 아파트 신축 개념이 아니라 신도시 자체를 재정비한다는 측면에서 뚜렷한 개발 호재로 작용할 수 있다. 분당, 평촌 등 인기 신도시 중심으로 입지 좋은 선도지구 단지가 매매가 상승을 견인하면서 전월세 가격도 덩달아 상승세를 탈 것으로 판단한다.

화성 동탄 1·2, 김포, 인천 검단, 파주 등 2기 신도시는 광역교통망 구축이 진전되면서 거주 여건이 개선됐지만 1기 신도시에 비해서는 입지가 떨어져 매매가가 약보합세를 이어갈 것으로 예상된다.

다만 수도권광역급행철도(GTX) 개통 효과를 누리는 지역은 매매가가 우상향곡선을 그릴 가능성이 높다. 2024년 12월 GTX-A노선 파주 운정신도시~서울역 구간이 탑승객을 맞는 만큼 운정신도시 일대 아파트 분양 시장은 활기를 띨 것으로 보인다. 직주 근접성을 갖춘 수원 광교신도시의 경우 임대 수요가 풍부해 매매 가격이 상승 곡선을 그릴 전망이다.

신도시를 선호하는 30~40대가 아직까지 주택 투자 수요를 받쳐주고 있지만 지속적인 생산 인구 감소가 변수다. 멀리 보면 신도시의 매매·임대 가격이 계속 강세를 이어가기는 어려울 것으로 보인다. 신도시 내에서도 서울 강남 접근성에 따라 양극화 현상이 심화될 전망이다. ■

주택 공급 감소에 전세 수요 꾸준 수도권 전세 가격 4~5% 오를 듯

김광석 리얼하우스 대표

2024년 전국 아파트 전세 가격은 상승세로 마무리할 전망이다. KB국민은행에 따르면 전국 아파트 전세 가격 변동률은 9월까지 1.43% 오른 것으로 집계됐다. 2022년 −6.93%, 2023년 −4.87%로 2년 연속 하락한 이후 상승 반전이다. 하반기 들어 매월 상승폭은 커지는 상황이라 연말까지 전국 평균 전세 가격은 2% 안팎 상승세를 기록할 전망이다.

연도별 가격 변동 추이를 살펴보면 '전세 가격 2년 상승, 2년 하락' 패턴이 뚜렷이 나타나는 양상이다. 4년 주기로 전세 가격 상승, 하락이 반복되는 것. 정부가 임차인의 주거 안정을 위해 도입한 '임대차 2법'이 시행된 지 4년을 맞이하면서 임대 시장에 영향을 미친 것으로 보인다. 임대차 2법은 기존 2년이던 임

대차 기간을 '2+2'로 늘려 4년 거주를 보장한 '계약갱신청구권'과 재계약 때 임대료 상승폭을 직전의 5%로 제한하도록 한 '전월세상한제'를 말한다.

세입자 입장에서 전세 가격이 하락하는 시기라면 갱신권을 사용하기보다 저렴한 전셋집을 찾는 것이 좋다. 하지만 반대로 전세 가격이 상승한다면 갱신권을 사용하는 것이 유리하다. 전세 계약한 지 4년이 지나 다른 임차인을 찾을 수 있는 임대인이라면 한동안 못 올린 전세금을 많이 받으려고 할 것이다. 이 때문에 4년마다 짝을 이뤄 전세 가격 상승 가능성이 높다고 예상해볼 수 있다.

지역별로 살펴보면 전국 평균 아파트 전세 가격 상승률은 높지 않지만, 지역에 따라 체감하는 임대 시장은 온도 차가 있었다. 아파트 입주 물량이 많았던 대구(−2.94%)와 인구가

감소하는 부산(-0.62%) 등 지방은 전세 가격이 하락한 반면, 공급에 비해 주택 수요가 많은 서울(4.93%), 인천(4%) 등 수도권은 전세 가격이 상당히 올랐다. 최근 아파트 입주 물량이 많았던 경기도 전세 변동률은 2.4%로 서울, 인천 등에 비해서는 전세 가격이 적게 올랐다. 임대 시장은 전반적으로 실물 경기 영향을 많이 받는 만큼 경기 침체로 이전 수요가 감소하고 있기 때문으로 보인다. 그나마 지방에 비해 경기가 낮고 공급이 적은 수도권은 임대 시장이 상대적으로 강세를 보이는 것으로 판단된다.

2024년 아파트 전세 전국 평균 1.43% 상승

고금리 기조에 전세사기 여파로 전세 시장에 비해 월세 시장은 상대적으로 강세를 보였다. 지역별 아파트 월세 가격 변동률을 살펴보면 서울이 4.44%, 경기 4.18%, 인천 4.68% 등으로 아파트 전세 가격에 비해 2~3%포인트 높은 변동률을 기록했다. 그러나 2023년에 비해서는 상승폭이 1~2%포인트가량 줄었다. 월세가 강세를 보이는 이유는 크게 2가지다. 전세가 비율이 높은 연립이나 단독주택의 경우 전세사기 위험을 회피하려는 수요가 많아짐에 따라 전세보다는 월세 선호 현상이 두드러진다. 시중금리가 고점을 찍고 하락하고 있지만 전세자금대출 금리는 4~5%대로 여전히 높은 수준이라 은행 대출을 받아 전세금을 보전하는 것과 월세 지불은 큰 차이가 없다.

시중금리와 월세 상호 간의 역학 관계는 전월세전환율로 확인할 수 있다. 전월세전환율은 전세보증금와 월세를 교환하는 비율로 전세 시세가 일정한데 전환율이 오르면 월세가 오른다. KB국민은행에 따르면 2024년 9월 기준 지역별 전월세전환율은 서울 4.09%, 인천 5.52%, 경기가 5.1%이고 수도권 평균은 4.87%다. 1년 전에 비해서는 전환율이 2~3% 낮아진 수준으로 시중금리 인하와 궤를 같이 한다. 이에 따라 2025년 기준금리가 더 떨어지면 전월세전환율이 낮아지고 월세 상승도 둔화될 것이라고 예상해볼 수 있겠다.

2024년 임대 시장과 경기, 정책적인 상황을 종합적으로 고려해볼 때 2025년 임대 시장은 하락보다는 상승 요인이 많다. 우선 전세 추이를 살펴보면 2025년 전세 가격은 '상승'에 무게가 실린다. 전세 시장 추이를 살펴보면 통상의 계약 주기인 2년에다 계약갱신청구권 행사가 가능해짐에 따라 2년을 더해져 4년을 주기로 순환하는 모습을 찾아볼 수 있다. 2년 연속 상승, 2년 연속 하락 짝을 이뤄 상승과 하락을 반복하는 식이다. 연도별 아파트 전세 가격 추이를 보면 2018~2019년 전세 가격이 완만히 하락했다. 2020~2021년은 급격한 상승세를 보였고, 반대로 2022~2023년은 급격히 하락했다. 2024년은 전셋값이 상승했고 이 같은 패턴이 반복된다면 2025년의 순서는 상승이다. 4년 전인 2021년 전세 가격 상승이 컸던 점을 감안하면 2025년 전세 가격 상승

2025년 서울 아파트 전셋값이 상승세를 보일 전망이다. 사진은 서울 강동구 아파트 전경. (매경DB)

압력도 커질 전망이다.

아파트 수급도 전세 가격 상승 전망에 힘을 더한다. 전세 시장이 아파트 입주 물량 수급에 큰 영향을 받는 점을 감안해보면 입주 물량은 중요한 변수다. 부동산R114에 따르면 2025년 아파트 입주 예정 물량은 26만4141가구로 2024년(36만499가구)에 비해 26%가량 급감할 전망이다. 입주 물량이 30만가구 이하를 기록한 것은 2021년(29만가구) 이후 4년 만이다. 2021년 아파트 전세 가격은 11.25% 상승해 전세난을 가중시켰다.

지역별로 입주 예정 물량을 보면 서울은 3만 5930가구로 2024년에 비해 8429가구 증가해 전세 시장에 숨통이 트일 전망이다. 서울 강동구 둔촌동 '둔촌주공(올림픽파크포레온)' 입주 이후 지역별 쏠림 현상이 커질 전망이

다. 둔촌주공은 우리나라 최대 규모 재건축 단지로 입주 규모가 무려 1만2032가구에 달하며 2024년 11월 말 입주한다. 이에 따라 둔촌주공과 생활권이 비슷한 송파 잠실 일대와 강남권, 그리고 경기 하남, 구리 일대에서 대단지 입주 여파가 미칠 전망이다. 그러나 입주가 집중되는 지역을 제외한 대부분 서울 지역은 전세 가격 상승 압박이 많을 전망이다.

인천의 2025년 입주 예정 물량은 2만5362가구로 2024년(2만7016가구)과 비슷한 수준이다. 2024년 인천 전세 가격 변동률이 수도권 평균에 비해 높았고 아파트 전세 선호도가 높아지는 점을 감안하면 전세 가격 상승세는 2025년에도 이어질 전망이다. 상대적으로 수급 여건이 양호했던 경기 아파트 입주 물량은 2024년 11만5609가구에서 6만8157가구로 5

만가구가량 급감하는 점이 변수다.

금리도 전세 가격의 상승 요인으로 작용할 전망이다. 기준금리가 고점을 찍었고 이제 내려가는 일만 남았다고 보는 시각이 우세하다. 그러나 시중금리는 예상보다 빠르게 떨어지지 않을 수 있고, 금리가 내린다고 하더라도 주택담보대출 금리나 전세자금대출 금리가 연동해서 내리지 않는 경우도 생각해볼 수 있다. 실제로 한국은행이 2024년 9월 기준금리를 3.5%에서 3.25%로 0.25%포인트 낮춘 이후 5대 시중은행 담보대출 금리는 오히려 올랐다. 은행권 주택담보대출 변동금리의 기준인 코픽스(COFIX · 자금조달비용지수)가 올랐기 때문이다. 정부는 가계대출이 급증 위험 수위라고 판단하고 금융권에 한도 · 만기 축소, 전세대출 제한 그리고 2단계 스트레스 총부채원리금상환비율(DSR)을 시행 중이다. 시중금리가 내려가면 전세 가격은 올라가고 월세 가격이나 전월세전환율은 내려가는 경향이 있다. 금리가 낮아지면 전세대출을 받아서 모자라는 전세금을 보전할 수 있다. 이에 따라 금리가 낮아지면 월세에서 전세 수요 이동을 늘리고 전세 가격은 상승할 것이라고 예상해볼 수 있다.

아파트 입주 물량, 금리 흐름 변수

물론 2025년 전세 가격 하락 요인도 있다. 가장 큰 변수는 실물 경기다. 경기 침체 실마리는 전세 가격 변동률에서도 찾을 수 있다. 하락 변수가 거의 없는 2024년 전국 아파트 전세 가격은 평균 2% 내외 상승에 그쳤다. 물가 상승률에도 못 미치는 변동률이다. 임대 시장은 경기 영향을 많이 받기 마련인데, 자영업자 폐업과 가계부채 급증 등 서민 경제 침체가 심상치 않다. 이는 고금리 아래 내수 부진이 장기화되면서 중산층 이하의 자금 여력이 감소하고 있기 때문으로 판단된다. 경기 침체 상황에 따라서 금리, 정책 등도 뒤이어 바뀔 수 있다는 점을 감안하면 가장 큰 변수가 될 전망이다.

전세 시장 전망을 정리해보면 2025년은 2~3년 전 분양 시장의 아파트 공급이 줄었던 영향이 본격적으로 나타나는 시기가 될 전망이다. 무엇보다 코로나 팬데믹 이후 높게 유지되던 시중금리가 떨어지면 전세 수요도 같이 늘어날 것으로 전망된다. 만약 경기 침체가 없다고 가정하면 전세 가격이 10% 이상 상승해도 이상하지 않을 것 같다. 수요가 넘쳐나는 서울, 수도권은 더욱 불안할 수밖에 없다. 하지만 현실적으로 경기가 좋아질 가능성은 높지 않아 보인다. 부동산 시장 선행 지표로 여겨지는 경매 물건은 늘어나고 있다. 상가 시장 침체도 시간이 지날수록 가속화되는 추세인 데다 가계부채는 역대 최대치를 기록 중이다. 이 때문에 전세 가격이 상승하더라도 상승폭은 크지 않을 수 있다. 서울, 수도권은 연간 4~5% 내외, 전국은 평균 1~2% 정도의 전세 가격 상승이 예상된다. ■

'금리 인하 효과' 약하고 느린 회복세 상가 주춤, 오피스텔·꼬마빌딩 인기

윤재호 메트로컨설팅 대표

2024년 수익형 부동산 시장은 고금리 여파로 투자 심리가 극도로 둔화됐다. 전국적으로 수익형 부동산 거래량이 줄었다. 2024년 상반기 상가 거래량은 1만2건, 거래 금액은 3조 6437억원이었다. 2023년 상반기에 비해 거래량은 10%, 거래금액은 18% 줄었다. 하반기 들어서는 오피스텔 중심으로 분위기가 조금 나아졌다. 한국부동산원에 따르면 2024년 1월부터 8월까지 서울 오피스텔 거래량은 6705건으로, 2023년 1~8월(5576건)보다 20% 증가했다. 다만 상가는 하반기에도 분위기가 살아나지 못했다.

2025년 수익형 부동산 시장 흐름은 괜찮을까. 결론부터 말하면, 금리 인하 기대와 공급 감소로 투자 여건이 개선되면서 시장이 서서히 회복할 것으로 기대된다. 매수 심리가 살아나 수익형 부동산 시장은 전환점을 맞이할 것으로 보인다.

상품별로 보면 오피스텔 시장이 가장 눈길을 끈다. 기업이 밀집한 서울 도심에서는 직장과 가까운 곳에 거주하려는 직주근접 수요가 증가해 오피스텔 월세 상승세가 두드러진다. 게다가 금리 인하로 수익률까지 좋아지면서 투자 목적으로 오피스텔을 구입하려는 수요자가 늘어나고 있다. 그동안 오피스텔 공급이 줄었고, 정부가 신축 오피스텔을 매입하면 주택 수 산정에서 제외하는 비아파트 활성화 정책을 내놓은 덕분에 투자 수요가 점차 증가할 것으로 보인다.

실제로 2024년 들어 서울 아파트 가격이 급등하자 대체 상품으로 오피스텔로 눈을 돌리는 수요자가 늘었다. 덩달아 거래가 활발해지며

오피스텔이 '아파트 대체재'로 떠오르면서 인기몰이 중이다. 사진은 수도권 오피스텔 전경. (매경DB)

가격도 상승했다. 한국부동산원에 따르면, 2022년 8월 이후 23개월간 하락했던 서울 오피스텔 매매가격지수가 2024년 7월에는 보합으로 돌아섰고, 8월에는 전달보다 0.03% 상승했다. 면적별로 보면 전용 40㎡ 이하와 40~60㎡의 가격이 각각 0.03%, 0.02% 오른 것으로 나타났다. 2024년 1월부터 8월까지 서울 오피스텔 거래량은 6705건으로, 2023년 같은 기간(5576건)보다 20% 증가했다. 임대수익률도 연 4~5% 수준으로 안정된 상태다.

수도권-지방 오피스텔 가격 양극화

반면, 서울과 수도권 외곽, 지방 간 오피스텔 가격의 양극화 현상은 심화될 것으로 예상된다. 서울은 아파트값 상승의 풍선 효과로 수요가 꾸준히 증가하지만, 지방 오피스텔은 공급 과잉과 미분양으로 한동안 거래가 살아나기 어려울 것으로 보인다. 주 수요층이 1~2인 청년 가구인 점을 고려할 때, 청년층의 수도권 쏠림 현상으로 지방 수요가 쉽게 회복되지 않아 가격 하락폭이 확대될 가능성이 있다.

오피스텔 이외 상품 분위기는 좋지 않다. 상가나 지식산업센터, 생활형숙박시설 등은 프로젝트파이낸싱(PF) 구조조정과 미분양 확대 영향으로 시장이 침체될 가능성이 높다. 특히 상가 경기는 밝지 않은 편이다. 공실이 늘어나면서 수익률이 떨어지고 가격이 하락하

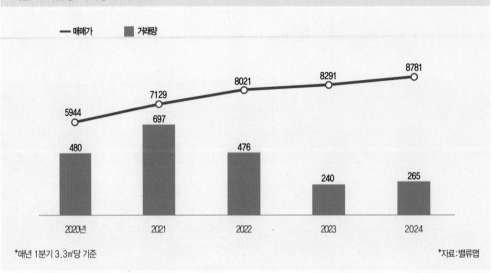

서울 꼬마빌딩 거래량과 매매가

〈단위:만원, 건〉

— 매매가　■ 거래량

- 2020년: 매매가 5944, 거래량 480
- 2021: 매매가 7129, 거래량 697
- 2022: 매매가 8021, 거래량 476
- 2023: 매매가 8291, 거래량 240
- 2024: 매매가 8781, 거래량 265

*매년 1분기 3.3㎡당 기준　　　　　　　　　　*자료:밸류맵

는 악순환이 이어지고 있다. 비대면 소비가 증가하면서 인터넷 쇼핑 등 무점포 소매가 빠르게 성장하는 데다, 그나마 남아 있는 오프라인 수요마저도 복합쇼핑몰에 빼앗겨 구조적으로 회복하기 어려운 상태다. 공급 과잉 상태에서 미분양이 계속되며 가격과 투자 수익률도 함께 하락 중이다. 민간 소비가 위축되고 자영업 시장이 붕괴됨에 따라 상가 임대차 시장에도 찬바람이 불 전망이다.

한국부동산원이 발표한 상업용 부동산 임대동향조사에 따르면, 2024년 2분기 상가의 통합임대가격지수는 전분기 대비 0.01% 하락했다. 서울의 신촌·이대, 노량진 등 주요 상권은 유동 인구 감소와 공실 증가로 중대형 상가 임대료가 떨어졌다. 전국적으로 모든 유형의 상가에서 공실률이 증가하고 있으며, 서울

보다 지방 상권 침체가 더 심화되는 양상이다. 중대형 상가 공실률은 13%, 소규모 상가는 8%, 집합상가는 10%로 꾸준히 늘어나는 반면, 임대 가격은 하락하고 있어 투자 심리 회복에 상당 시간이 필요할 것으로 보인다.

신축 상가와 신도시 근린상가도 찬바람이 불 것으로 예상된다. 분양 현장에서 수익성을 높이기 위해 상가 분양가를 높게 책정한 것이 고금리 시대에 부메랑처럼 돌아왔다. 고금리 부담이 여전히 크고 경기 침체가 장기화되면서 임차인의 영업력이 저하되고 임대료 연체, 공실 증가, 임대수익 감소, 매매가 하락의 악순환이 반복되는 상황이다. 정리해보면 수익형 부동산의 대표 주자인 상가 시장은 당분간 침체 늪에 빠질 가능성이 높다.

생활형숙박시설은 규제 강화로 수익이 감소

하면서 거래가 주춤한 상태다. 한때 인기를 끌었지만 용도 변경이 어려운 데다 숙박업 허가를 받을 경우 추가 세금 부담이 발생하는 등 시장 분위기가 급격히 냉각되고 있다. 정부 규제에도 불구하고 인허가 물량이 증가하면서 공급이 늘어나고, 분양가 이하의 마이너스 매물이 쌓이는 등 하락세를 벗어나지 못하고 있어 향후 2~3년간 시장 침체가 계속될 것으로 보인다.

그나마 주거용으로 불법 사용 중인 생활형숙박시설을 오피스텔로 용도 변경할 수 있는 요건을 완화한 점은 호재다. 또한 2025년에 부과될 예정이었던 이행강제금은 용도 변경이나 숙박용으로 신청할 경우 2027년 말까지 유예해 합법적 사용을 유도하기로 했다. 그럼에도 정부는 향후 신규 분양하는 생활형숙박시설의 경우 숙박업으로만 분양하기로 해 투자에 유의해야 한다.

오피스 시장은 금리 인하 기대감이 커진 데다 시장 불확실성이 점차 완화되면서 수요가 증가하고, 완만한 거래 상승세를 이어갈 것으로 보인다. 주요 업무지구를 중심으로 재택근무와 벤처기업의 대기 수요가 늘어나면서 사무실 확장을 원하는 기업들의 투자 움직임이 활발해지고 있다. 이로 인해 공실이 줄고 임대료는 상승할 전망이다. 섹션 오피스도 스타트업과 1~2인 기업 증가로 공실이 빠르게 감소하고 있다. 코로나 팬데믹 이후 임차료는 제자리였지만, 건축 원자재 가격 상승

수익형 부동산 투자 심리 둔화돼
신축, 신도시 근린상가엔 찬바람
2025년 약하고 느린 회복세 보일 듯
이커머스 수요 늘어 물류센터 눈길
유동 인구 많은 핵심 상권 노려야
급급매, 선임대 후분양 관심 가질 만

과 고물가 현상은 사무실 임차료 인상으로 이어질 가능성이 크다.

반면, 공실이 늘고 수익률이 떨어지는 지식산업센터는 투자자 이탈로 시장 회복이 당분간 쉽지 않을 것으로 예상된다. 거래 침체와 임대료 하락의 이중고를 겪으며 투자 심리가 위축될 가능성이 높다. 수도권 공단과 산업단지 밀집 지역은 기업 수요 증가로 임대와 거래가 활기를 띠고 있지만, 업무 인프라가 낙후된 외곽 지역은 공실과 미분양 문제로 투자 심리가 위축되는 모습이다. 그나마 반도체 클러스터 구축이 본격화된 경기도 용인, 화성 등 수도권 서남부 지역은 매매가 거품이 빠지면서 기업 수요가 유입돼 활발한 거래가 예상된다.

물류센터 시장도 눈길을 끈다. 중국계 기업의 국내 진출이 속도를 내는 데다 국내 이커머스 업계 물류 수요가 증가하면서 거래 시장이 살아날 조짐을 보인다. 한때 공급 과잉으로 공실률이 급증했으나, 코로나19를 거치며

질 전망이다. 고금리에 익숙해진 부동산 시장에서 금리 인하 호재로 시간이 지날수록 꼬마빌딩 매수 심리가 되살아날 것으로 보인다. 금리가 인하되면 꼬마빌딩 수익률도 상승하는 만큼 중장년층이 상속, 증여를 대비해 '똘똘한 한 채'를 투자하려는 경향이 계속될 것이다. 핵심 역세권 지역 가치 상승 여력이 높은 저가 매물을 중심으로 투자를 고려하는 것이 좋다.

정리하면, 2025년 수익형 부동산 시장은 기준금리 인하 기대감이 커지면서 약하고 느린 회복세를 보일 것으로 예상된다. 상품별, 자금대별로 양극화 현상이 뚜렷하게 나타나며, '수도권 시장 강세, 지방 시장 약세'가 심화될 전망이다. 또한 오피스텔, 꼬마빌딩, 상가주택 등 주거 겸용 임대수익 상품의 거래 회복세도 나타날 것으로 보인다.

전반적으로 수익형 부동산 시장의 불확실성이 크기 때문에 조심스러운 투자가 필요하다. 지역별 공급 물량, 분양가, 금리 변화 등을 주의 깊게 살펴봐야 한다. 수익형 부동산 투자의 주된 목적은 임대수익이므로, 공실이 적고 배후 인구를 바탕으로 유동 인구가 유입될 수 있는 핵심 상권에 투자하는 것이 바람직하다. 거래가 활발하지 않는 만큼 급급매, 선임대 후분양, 할인 분양, 경공매 물건 등 저가 매물에도 관심을 가져볼 만하다. 실속 있는 매물을 중심으로 알짜 매물을 가려내는 투자 전략이 필요해 보인다. ∎

기준금리 인하 효과로 꼬마빌딩 매수 심리가 살아날 것으로 보인다. 사진은 꼬마빌딩이 몰려 있는 서울 관악구 신림·봉천동 일대 전경. (매경DB)

기업 수요가 증가하면서 물류센터 임차 수요도 늘어날 것으로 예상된다. 누적된 물류센터 공급량으로 인한 수급 불균형은 신규 인허가 감소 추세와 함께 2025년 이후 점차 완화될 것으로 보인다.

역세권 꼬마빌딩 투자 수요 몰릴 듯

꼬마빌딩 시장도 2025년 활발한 투자가 이어

대예측 2025

| 권말부록 |

2025년
유망주식·부동산

주식 시장

어디에
투자할까

스마트폰 · PC…AI 대거 적용
국내 부품 업체 기회 온다

박강호 대신증권 수석연구위원

2024년 정보기술(IT) 산업은 반도체를 중심으로 양호한 성장을 이뤄냈다. 인공지능(AI)이 전 세계적인 화두로 떠오른 가운데, AI 칩 생산에 필수 부품인 고대역폭메모리(HBM) 수요가 급증한 영향이다. 2025년은 스마트폰과 PC, TV 등 IT 기기에 AI 서비스가 대거 적용될 것으로 예상된다. 서버와 직접 연결되는 생성형 AI 기기로 전환이 본격화할 전망이다.

2025년 출시 예정인 아이폰17 수요도 확대될 가능성이 높다. 2024년 공개된 아이폰16은 AI 서비스를 초기에 영어로만 지원해 글로벌 수요 확장에 한계를 보였다. 그러나 2025년 아이폰17에 안정적으로 AI를 적용해 전 세계 언어로 제공하면, 아이폰13 이후 교체 수요가 가장 클 것으로 추정된다.

반도체

HBM 수요 증가로 고성장

2025년 반도체 산업은 범용 메모리 반도체인 D램 중심으로 고성장이 예상된다. 공급 부족으로 D램 가격이 상승하고 하반기 수요 증가가 가시화하면 반도체 호황으로 이어질 전망이다. 2024년 글로벌 AI 투자 확대로 메모리 반도체 업체인 SK하이닉스와 삼성전자, 마이크론은 부가가치가 높은 HBM 생산능력을 확대했다. 이에 따라 범용 D램 생산능력은 상대적으로 약화됐다. 그렇지 않아도 2023년 이뤄진 재고 조정에 따라 D램 생산이 감소하며 공급 부족 현상이 나타난 상황이다. 이 같은 상황에서 스마트폰과 PC 등 IT 기기는 2025년 D램의 메모리 용량을 기존 대비 확대할 가능성이 높다. 추가적인 설비투자에도

2025년 PC, 스마트폰, TV 전망

〈단위:억대〉

■ PC ■ 스마트폰 ■ TV

*자료:대신증권 리서치센터

한계가 있다는 점을 반영하면 D램 공급 부족 현상은 더욱 심화될 것으로 예상된다. 이는 D램 가격 상승으로 이어질 전망이다.

공급 부족 현상이 지속되는 HBM 역시 엔비디아의 차세대 AI 칩 '블랙웰'의 본격 양산이 진행됨에 따라 2025년 고성장을 예상한다. 엔비디아에 HBM을 공급하는 SK하이닉스가 최대 수혜자가 될 수 있다. 시장 확대보다 고가 정책을 고수하는 엔비디아의 SK하이닉스에 대한 의존도는 상대적으로 높은 편이다. 한편 SK하이닉스는 HBM 5세대 제품인 'HBM3E' 12단을 2025년 본격적으로 양산할 예정이다. 2025년 범용 D램의 가격 상승과 함께 고성장이 예상되는 HBM 매출 증가가 동시에 진행되면, 국내 메모리 반도체 업체의 2025년 실적은 호전될 전망이다.

스마트폰

AI·폴더블 중심으로 성장

2025년 스마트폰 시장 규모는 전년 대비 3.4% 확대되며 2년 연속 성장세를 이어갈 것으로 추정된다. 예상되는 연간 출하량은 약 12억8400만대 수준이다. 2025년 스마트폰 시장 화두는 온디바이스를 넘어 생성형 AI 형태 스마트폰으로 진화 여부다. 생성형 AI 형태 스마트폰은 다양한 산업과 협력을 통해 활용 분야가 광범위하게 확대될 전망이다.

2016년 14억7300만대를 정점으로 내리막을 걷던 글로벌 스마트폰 시장이 2024년 반등 후 2025년 추가 성장이 가능하다는 분석이 나온다. 과거와 비교해 높은 성장 구간은 아니지만 프리미엄 영역에서 삼성전자와 애플이 주도하는 AI 스마트폰의 교체 수요 덕분에 스마트폰 시장 성장은 유효하다. 양적인 성장보다 프리미엄 중심 교체 수요가 높을 것으로 예상된다. 여기에 폴더블폰으로 외형 변화가 동시에 진행되면 높은 교체 수요도 기대할 수 있다. 2024년 중국 화웨이가 화면을 두 번 접는 트리플 폴드 형태 폴더블폰을 선보였다. 이는 중국을 넘어 전 세계적인 이슈로 떠올랐다. 이처럼 스마트폰 교체 수요 변곡점은 폴더블폰으로 판단한다.

2025년 삼성전자를 비롯해 화웨이, 샤오미, 오포 등 중국 다수 업체가 다양한 폴더블폰을 선보일 예정이다. 폴더블폰 형태 다변화 전략과 AI 서비스 확대, 글로벌 금리 인하 효과를 반영하면 스마트폰 교체 수요가 시장 예측을 웃돌 가능성도 충분하다. 2025년 9월 애플의 아이폰17 출시 전, 4월 선보일 것으로 예상되는 아이폰 SE4에 주목할 필요가 있다. 3년 만에 출시되는 저가형 모델인 아이폰 SE4에 안정적으로 AI가 적용될 경우, AI 스마트폰에 대한 수요를 확인할 수 있을 전망이다.

AI PC로 전환 가속화

2025년 PC 시장에서는 노트북 교체 수요가 높을 것으로 예상된다. 시장조사기관 IDC는 2025년 글로벌 노트북 출하량이 약 1억9600만대로, 전년 대비 6% 성장한다는 분석을 내놨다. 노트북 출하량은 2021년 2억5000만대로 정점을 찍은 후 2023년 1억8100만대까지 감소했으나, 2024년 1억8500만대로 반등했다.

모바일 영역에서 경쟁력을 보인 퀄컴이 PC 시장에 진입하고 윈도우10 관련 서비스가 중단된 영향을 반영하면, 노트북을 포함한 PC 교체 수요는 2025년 하반기에 높을 것으로 추정된다. 팬데믹 기간인 2020~2021년 발생한 폭발적인 교체 수요 이후 약 4년 만에 도래하는 PC 교체 주기다. 여기에 PC에 적용될 AI 서비스 수요까지 감안하면 PC 교체 수요가 예상을 웃돌 가능성도 충분하다.

2025년 디스플레이 시장은 액정표시장치(LCD) 패널에서 중형 유기발광다이오드(OLED) 패널로 중심이 이동할 전망이다.

LG디스플레이는 2025년 3월 말을 기점으로 LCD 패널 사업을 중단하고 8.6세대급 OLED 패널 투자를 진행할 계획이다. 이 과정에서 중국 TCL그룹 자회사 CSOT에 중국 광저우 대형 LCD 패널·모듈 공장 지분을 매각할 예정이다.

LCD 패널에서 중형 OLED 패널로 전환이 시작된 분야는 노트북과 태블릿 PC 등이다. 대표적으로 애플은 2024년 아이패드 프로 모델에 OLED 패널을 처음으로 채택했으며, 2026년에는 노트북 등으로 점차 적용 영역을 확대할 계획이다.

삼성전자와 중국의 IT 기기 제조 업체들도 점차 중형 OLED 패널을 확대 적용할 예정이다. 삼성디스플레이와 중국 BOE는 2025년 말 생산 공장을 완공할 예정으로, 이미 8.6세대급 OLED 패널 투자가 진행 중이다. LG디스플레이가 2025년 투자에 참여하면 중형 OLED 패널 공급이 증가하고 점차 가격이 하락해 노트북과 태블릿 PC에 적용되는 시기도 앞당겨질 전망이다.

XR 기기

영역 확장에 콘텐츠 성장

2025년 확장현실(XR) 기기 시장 개화에 주목해야 한다. 애플 비전프로가 2024년 6월에 시장에 나왔지만, 높은 가격과 부족한 콘텐츠로 수요가 예상 대비 부진했다. 그러나 AI 서비스를 적용한 기기가 확대되고 다양한 콘텐츠와 합리적인 가격이 형성되면 신규 수요는

애플 비전프로, 메타 퀘스트3S 비교

기준	메타 퀘스트3S	애플 비전프로
사진		
출시일	2023년 10월 10일 출시	2024년 2월 2일 출시
목적·타깃 사용자	게임·엔터테인먼트를 중점으로 한 소비자 대상	생산성, 업무, 몰입형 경험을 중점으로 한 애플 생태계 사용자
가격	499달러부터 시작	약 3499달러(약 466만원)
규격	본체: 260(L)×98(H)×192(W)mm(추정), 515g 컨트롤러: 130×70×62mm, 103g	본체: 600~650g, 컨트롤러: 없음
혼합 현실 기능	카메라 기반 패스루 제공, 향상된 패스루 품질	고해상도 패스루, 뛰어난 공간 인식·자연스러운 혼합 현실 경험 제공
디스플레이·해상도	LCD 기반, 양안 2064×2208 해상도 (전작 퀘스트2 대비 약 30% 정도 향상)	마이크로 OLED, 4K 이상 해상도
프로세서	퀄컴 스냅드래곤 XR2 Gen 2 칩셋, 자체적으로 앱과 게임 실행	Apple M2 APL1109 SoC+Apple R1+Apple H2, 고성능 그래픽 렌더링·다중 앱 처리 지원
메모리	8GB LPDDR5 SDRAM	16GB LPDDR5 SDRAM
카메라	RGB 카메라(외부 2개), 광각 적외선 카메라(외부 4개)	메인 카메라 ×6.5 스테레오 메가픽셀 3D 입체 카메라(F/2.0, 18mm) ×2 전역 얼굴 추적 카메라 ×6 눈 추적 카메라 ×4
운영체제(OS)	Meta Horizon OS	visionOS 1 → visionOS 2.0.1
컨트롤러·인터페이스	터치 컨트롤러 제공, 제스처·터치 인터페이스	손 제스처, 시선 추적, 음성 명령으로 조작(컨트롤러 없음)
생태계·콘텐츠	메타 퀘스트 스토어에서 다양한 VR 게임·앱 제공, 오큘러스 기반 라이브러리와 호환	애플 앱스토어와 연동, iOS·iPadOS 앱 사용 가능, 애플 소프트웨어와의 강력한 연동성 제공

*자료:언론 자료 취합

급증할 전망이다. 앞서 메타는 자체 행사인 '커넥트 2024'에서 혼합현실(MR) 헤드셋인 퀘스트3S를 공개했다. 애플 비진프로처럼 멀티태스킹 실행 능력이 향상된 퀘스트3S는 게임 콘솔을 넘어 하나의 컴퓨팅 기기로 언급된다. 삼성전자는 구글과 협력한 XR 기기를 2025년 선보인다. 삼성전자 XR 기기는 AI, 건강관리 등 다양한 소프트웨어와 콘텐츠 생태계를 연결하는 데 중점을 둔다. 중국 XR 기기 1위 바이트댄스 산하 피코는 2024년 피코4 울트라를 선보였다. 2025년 다수 경쟁사가 XR 기기 시장에 참전하면 가격이 낮아지면서 소비자 부담이 줄어 시장이 개화하고 주도권

확보 경쟁이 본격화할 것으로 예상된다. XR 기기 시장은 단순한 게임과 엔터테인먼트 분야를 넘어 학습, 광고, 의료, 산업용 등 다양한 영역에서 활용될 수 있다. 여기에 AI 서비스를 추가하면, 준 PC급 업무 활용도 가능하다. XR 기기의 단순한 판매보다는 콘텐츠와 서비스 확대가 중요한 시점이다.

전장

전기차 핵심은 자율주행

2025년 전기차 시장 성장이 예상된다는 점도

자율주행 레벨의 단계별 특징

기능	단계	자율주행 수준	설명	인간 운전자의 개입 필요성	주요 특징
운전자 보조 기능	0	운전 보조 없음	비자율주행	항상 필요	비자율화(운전자가 모두 제어)
	1	운전 보조	운전자 보조 역할	항상 필요	시스템이 차량 제동과 차로 유지 보조 등
	2	부분 자율주행	차량이 자동으로 조향·가속·감속을 수행, 다만 운전자는 시스템이 작동 중에도 도로 상황을 주시하고, 필요시 차량 제어 필요	항상 필요	차선 유지 어시스트와 어댑티브 크루즈 컨트롤(ACC) 등의 기능을 통해 차량이 특정 주행 상황에서 스스로 조작하지만, 운전자의 지속적인 모니터링이 필요
자율주행 기능	3	조건부 자율주행	차량이 특정 조건(예: 고속도로)에서 스스로 주행을 완전히 제어할 수 있음. 시스템이 상황을 감지하고 대응할 수 있지만, 시스템이 요청하는 경우 운전자가 개입할 준비해야 함	필요 (조건에 따라 다름)	차량이 도로 환경을 감지하고 판단해 주행을 제어할 수 있지만, 날씨 변화나 시스템 작동 한계 상황에서는 운전자의 개입 필요
	4	고도 자율주행	제한된 지역이나 조건에서 완전한 자율주행이 가능. 예를 들어 특정 도시 내 자율주행이 적합한 고속도로 구간에서 차량 스스로 주행 가능	필요 (특정 상황에서)	지정된 지역이나 조건에서는 완전 자율주행이 가능하며, 시스템이 비상 상황을 감지하여 대응할 수 있음. 하지만 지정된 지역을 벗어나거나 시스템의 한계 상황에서는 운전자의 개입 필요
	5	완전 자율주행	모든 도로 환경과 조건에서 운전자 없이 주행 가능. 운전대와 페달이 없어도 되는 완전 자율주행 차량	불필요	날씨, 도로 환경, 지역에 상관없이 차량이 스스로 모든 상황을 감지하고 주행을 제어. 운전자가 전혀 필요하지 않으며, 사람의 개입 없이 모든 주행 상황을 해결

*자료:언론 자료 취합

IT 기기 산업으로서 호재다. 다만 높은 성장은 쉽지 않다. 자동차 전장화에서 가장 중요한 부분은 자율주행이다. 테슬라는 2024년 10월 로보택시를 공개했다. 양산 시점은 미정이지만 궁극적으로 완전 자율주행 자동차를 추구한다는 점은 명확하다. 자율주행 관점에서 안정성을 확보하면 로보택시는 버스와 택시 등 영업용 분야에서 활용도가 높을 전망이다.

테슬라의 로보택시뿐 아니라 전 세계적으로 자율주행 레벨3를 적용한 자동차가 줄줄이 나올 예정이다. 자동차 자율주행 레벨은 총 6단계로 구분되는데, 레벨3는 주행의 주도권이 자동차에 있는 단계다. 운전자는 비상 상황에만 개입하는 수준이다.

업체가 자율주행을 추구하는 이유는 단순히 전기차 판매보다 지속적인 서비스 제공으로 추가적인 매출을 확보하기 위해서다. 완전 자율주행 자동차를 구현하면 막대한 데이터를 활용해 안정성과 신뢰성을 확보하고 다른 분야로 진출도 가능하다. 자율주행 관련 시장 확대는 IT 부품에서 새로운 성장 토대를 제공한다는 점에서 의미가 있다. 반도체와 디스플레이 분야 수혜가 클 것으로 예상되는 가운데, 카메라에 적용되는 적층세라믹콘덴서(MLCC)나 인쇄회로기판(PCB) 등 수동부품 수요 확대도 가능하다. IT 기기의 새로운 성장 기회를 자율주행 분야에서 기대해볼 만하다.

수동부품

MLCC 고성장에 PCB 반등

2025년 MLCC는 자동차 분야에서 고성장을 예상하며, IT 기기 분야에서도 성장이 기대된다. MLCC 업체는 자동차와 산업용 분야 등으로 포트폴리오를 다변화하는 중이다. 지난 몇 년간 MLCC 생산능력을 확대하기 어려웠다는 점을 고려하면 2025년 공급 부족 현상이 나타날 가능성이 높다. 2025년 대형 화면 폴더블폰과 생성형 AI 형태 스마트폰 비중이 늘며 IT 기기 분야에서 MLCC 수요는 증가할 것으로 예상한다. 가격 상승폭도 상대적으로 높을 전망이다. 특히 고용량, 고전압용 MLCC 분야에서 삼성전기 수혜를 전망한다.

2025년 PCB 산업은 2024년 부진에서 벗어나 반등할 것으로 예상한다. 전 세계적인 AI 투자 확대로 초다층PCB(MLB) 수요가 증가할 전망이다. 미국과 중국의 마찰로 MLB 분야에서 한국 업체 수혜도 가능하다. 엔비디아 이후 인텔, 구글, 아마존 등 다수 경쟁자가 등장해 AI 인프라 투자 확대로 이어질 수 있다는 점도 MLB 수요 증가를 예상하는 배경이다. 2025년 범용 D램 수요 확대로 반도체 PCB 가동률이 개선되며 정상화 구간으로 진입할 가능성이 높다. 서버에 투입되는 솔리드스테이트드라이브(SSD) 모듈 시장이 확대되고, IT 기기의 AI 전환으로 반도체 PCB 수요가 늘어날 것이라는 분석이다. ∎

안정적 실적·적극적 주주환원 다 챙겨야
금리 인하기에는 증권사 실적 개선

조아해 메리츠증권 애널리스트

2024년 금융사의 주주환원 정책이 눈에 띄게 달라졌다. 2023년 초부터 이 같은 흐름은 포착되기 시작했다. 2023년 은행을 시작으로 자본비율 기준 주주환원 정책이 구체화됐다. 2024년 금융당국의 '기업 밸류업 프로그램'은 금융사의 적극적인 주주환원 정책 이행을 이끌어냈다. 이런 변화는 국내 금융주 기업가치 정상화의 촉매제로 작용하고 있다. 금융 산업이 성숙기로 진입함에 따라 주주환원율은 금융주 주가순자산비율(PBR)의 주요 변수로 자리 잡았다. 2022년까지만 해도 국내 금융주는 글로벌 대비 주주환원율이 낮기 때문에 높은 자기자본이익률(ROE) 대비 낮은 PBR을 적용받았다. 이제는 이런 모습에서 탈피하기 시작했다는 판단이다. 궁극적으로 글로벌 금융사

의 주가 지표와 비슷한 추세선으로 국내 금융주의 회복을 기대해볼 수 있는 국면이다.

2025년에도 금융사의 적극적인 주주환원 정책은 지속될 전망이다. 그러나 모든 금융사가 이를 이행할 수 있는 것은 아니다. 근간은 자본비율이다. '금융'이라는 특수한 산업은 충분한 손실 흡수 능력 유지라는 전제가 뒷받침돼야 한다. 자본비율이 높을수록 안정적인 실적과 적극적인 주주환원 정책이라는 두 마리 토끼를 모두 잡을 수 있다. 이론상 분자 측면에서는 안정적인 ROE가, 분모 측면에서는 여러 거시경제 변수에 의한 위험자산의 변동성이 안정적으로 관리돼야 한다. 분자와 분모 모두에 영향을 주는 주요 요인은 금리다. 2024년 10월 한국은행은 기준금리 25bp(1bp=0.01%포인트) 인하를 단행함으로써 본격적인 금리 인하기에 접어들었다.

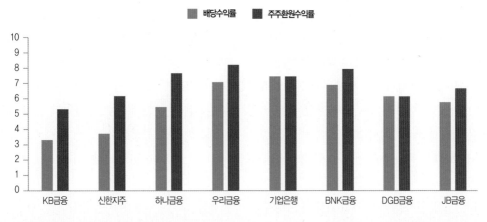

주요 은행 배당수익률 · 주주환원수익률 〈단위:%〉

■ 배당수익률 ■ 주주환원수익률

*2024년 10월 7일 종가 기준, 회계 기준 추정치   *자료:메리츠증권 리서치센터

금리 인하에 따른 자본비율 개선 여력과 적극적인 주주환원 정책 여부를 종합적으로 고려할 때 은행, 증권, 보험 순으로 금융 업종 선호도를 제시한다.

은행

양호한 실적 '쭉'

2025년 은행은 대손비용률 안정화와 비이자이익의 개선을 기반으로 양호한 실적을 창출할 것으로 예상한다. 안정적인 ROE 기반 주주환원율 우상향은 지속될 전망이다.

통상적으로 금리 인하기에는 은행주가 부진했다. 금리 인하에 따른 은행 순이자마진(NIM)이 하락하기 때문이다. 또, 금리 충격이후 부채 충격이 시차를 두고 나타남에 따라 금리 인하기에는 은행 대손비용률이 상승하는 경향을 보여 실적이 훼손된다. 이는 반대로 금리 인상기에 은행 실적이 개선됨을 의미한다. 그러나 코로나19 이후 기준금리 인상시기가 도래했음에도 불구하고 은행 ROE는 오히려 과거와 달리 하락했다. 이는 선제적 대손충당금 적립에 기인한다. 선제적 대손충당금 적립은 금리의 급격한 상승에 따른 차주의 부실을 대응하기 위한 조치다. 2021년 이후 금리 인상과 함께 선제적 대손충당금 적립이 지속적으로 진행되는 중이다. 금리가 내려가면 선제적 대손충당금 적립 부담이 줄어들 수 있다는 점에 초점을 맞춰야 한다. 금리 인하에 따른 차주의 이자 상환 부담이 경감될 수 있기 때문이다.

금리 인하에 따른 비이자이익 개선 여력도 고려할 필요가 있다. 과거에는 금리 인하에 따른 이자이익 축소로 수익 악화가 불가피한 구조였다. 이후 은행은 인수합병(M&A)을 통해 증권, 보험, 카드, 캐피털 등 비은행 비중을 확대했다. 이에 따라 이익 다변화가 본격화하기 시작했다. 대표적으로 KB금융의 은행 비중은 2011년 84.3%에서 2024년 1분기 52.6%로 축소됐다. 비은행 관점에서 금리 인하를 바라볼 때, 캐피털과 카드사는 조달 비용이 내려가고 증권사는 거래 수익 확대 등으로 수익성 개선이 가능하다. 금리 인하의 대표적인 사례인 2021년 1분기 비은행 부문 당기순이익은 전년 동기 대비 140.4% 증가하며 실적을 견인한 바 있다. 즉, 비은행 비중이 높은 은행을 중심으로 금리 인하에 따른 비이자이익 개선을 기대해볼 수 있다는 뜻이다.

안정적인 실적 창출을 기반으로 은행의 자본 비율 개선 여력은 유효하다. 이와 함께 은행의 주주환원 정책은 더욱 가시화되고 있다. 2024년 2분기 실적 발표를 기점으로 은행은 기업가치 제고 계획을 발표했다. 해당 제고 계획을 통해 은행의 주주환원 정책이 속도감 있고 명확하게 변화했다. 신한지주는 2027년을 목표로 ROE 10%, CET1비율 13% 증가, 주주환원율 50%를 제시함으로써 주주환원 정책의 속도감을 높였다. 우리금융은 CET1 비율 구간을 세분화해 주주환원율을 구체적으로 제시했다. JB금융은 2026년을 목표로

ROE 15%, 주주환원율 50%, 자사주 매입·소각 비중 40%를 제시하며 적극적인 주주환원 정책 의지를 증명했다. 이는 2025년 자사주 매입이 확대되는 등 적극적인 주주환원 정책 기조가 지속될 것임을 의미한다. 현재 은행주 PBR 수준이 0.5배인 점을 고려하면, 주주환원율 우상향에 기반한 기업가치 정상화 여력은 여전히 충분하다.

증권

실적 개선세 진입

2025년 기업금융(IB) 실적 회복세와 높은 거래 손익 기여도를 보유한 증권사를 중심으로 실적 개선에 기반한 적극적인 주주환원 정책을 기대할 수 있다.

금리 인하기에는 증권사 실적이 개선된다. 금리 인하에 따른 거래대금 활성화를 기반으로 주식 위탁매매(브로커리지) 수수료 활성화와 채권 평가이익 확대 등 거래 수익이 확대되기 때문이다. 이에 따라 ROE 회복이 즉각적으로 이뤄진다. 2025년에도 유사한 흐름을 보여줄 것으로 예상한다. 무엇보다 증권사는 과거에 비해 금리 인하에 따른 실적 개선 여력이 높아졌다는 점에 초점을 맞출 필요가 있다. 증권사가 다양한 수익원을 보유하고 있기 때문이다. 수익원이 다각화된 원인은 바로 '자본'이다. 지난 10년간 증권사의 자

주요 증권사 합산 위탁매매 수수료 추이

〈단위:억원, %〉

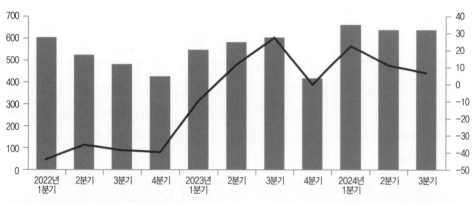

■ 위탁매매 수수료(좌) ― 증감률(우)

*미래에셋 · NH투자 · 삼성 · 키움증권 · 한국금융지주 합산

*자료:각 사, 메리츠증권 리서치센터

기자본 규모가 크게 확대됐다. 초대형 IB 지정 기준인 4조원을 넘어, 종합투자계좌(IMA) 사업 진출 기준인 8조원까지도 바라보는 시대가 도래했다. 달라진 증권사의 자본력은 위험 인수 기능 활성화로 이어졌다.

다양한 수익원을 보유했기 때문에 증권사는 금리 인하가 반가울 수밖에 없다. 우선 금리 인하는 증권사의 거래 수익 회복에 기여할 것으로 예상한다. 증권사 보유 채권 규모가 확대됨에 따라 거래 손익 변동성이 확대된다. 일례로 2022년 시중금리 급등으로 인해 증권사 거래 · 상품 손익이 전년 대비 적자전환을 기록한 반면, 2023년 1분기 시중금리 하락으로 인해 증권사 거래 · 상품 손익이 큰 폭의 회복세를 시현했다. 또한 금리 인하는 부동산 프로젝트파이낸싱(PF) 관련 우려 완화에 기여

한다. 이에 따라 증권사의 충당금 부담 역시 줄어들 것으로 예상한다. 해외 부동산 관련 우려는 여전히 존재하지만, 국내 부동산 PF에 대한 우려는 금리 인하와 함께 완화될 전망이다. 금리 인하는 자금 조달 시장의 양극화 해소와 주택 경기 활성화를 유도하기 때문이다. 충당금 부담 완화에서 더 나아가 부동산 PF 사업 재개도 기대해볼 수 있다. 이미 증권사는 2024년 사업 재개에 따른 실적 개선을 증명했다. 부동산 PF 자산유동화 기업어음(ABCP) 순발행이 지속되고 있으며, 증권사 합산 8월 말 부동산 PF 신용공여 규모는 17조 3000억원으로 6월 말 대비 5.8% 증가했다. 증권사도 은행과 마찬가지로 주주환원 정책을 적극적으로 제시하고 있다. 미래에셋증권은 2024~2026년 주주환원을 연결 지배주주

조정 당기순이익의 35% 이상 유지하겠다고 밝혔다. 키움증권도 2023~2025년 주주환원을 별도 당기순이익의 30% 이상 유지할 계획이다. 특히 배당뿐 아니라 자사주 매입·소각도 적극적으로 활용한다.

증권사의 2025년 높아진 이익 체력이 기대된다는 점에서 적극적인 주주환원 정책은 지속될 전망이다. 증권사 수익 구조에 따른 주주환원 정책 이행 가능성이 핵심이다. 현재 상황에서는 거래 손익 기여도와 IB 실적 회복세를 통한 증권사의 실적 개선을 기대해볼 만하다. 적극적인 주주환원 정책을 기반으로 높은 배당을 제시할수록 투자 매력이 높다고 볼 수 있다.

보험

자본비율 관리 중요성 부각

2025년은 보험사의 지급여력(K-ICS)비율 관리가 본격적으로 필요한 국면이다. 불확실성에 대비하고 배당 증익의 안정성을 담보할 자본력이 충분한 보험사만이 적극적인 주주환원 정책을 이행할 수 있다.

보험사 이익의 핵심인 보험계약마진(CSM)은 보장성 보험 중심의 판매 전략이 적극적으로 진행됨에 따라 안정적으로 증가하는 중이다. 또한 금리 인하에 따른 당기손익 공정가치자산(FVPL) 손익 확대로 투자 손익 개선 흐름도 기대해볼 만하다. 이는 은행의 비이자이익, 증권사의 거래 손익과 동일한 흐름이다.

다만 금리 인하에 따라 보험사 자본이 축소될 수 있다는 점을 주의할 필요가 있다. 과거 새 국제회계기준(IFRS17) 도입 이전 금리 인하는 보험사의 자본에 긍정적으로 기여했다. 자산만 시가 평가됨에 따라 자산의 금리 민감도만 자본에 반영됐기 때문이다. 즉, 금리 하락으로 자본이 상승해 자본 확충 필요성이 감소됐다. 반면 IFRS17 도입 후 자산뿐 아니라 부채의 금리 민감도도 자본에 반영되면서 반대의 결과가 나타나기 시작했다. 일반적으로 보험사의 자산·부채 만기 차이(듀레이션 갭)는 음수(-)다. 금리 하락에 따른 부채 가치 증가가 자산의 가치 증가보다 더 크다는 뜻이다. 즉, 금리가 하락할 경우 자본이 감소하는 구조를 띠게 된다. 이를 고려하면, 2025년 금리 인하 사이클에서 보험사의 K-ICS비율 악화는 불가피하다. 그 외에도 금융감독원이 제시한 '2024년 보험부채 할인 요소 적용 기준 및 2027년까지 할인율 단계적 적용 방안' 제도 개선은 여전히 진행 중이다. 2025년부터 최종 관찰 만기가 20년에서 30년으로 확대될 예정이다. 이와 함께 아직은 논의 중이나, 무저해지 보험 해지율 가정 변경 등 회계 이슈가 발생하면, CSM 감소와 K-ICS비율 변동은 불가피하다.

보험사는 금리 민감도가 낮을수록 K-ICS비율이 안정적으로 관리된다. 이는 기타포괄손익 부문의 변동성을 통해 파악 가능하다. 생

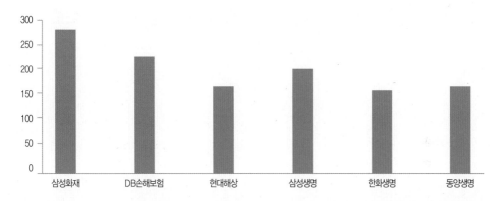

주요 보험사 K-ICS비율 〈단위:%〉

*자료:메리츠증권 리서치센터

명보험사와 손해보험사를 비교하면, 금리 인하라는 동일한 상황에서 생보사가 손보사 대비 K-ICS비율 하락폭이 더 클 수밖에 없다. 보험사는 배당가능이익에 대한 불확실성도 존재한다. 배당가능이익이 충분히 확보되기 위해서는 해약환급금준비금 적립 수준이 낮아야 한다. 2024년 10월 중 금융당국은 보험사의 주주환원을 적극적으로 시행할 수 있도록 해약환급금준비금 제도 개선 방안을 발표했다. 다만 일정 자본건전성 조건을 충족하는 보험사만 종전 회계기준(IFRS4) 적용과 유사한 배당가능이익을 확보할 수 있도록 했다. K-ICS비율이 2024년 200% 이상, 2025년 190% 이상인 보험사만 준비금 적립비율을 조정 가능하다.

물론 보험사도 은행, 증권과 마찬가지로 주주환원 정책이 가시화되는 추세다. 삼성화재는 적정자본 수준 220%와 초과분에 대해 주주환원과 자본 투자를 진행할 계획이다. DB손해보험은 K-ICS비율 목표 200~220%와 5년간 주주환원율 35%를 제시했다. 다만 해당 주주환원 정책이 제대로 이행되기 위해서는 K-ICS비율 관리가 필수적이다. 궁극적으로 충분한 배당가능이익을 확보하기 위한 선제적 요건은 적정 수준의 K-ICS비율인 셈이다. 안정적인 K-ICS비율을 유지할 수 있는 보험사만이 해약환급금준비금 제도 개선에 힘입어 배당을 지급할 수 있을 전망이다. 2025년 안정적인 수준의 K-ICS비율은 물론, 해약환급금준비금 규모가 비교적 작은 보험사 중심으로 적극적인 주주환원 정책을 기대해볼 만하다. ■

사이클 회복 국면 진입하는 석유화학
석유제품 시장은 빠듯한 수급 지속

윤재성 하나증권 애널리스트

과거 약 20년간 석유화학 사이클의 저점은 2001년, 2008년, 2013년, 2020년으로 약 5~8년의 긴 주기를 보였다. 2021년을 고점으로 지난 3년간 이어진 석유화학 업황 부진이 2024년 종료되고 2025년부터 회복 초입에 진입할 것으로 예상된다. 과거 대비 사이클이 짧아진 이유는 팬데믹으로 인해 통화 정책 전환이 빠르게 진행된 영향이다.

2021~2022년을 고점으로 둔화된 정유 업황도 2024년 바닥을 통과하고 2025년부터 회복 국면에 진입할 전망이다. 2021~2022년 유가 급등 후 하락 과정에서 지속적으로 발생된 재고 관련 손실과 역래깅(원재료 투입 시차에 따른 이익 감소) 효과, 2023~2024년 집중된 글로벌 정유 설비 증설 부담 등 부정적 요인이 전반적으로 제거될 가능성이 높다.

석유 · 화학

증설 사이클 숨 고르기 국면
이익 회복 속도 · 강도 주목

지난 3년간 진행된 석유화학 업황 부진은 여러 부정적 요인이 결합된 결과다. 2020~2023년 지속된 중국의 대규모 증설에 따른 공급 부담과 지정학적 요인에 따른 고유가로 인해 원가 부담이 가중됐다. 여기에 고물가 · 고금리로 인한 수요 위축도 업황 부진에 영향을 줬다.

삼중고는 2025년 점차 완화되며 사이클 회복을 견인할 것으로 예측된다. 우선 글로벌 석

글로벌 에틸렌 증설 추이

〈단위:t, %〉

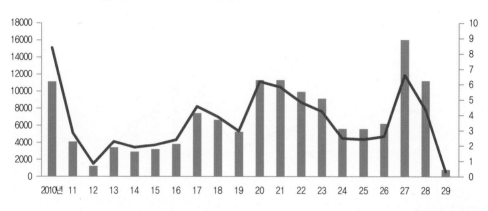

■ 에틸렌 생산설비 증분(좌) — 점유율(우)

*자료:ICIS, 하나증권

유화학 증설 사이클은 2026년까지 숨 고르기 국면에 진입한다. 대표적인 화학제품인 에틸렌의 경우, 2020~2024년 글로벌 증설은 매년 약 1000만t 수준이었다. 하지만 2024~2026년 증설 규모는 약 600만에 그친다. 가전·자동차 내장재로 사용되는 고부가합성수지(ABS)의 경우 최근 2~3년 동안 증설 증가율이 연 7~18%에 달해 공급 부담이 컸으나, 2025년 4%로 현격하게 줄어든다.

여전히 이란과 이스라엘 간 지정학적 우려가 상존한다. 이는 석유화학의 원재료인 유가 상승을 촉발시킬 수 있는 요인이다. 하지만 국제유가가 과거 러시아와 우크라이나 전쟁 촉발 당시처럼 급등할 가능성은 낮다. 우선 이란과 이스라엘이 글로벌 원유·가스 시장에서 미치는 영향력이 러시아보다 떨어진

다. 2021년 기준 러시아의 글로벌 점유율은 원유 10%, 가스 17%였으나, 현재 이란의 점유율은 원유 4%, 가스 6%에 불과하다. 또한 사우디아라비아가 최근 증산을 계획 중인 것으로 파악된다. 이에 따라 이란과 이스라엘의 지정학적 우려를 어느 정도 방어할 가능성도 있다.

지난 3년간 고물가와 고금리는 전방 수요 위축과 중간상의 재고 보유 부담을 높이는 요인으로 작용했다. 하지만 미국이 예방적인 성격의 빅컷(기준금리 0.5%포인트 인하)을 단행하며 경기 연착륙 가능성을 높였다. 중국 또한 2024년 말부터 통화 정책과 강력한 재정 정책을 동시에 사용하며 경기 부양에 대한 의지를 피력하고 있다. 미국과 중국의 동시 금리 인하 사이클이 2008년, 2020년 이후 2024

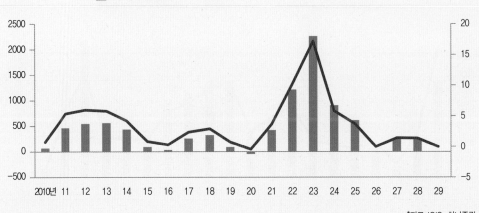

글로벌 고부가합성수지(ABS) 증설 추이 〈단위:t, %〉

■ ABS 생산시설 증분(좌) — 점유율(우)

*자료:ICIS, 하나증권

년부터 도래하고 있다는 점은 향후 수요 측면에서 긍정적 요인으로 작용할 전망이다. 실제로 과거 미국과 중국의 동시 금리 인하기였던 2008년과 2020년 이후 석유화학 업황은 뚜렷한 회복세를 나타냈다.

석유화학 업종 내 주도주를 판단하기 위해서는 이익의 회복 속도와 강도, 기업가치의 확장 가능성을 중심으로 살펴봐야 한다. 이익 회복의 속도와 강도를 결정하는 요인은 상대적인 공급 과잉 정도를 통해 비교할 수 있다. 현재 기초유분 등 업스트림(원유 탐사와 생산 단계)이 다운스트림(원유 정제·판매) 대비 공급 과잉 정도가 강한 것으로 파악되기 때문에, 상대적으로 다운스트림 제품군의 시황 회복 속도가 빠를 것으로 예상된다.

기업가치 확장 가능성 측면에서는 인도에 주목할 필요가 있다. 중국의 자급률 상향 목표를 감안하면, 글로벌 석유화학 수요 회복을 가정해도 한국의 대중국 수출 비중 확대 개연성은 낮기 때문이다. 이 관점에서 2025년부터는 인도의 직접 수혜주가 부각될 전망이다. 이미 인도는 내수 석유화학 수요가 급증하는 중이고, 설비가 부족해 2030년까지는 석유화학 제품의 수입이 대폭 늘어날 수밖에 없는 구조다. 현재 인도 시장 주가수익비율(PER)이 20배 이상이라는 점을 감안할 때, 인도 공략에 유리한 업체는 중장기적으로 기업가치 확장이 가능하다.

특히 인도는 자국 산업을 육성하기 위해 중국 업체의 무차별적인 물량 공세를 방어할 반덤핑 관세를 화학제품에 대거 부과하고 있다. 국내 업체가 기술적 우위로 충분히 공략이 가능하다는 뜻이다. 인도에 공장이 있거나, 이미 인도 내 점유율이 높은 업체에 관심이 필요한 이유다.

이런 근거를 바탕으로 석유화학 업종 내에서는 글로벌 최상위 다운스트림 업체가 이익 회복 속도뿐 아니라, 기업가치 확장 측면에서 주도주가 될 가능성이 크다. 이에 따라 금호석유, 효성티앤씨, 유니드, LG화학, KCC를 최선호주로 제시한다.

금호석유는 2025년부터 천연고무의 호황기 진입이 예상된다. 주요 생산지 중심 생산량 축소와 2025년 유럽의 삼림 벌채 금지법(EUDR) 실시가 천연고무 생산 단가 상승으로 귀결될 가능성이 높기 때문이다. 천연고무 강세는 합성고무 전반적으로 긍정적인 요인이다. 대체재이자 보완재인 합성고무(SBR·BR)의 강세를 유발하고, 상대적으로 저렴한 니트릴 장갑으로 대체 수요를 자극해 라텍스 장갑의 원료로 사용되는 NB라텍스의 공급 과잉 해소에 기여할 전망이다. 또한 금호석유는 38%의 낮은 부채비율 등 건전한 재무 구조를 바탕으로 주주환원이 지속되고 있으며, 2024년 말을 기점으로 기존 주주환원 정책이 종료된다. 이에 따라 새로운 주주환원 정책에 대한 기대가 유효하다.

효성티앤씨는 2021~2024년 중국 스판덱스 증설 사이클이 종료되며 공급 부담이 줄어든다. 재고 수준은 30일 치 정도로 매우 안정적이다. 글로벌 각지에 공장을 보유해 운임 이

고유가·고물가·고금리 삼중고 완화
빅컷으로 경기 연착륙 가능성 높아져
미·중 동시 금리 인하, 수요에 긍정적
다운스트림 제품군 회복 속도 빨라
기업가치 확장 관점 인도 주목
대중국 수출 비중 확대 개연성 낮아

슈에서도 자유롭다. 향후 시황 회복 시 경쟁사보다 빠른 판가 상향과 실적 개선이 가능하다. '형제의 난'이 원만하게 해결돼 향후 경영권 분쟁 가능성도 제한적이다.

유니드의 최근 실적 부진은 운임 급등과 환율 하락 등 외부 변수 영향이 크다. 중국 염화파라핀왁스(CPs) 신규 설비 가동에 따른 초기 고정비가 발생한 점도 실적에 영향을 미쳤다. 2024년 3분기 비수기와 운임 영향에도 여전히 판매량은 1분기보다 높아 견조한 업황을 증명한다. 농업 대국인 인도 매출 비중이 빠르게 늘어나고 있다는 점도 유니드의 기업가치 상향이 가능한 요인이다.

LG화학은 2020~2023년 나프타분해시설(NCC) 증설 사이클 일단락됨에 따라 시황 회복이 가능하다. 특히 다운스트림 설비에 대한 경쟁력을 보유하고 있기 때문에, 다른 NCC 대비 경쟁 우위를 확보하고 있다. 양극재 출하량의 점진적 개선도 전망된다. LG화학의 현재 주가순자산비율(PBR)은 0.9배 수

준이다. 이는 2009년 금융위기 수준으로 저평가 상태라는 판단이다.

KCC는 2025년 도료 사업의 실적 호조가 예상된다. 2024년에 이어 2025년에도 사상 최대 실적이 가능하다는 분석이다. PBR 0.4배로 저평가 상태라는 판단이다. 보유 유가증권을 활용한 부채 감축도 기대된다.

정유

업황 악화 가능성 낮아 타이트한 수급 흐름 지속

글로벌 정유시설(CDU) 순증설은 2025~2026년 큰 폭으로 감소할 전망이다. 특히 2024년 완공된 나이지리아 당고테, 중국 유롱 공장은 이미 가동률을 높이는 중이다. 시황은 이를 이미 반영하고 있어, 추가적인 업황 악화 가능성은 낮다.

중장기적으로 글로벌 정제 설비는 전기차 침투율 상승과 탈탄소 등 친환경 정책에 따라 증설 유인이 저하된다. 이에 따라 향후 예정된 증설이 수요를 감당하기에 부족할 것으로 예상한다. 이를 감안하면 글로벌 석유제품 시장의 빡빡한 수급 흐름은 지속될 가능성이 높다.

지역별로 살펴보면 중국은 전 세계에서 정제 설비 규모가 가장 큰 지역이다. 점유율은 18% 수준이다. 중국은 탈탄소 정책 핵심으로 철강·정유 설비 증설을 제한한다. 실제로 현재 중국의 정제 설비 규모는 약 1일당 1800만배럴인데, 2025년까지 최대 2000만배럴을 넘길 수 없다. 또한 신규 정유 설비는 최소 기준 이상 능력을 갖춰야 하며, 기존에 효율이 낮거나 환경 기준에 미치지 못하는 소규모 설비는 단계적으로 퇴출될 계획이다. 신재생에너지가 전체 발전 수요를 충당하기에는 여전히 오랜 시간이 필요하다는 점을 감안하면 중국의 석유제품 수급 상황도 점차 타이트해질 수밖에 없다. 실제로 중국이 탈탄소 정책을 강조하기 시작한 2021년부터 중국의 석유제품 순수출 추세는 큰 폭으로 약화됐다.

점유율 약 17%에 달하는 미국은 전 세계에서 정제 설비 규모가 두 번째로 큰 지역이다. 미국의 2024년 정제 설비 가동률은 90% 내외에서 유지될 정도로 수급 상황이 빠듯하다. 이는 고금리에도 불구하고 미국의 강한 경제 기초체력의 영향이다. 미국은 '셰일 붐' 종료와 친환경 정책 강화 등에 따라 정제 설비 증설이 제한적이다. 미국의 빅컷이 완만한 수요 회복을 견인할 경우, 미국 석유제품 수출은 추세적으로 줄어들 수밖에 없다.

러시아는 전 세계에서 정제 설비 규모가 세 번째로 큰 지역이다. 점유율은 약 7%다. 러시아는 중장기적으로 제재 이슈 등 영향으로 석유제품 수출이 원활하지 않은 상황이다. 물가 상승 진압을 위해 석유제품 수출 제한을

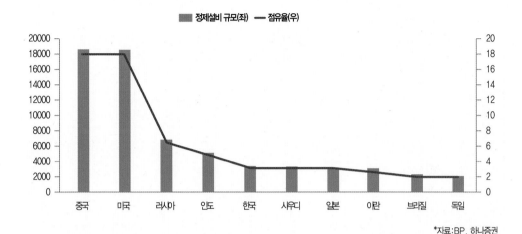

글로벌 정제설비 규모 비교 〈단위:하루당 배럴(b/d), %〉

■ 정제설비 규모(좌) — 점유율(우)

*자료:BP, 하나증권

여러 차례 시도한 바 있다.

점유율 5%의 인도는 전 세계에서 정제 설비 규모가 네 번째로 큰 지역이다. 인도는 가파른 경기 성장에 따라 석유제품 공급 부족을 겪고 있다. 특히 높은 농업 비중에 따라 디젤에 대한 수요가 큰 편이기 때문에 물가 상승을 억제하기 위해 디젤에 대한 가격 통제를 실시할 수밖에 없는 상황이다. 그 일환으로 디젤에 대한 수출 관세를 대폭 상향하며 수출을 통제한다.

한국은 전 세계에서 정제 설비 규모가 다섯 번째로 크다. 점유율은 3.6%다. 한국은 전체 생산의 50%를 수출하는 특이한 구조로, 석유제품 시장에서의 스윙 프로듀서(Swing Producer)로 자리매김했다. 각자도생의 석유제품 시장에서 전 세계는 한국에 의존할 수밖에 없다.

정유 업체 중 에쓰오일을 최선호주로 제시한다. 중국의 경기 회복 시 2024년 급격히 늘어난 중국의 석유제품 수출 할당량이 재차 감소할 것으로 예상된다. 이는 아시아 역내 정유 시황 개선의 촉진제로 꼽힌다.

인도는 2025년 이후 석유제품 순수입국으로 전환할 가능성이 높아 역내 수급에 긍정적으로 작용할 전망이다. 또한 에쓰오일은 2025년을 마지막으로 샤힌 프로젝트에 대한 대규모 투자가 종료된다. 2026년에는 원가 경쟁 우위를 바탕으로 현금 창출이 가능하고, 대규모 생산이 줄면서 배당을 확대할 여력이 높아진다. 현재 PBR 0.8배로 역사적 최저점까지 하락한 상황이라는 점에서 주가 상승 여력이 높다. ■

가격 하락에…'자동차' 수익성 먹구름
호실적에도 저평가…'운송株' 주목

자동차

美 공장 완공·주주환원
2025 자동차 주가 동력

송선재 하나증권 리서치센터 파트장

2024년 국내 자동차 업종은 주요 국가 소비 경기가 악화되면서 낮은 성장세를 보였다. 호재가 없지는 않았다. 2020~2022년 코로나 팬데믹 쇼크, 그리고 차량용 반도체 부족 기간에 쌓여왔던 대기 수요가 생산 회복을 통해 해소되면서, 글로벌 자동차 판매는 과거 고점이었던 2017~2018년 대비 95% 수준까지 회복되기는 했다. 하지만 경기 둔화와 금리 상승으로 소비 심리가 크게 위축되면서 주요 국가별 자동차 판매 증가율이 2% 수준에 머물렀다. 시장을 둘러싼 가격 환경도 약화되고 있다.

2020~2022년 상반기를 거치면서 발생했던 공급 부족이 만들어낸 평균 판매 가격 상승세가 둔화되는 중이다. 당시에는 모델 가격 인상과 가격 할인 축소, 그리고 친환경차와 프리미엄 자동차를 필두로 제품 믹스가 개선되면서 수익성이 제고됐다. 최근에는 상황이 달라졌다. 자동차 생산이 늘어나고 구매 수요가 둔화되면서 가격 할인이 늘어나고 있다.

2025년에도 2024년에 나타난 좋지 않은 흐름이 이어지며 낮은 성장률을 기록할 전망이다. 주요 국가 경제성장률이 높지 않아 소비 경기가 활성화되지 않고 있고, 최근 중앙은행 기준금리 인하에도 불구하고 자동차 할부 금리가 충분히 하락하기까지는 시간이 소요된다. 할부 금리 인하폭보다 자동차 가격 하락폭이 더 적은 만큼, 소비자가 지불해야 하는 할부금 부담은 크게 덜어지지 않았다. 결

2025년 현대차와 기아 이익 흐름은 견조하겠지만, 산업 수요 둔화에 따라 판매 증가율과 주가 모멘텀이 줄어든다는 점은 아쉬운 대목이다. 사진은 현대자동차가 모터스포츠 문화 발전을 위해 토요타자동차와 함께한 '현대 N×토요타 가주 레이싱 페스티벌' 장면. (현대차 제공)

과적으로 2025년 글로벌 자동차 판매 증가율은 1%대로 낮아질 전망이다.

반면, 주요 자동차 업체 생산 물량은 계속 늘어나며 글로벌 자동차 재고가 증가하고 있다. 자동차 업체가 판매 인센티브를 늘리고, 소비자가 세그먼트 내 더 저렴한 옵션을 선택함에 따라 자동차 평균 판매 가격은 하락할 것으로 예상한다. 이에 더해 높은 연구개발비와 업계 전반적인 임금 인플레이션 등이 이어지면서 자동차 업체 수익성과 현금흐름 개선은 제한적일 것으로 전망한다.

전기차 중장기 성장 전망은 양호해 보인다. 전기차가 완성차를 대체하는 과정에서 생기는 일시적 수요 정체, 이른바 '캐즘'에 대한 우려가 나오고 있기는 하지만 판매 대수를 살펴보면 견고한 성장세를 자랑한다. 2024년 글로벌 전기차 판매는 2023년 대비 18% 증가한 1600만대로 예상된다. 친환경 규제가 지속되고, 주요 부품 가격 하락으로 전기차 가격이 하락하는 중이다. 또한 다양한 세그먼트에서 상품성이 개선된 전기차 신차가 속속 나타나고 있어 중장기적으로 내연기관차에서 전기차로의 전환 추세는 유지될 수밖에 없다. 물론 지역마다 분위기는 조금씩 다르다. 중국이 전기차 보조금을 2024년 말까지 확대함에 따라 전년 대비 판매가 35% 성장한 반면, 독일 등 보조금을 삭감한 유럽 지역은 1% 성장에 그쳤다. 미국은 8% 정도다.

2025년에도 보조금이 전기차 시장 주요 변수가 될 것이다. 중국에서는 2024년 말로 종료되는 경기 부양책 '이구환신(노후 설비·제품 교체 지원)'의 연장 여부, 유럽에서는 독일과 프랑스 등에서 보조금 재개 여부, 미국에서는 대선 이후 보조금 정책 수정 가능성 등이 핵심

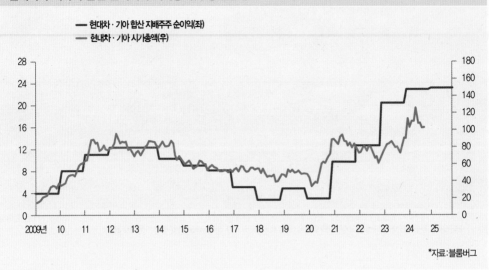

현대차와 기아의 합산 순이익과 시가총액의 상관관계 〈단위:조원〉

- 현대차·기아 합산 지배주주 순이익(좌)
- 현내차·기아 시가총액(우)

2009년 10 11 12 13 14 15 16 17 18 19 20 21 22 23 24 25

*자료:블룸버그

이다. 만약 주요 국가에서 보조금이 축소되면 전기차 시장은 2025년 4~5% 한 자릿수 성장에 머물 예정이다. 반면 보조금 정책이 유지 혹은 확대된다면 10% 이상 성장도 가능하다. 한편, 하이브리드차가 초과 성장을 하는 구도는 2025년에도 지속될 것으로 전망한다. 글로벌 하이브리드차 판매는 2024년 16% 증가한 900만대로 예상되는데, 전체 자동차 판매 내 비중도 2023년 8.8%에서 2024년 9.9%로 상승했다. 전기차 수요 둔화 시기를 틈타 연비와 편리성 측면에서 만족할 만한 모델이 다수 등장했다. 2025년에도 추가 12% 성장하면서 1000만대 이상 판매고를 올릴 것으로 예상한다.

현대차와 기아 이익 흐름은 견조하겠지만, 산업 수요 둔화에 기인해 판매 증가율과 주가

모멘텀(상승동력)이 줄어든다는 점은 아쉬운 대목이다. 현대차와 기아의 이익은 2022년과 2023년에 걸쳐 크게 증가했지만, 2024년에는 판매 정체로 이익 증가율이 낮은 한 자릿수로 하락한다. 공격적인 신차 출시와 신공장 완공 등으로 대응하고 있기는 하지만, 2025년에도 산업 수요 증가율이 추가 하락하고 최근 몇 년간 우호적이었던 환율 환경도 약화되고 있어 2025년 이익 모멘텀은 낮아질 것으로 예상한다. 2025년에는 상황이 좀 더 나아질 테다. 하이브리드차 수요 증가에 충분히 대응할 수 있는 데다가 미국 전기차 공장이 본격적으로 가동되면서 EV3와 아이오닉9 등 전기차 신모델이 대거 출시되기 때문에 친환경차 판매 모멘텀이 확대될 것이다.

업종 내 주가 측면에서 보면, 전반적으로 박

스권 내 흐름을 전망한다. 현대차와 기아 주가 밸류에이션은 PER(주가수익비율) 기준 4~5배 수준에 머물고 있는데, 글로벌 동종 업체 중에서도 낮은 수준이다. 최근 강화된 주주환원을 기준으로 예상 배당수익률은 5% 이상으로 높다. 낮은 밸류에이션과 높은 배당수익률이 주가 하단을 지지해주면서 주가 모멘텀 회복을 기다리는 양상이 나타날 것으로 예상한다. 주가 모멘텀은 산업 수요 회복과 한국 완성차 시장점유율 상승에 기인한 판매 증가, 전기차 공장의 완공과 신모델 투입에 따른 점유율 상승, 커넥티드카와 자율주행차 부문에서의 기술적 진전, 자기주식 매입과 소각을 통한 주주환원 실행 등에서 발생할 것이다.

> **운송**

대한항공·CJ대한통운 항공·물류 최고 수혜주

최고운 한국투자증권 수석 연구원

2024년 운송 업종은 시장 기대를 뛰어넘는 실적 개선을 보여줬다. 2022년 물류 대란 수혜, 2023년 리오프닝 이연 수요 효과를 대신할 이익 모멘텀이 있을까 걱정했지만, 록다운(지역 봉쇄)과 전쟁 등 산전수전 다 겪으면서 개선된 운송 업체 체질이 빛을 발했다. 대한항공, CJ대한통운, 현대글로비스 등 각 영역별 국내 1위 사업자 영업이익은 높은 기저 부담에도 2023년 대비 증가할 전망이다. 팬데믹 이전과 비교하면 2배가량 늘어난 실적이다. 특히 HMM은 홍해 사태로 인한 반사이익으로 조 단위 영업이익까지 예상된다.

호실적에도 불구하고 주식 투자자들은 여전히 운송 업종 성장을 낯설어하는 분위기다. 운송은 대표적인 '시클리컬(Cyclical·경기 민감)' 산업이다. 대외 경기 요인에 민감하게 영향을 받고 수요 성장은 제한적이라는 믿음이 오랜 기간 이어져오고 있다. 이런 투자 패턴을 하루아침에 깬다는 것은 현실적으로 쉽지 않다. 대신 2024년 주가가 좋았던 운송 업체들은 변곡점마다 뉴스 모멘텀이 중요한 역할을 했다는 점에 주목할 필요가 있다. 결국 투자자 관심을 끌 만한 변화 포인트만 만난다면 운송주는 평상시 소외받아왔던 주가를 재평가받을 여지가 높다.

2025년 운송 산업을 전망할 때는 본업 펀더멘털(기초여건) 변화는 물론 투자 수급과 심리적인 요인 개선 가능성에도 주목해야 한다. 사실 육해공 운송 산업 모두 실적이 2010년대 대비 구조적으로 레벨업했기 때문에 2025년에도 크게 걱정할 리스크는 보이지 않는다. 유가와 환율, 중국 경기 등 매크로 변수는 2024년보다 우호적일 전망이다. 결국 투자 아이디어 발굴에서 더 중요한 것은 시장 재편 이슈다. 양대 국적사의 합병, 물류와 유통의 협

아시아나항공과 인수 작업 막바지 단계에 돌입한 대한항공은 합병 효과에 따른 기대감이 커지는 중이다. (대한항공 제공)

력 강화, 지배구조 개선 등 오랜 시간이 걸리기는 했지만 이제는 정말 변화가 임박했다. 대한항공의 아시아나항공 인수 작업은 막바지 단계다. 대한항공은 2024년 연내 EU의 최종 승인과 미국의 승인을 받을 수 있을 것으로 기대한다. 글로벌 항공 산업은 2020년대 들어 구조적인 변화를 겪고 있다. 팬데믹 피해로 인한 구조조정뿐 아니라 탈세계화, 그리고 프렌드쇼어링(동맹국 중심 공급망 재편) 기조와 맞물려 항공사 간 협력 구도 역시 달라지고 있다. 항공 여객의 달라진 소비 패턴도 호재다. 가성비 해외여행 수요와 프리미엄 수요로 양극화되면서 양편에서 동시에 성장하고 있다. 이런 과정에서 대한항공과 아시아나항공 양대 국적사 합병은 당초 기대했던 것보다 더 큰 기회를 잡게 됐다. 대형항공사(FSC · Full Service Carrier)와 저비용항공사(LCC · Low Cost Carrier) 간 경쟁은 다시 분리되고 있다. 예전처럼 장거리 여행을 위한 FSC 선택폭이 넓지 않기 때문이다. 특히 우리나라는 비즈니스 등 프리미엄 좌석 탑승률이 일반 등급보다 더 높은 현상이 계속되는 분위기다. 항공 업계는 팬데믹을 계기로 상대적으로 수익 구조가 안정적인 근거리 노선에 집중하고 있다. 글로벌 항공 제조 기업인 보잉과 에어버스 역시 이런 트렌드를 따라 광동체(Wide-body Aircraft) 생산능력은 늘리지 않고 있다. 여기에 미주 관계 경색의 여파로 중국 FSC를 이용한 아시아 환승 수요가 한국으로 넘어오는 중이다.

대한항공은 장거리와 프리미엄 항공 수요를 선점하는 데 가장 유리한 위치에 있다. 대한항공은 2020년 이후 전 세계에서 재무건전성이 가장 좋아진 항공사다. 사실상 인력 유출이 없었고 항공기 투자 여력도 가장 양호하다. 이제는 아시아나항공 인수를 앞두고 국

CJ대한통운은 물류 자동화 인프라와 기술력에서 경쟁사 대비 수년 정도 앞서 있다는 평가를 받는다. 사진은 CJ대한통운 인천ICC1센터에서 직구된 상품들을 분류하는 모습. (CJ대한통운 제공)

내 점유율 경쟁을 신경 쓸 필요가 없어진 만큼, 기재 현대화 등 서비스 경쟁력 강화에 주력할 방침이다. 반면 주가는 이런 합병 효과에 대한 기대감을 반영하지 않고 있다. 대한항공을 견제하려는 해외 경쟁당국이 인수를 반대하며 너무 오랜 시간을 끌어왔기 때문이다. 반대로 해외 승인이 확정될 경우 그동안의 실적 개선과 향후 합병 시너지를 재평가받을 수 있는 변곡점이 될 테다.

항공에 비해 물류 산업은 좀 더 조용한 변화를 준비하고 있다. 오랜 기간 택배 시장 성장을 뒷받침해온 이커머스 수요는 주춤한 상황이다. 이에 따라 택배 업계는 점유율 경쟁에서 한발 물러나 풀필먼트, 주말배송 등 서비스 차별화에 집중하기 시작했다.

국내 유통 업계의 온라인 경쟁 구도 역시 무조건 규모의 경제를 최우선시하는 시절은 지났다. 쿠팡을 따라잡기 위한 이커머스 후발주자 선택은 택배 업체들과의 협력으로 좁혀지고 있다.

CJ대한통운은 택배 시장점유율뿐 아니라 물류 자동화 인프라와 기술력에서도 경쟁사 대비 수년 앞서 있다. 물류와 유통 산업 간의 협력에서 가장 매력적인 파트너인 것이다. 네이버, 알리에 이어 국내 3위 이커머스 사업자인 신세계그룹과 협력을 체결했다.

주요 버티컬 이커머스 업체들 역시 CJ대한통운의 풀필먼트 서비스에 대한 수요가 증가하고 있다. 이런 탄탄한 고객 기반을 바탕으로 CJ대한통운은 2025년부터 주말 배송에 나설 계획이다.

이커머스 화주와의 관계가 과거 운임에 의한 갑을 구도에서 고부가 서비스 강화를 위한 협력 관계로 바뀌고 있다는 점에서 2025년 주7일 배송과 신세계그룹과의 협력 확대에 주목해야 한다. ■

정비사업 활성화에 미소 짓는 '건설'
高價 수주로 슈퍼 사이클 맞은 '조선'

건설

공사비 인상, 새해부터 완화

장문준 KB증권 애널리스트

2024년 건설 업종은 2023년에 이어 역시나 힘든 한 해를 보냈다.

2025년은 부분적으로 나타났던 시장의 온기가 지역적으로 확장될 수 있는지, 더 지속될 수 있는지 그리고 업종을 오랜 기간 괴롭혀왔던 원가율 이슈가 해결될 수 있는지가 관건인 해가 될 것이다.

2024년은 그간 국내 건설 업종 주력 사업이었던 주택 부문에서 부진이 이어지는 가운데, 서울·수도권 중심으로는 개선의 조짐이 보인 한 해였다.

2023년 전국 아파트 분양 물량은 약 21만1000가구로, 2022년 대비 41.5% 감소하며 극도

의 부진을 보인 바 있다.

2024년 들어서는 9월 말 기준 약 17만3000가구로 과거 8개년(2015~2022년) 평균 대비 67.3%에 불과했지만, 2023년 같은 기간 대비로는 40% 가까이 증가하면서 회복의 기미가 나타났다.

물론 고질병인 '양극화'는 지속됐다. 청약 경쟁률 상위 프로젝트와 하위 프로젝트의 온도 차가 뚜렷했고 부동산 가격과 거래 측면에서도 역시 양극화가 더 명확해졌다. 2025년 역시 분양 시장 양극화가 지속되는 가운데, 절대 분양 물량은 소폭 늘어날 것으로 보인다.

건설 업종에서 2025년 중요한 두 가지 이슈가 있다. 첫째, 서울·수도권 정비사업이 원활하게 착공되는지 여부 둘째, 2022년 이후 부진했던 원가율이 개선 기미를 보일 수 있는지

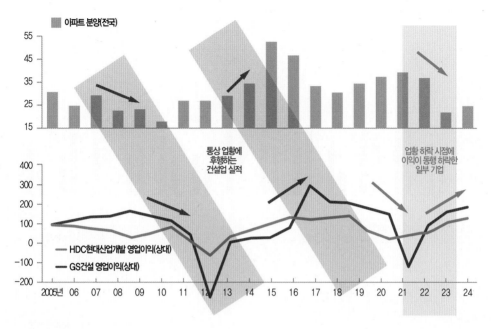

전국 아파트 분양 물량과 건설업 상대 영업이익 추이·전망 비교 〈단위:만가구〉

아파트 분양(전국)

통상 업황에
후행하는
건설업 실적

업황 하락 시점에
이익이 동행 하락한
일부 기업

HDC현대산업개발 영업이익(상대)
GS건설 영업이익(상대)

2005년 06 07 08 09 10 11 12 13 14 15 16 17 18 19 20 21 22 23 24

*2025년 영업이익 100으로 환산 기준

*자료:퀀트와이즈, REPS, KB증권 추정

다. 두 가지 이슈가 향후 건설사 매출과 이익 규모를 좌우할 예정이다.

서울·수도권 정비사업은 정부 각종 규제 완화책이 동반되는 가운데, 그간 사업 진행을 더디게 했던 공사비 인상 이슈는 조합에서 어느 정도는 수용하는 분위기다. 현재 시장의 주택 가격 상승에는 서울·수도권 중심부의 공급 부족에 대한 우려가 영향을 미친다는 점이 분명하기 때문에, 정비사업의 순조로운 착공은 한국 주택 시장 전체에서도 중요한 이슈다.

원가율은 2025년 중반부터는 대형 건설사를 중심으로 개선 가능성이 있다. 원가 상승 요인이 많고 도급 증액이 어려웠던 물량은 과거 2021~2022년 분양 물량이다. 해당 물량이 현재 건설사 원가에 가장 부정적인 영향을 끼치고 있을 가능성이 높다. 다만, 이 물량들이 2024년부터 본격적인 완공 사이클에 진입한다. 따라서 과거 물량 매출 비중이 감소하는 2025년부터는 원가율 반등을 합리적으로 기대해볼 수 있다.

기대를 모았던 해외 수주는 큰 성과를 거두지 못하고 있다.

2023년 333억달러를 기록했던 한국 건설사

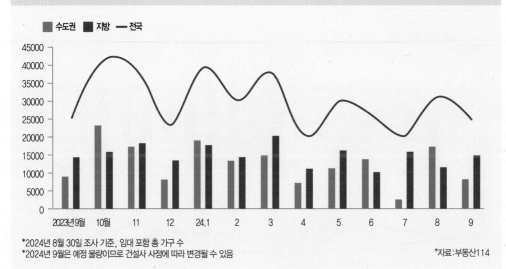

월간 아파트 입주 물량 추이 〈단위:가구〉

■ 수도권 ■ 지방 — 전국

*2024년 8월 30일 조사 기준, 임대 포함 총 가구 수
*2024년 9월은 예정 물량이므로 건설사 사정에 따라 변경될 수 있음

*자료:부동산114

해외 수주는 2024년 9월 말 기준 211억달러를 기록 중이다.

'유가 하락'과 '인플레이션'이 반영된 입찰 가격의 급격한 상승으로 인해 주요 발주처 투자 결정 속도가 둔화되고 있는 것이 결정적이다.

2025년 역시 한국 건설사 해외 수주에서 급격한 양적 반등을 기대하기는 어렵다. 양보다는 질적인 수주 개선이 중요 포인트가 될 것이다.

수소·암모니아 등 친환경 프로젝트의 수주, 그리고 전통적인 EPC(설계·조달·시공)를 넘어, 기본 설계를 중심으로 한 FEED-EPC 수주 확대 등을 통해 한 단계 진일보한 건설사로 거듭날 수 있는지가 2025년의 주요 화두가 될 것으로 판단한다.

조선

벌게 될 이익으로 경쟁력 유지

최광식 다올투자증권 이사

2024년 2분기 국내 조선사는 시장 기대를 크게 웃도는 호실적을 발표했다. 지난 2~3년간 인력 부족으로 적잖은 고생을 해왔지만 외국인 노동자 등이 투입되면서 생산성이 안정화됐다. 여기에 이전 호황기 2년 차인 2022년에 수주한 '고가 물량' 건조 비중이 늘며 실적 개선에 성공했다.

실적은 2025년에, 나아가 2026년과 2027년까지 계속 더 좋아질 전망이다. 현장의 20% 가까이를 차지하는 외국인 노동자 숙련도는 더 제고될 것이고 고가 물량을 대량 수주했던 2022년 대비 현재 신조선가는 추가로 15~

6조원 돌파 전망되는 조선 5사 영업이익

〈단위:조원〉

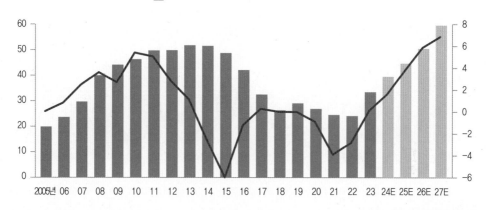

■ 조선 5사의 조선·해양 매출(좌)   ── 영업이익(우)

*자료:다올투자증권

20%나 더 상승했기 때문이다.

2025년부터는 과거 호황기였던 2010~2011년 조선사 영업이익률과 비슷한 수준인 10~15%를 기대할 수 있다고 전망한다. 그야말로 돈을 버는 사이클에 진입한 모습이다.

2024년 수주도 또 호황이다. 상장 조선 5개사의 10월 초까지 수주는 315억달러다. 벌써 2024년 매출보다 많다. 연말까지 컨테이너, 가스선, FLNG 등의 파이프라인이 있어서 2023년 350억달러를 넘길 가능성이 높다. 확보한 일감이 3년 치 이상이어서 '공급자 주도 시장(Seller's Market)'인데, 올해 역시 수주잔고가 늘어난다.

하지만 2024년에 경쟁 구도와 시장점유율 변화도 발생했다.

2024년 8000TEU(1TEU는 20피트 컨테이너 1대) 이상 대형 컨테이너선에서 한국 조선업 시장점유율은 2021~2023년의 40% 수준에서 크게 밀려 현재 10%에도 못 미치고 있다.

중국의 시장 침략이 거세다. 중국 정부의 선박금융 지원과 보조금, 그리고 저렴한 인건비에서 비롯해 낮은 신조선가를 제시할 수 있게 됐다.

중국 조선사 건조 능력과 품질 발전도 계속되고 있다. 특히 2024년 중국의 민영 조선사가 캐파(생산능력)를 크게 늘렸다.

원래 한국도, 그리고 중국의 대형 조선사도 2027년 인도 가능 선박은 수용이 불가능했다. 2028년 인도 슬롯도 희박했지만, 중국의 강남조선·양지장조선·헹리중공업 등이 최근 캐파를 늘리면서 2027년 인도 가능한 선박 계약을 따내고 있다.

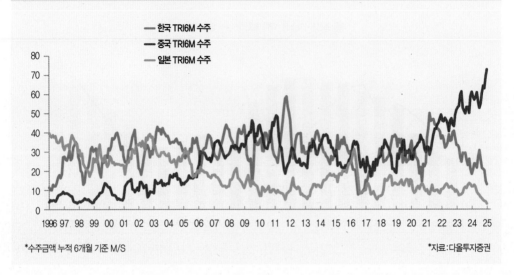

중국에 크게 밀리는 한국 조선 점유율 〈단위:%〉

- 한국 TRI6M 수주
- 중국 TRI6M 수주
- 일본 TRI6M 수주

*수주금액 누적 6개월 기준 M/S　　　　　*자료:다올투자증권

한국 조선업은 인력 부족을 지난 2024년 3월에서야 외국인 노동자 유입을 통해서 겨우 해결했는데, 중국은 풍부한 인력과 넓은 신조 가능 부지를 활용해서 캐파를 늘리고 있는 형국이다. 3개 도크를 보유한 중국 강남조선은 대형 도크 1개 증설을 결정했고 2027년에 가동한다.

양지장조선도 장쑤성 징장시에 87㎡ 부지를 새로 확보하고 4억달러 이상을 투자해 2026년 말에 연간 80만-DWT 생산, 14억달러 매출이 가능한 신규 조선사를 준비하고 있다.

과거 STX대련을 인수한 헝리그룹은 헝리헤비인더스트리에서 신조를 시작했고, 13억달러를 투자해 180만t의 강재 가공 능력으로 확대하겠다는 계획을 발표했다.

한국의 오랜 우량 고객이었던 AP Moller-Maersk, Hapag-Lloyd 등이 올해 한국과는 10척의 컨테이너선만 계약한 반면 중국에서는 무려 각각 52척, 24척을 중국에서 건조한다는 점은 다소 충격적이다. 단납기, 가격 등으로 중국을 택했다고 해도 중국이 여러 고객과 관계를 맺고 사업과 건조 경험을 쌓아가는 것은 중장기적으로 우려되는 경쟁 구도 변화라서다.

필자는 기계 업종에서도 건설기계 · 풍력부품 · 파이프 등에서 중국의 제조업이 성장해 해외 시장에 진출할 때, 어떤 무서운 일이 벌어지는지를 15년간 지켜봐왔다.

물론 조선은 벨트 컨베이어에서 찍어내는 것이 아닌, 장인의 한 땀 한 땀이 필요한 산업이다. 그 기술 격차도 꽤 커서 중국 영향을 늦게 받고 있는 산업이라는 점도 다행이다.

국내 조선사 수주에 청신호가 켜졌다. 사진은 삼성중공업이 건조한 대형 FLNG 코랄 술. (삼성중공업 제공)

하지만 중국의 투자 증대가 두려운 것은 조선도 마찬가지다.

한국 조선 산업을 지키는 방법은 여럿이다. 미국이 조사 중인 중국 조선업의 불공정 무역에 대한 견제 같은 외생적인 정책도 있겠지만, 국내 조선업 스스로도 준비를 해야 한다. 대한민국 조선 산업은 잔고에서 일감을 확보한 2027년까지 엄청난 이익을 낼 예정이다. 이번 사이클에서는 과거 호황기에 잉여현금을 잘못 투자해 실패한 사례들을 곱씹고, 미래에 중국과의 경쟁에서 이길 수 있는 초격차를 유지하기 위한 기술·생산 공정 등에 대찬 투자를 단행해야 할 것이다.

다행히 시장 환경은 탄소중립을 위해 수많은 기술 변화를 요하고 있다. 사람 머릿수와 도크 크기에서는 밀릴 수밖에 없지만 시장과 기술 선도자로서 한국 조선은 중국 등 여타 국가와 격차를 더 벌려갈 것으로 기대한다. ■

기숙학원 실적 반영 '디지털대성' 톱픽
엔터·게임 2025년 본격 반등 예고

교육

단기 '디지털대성', 중장기는 시니어 교육 강세 대교 눈길

반진욱 매경이코노미 기자

교육 종목은 매년 우려가 나오는 산업군이다. 산업 소비자인 학령 인구가 매년 줄어들고 있어서다. 특히 2024년부터 본격적인 초등 저학년 인구 감소가 시작됐다. 이런 우려가 계속되면서 2024년 하반기 들어 교육주는 다소 부진한 흐름을 이어갔다. 상반기에 좋은 흐름을 이어가던 모습에서 다소 주춤하는 모습이다.

다만, 교육 업체들은 저마다 돌파구를 찾기 위해 분주히 움직이고 있다. 어려운 영업 환경에도 성장을 위한 준비에 본격적으로 시동을 걸고 있다.

시장에서 주목하는 교육 종목은 크게 3곳이다. 단기적으로는 디지털대성, 중·장기 관점으로는 비상교육과 대교를 추천하는 전문가가 많다.

디지털대성은 2024년 사상 최대 매출을 전망한다. 호법강남대성기숙학원(의대관) 실적이 9월부터 반영된다. 2023년 대비 80억~90억원의 매출이 추가될 것으로 보인다. 의대관은 기존 보유하고 있던 강남대성기숙학원 S관 대비 10% 높게 수업료가 형성돼 있다. 2024년 신규로 완공된 기숙사는 좀 더 높은 비용을 받는다. 2025년부터는 1월과 2월에 신규 프로그램을 대대적으로 선보인다. 또한, 높은 수익성을 보유한 의대관 실적이 온전하게 연결 실적에 반영되는 첫해다. 주력 상품 가격이 오른 점도 기대 요인이다.

교육주는 학령 인구 감소에 대비, 사업 다각화를 노리는 업체를 추천하는 이들이 많았다. 디지털대성, 비상에듀 등이 주목할 만한 투자처로 꼽혔다. (매경DB)

가장 큰 매출 비중을 차지하는 고등 패스 상품은 2018년 11월 판매 이후 19만원으로 할인해 파는 프로모션을 진행해왔다. 정가는 43만원이지만, 시장 안착을 위해 저가 프로모션을 길게 진행했다. 2024년 11월 내놓는 고등 패스 상품부터 프로모션 기간을 대폭 줄였다.

2025년은 고등 패스 상품이 정가로 전환하는 시점이 기존보다 빨라진다. 수익성 측면에서 긍정적인 효과가 기대된다.

비상교육과 대교는 '차세대 먹거리'가 강력하다는 평가다. 비상교육은 2024년 하반기에 본격적으로 윤곽을 드러낸 AI 디지털교과서(이하 AIDT) 성장성이 핵심 경쟁력이다. 아직까지 AIDT 주요 사업자에 대한 정부 최종 심사 결과가 발표되지 않았다. 다만 시장에서는 비상교육이 기존 교과서를 제작하던 업체라는 점과 교수 지원 사이트를 제공한다는 점에서 타사 대비 채택될 공산이 크다는 분석이 강세다.

대교는 새로운 성장동력으로 꼽히는 시니어 교육에서 강점이 있다. 한국은 2025년부터 초고령사회에 진입한다. 시니어 교육 선두주자인 대교의 실적 성장이 기대되는 이유다. 다만, 아직 대교 전체 매출에서 시니어 교육이 차지하는 매출 비중은 2% 수준이다. 시장 전문가들이 중장기적 관점에서의 접근을 권고하는 배경이다.

주지은 신한투자증권 애널리스트는 "당장 실적 모멘텀에 집중한다면 디지털대성이 최고 선택지다. 2024년 4분기 실적부터 2025년까지 흐름을 미뤄본다면 비상교육과 대교도 좋은 선택이 될 수 있다. 비상교육은 2024년 4분기 이후 AIDT 관련 이슈에 영향을 받을 전망이다. 주목할 필요가 높다"고 평가했다.

엔터 · 미디어

바닥을 지나고, 반등의 시기가 왔다

2024년 엔터 종목은 우울한 1년을 보냈다. 빅4 소속사 모두 앨범 판매량이 하락하며 실적이 꺾였다.

'대장주' 노릇을 하던 하이브는 주력 그룹인 BTS의 군 입대로 인한 공백과 어도어 독립 시도 사태 등의 악재가 덮쳤다. 실적과 주가 모두 부진을 면치 못했다. 기존 빅3로 꼽힌 에스엠과 JYP 그리고 YG도 상황은 마찬가지다. 앨범 판매량 감소로 실적이 대폭 감소했다. 시장과 업계에서 2024년은 '쉬어가는 한 해'라는 말까지 나올 정도다.

2024년은 한 걸음 쉬어갔지만, 2025년에는 다시 도약할 가능성이 높다.

먼저 케이팝을 이끄는 쌍두마차 BTS와 블랙핑크가 돌아온다. 두 그룹 복귀는 해당 아티스트에게도 중요하지만, 엔터 산업에서 상당한 선순환 요소로 작용할 전망이다. 실제 2024년 10월 블랙핑크 멤버 로제가 발표한 신

엔터주는 변곡점을 맞았다. 2024년 K팝은 SM 갈등, 하이브-어도어 갈등 등 주요 업체가 흔들리면서 '쉬어가는 시기'로 꼽혔다. 사진은 세계지식포럼에서 연설하는 이수만 전 SM 프로듀서. (매경DB)

곡 'APT'가 빌보드 차트를 휩쓸자 관련 소속사 YG 주가가 급등한 바 있다.

또한 2024년은 중국 수요 감소에 따른 역기저 영향을 받았다.

반면, 2025년은 이에 대한 부담이 없다. 추세 하향 위험도 낮고, 비교 데이터도 개선될 전망이다. 특히 BTS와 블랙핑크 컴백으로 하이브, YG엔터의 앨범 판매량은 올해보다 증가할 가능성이 높다. 두 회사 실적 추세를 눈여겨봐야 하는 이유다.

2025년 상황은 엔터주가 역대급 성장을 이뤄낸 2023년 모습과 사뭇 닮아 있다. 다만, 주요 변수 범위가 다르다. 2023년에는 역대급 신인 그룹 등장에 따른 기대감이 주가를 이끌었다면 2025년은 슈퍼 IP의 컴백이 시장에 영향을 미칠 것이다.

미디어 업종은 2년간 부진한 흐름을 이어갔다. 주가와 실적 모두 최악의 성적을 기록했다. K드라마가 세계 시장을 휩쓰는데, K드라마를 만드는 미디어·콘텐츠 업계는 부진을 면치 못하는 역설적 현상이 일어난 것. 방송 플랫폼이 TV에서 OTT 중심으로 넘어간 영향이 크다.

넷플릭스로 송출된 작품이 글로벌 흥행에 성공하면 해당 작품 주연 배우 출연료는 여지없이 급등했다. 이는 드라마 전반의 제작비 상승으로 이어졌다.

시청률이 낮아져 광고 매출이 감소하는 상황에서, 콘텐츠 수급 비용까지 증가하자 방송

K팝 최고 인기 아이돌인 'BTS'의 완전체 복귀는 엔터주 반등의 새로운 계기를 열 것으로 기대를 모은다. (매경DB)

사들은 일부 드라마 슬롯을 축소했다.

방송사의 구매력 저하는 결국 콘텐츠 제작사의 판매처 감소로 이어지며 실적이 꺾이는 데 영향을 미쳤다.

2025년, 오랜만에 콘텐츠주 숨통이 트일 듯하다. 일부 방송사가 한동안 중단했던 평일 드라마 슬롯을 재개하려는 움직임이 조금씩 관측되고 있다. 드라마 해외 유통을 통해 수익 강화를 꾀하려는 방송 업계 흐름을 주목할 필요가 있다.

이화정 NH투자증권 애널리스트는 "2025년 일부 방송사의 평일 드라마 슬롯이 재개될 것으로 기대한다. OTT 광고 본격화 이후 시청시간 중요성이 커지면서 인기가 많은 K드라마에 대한 수요가 높아지는 점도 긍정적이다. 한동안 척박했던 콘텐츠 산업에 단비가 내릴 것"이라고 설명했다.

게임주 역시 '인고의 시간'을 보내고 있다. 국내 게임 업체들의 신작 출시가 줄어들면서 일부 게임사를 제외하고는 실적이 반등하지 못했다. (매경DB)

게임

신작 쏟아지는 한 해, 게임주 반등 기대하라

2023년부터 불어닥친 판교의 겨울은 현재 진행형이다. 게임사 대부분 실적 부진을 극복하지 못하고 있다. 다만 모두가 어렵지는 않다. '던전앤파이터 모바일' '퍼스트 디센던트' '데이브 더 다이버' 등 탄탄한 IP를 보유한 넥슨, 세계적으로 인기를 끄는 '배틀그라운드'를 보유한 크래프톤은 호실적을 기록하며 상승세를 이어가고 있다. 3N으로 대표되는 게임 업계는 이제 NK(넥슨·크래프톤) 양강 체제로 재편됐다.

NK를 제외한 나머지 회사 실적은 좋지 않다.

넷마블은 흑자로 돌아서며 부활에 성공했지만, 전성기 때 모습까지는 회복하지 못했다. 엔씨소프트는 신작의 연이은 실패로 구조조정까지 진행하는 등 위기에 허덕이고 있다. 3분기 'TL'의 글로벌 흥행 성공으로 한숨 돌렸지만, 중·장기 성장동력은 아직 부족하다는 평가다. 이외에 펄어비스, 컴투스, 카카오게임즈 등도 조용한 한 해를 보냈다.

2025년에는 게임 업계가 '반등'할 가능성이 높다는 게 시장 중론이다. 2024년은 국내 게임사들이 빠르게 변하는 게임 시장 환경에 맞춰 개발 방향과 전략을 수정하는 시기였다. 대형사는 대작 출시가 없는 경우가 많았고, 이는 곧 실적 둔화로 이어졌다.

2025년에는 대형사들이 몇 년에 걸쳐 개발해온 주력 게임이 대거 공개될 예정이다.

현재 게임 업계를 리드하는 회사를 꼽으라면 단연 '넥슨'이다. 기존 경쟁자들이 헤매는 사이 나 홀로 연매출 5조원을 정조준하며 실적을 쌓아가고 있다. (매경DB)

넥슨은 '퍼스트 버서커: 카잔'과 '아크 레이더스'를 선보인다. 퍼스트 버서커는 넥슨 최고 인기 IP인 '던전앤파이터'를 활용하여 네오플에서 개발 중인 AAA(개발 비용이 높은 대형 신작) 게임이다. 2025년 상반기 서비스를 목표로 한다. 아크 레이더스는 콘솔 게임 개발로 유명한 엠바크스튜디오가 개발하는 미래 포스트 아포칼립스 세계관의 생존 장르 작품이다. 2025년 공개가 예고됐다. 엔씨소프트는 회사 명운이 달린 차기 MMORPG 아이온2와 엔씨소프트 최초로 개발하는 슈팅 게임 LLL을 2025년 내놓는다. 크래프톤은 칼리스토 프로토콜 이후 최대 기대작인 인조이를 2025년 상반기 공개 목표로 개발 중이다. 넷마블은 글로벌 S급 IP인 왕좌의 게임 IP를 이용한 '왕좌의 게임: 킹스로드'를 2025년 중

서비스할 예정이다.

펄어비스는 7년 동안 개발해왔던 '붉은사막'을 2025년 내놓는다고 밝혔다. 그동안 게임 서비스 시작이 수차례 지연됨에 따라 시장 기대감은 게임 공개 초반에 비해 많이 가라앉았지만, 펄어비스의 전사 자원을 모두 투입해 오랜 시간 갈고닦은 게임인 만큼 시장 주목을 받고 있다. 카카오게임즈 역시 XL게임즈 핵심 IP 아키에이지의 후속작, 아키에이지 크로니클을 2025년 공개한다. 카카오게임즈 라인업 중 최대 기대작으로 평가되는 작품이다.

오동환 삼성증권 애널리스트는 "2025년은 국내 주요 게임사들이 수년 동안 공들여 개발한 대작이 줄줄이 쏟아지는 한 해다. 국내 게임 시장에도 다시 훈풍이 불 수 있을 것으로 예상된다"고 전망했다. ■

고소득층도 소비 양극화·객단가 하락
담배·라면·편의점 UP, 백화점도 가성비

김정욱 메리츠증권 애널리스트

2024년 소비재 산업을 관통하는 트렌드는 '양극화'였다. 고물가·고금리 장기화로 소비재와 리테일 기업이 적잖은 타격을 받았다. 실질 소득과 가처분 소득이 줄면서 소비가 크게 위축되면서다.

소비자 입장에서 지난 1년을 돌아본다면 모든 계층이 이전보다 가난해졌으며 이런 상황이 소비 활동에 반영되고 있다.

부동산 시장이 회복되고 있지만 소비 증가로 이어질지는 의문이다. 당장의 현금 유입이 없는 가운데 자산 가격 상승 사이클에 대비하기 위해 소비를 더욱 줄일 수 있기 때문이다.

특히 2024년의 특징적인 변화는 '양극화 소비가 모든 소득 계층에서 나타났다'는 점이다.

저소득층뿐 아니라 고소득층도 마찬가지다. 그들 역시 가처분 소득 감소를 겪으면서 생활용품은 싼 걸 찾고, 그러면서도 명품 소비는 이어가는 양극화 소비에 동참했다.

2024년에 이어 2025년에도 양극화 소비는 계속될 것으로 보인다.

소비자의 소비 활동은 목적에 따라 '사치재-필수재', 그리고 '브랜드-일반 채널' 중에서 선호도에 따라 선택하는 경향이 있다. 앞으로 변화될 외부 환경을 고려한다면 '사치재+브랜드'와 '필수재+채널' 조합으로 소비자 쏠림이 더욱 가속화될 수밖에 없다.

과거 일반적인 소비 시장 환경에서는 고소득층은 해당 선택지를 자유롭게 넘나들며 소비 활동을 이어가고 중위소득, 저소득으로 내려가면서 양극화가 진행되는데, 이제는 모든 소득 계층에서의 양극화를 피할 수 없다.

2025년 소비재 카테고리 · 채널별 전망

구분	항목	전망
카테고리	담배	지난 10년간 유일한 가격 동결 소비재
		글로벌 성장, 전자담배 전환 기대감
	라면	국내 시장 수요 감소를 신제품으로 방어
		서구권 개척…신규 공장 가동률 상승
	종합식품	고물가 소비 환경 피해가 큰 업종 중 하나
		내식 기반 조리용 수요에 밀려 판매량 부진
	음료 · 주류	다른 필수 소비재 대비 불경기 영향에 취약
		가격 인상 카드도 모두 소진…니치 마켓 주목
채널	백화점	최상위층 소비 견고하지만 중산층 이탈
		백화점+쇼핑몰 출점, 점포 구조조정이 관건
	대형마트	방문객 회복 불구하고 객단가 하락 지속
		리뉴얼과 구조조정으로 시간 점유율 확대
	편의점	상위 브랜드 출점 점유율 확대로 점포 수↑
		장보기 역할 대체 중…고물가 수혜 채널
	이커머스	팬데믹 기간 동안 미래 성장 미리 당겨와
		성숙 국면…체질 개선, 옥석 가리기 화두

양극화 소비가 진행되는 가운데 더해질 또 다른 특징은 객단가 하락인 '트레이딩 다운' 현상이다. 팬데믹을 거치며 나타난 소비자 행태 특징 중 하나는 MZ세대 소비 행태 데이터가 전체 세대의 트렌드를 일정 시차를 두고 앞서는 모습이었다. 코로나에 따른 봉쇄 기간은 젊은 층의 외부 활동을 빠른 속도로 위축시켰고, 백신 보급 이후와 엔데믹 상황에서는 또 타 연령대보다 빠른 소비 활동 회복을 보였다. 이후 전체 세대가 뒤이어 회복할 때 MZ세대는 도리어 선행적으로 소비 활동을 줄였다.

최근 MZ세대는 객단가를 높이지 않고 있다.

파인 다이닝에서 패스트 다이닝으로, 또 패스트 다이닝에서는 리테일-편의점으로 이동하고 있기 때문이다. 전반적으로 물가 상승률을 밑도는 객단가 상승을 보이고 있으며 이런 젊은 층 소비 트렌드는 향후 전체 세대로 확대될 전망이다. 양극화 소비가 심화되면서 전체 소비 규모가 축소되는 모습이 2025년 소비재 산업을 관통하는 핵심 아웃룩이다.

2025년 소비재 카테고리별 전망

제품 측면에서 식품 산업은 담배 · 라면 등 저가격 필수품 수혜가 지속될 전망이다. 양극화 소비에 수혜를 받는 카테고리면서 부진한 내수 시장을 벗어나 해외 시장으로의 성장이 열려 있기 때문이다.

1 담배

전자담배로 전환, 글로벌로 성장

담배는 지난 10년간 유일하게 가격이 동결된 소비재다. 일반담배 시장은 매년 4~5% 감소세가 이어지며 부진하지만 이를 전자담배가 채워주고 있다. 전자담배 침투율은 정체기를 보였던 2021년 이후 재차 상승해 2024년 20%를 넘어섰다.

일반 · 전자담배의 글로벌 시장 성장도 기대할 수 있다.

일반담배는 인도네시아 · 러시아 · 중동 · 아프리카 등 개발도상국 중심으로 가격 인상과 신제품 수량 성장이 기대된다. 글로벌 전자담배 시장은 상위 30개국의 매출 비중이 80%를 차지하는 시정이며 침투율은 일본 30%, 한국 20% 수준에 크게 못 미친다. 점진적인 침투 국가 확대가 예상된다.

추가적으로 담배 세금 인상은 언제든 가능성이 있는 히든카드다. 세금 인상 가능성은 매년 열려 있으며 세금과 동반한 유통 마진 상승, 담배 출고가 인상이 기대된다.

② 라면

글로벌 K푸드 대표 제품 '굳건히'

라면 산업은 국내 시장에서 수요 감소를 신제품으로 방어함과 동시에, 미주 · 유럽에서는 고성장이 지속되고 있다.

기존 전략 지역인 중국 · 일본에서 벗어나, 서구권 시장을 개척하고 있는 부분이 긍정적이다.

같은 아시아 문화권은 로컬 1등 브랜드기 존재하기 마련이고, 현지에서 중소 브랜드로 전락하는 데 그쳤지만, 이제 국가별 1위 브랜드의 지위도 넘볼 수 있게 됐다.

라면의 글로벌 지역 확대와 더불어 신제품 출시 모멘텀이 더해질 경우 수출을 위한 추가적인 신규 라인 증설, 신규 공장의 가동률 상승 등이 기대된다.

③ 종합식품

내수 가성비 트렌드에 적응해야

종합식품 산업은 필수재에 가까운 담배 · 라면과 달리 고물가 소비 환경의 피해가 가장 큰 업종 중 하나다.

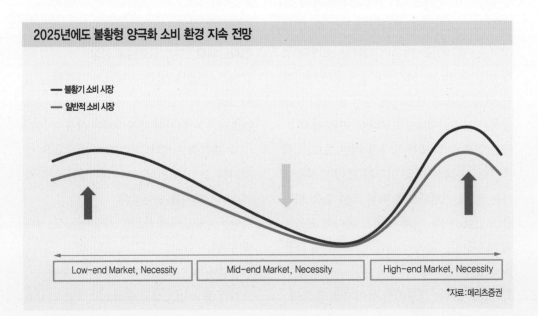

2025년에도 불황형 양극화 소비 환경 지속 전망

— 불황기 소비 시장
— 일반적 소비 시장

Low-end Market, Necessity   Mid-end Market, Necessity   High-end Market, Necessity

*자료:메리츠증권

외식이 줄어드는 트렌드 안에서도 HMR 등 식품 부문은 판매량 부진을 겪고 있다. 그동안 다양한 HMR 제품이 나오고 팬데믹을 거치며 소비자 저변이 크게 확대됐지만 상대적으로 고가 제품군으로 포지셔닝된 측면이 있기 때문이다.

인구 감소마저 뚜렷한 내수 시장에서 식품은 사정이 썩 좋지 않다. 이제는 본격적으로 해외 시장을 공략해야 할 시기다.

K푸드에 대한 관심이 급등한 최근 트렌드에서 라면을 뒤이을 신제품이 업황 턴어라운드의 트리거가 될 전망이다.

④ 음료 · 주류

불경기에 취약···2025년 난망

음료 · 주류 산업은 다른 필수 소비재 대비 불경기 영향에 취약하다. 비우호적인 기상 환경(장기간 폭염)으로 외부 활동이 줄어들며 2024년 판매량 감소와 이를 타개하기 위한 무리한 1+1 행사로 매출 감소와 수익성 하락이 동반됐다. 가격 인상 카드 역시 모두 소진한 상황에서 2025년에도 음료 · 주류 시장은 전체 시장의 성장률 회복을 기대하기 어렵다. 음료는 제로 슈거 · 제로 칼로리 음료 카테고리 확대, 주류는 제로 알코올 · 저칼로리 등 니치 마켓으로의 신제품 성과가 성패를 나눌 전망이다.

2025년 소비재 채널별 전망

채널 측면에서 유통 산업은 편의점 · 이커머스로 소비자 이동 지속이 전망된다.

편의점은 접근성 측면에서 근거리 소비 채널

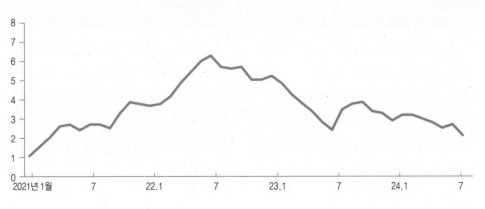

2022년 이후 지속되는 고물가 환경 장기화 〈단위:%〉

*자료:통계청, 메리츠증권 리서치센터

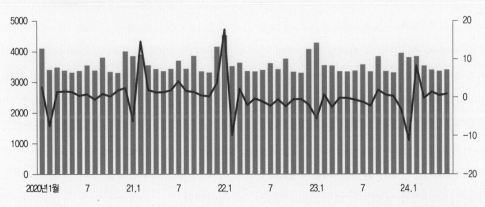

실질 임금(좌) ── 전년비 증감률(우)

*자료:고용노동부, 메리츠증권 리서치센터

로서의 강점이 지속 부각될 전망이다. 성장률은 다소 둔화되겠지만 이커머스로의 소비자 이동 역시 이어진다. 오프라인 채널은 어려운 업황을 탈피하기 힘든 가운데 확장성이 막혀 있다는 점이 아쉽다.

① 백화점
시간 점유율이 매출 점유율로 이어진다

백화점은 최상위층 고객 소비는 견조하나, 팬데믹 이후 유입된 중산층 소비자 이탈로 기존점 성장률을 개선하기 어려워 보인다. 업황 전체적으로 제한된 성장 환경으로 인해 대형 점포로의 쏠림이 지속될 전망이다. 더현대 서울 성공은 백화점이 누렸던 '기존 지역 중심 상권'이 허물어졌음을 보여줬다. 2만원대 평균 객단가에도 불구하고 최대 다수 소비자의 시간 점유율을 높여 매출 1조원을 달성한 사례다. 향후로는 백화점+쇼핑몰 성격 출점 성과와 중소 점포의 구조조정 성과가 백화점 매출과 손익의 향방을 결정할 전망이다.

② 대형마트
리뉴얼과 구조조정 노력 지속

대형마트는 팬데믹 이후 방문객 회복에도 불구하고 지속적인 객단가 하락을 면치 못하는 분위기다. 소비자 장바구니 사이즈가 줄어드는 과정에서 1인 가구로 전환되는 소비자 특성에 적응하기에는 아직 과도기라는 판단이다. 대형마트는 리뉴얼과 구조조정으로 소비자 시간 점유율을 높이는 전략이 중요해졌다. 소비자 체류 시간을 늘리기 위한 테넌트

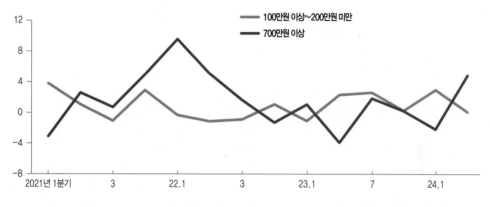

저소득층 가구에 이어 고소득층 가구도 가처분 소득 감소 구간 진입 〈단위:%〉

— 100만원 이상~200만원 미만
— 700만원 이상

*자료:통계청, 메리츠증권 리서치센터

확대와 오프라인 그로서리 소비 채널 역량 강화가 예상된다.

③ 편의점

온라인도 침범 어려운 근거리 소매 채널 매력

2025년에도 유통 산업의 대안은 편의점이다. 출점 감소 이슈는 브랜드 가치 차별화로 인해 나타나고 있는 현상일 뿐, 상위 브랜드로의 출점 점유율 확대로 점포 수 증가가 예상된다. 근거리 채널인 편의점은 온라인 채널도 대체하기 어려운 경쟁력이 있다. 지속적으로 대형 오프라인 채널의 장보기 역할을 대체하고 있으며 독점·한정 제품으로 소비자 유입을 이뤄낼 전망이다. 편의점은 고물가 수혜 채널이기도 하다. 절대 가격이 저렴하지는 않지만, 지갑이 얇아진 소비자가 상대적으로 소포장·소량 구입을 선호하게 된 덕분이다.

④ 이커머스

이른 성숙 국면…2025년은 체질 개선의 해

이커머스 산업은 팬데믹을 통해 미래 성장률을 앞당겨온 후유증으로 이른 성숙 국면에 접어든 양상이다. 오픈마켓은 총 상품 판매량(GMV) 감소를 감내하면서도 체질 개선에 나서고 있고, 버티컬 플랫폼들은 위탁 거래 비중을 늘리며 매출액 확대를 위해 노력하고 있다. C커머스 공세와 티메프 사태 등 어려움을 겪은 2024년 이후 이커머스 시장은 2025년에도 체질 개선이 화두가 될 전망이다. 현금 유동성과 재정건전성이 화두로 떠오른 만큼, 버티컬 플랫폼 업계에선 옥석 가리기가 진행될 가능성도 있다. ■

속 썩이던 바이오···이젠 날아오를 시간
호재 수두룩 '의료 AI'···수익화 주목

최창원 매경이코노미 기자

2022년부터 이어진 제약·바이오 위기론이 끝을 보인다. 긴 시간 이어진 '고금리 시대'가 막을 내리고 금리 인하기에 접어들면서. 제약·바이오 섹터는 업종 특성상 연구개발과 성과를 내는 데 긴 호흡이 필요하다. 금리 인하는 자금 조달을 수월하게 만든다는 측면에서 바이오텍에 큰 힘이 된다. 여기에 미국이 중국 바이오 기업 제재를 목적으로 한 '생물보안법(Biosecure Act)'을 적극 추진하며 국내 바이오 위탁개발생산(CDMO) 기업도 웃는 형세다. 그간 저평가됐던 제약·바이오로 수급이 몰릴 가능성이 높다는 게 증권가 시각이다.

제약·바이오 섹터 중에서도 2025년 주목할 만한 부문을 살펴봤다.

금리 인하에 웃는 바이오
항암제 관련 바이오텍 주목

바이오 부문은 금리 변동에 민감한 업종이다. 사업 특성과 관련 있다. 바이오 중심이 되는 신약 개발 바이오텍은 자체 영업을 통한 자금 조달이 쉽지 않다. 자본 시장 등 외부에서 자금을 조달하는 경우가 다반사다. 금리 상승 시기에는 이자 부담이 커진다. 또 자금 조달처를 확보하는 것조차 어렵다. 반면 금리 인하 시기에는 상대적으로 수월하다. 이자 부담도 적다. 바이오텍을 고객사로 둔 위탁개발생산 부문도 영향을 받는다. 금리 상승기에는 바이오텍 물량이 뚝 떨어지고 금리 인하 시기에는 상대적으로 늘어난다.

독립 리서치 법인 그로쓰리서치의 김주형 애널리스트는 "금리는 말 그대로 돈의 가치다. 금리가 인하되면 돈을 빌리려는 사람이 더욱 쉽게 자금을 조달할 수 있는 상황이 조성된다"며 "금리 인하로 수혜를 받는 기업은 주로 미래 수익을 위해 현재 투자를 필요로 하는 '성장주'인데 바이오가 대표 섹터"라고 설명했다. 이건재 IBK투자증권 애널리스트도 "글로벌 금리 하락 시기 투자자들의 수익률을 책임진 섹터는 전통적으로 바이오 산업"이라고 강조했다.

다만 모든 바이오 기업이 수혜를 본다고 판단해선 안 된다. 금리 인하 기대감이 주가에 선반영된 만큼 그 어느 때보다 옥석 가리기가 중요하다. 글로벌 바이오 시장 트렌드에 부합하는 기업을 우선적으로 살펴볼 필요가 있다. 국내 바이오텍 대표 A씨는 "한국 바이오 기업은 내수 시장이 작아 글로벌 빅파마에 기술 이전 등으로 수익을 창출할 수밖에 없다. 그런 점에서 글로벌 트렌드에 맞아떨어지는 파이프라인을 보유하거나 개발 중인 기업에 주목할 필요가 있다"고 설명했다.

현재 글로벌 바이오 시장을 주도하는 키워드는 단연 '항암제'다. 그중에서도 ADC(항체약물접합체)가 중심에 있다. ADC는 '항암 유도미사일'로 불린다. 항체(Antibody)와 암세포를 공격하는 세포독성물질(Drug)을 링커라는 연결물질로 결합(Conjugate)한 구조다. 항체가 약물을 암세포까지 유도한 뒤 선택적으로 공격하기에 정상세포가 아닌 암세포만 공격한다. 기존 화학 요법 대비 효능을 높이고 약물 독성을 줄이면서 정상조직 손상을 줄일 수

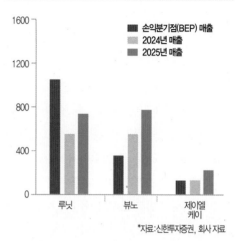

의료 AI 업체별 BEP 매출과 2024·2025년 예상 매출 〈단위:억원〉

*자료:신한투자증권, 회사 자료

있다. 시장조사기관 글로벌데이터에 따르면 글로벌 ADC 시장 규모는 2029년 360억달러(약 50조원)에 달할 전망이다.

국내 바이오텍 중에도 ADC 시장에 적극적인 곳이 여럿이다. 대표 주자는 리가켐바이오사이언스(옛 레고켐바이오사이언스)다. 리가켐바이오는 콘쥬올(ConjuAll)이라는 자체 ADC 플랫폼을 통해 다양한 암종을 타깃으로 하는 ADC 신약 후보물질을 개발 중이다. 2023년 12월에는 비소세포폐암 등 고형암을 타깃으로 하는 후보물질 'LCB84(Trop2-ADC)'를 얀센에 이전했다. 선급금만 1억달러(약 1300억원)에 달한다. 단독 개발 권리 행사금 2억달러, 개발·허가·상업화 성공 시 발생하는 단계별 마일스톤을 포함해 총 계약 규모는 최대 17억달러에 이른다. LCB84

는 글로벌 임상 1상을 진행 중이다. 임상 1상 결과는 2025년 말 혹은 2026년 초 도출될 것으로 보인다.

여노래 현대차증권 애널리스트는 2024년 9월 발표한 보고서에서 "LCB84는 얀센 입장에서도 비소세포폐암과 유방암 시장에서 승리하기 위한 핵심"이라며 "임상 1상 결과가 나오고 얀센이 옵션을 행사해 완벽하게 LCB84 판권을 확보하는 경우 글로벌 블록버스터 진입 가능성이 높다고 판단된다"고 말했다.

국내 바이오 거인들도 ADC에 관심이 상당하다. 셀트리온이 대표적이다. 셀트리온은 2029년 첫 제품 상업화를 목표로 ADC 신약 물질 3종, 다중항체물질 3종을 선정해 개발에 나섰다. 이를 위해 셀트리온은 국내 ADC 바이오텍 피노바이오와 협업 중이다. 2017년 설립된 피노바이오는 ADC 플랫폼 'PINOT-ADC'를 보유 중이다. PINOT-ADC는 독자 개발한 '캠토테신' 계열 약물을 세포독성물질로 사용해 안전성을 개선했다는 평가를 받는다. 셀트리온과 피노바이오는 2022년 10월 약 12억달러 규모의 ADC 플랫폼 기술 실시 계약을 맺고 협업을 이어왔다.

삼성바이오에피스는 2015년 설립된 인투셀과 손잡았다. 인투셀은 ADC 핵심 요소인 링커 부문에서 우수한 기술력을 보유했다. 2023년 12월 삼성바이오에피스와 ADC 공동 연구 협약을 체결했다. 인투셀이 링커 등을 제공하면 삼성바이오에피스가 최대 5개 항암 타깃 ADC 물질을 제조하는 방식이다. 삼성바이오에피스가 국내 바이오텍과 R&D(연구개발) 계약을 체결한 첫 사례다.

ADC의 업그레이드 버전으로 불리는 항체-분해약물접합체(DAC) 플랫폼 기업 오름테라퓨틱도 눈길을 끈다. DAC는 ADC와 표적단백질분해(TPD)를 결합해 서로의 단점을 보완한 형태다. ADC가 암세포를 찾는 항체와 암세포를 공격하는 세포독성물질을 링커라는 연결물질로 결합한 구조라면, DAC는 세포독성물질이 아닌 TPD 물질로 대체했다. TPD는 질병을 유발하는 단백질 또는 분해하고자 하는 단백질을 제거하거나 비활성화한다. 독성물질이 아니기 때문에 기존 ADC보다 안전하다. TPD는 표적화가 어렵다는 문제가 있었는데, 이 역시 ADC의 유도 기술과 결합돼 암세포만 분해할 수 있다. 이승주 오름테라퓨틱 대표는 "TPD 옵션 계약을 확장하기 위한 노력을 병행 중"이라며 "2026년 매출 목표로 930억원을 잡고 있다"고 강조했다.

허황된 목표는 아니라는 게 업계 시각이다. 글로벌 시장에서 DAC를 향한 관심은 점차 커지는 단계다. 진주연 국가신약개발재단 연구원은 2024년 4월 발표한 '신약 개발 Global Trend 분석: 항체-분해약물접합체(DAC)' 보고서에서 "DAC 연구개발이 계속되고 있다"면서 "최근 (DAC 관련) 글로벌 기술 이전 사례도 늘고 있는데, 2023년 총 4건의 DAC 기술 이전 계약이 체결됐고 DAC 연구 스타트업도 나타나기 시작했다"고 말했다.

모멘텀 확실한 CDMO
삼바 · 중소형 업체 주목

바이오 분야 파운드리로 불리는 위탁개발생산 업계 최대 키워드는 미국 생물보안법이다. 여기에는 미국의 중국 바이오 기업 견제 의지가 담겼다. 중국이 강세를 보인 CDMO 분야가 주 타깃이다. 세계 바이오텍 입장도 곤란해졌다. 세계 최대 시장인 미국에서 영업을 이어가려면 중국 기업과 결별하고 새로운 파트너를 찾아야 한다. 가장 큰 타격이 예상되는 중국 CDMO는 우시바이오로직스다. 시장점유율 10.2%로 글로벌 CDMO 시장 3위 업체인 우시바이오로직스는 매출의 절반 가까이가 미국에서 발생한다. 실적 직격탄이 불가피한 셈이다.

반대로 삼성바이오로직스 등 경쟁 CDMO 입장에선 기회다. 이미 반사이익이 시작됐다는 말들도 나온다.

한국바이오협회 바이오경제연구센터 이슈 브리핑에 따르면, 글로벌 전략 컨설팅 기업인 LEK가 2024년 6월 바이오 제약 기업과 CRO(임상시험수탁) 등 73개 생명과학 관련 기업 대상으로 설문조사를 실시한 결과 중국 기업 신뢰도는 생물보안법 추진 이전과 비교해 최대 50% 하락했다. 반면 같은 기간 삼성바이오로직스는 벨기에 제약사 UCB와 3819억원 규모 증액 계약을 시작으로 글로벌 업체

와 총 7건의 신규 · 증액 계약을 체결했다. CDMO 중 유독 삼성바이오로직스가 반사이익을 누리는 건 선제적으로 확장한 캐파(생산능력) 덕분이다. 설립 초기부터 삼성바이오로직스 전략은 '캐파 확장'에 초점이 맞춰졌다. CDMO는 일종의 아웃소싱 산업이다. 반도체 파운드리와 유사한 부분이 많다. 늘어난 캐파가 곧 경쟁력이 된다. 꾸준히 캐파를 늘린 삼성바이오로직스는 2022년 기준 전 세계 CDMO 캐파 1위로 우뚝 올라섰다. 지난해 6월 4공장을 완공하면서 현재 1 · 2 · 3 · 4 공장 총합 60만4000리터 캐파를 확보했다. 2025년 4월 가동을 목표로 5공장도 건설 중인데 완공 시 78만4000리터의 캐파를 갖게 된다. 진척률은 70%를 웃돈다. 이에 더해 2027년까지 6공장을 짓고 2032년까지 8공장을 완공할 예정이다.

중소형 CDMO도 수혜가 예상된다. 중소형 CDMO 주요 고객인 소규모 바이오텍이 금리 인하로 물량을 늘릴 가능성이 높고 생물보안법으로 성장 모멘텀까지 챙겼기 때문이다.

시장에서 공통적으로 꼽는 업체는 에스티팜이다. 매출이 우상향 중인 데다 실질적 생물보안법 수혜 성과도 나오고 있어서다. 에스티팜은 뉴클레오사이드 기반 저분자 의약품 CDMO 사업을 영위한다. 2024년 9월에는 회사 측에서 직접 생물보안법 반사이익 소식을 전하기도 했다. 당시 에스티팜 측은 "연간 수조원 이상 글로벌 매출을 올리는 블록버스터

삼성바이오로직스 제2바이오캠퍼스 조감도. (삼성바이오로직스 제공)

신약의 원료 의약품 공급사로 선정됐다"며 "중국 대체 공급사로 선정돼 2025년 시생산 원료 공급을 시작한다"고 밝혔다. 글로벌 빅 파마 중 한 곳이 중국 CDMO 파트너십을 중단하고 에스티팜을 선택했다는 의미다.

국내 CDMO 기업 수혜가 예상되면서 새롭게 시장에 뛰어든 곳도 여럿이다. 셀트리온은 100% 지분 자회사 형태로 신규 공장을 확보해 CDMO 사업을 추진할 계획이다. 서정진 셀트리온그룹 회장은 2024년 9월 열린 '22회 모건스탠리 글로벌 헬스케어 콘퍼런스'에 참석해 "지속 가능한 미래를 위한 제품 생산 캐파를 확보하기 위해 제조소 증설은 불가피하다. 신규 공장 확보 결정을 연내 마무리 짓겠다"며 "해당 시설은 셀트리온이 100% 지분을 소유한 자회사 형태로 운영해 CDMO 사업에 적극 활용하겠다"고 말했다.

대웅제약은 바이오 자회사 대웅바이오를 앞세워 CDMO에 진출했다. 대웅바이오는 2023년 3월 경기도 화성시 향남에 착공한 바이오 공장을 완공했다. 공장은 기존 원료 의약품 중심에서 미생물 기반 바이오의약품 CMO까지 사업을 확대하기 위해 준공됐다. 대웅바이오는 해당 공장을 미 식품의약국(FDA)의 '우수 의약품 제조·관리 기준(cGMP)'을 충족하는 수준으로 설계했다고 밝혔다. 2028년까지 FDA 승인을 획득하겠다는 계획이다.

필연적 확대 '의료 AI' 각광
제이엘케이 · 뷰노 · 루닛

인공지능(AI)과 의료의 만남도 눈여겨볼 필요가 있다. 증권가는 의료 AI 시장은 필연적으로 성장할 수밖에 없다고 강조한다. ① 전 세계적인 전문의 감소와 ② 고령화로 인한 뇌졸중, 부정맥 등 질환자 증가 ③ 계속되는 AI 기술 발전 등 3가지 이유 때문이다.

백지우 신한투자증권 애널리스트는 2024년 9월 '가랏, 의료 AI' 제목의 보고서에서 "의료

AI 시장의 성장은 필연적이고 성장하는 시장 속 본격적인 매출 발생과 수익화가 이뤄지는 변곡점에 도달했다"며 "흑자전환 기업 탄생과 해외 시장 진출 가시화 등을 재주목할 때"라고 강조했다.

신한투자증권은 2023년 글로벌 의료 AI 시장 규모를 160억달러로 추산했다. 그러면서 2030년까지 1800억달러 규모로 성장, 연평균 40% 이상의 성장률이 예상된다고 내다봤다. 성장 초입 국면인 만큼 시간이 흐를수록 가파른 성장이 이뤄질 것이라는 분석이다.

국내 의료 AI 부문에서 가장 주목받는 곳은 루닛과 뷰노다. 스타트업으로 출발해 각각 2022년과 2021년 기술 특례로 코스닥 상장에 성공했다. 루닛은 AI 기반 영상 분석으로 병을 진단하는 솔루션을 제공한다. 핵심은 '루닛 인사이트'와 '루닛 스코프'다. 루닛 인사이트는 AI 기반 영상 분석으로 병을 진단하는 솔루션이다. 흉부 엑스레이 AI 영상 분석 솔루션 '루닛 인사이트 CXR'과 유방촬영술 AI 영상 분석 솔루션 '루닛 인사이트 MMG'가 대표적이다. 해당 솔루션은 유럽을 중심으로 성장세가 가파르다. 이미 유럽 일부 국가와 호주 등에서는 유방암 검진 시 영상의학과 전문의 2명이 이중 판독을 하도록 강제하고 있다. 이중 판독 과정에서 의사 한 명 대신 루닛 인사이트 MMG를 적용해 유방촬영술을 판독하는 형태다.

루닛 스코프는 AI를 활용한 항암제 효과 예측 솔루션이다. 빅파마와 협업을 이뤄내 눈길을 끈다. 루닛은 2024년 9월 글로벌 제약사 로슈의 진단사업부인 로슈 진단(Roche Diagnostics)의 디지털 병리 플랫폼 네비파이(Navify)에 루닛 AI 병리 분석 솔루션 '루닛 스코프 PD-L1'을 탑재하는 협업 계약을 체결했다. 루닛 스코프는 그간 병리 분석 소프트웨어 업체 인디카랩스를 통해서만 유통됐다. 하지만 이번 로슈 진단 계약으로 공급망이 확대됐다.

뷰노는 의료 데이터를 분석해 질환 발생 위험을 예측하는 의료 기기 전문 개발 기업이다. 혈압·맥박·호흡·체온 등 데이터를 수집해 심정지 발생 위험을 점수로 보여주는 '뷰노메드 딥카스'가 주력이다. 최근 뷰노는 빠르게 매출을 키우고 있다. 뷰노메드 딥카스가 비급여 시장에 진입해 국내 시장 공급이 확대되면서다.

2014년 설립된 제이엘케이도 빼놓을 수 없는 의료 AI 기업이다. 뇌졸중 진단 솔루션을 개발해 성과를 내고 있다. 미국 시장 진출도 기사화되고 있다. 미국은 시장 규모가 클뿐더러 국내 대비 수가도 높은 편이다. 제이엘케이는 국내보다 미국 시장 진출이 용이할 수 있다고 판단 중이다. 국내의 경우 모든 부분을 제이엘케이 스스로 개척해야 했지만, 미국은 비즈에이아이 같은 글로벌 경쟁사가 기반을 닦아놓은 상태라는 것이다. 솔루션의 정확도나 가격 경쟁력만 어필되면 승산 있다는 분석이다. ∎

테크주·바이오 기대만발
HBM·유리 기판株 주목을

곽민정 현대차증권 애널리스트

2024년은 미국 기준금리 인하 기대감이 연초부터 지속된 가운데, 어느 시점에 기준금리를 인하할지에 대한 고민이 컸던 시기다.

6월까지 이어져오던 AI 반도체·인프라 주도 증시는 7월 중순부터 AI 반도체 버블 논쟁과 샴의 법칙으로 대두된 미국발 리세션 우려로 인해 중소형주 역시 변동성이 커졌다.

9월 미국 금리 인하를 시발점으로 미국 대선 이후 재정 정책 기조에 대한 불확실성이 걷히고 나면, 중소형주 역시 확실한 성장세가 기대되는 섹터를 중심으로 빠르게 반등할 수 있을 전망이다.

특히 바이오와 고대역폭메모리(HBM), 유리 기판 같은 테크주 위주로 선별 접근할 필요가 있다.

AI 산업 고도화로 새로운 유리 기판 각광

2025년에는 고성능 컴퓨팅(HPC)·인공지능(AI) 시장의 지속적인 투자 기조로 인해, HBM과 더불어 유리 기판에 대한 본격적인 성장이 일어날 것으로 예상된다.

기존 반도체 패키지 기판은 기판상 요철과 휘어짐 문제가 있어 배선을 최소화하거나 패키지 크기를 늘리는 데 한계가 있다. 따라서 이런 문제를 극복해 반도체 칩과 메인보드를 직접 연결할 수 있는 새로운 형태의 유리 기판이 각광받을 전망이다.

차세대 유리 기판은 표면이 매끄럽고 플라스틱 기판 대비 두께를 얇게 구현할 수 있으며 PLP까지 채택이 가능하다는 게 특징이다. 이에 따라, 초미세 선폭 반도체 패키징 기판에 가장 적합한 차세대 기판 핵심 소재로 차세대 유리 기판이 2025년부터 본격 개화할 것으로

TSMC의 CPO 패키징 기술 적용

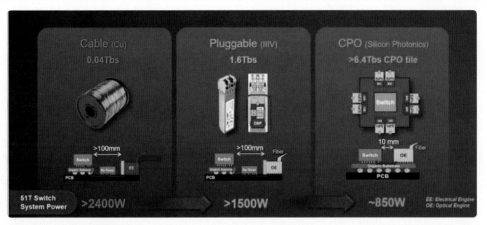

*자료:IEEE, TSMC, 현대차증권

전망된다.

특히 엔비디아와 AMD의 경우 인공지능 모델의 폭발적인 성장으로 여러 GPU에서 병렬 작업이 필요하다. 이로 인해 GPU 간 인터페이스 대역폭이 증가하고 있어 데이터센터 내 실리콘 포토닉스 도입에 적극적이다.

실리콘 포토닉스는 빛을 이용해 데이터를 전송하는 기술로, 고성능 컴퓨팅이나 AI 데이터센터를 중심으로 본격 탑재될 것으로 전망된다. 이를 구현하기 위한 필수 기술로, 유리 기판 수요가 본격화할 것으로 기대된다. 관련 기업으로는 로체시스템즈, 와이씨켐, 태성 등을 주목할 만하다.

와이씨켐은 유리 기판 공정에서 최종 수율에 더 많은 영향을 주는 배선 공정에 적용되는 핵심 소재 업체다.

주요 고객사로부터 2024년 9월 양산 주문을

미국 상무부의 HBM 로드맵

단위:W/㎟

Year of Manufacturing	Thermal Density	#of Stacked Dies
2023년	0.15	12
2026년	0.3	24
2029년	0.6	36
2032년	1.2	48
2035년	2.04	55

*자료:미국 상무부, 현대차증권

받았으며 유리 기판 상용화가 2025년 본격화됨에 따라 핵심 3종 소재 역시 매출 증가가 가팔라질 것으로 기대된다. 또 유리 소재와 구리와의 접합성 해결을 위해 와이씨켐 코팅제가 점점 더 중요한 역할을 할 것으로 전망된다.

유리 기판 제조 시 코팅제를 사용하는 목적은 크게 2가지다.

1) 코팅제 사용을 통해 유리 기판 제조 공정에

SK하이닉스의 HBM3E. (SK하이닉스 제공)

서 발생하는 미세 균열을 방지해 수율 저하를 막을 수 있다. 2) 유리 원장과 배선 공정을 위한 L레이어층 사이에 발생하는 문제를 개선하기 위한 목적으로 사용된다. 이는 반도체용 글라스 기판 제조사들이 해결해야 할 문제로, 와이씨켐 코팅제를 사용할 필요성이 커지고 있단 의미다.

로체시스템즈는 주요 유리 기판 제조사의 커팅 장비 수요 증가에 맞춰 성장세가 기대된다. 이미 2023년 12월 주요 고객사에 레이저 다이싱 데모 장비를 입고했으며 주요 고객사 양산이 본격화되는 2025년부터 양적, 질적 성장세가 예상된다.

인쇄회로기판(PCB) 자동화 설비 전문기업 태성은 최근 AI 반도체 수요 증가에 따른 칩렛(Chiplet) 패키지 수요 확대로 대면적 FC-BGA 시장을 중심으로 성장하는 가운데, 식각 장비와 다축 전면기를 중심으로 매출·수익성 증가가 기대된다. 핵심 성장동력 중 하나인 복합동박 설비는 지난 2024년 9월 설비 투자 증설용 부지를 확보해 본격적인 성장 준비를 시작했다.

중국을 중심으로 성장하고 있는 복합동박 시장은 필름막 양쪽 표면에 구리를 도금해 안정성이 우수하며 화재 사고를 예방할 수 있다. 최근 리튬전지 화재 사고로 배터리 안전이 중요해진 상황에서 복합동박 시장 주목도가 높으며 전기차 캐즘으로 인한 전기차 업체 원가 절감 기조에 힘입어 성장이 기대된다.

태성은 중국 CATL, BYD 협력사로 공장이 완공되면 월간 20대, 연간 240대 규모 복합동박 생산 설비가 완공될 것으로 예상된다. 또 태성의 유리 기판용 식각 장비는 유리 기판 위에 회로를 형성하는 설비로, 생산에서 가장 병목 요인으로 지목된 습식 식각(에칭) 설비 수요가 2025년부터 본격화할 전망이다.

둘째, HBM은 아직 시장 개화기로 2024년 4분기부터 본격적으로 탑재량이 증가한다. 또 미국 상무부는 2030년까지 AI 반도체의 20%, 2040년까지 40%를 자국 내에서 확보하고자 하며 2035년까지 55단의 HBM 로드맵을 제시해 구현하고 있다.

이를 위해서는 결과적으로 칩스법(Chips Acts)을 통한 인프라 구축과 마이크론, SK하이닉스, 엔비디아, TSMC 연합군의 역할이 매우 중요하다.

이에 따라 HBM 관련 밸류체인 역시 미국 대선 이후부터 주가 재평가가 이뤄질 것으로 전망된다. 기술 패러다임 변화에 맞춰 대응 중인 한미반도체, 디아이티 등이 수혜를 받을 것으로 기대된다.

바이오 산업도 기대 고조

금리 인하와 더불어 미국 생물보안법(Bio secure Act)과 세계보건기구(WHO)가 세계 자궁경부암 퇴치를 선언하면서 국내 바이오 기업에 긍정적인 영향을 줄 것으로 전망된다. 2024년 9일 미 하원을 통과한 생물보안법은 연방 기금을 받는 기관이 중국 우시그룹 산하의 우시바이오로직스와 우시앱텍 등과 거래하는 것을 금지하는 법인이다. 바이오다인, 바이넥스 등이 수혜를 볼 수 있을 것으로 기대된다.

바이오다인은 지난 2019년 로슈와 자궁경부암 진단키트 독점판매 계약을 체결했다. 약 5년의 준비 기간을 거쳐 올 하반기 유럽을 시작으로 로슈에 의한 판매가 개시된다. 바이오다인이 받게 될 로열티는 매출의 10%대로, 이르면 5년 내 자궁경부암 제품으로만 연간 최대 1200억원의 로열티를 수령할 수 있을 것으로 본다. 오는 2030년이면 약 42억명 규모로 성장할 세계 여성 인구와 자궁경부암 발병률, 세계보건기구의 '자궁경부암 퇴치 캠페인' 등에 따른 시장 성장을 고려한 수치다.

매출이 본격화되는 2025년부터 흑자전환이 가능할 것으로 전망되며 비부인과 진단키트 역시 로슈와 독점판매 계약을 통해 매출 성장이 기대된다. 바이넥스는 중국 생물보안법 이슈에 따른 공급 부족 영향으로 글로벌 위탁개발생산(CDMO) 업체로 성장 가능성이 있어 주목할 만하다.

AI 발전으로 전력 수요 급증
AI 데이터센터 '전기 먹는 하마'
발전 및 전력설비 투자 강화
전력 공급 시간 제약 화두
SOFC 효율적 해결책 기대
SK이터닉스 등 수혜 가능성

마지막으로 현재 인류는 전기화의 시대에 살고 있다. 인류의 에너지 사용이 전기로 통일되는 시대다. 특히 생성형 AI와 관련된 데이터 처리에는 엄청난 전력 소비가 수반된다. AI 가속기 핵심인 GPU는 다수 GPU가 동시에 연산을 해 막대한 데이터를 처리하므로, AI 데이터센터는 상당 시간 동안 대규모 전력을 소비한다. 특히, AI 데이터센터 투자가 집중될 미국은 데이터센터향 전력 수요가 현재 4%에서 2030년 9.1%까지 폭발적으로 확대돼 발전·전력 설비투자가 더욱 강화될 전망이다.

생성형 AI로 인한 막대한 전력 수요 증가와 전력망 공급 제한 등 인프라 제약을 해결하기 위한 방안 중 하나로 SOFC가 각광받는다. SOFC란 수소에너지를 이용해 전기와 열을 발생시키는 발전 시스템으로 고체산화물연료전지를 뜻한다. 관련 기업으로 SK이터닉스, 비나텍, 한선엔지니어링 등을 주목할 필요가 있단 판단이다. ■

부동산 시장

어디에
투자할까

무순위·분상제 단지 청약 주목
압구정·대치·여의도 재건축도

이주현 월천재테크 대표

2024년 부동산 시장은 프로젝트파이낸싱 (PF) 위기, 고금리 기조로 얼어붙었던 몇 년간의 침체기에서 벗어나는 회복기였다. 2024년 아파트 매매가는 연일 신고가를 경신했고 부동산 시장에는 활기가 돌았다. 2023년이 무주택자들이 급매물을 매수한 시장이었다면 2024년은 실수요자가 내 집을 팔고 더 좋은 상급지로 갈아타는 시기였다. 특히 '얼죽신(얼어 죽어도 신축)'이라는 신조어가 탄생했을 정도로 준공 5년 이내 신축 아파트 수요가 폭발적이었다.

다만 일부 고가·신축 아파트가 전체 부동산 시장을 끌어올리기에는 역부족이었다. 오히려 부동산 시장은 양극화가 심화됐다. 한국부동산원에 따르면 2024년 10월 셋째 주 기준

서울 아파트값이 30주 연속 올랐는데, 실상은 이를 실감하지 못한 지역이 더 많았다. 서울 일부 상급지 신축만이 아파트값을 견인하고 있었기 때문이다. 서울 밖으로 범위를 넓혀봐도 수도권과 지방 광역시 아파트 매매 거래량은 증가한 반면 그외 지방에선 오히려 줄었고, 지방 대도시와 소도시 간 격차도 꽤 컸다.

2025년 키워드는 '전셋값 고공행진' '공급 부족'

2025년 아파트 투자처를 전망하기 전 고려해야 할 점이 몇 가지 있다.

첫째, 2024년 서울 아파트 전셋값이 고공행진했다는 사실이다. 수도권에서는 전체 가구의 약 50%가 남의 집에 세 들어 산다. 아파트만으로는 전세 수요를 감당할 수 없는데 전세사기 여파로 오피스텔, 빌라 같은 비(非)아파

트는 인기가 급감했다. 전세 수요는 아파트 시장으로 몰렸고 서울 곳곳에서 정비사업이 추진되며 빌라 멸실은 가속화되는 추세다. 자연스럽게 아파트 전세 물량이 부족해지고 서울 전셋값은 치솟을 수밖에 없었다. 한국 부동산원에 따르면 10월 셋째 주 기준 서울 아파트 전세 가격은 74주 연속 상승했다. 과거 시장을 보면 전세수급지수가 오르면 집값도 반등하고는 했다. 게다가 임대차보호법으로 계약갱신권(2+2년) 사용이 종료된 전세 물건들이 시장에 나오는 시기가 도래한다. 이런 전세 부족 현상은 2025년에도 아파트 매매 가격에 영향을 미칠 공산이 크다.

둘째, 2024년 9월부터 시행된 2단계 스트레스 DSR(총부채원리금상환비율)과 은행권의 대출 제한 여파로 가파르게 치솟던 서울 신축 아파트값에 제동이 걸렸다는 점이다. 2024년 3~8월 서울 · 수도권을 중심으로 아파트 매매 거래량이 증가세를 보였고, 서울의 경우 7월 한 달 동안에만 아파트 매매 거래량이 9000건도 돌파한 바 있는데 9월 추석을 기점으로 10월까지 다시 월 3000건대로 조정됐다. 또한 2024년 6월 1.03%(이하 전월 대비) → 7월 2.34% → 8월 2.25%씩 뛰며 상승폭을 키워오던 서울 내 신축 아파트(준공 5년 이내) 매매 가격은 9월 들어 1.14% 오르며 다시 상승폭이 주춤해졌다.

물론 상승세가 '둔화'한 것이지 아직 하락기로 접어든 것은 아니라고 판단한다. 다만, 실수

2024년 말~2025년 서울 주요 단지 입주 물량

단위:가구

입주 시기	지역	단지명	총 가구 수
강남권			
2025년 6월	서초구	메이플자이	3307
2025년 11월	강남구	청담르엘	1261
동남권			
2024년 11월	강동구	더샵둔촌포레	572
2024년 11월		올림픽파크포레온	1만2032
2025년 12월		더샵강동센트럴시티	994
동북1권			
2025년 3월	광진구	롯데캐슬이스트폴	1063
2025년 7월	성동구	라체르보푸르지오써밋	958
2025년 11월	중랑구	리버센SK뷰롯데캐슬	1055
동북2권			
2025년 1월	동대문구	래미안라그란데	3069
2025년 3월	성북구	장위자이레디언트	2840
2025년 6월	동대문구	휘경자이디센시아	1806
서남권(경기)			
2024년 10월		호반써밋그랜드에비뉴	1051
2024년 12월		트리우스광명	3344
2025년 5월	광명시	철산자이더헤리티지	3804
2025년 11월		광명센트럴아이파크	1957
2025년 12월		광명자이더샵포레나	3585
서남2권(경기)			
2024년 10월	안양시 만안구	안양역푸르지오오더샵	2736
2025년 1월		안양어반포레자연앤 e편한세상	2329
2025년 6월	안양시 동안구	평촌두산위브더프라임	456

요자 입장에서는 헷갈리는 신호인 것은 맞다. 여기에 2024년 10월 한국은행이 3년 2개월 만에 기준금리를 내리면서 2025년 시장 예측은 더욱 어려워졌다.

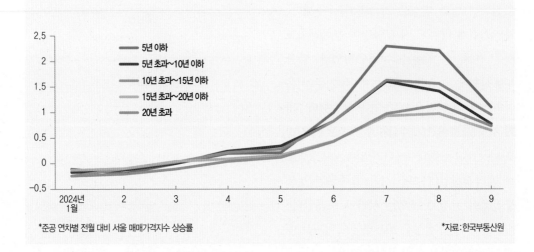

'얼죽신' 분위기에 신축 아파트값도 강세

〈단위:%〉

- — 5년 이하
- — 5년 초과~10년 이하
- — 10년 초과~15년 이하
- — 15년 초과~20년 이하
- — 20년 초과

*준공 연차별 전월 대비 서울 매매가격지수 상승률

*자료:한국부동산원

한 가지 분명한 건, 2025년에도 공급 부족은 지속될 전망이라는 점이다. 2024년 서울 지역 아파트 입주 예정 물량은 약 3만8000여가구로 추산되는데 서울시 적정 공급량인 약 5만가구의 절반에도 못 미치는 수준이었다. 더구나 인허가 물량 감소분까지 감안하면 향후 5년까지도 입주 물량이 감소가 이어질 것으로 예상된다. 전세는 오르고 있는데, 2년 이내 입주가 예정된 물량은 몇 해 연속 줄고 있는 셈이다. 더구나 취득세 중과, 보유세(재산세·종합부동산세) 강화 기조가 유지되면서 다주택자의 추가 구매는 실종된 상태다. 이는 민간에서 공급될 만한 임대주택, 즉 전·월세 매물이 급감한다는 것을 의미한다. 심지어 무려 1만2032가구가 집들이를 시작한 '올림픽파크포레온' 입주장에도 서울 아파트 시장은 '물량 앞에 장사 없다'는 말이 무색하게도 큰 타격을 받지 않는 모습이다. 그만큼 전세 매물이 매우 부족하다는 뜻이다.

이런 상황을 두루 고려했을 때 내집마련을 목표로 하는 실수요자라면 2024년 가을부터 2025년까지 입주가 일시적으로 몰리는 지역과 그 인근에서 매매를 적극 검토해봄직하다. 서울 아파트 입주 물량은 2025년 상반기에 몰려 있고, 하반기로 갈수록 없어진다는 점을 기억하자.

공급 부족·얼죽신 현상에 '청약 불패' 계속된다

또한 2025년에도 청약 시장 열기는 지속될 전망이다. 공급 부족 탓도 있지만 공사비까지 급등하는 분위기 속에 재건축·재개발 시 조합원의 추가분담금이 당초 예상보다 훨씬 웃돌 가능성이 높자 차라리 신축 아파트를 사자는 심리가 확산되고 있어서다. 여기에 부동산 시장에 본격적으로 진입하는 MZ세대의 '얼죽신' 선호 현상이 맞물리며 신축 인기는 식을 줄 모르고 있다. 이런 수요자 구미에 맞는 것이 바로 청약이다.

무주택자라면 적잖은 시세차익을 노릴 수 있는 서울·수도권 무순위 '줍줍' 청약에 주목하자. 줍줍(줍고 또 줍는다) 청약이란 계약 취소분이 나오는 무순위 청약으로 최소 5억원에서 10억원까지 지난 몇 년간의 상승분을 한번에 만회할 수 있기에 매력적인 투자처로 통한다. 정부가 추후 유주택자의 무순위 청약 참여를 제한하는 등 청약 요건을 강화해 제도를 개편할 것으로 예상되는 만큼 눈여겨볼 만한 시장이다.

꼭 무순위 청약은 아니지만 분양가상한제가 적용되는 강남 3구(강남·서초·송파구) 재건축 단지 청약도 예정돼 있다. 이들 단지는 입지가 뛰어나고, 분양가상한제가 적용돼 높은 시세차익이 기대되는 곳이다. 2024년 7월 후분양 방식으로 공급된 서초구 반포동 '래미안원펜타스(641가구)'의 경우 주변 시세 대비 20억원가량 저렴한 분양가로 주목을 받으며 178가구 모집에 청약통장 9만3864개가 몰렸고, 전용 53㎡ B타입은 1604 대 1의 높은 경쟁률을 기록할 정도로 인기였다. 2025년 분양가상한제가 적용돼 기대해볼 만한 주요 단지는 '방배포레스트자이' '반포디에이치클래

스트' '래미안트리니원' '잠실르엘' 등이다. 인근에서 먼저 분양한 단지를 기준으로 분양가가 책정될 것으로 보인다.

방배포레스트자이는 방배13구역을 지하 4층~지상 최고 22층 30개동 총 2217가구로 재건축하는 사업이다. 방배동 일대 재건축 사업지 중에서도 2호선 방배역과 맞붙어 있는 초역세권으로, 일반분양으로 547가구가 예정돼 있다. 분양가는 앞서 공급된 디에이치방배(방배5구역)를 기준으로 책정될 것으로 보인다. 디에이치방배의 경우 3.3㎡당 평균 6699만원, 전용 84㎡ A타입 기준 22억4450만원이었다.

반포주공1단지 1·2·4주구를 재건축하는 반포디에이치클래스트는 재건축을 통해 총 5002가구로 탈바꿈한다. 2024년 9월 말 착공했으며 2025년 2400여가구가 일반분양으로 공급될 예정이다. 3주구를 총 2091가구로 재건축하는 래미안트리니원도 2025년 하반기 일반분양(전용 59·84㎡ 505가구)이 점쳐진다. 관건은

2025년에도 '래미안원펜타스'처럼 분양가상한제가 적용돼 시세 대비 저렴하게 공급되는 아파트 분양이 각광받을 전망이다. (삼성물산 제공)

분양가다. 분양가상한제 적용 단지 중 역대 최고가 기록(청담삼익 3.3㎡당 7209만원)을 경신할 것으로 보인다. 앞서 정보현 NH투자증권 부동산수석연구원이 보고서를 통해 반포디에이치클래스트 분양가를 3.3㎡당 7500만~8000만원, 래미안트리니원은 3.3㎡당 7000만~7500만원으로 전망한 바 있다.

미성·크로바아파트를 재건축하는 '잠실르엘'도 이미 착공에 들어갔다. 최고 35층, 13개동, 1865가구(일반분양 213가구) 규모로 조성된다. 앞서 2024년 10월 바로 옆 단지에서 '잠실래미안아이파크(총 2678가구 중 589가구 일반분양)'가 세 자릿수 경쟁률을 기록했는데 여기서 청약 고배를 마신 수요가 대거 몰릴 것으로 보인다. 잠실래미안아이파크 3.3㎡당 분양가는 평균 5409만원 수준에 책정됐다.

더 이상 미룰 수 없는 재개발·재건축

지속되는 공급 부족 문제 앞에서 정비사업(재개발·재건축)은 더 이상 미룰 수 없는 과제다. 문제는 서울 내에서 주공·시영 등 저층 아파트 재건축은 대부분 마무리됐고, 이제 용적률 높은 중·고층 노후 아파트만 남아 있다는 점이다. 현재 용적률이 높다는 것은 평균 대지지분이 적다는 뜻이고, 이는 곧 일반분양 물량이 적다는 것을 뜻한다. 일반분양 물량이 적어 사업성이 좋지 않으니, 입지가 뛰어나 높은 분양가를 책정할 수 있는 일부 단지를 제외하면 재건축 사업에 선뜻 나설 단지가 많지 않다. 재개발도 상황은 비슷하다.

이런 점을 고려해 정비사업이 한창 진행 중인 재개발·재건축 입주권에 투자하더라도, 공사비 인상 부담을 상쇄할 수 있을 만큼 입지가 좋고 높은 분양 가격에도 흥행할 수 있는 사업지를 골라야 한다. 이미 공사비 계약을 한 곳이라면 서울 강남권은 3.3㎡당 공사비가 900만원대 이상, 서울 강북권과 경기 과천·분당 등은 3.3㎡당 800만원, 그 외 경기·인천 지역은 3.3㎡당 700만원 이상의 가격으로 계약했는지 살펴봐야 한다. 공사비가 이보다 낮게 책정돼 있으면 추후 추가 공사비 인상이 불가피하기 때문에 지불해야 할 웃돈 대비 예상 수익이 적어질 수 있어서다.

또한 조합원 동의율이 높고 비상대책위원회가 꾸려지지 않은, 불협화음 없는 곳을 선택하는 것도 중요하다. 정비사업 성공의 핵심은 어디까지나 '속도'다.

시장에서는 재개발·재건축이 진행된 지역 가치가 어느 정도 상승하는지 확인한 경험이 있다. 저층 아파트 밀집지였다가 재건축으로 탈바꿈한 서초구 반포·잠원동, 강남구 개포·일원동, 강동구 상일동을 비롯해 재개발이 활발히 진행된 마포구, 성동구가 대표적이다.

이들 지역의 공통점은 좋은 입지에서 최근 10년간 정비사업이 활발히 진행됐으며 신축 아파트가 대거 공급됐다는 점이다. 그간 주인공이 반포·개포동이었다면 2025년부터는 압구정동과 대치동, 비강남권에서는 여의도, 성수전략정비구역이 주인공 자리를 이어받을 것으로 예상된다.

수도권 1기 신도시들의 '비상'

2025년은 2기 신도시 신축이 자리 잡을 동안 숨죽이고 있던 '구축밭' 1기 신도시들이 비상할 차례기도 하다. 1기 신도시는 1990년대 공급돼 차례로 30년을 넘기고 있어 재건축 대상지가 됐다. 정부는 2024년 10월, 1기 신도시별로 선도지구를 선정해 가장 먼저 재건축 사업을 착수하는 '1기 신도시 정비 선도지구 선정 공모'를 발표했다. 이에 분당·일산·평촌·산본·중동의 지자체들은 재건축 기본 계획안을 통해 비전을 제시했다.

선도지구 모집 경합은 그야말로 뜨거웠다. 선정 규모 대비 5.9배 많은 총 99개 구역이 접수했으며, 특히 분당은 희망 단지 대다수가 주민 동의율 약 95%를 달성할 정도로 열의를 보였다. 재건축 열기에 비해 1기 신도시는 아직 주택 가격에 웃돈이 충분히 반영돼 있지 않은 것으로 판단된다. 그러므로 1기 신도시에 내집마련을 목표로 하고 있다면 2024년 11월 선도지구 선정 결과에 주목하자. 단, 현 용적률이 낮고, 평균 대지지분이 큰 아파트일수록 좋다.

아울러 대상지 주변 신축 아파트 가격이 높은지도 살펴보자. 주변 시세가 높아야 대상 단지도 재건축 후 높은 일반분양가를 기대할 수 있기 때문이다. 초역세권에 입지가 좋은 곳, 학군지로 인기가 좋았던 곳, 주민 동의율이 높고 재건축 참여 의지가 강한 곳인지 꼼꼼히 살펴봐야 한다. ■

공실 '뚝' K뷰티에 날아오른 명동
가디·시청·충무로 외식 상권 강세
(가산디지털단지)

정다운 매경이코노미 기자

2024년 상가 시장은 다소 희망적인 한 해를 보냈다. 고금리·고물가가 계속된 탓에 소비 심리와 투자 심리가 여전히 위축됐지만, 그래도 일부 상권이 눈에 띄는 회복세를 보였고, 비어 있던 상가들은 채워지기 시작해서다.

한국부동산원에 따르면 2024년 3분기 소규모·중대형·집합상가 임대료는 모두 2023년 3분기 대비 소폭 내렸다. 전국 상가 임대가격지수는 2023년 3분기와 비교해 중대형(일반 3층 이상이거나 연면적 330㎡ 초과)은 0.08% 보합, 소규모(일반 2층 이하고 연면적 330㎡ 이하) 상가는 4.3% 하락했다. 집합상가(건물)는 3.3% 내렸다.

지역·유형별로 비교해보면 중대형 상가의 전분기 대비 3분기 임대가격지수는 서울 (0.46%)·부산(0.05%)을 제외한 모든 지역에서 소폭 하락했다. 소규모 상가 임대가격지수는 서울·대구·경기 등에서 상승했고 인천·강원·전북·경남 등에서는 하락했다. 집합상가 임대가격지수는 서울을 제외한 모든 지역에서 내렸다. 일부 상권이 활성화됐다고는 해도 고물가·고금리 등 여파로 임차인 입장에서는 임대료 지출 여력에 한계가 있었던 것으로 분석된다.

다만 희망적인 점이 있다면 임대료가 내린 덕분에 비어 있던 상가들이 채워지기 시작했고, 부진했던 상가 투자수익률(소득수익률+자본수익률)도 미미하게나마 회복세로 돌아섰다는 점이다.

2023년 3분기 대비 2024년 3분기 전국 중대형 상가 투자수익률은 0.27%포인트 오른 0.92%, 소규모 상가 투자수익률은 0.21%포

서울 6대 상권 공실률 추이

〈단위:%〉

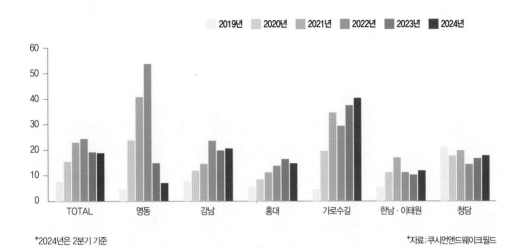

2019년 2020년 2021년 2022년 2023년 2024년

*2024년은 2분기 기준

*자료:쿠시먼앤드웨이크필드

인트 오른 0.8%로 각각 집계됐다. 같은 기간 집합상가 투자수익률은 0.36%포인트 오른 1.2%로 조사됐다. 같은 기간 중대형 상가 공실률은 0.9%포인트 내려 12.7%, 소규모 상가는 0.8%포인트 내린 6.5%, 집합상가만 0.7%포인트 오른 9.4%의 공실률을 각각 기록했다.

또 글로벌 부동산 컨설팅 회사 쿠시먼앤드웨이크필드가 분석한 '2024 서울 리테일 가두상권 보고서'에 따르면, 2024년 2분기 서울 6대 가두 상권(명동, 홍대, 한남·이태원, 청담, 가로수길, 강남) 평균 공실률은 18.3%로 2023년 2분기 18.7% 대비 0.4%포인트 감소했다. 코로나19 영향이 본격화한 2021년 1분기 이후 줄곧 20%를 웃돌던 공실률이 2023년 처음 10%대로 내려오더니 올 들어 소폭이나

서울 주요 상권 평균 공실률 18.3%

빈 상가 채워지며 소폭이나마 감소

수익률 낮아지고 임대료 내린 덕

돌아온 외국인 관광객에 명동 활기

직장인 많은 오피스 상권 외식업

2차 소비·상권 활성화 가능성 높아

마 공실률을 줄여가고 있다.

정리하자면 하락 일로였던 임대가격지수가 서울·경기와 대구·부산 등 일부 대도시를 중심으로 높아졌고, 공실률도 일부 줄어드는 모습을 보였다. 다만 시장 기대와 달리 분기별 투자수익률은 여전히 1% 안팎이며, 일부 지역은 여전히 공실률이 높은 수준을 유

지했다.

2025년 어떤 상권이 선전할지 예측하기 위해서는 상권별 공실률과 매출 회복 추이를 조금 더 자세히 뜯어보면 좋다. 물론 같은 지역이라도 입지, 업종에 따라 차이는 있지만 큰 의미에서 뜨는 상권과 지는 상권을 비교해보기 좋은 통계다.

돌아온 외국인…명동 상권의 부활

쿠시먼앤드웨이크필드가 서울 6대 가두 상권을 대상으로 신용카드 매출 데이터를 분석한 결과, 2024년 상반기 기준 모든 권역 매출이 코로나19 발생 이전인 2019년 상반기와 같거나 웃도는 것으로 나타났다. 각 상권마다 업종별로 회복 여부는 차이를 보였지만, 메디컬 업종은 대부분 권역에 걸쳐 매출이 증가했다. 서울 6대 상권 가운데 가장 견조한 회복을 보인 상권은 명동이다. 명동 상권 공실률은 2022년 2분기 52.5%까지 치솟은 적이 있다. 그러다 2023년 2분기 14.5%로 38.2%포인트 하락하더니, 올해는 공실률이 6.8%에 그쳤다.

2024년 1분기 매출이 코로나19 발생 이전과 비교해 얼마나 회복됐는지 나타내는 '매출 회복률'은 116%였다. 명동 상권 매출액 규모가 2019년 1분기 수준을 16% 웃돈다는 의미다. 명동은 2023년까지 매출 회복률이 70%대에 머물렀으나, 관광객 귀환에 힘입어 올해 큰 폭으로 매출이 상승했다. 특히 최근까지 비

붐비는 서울 명동 거리. 명동 상권은 외국인 관광객 유입과 더불어 2024년 회복세가 가장 두드러졌던 상권이었다. (매경DB)

어 있던 소형 공실도 화장품, 잡화점 등으로 채워지며 신규 점포가 가장 많은 상권으로 기록됐다.

이런 명동 상권에서 가장 많은 업종은 화장품(38%)이다. 명동은 최근 외국인들의 필수 코스로 꼽히는 '올리브영'을 비롯해 K-뷰티 로드숍의 중심지로 꼽힌다. 이들 관광객이 명동에서 K-뷰티 제품을 찾으면서 상권 활성화에 큰 역할을 하는 모습이다.

이어 의류점(18%), 패션잡화(16%)가 명동 상권의 큰 비중을 차지했다.

쿠시먼앤드웨이크필드는 "명동은 외국인 관광객 방문이 홍대 상권의 2배, 이외 상권과 비교해 약 10배일 정도로 외국인 유입이 많은 곳"이라며 "명동은 주요 호텔이 몰려 있는 데다 패키지 여행객이 줄고 개별 관광이 트렌드로 자리 잡으면서, 국내 패션·뷰티 브랜드 플래그십 스토어나 팝업 스토어, 유명 식음료(F&B) 매장 등을 방문하는 여행객이 늘었다"고 분석했다.

패션의 메카 홍대…카페 성지 한남·이태원

홍대 상권과 한남·이태원 상권도 2024년과 비슷한 회복세를 이어간다면 2025년에도 나쁘지 않을 상권으로 꼽힌다.

홍대 상권 공실률은 2023년 2분기 15.9%에서 2024년 2분기 14.4%로 느리게나마 점포들이 채워지는 모습을 보였다. 한남·이태원 상권의 경우 2023년 9.9%던 공실률이 2024년 2분기에는 11%로 2023년보다는 다소 높아졌지만 여전히 6대 상권 평균(18.3%)보다는 크게 낮은 수준을 유지하고 있다. 올 들어 문을 연 신규 점포가 상대적으로 많았던 지역이기도 하다.

쿠시먼앤드웨이크필드는 이 두 상권에 대해 "명동과 달리 팬데믹에도 비교적 안정적인 상태를 유지해 임차 가능한 공간이 많지 않았으며, 기존에 있던 매장이 폐점하고 새로운 브랜드로 채워진 경우가 많았다"고 설명한다.

홍대 상권과 한남·이태원 상권 간 차이점이 있다면 주력으로 떠오른 업종이 달랐으며, 매출 회복률도 다소 차이를 보였다는 점이다.

홍대 상권의 경우 의류점(20%)과 기타 서비스(20%) 점포 비중이 가장 컸고, 이어 식음료와 기타 도소매 업종이 각각 17%를 차지했다. 명동과 달리 패션잡화나 화장품 업종 비중은 각각 7%, 3%에 그쳐 가장 적었다. 뚜렷한 주력 업종이 없는 대신 6대 상권 가운데 가장 큰 매출 회복률(121%)을 보였는데 이는 홍대 상권이 팬데믹 이전부터 침체돼 있다 최근에야 회복세가 두드러졌다는 의미로 해석할 수 있다.

한남·이태원 상권의 경우 F&B(36%)가 압도적인 비중을 차지해 주력 업종이 뚜렷하게 나타났다. F&B 업종 내에서는 음식점보다는 카페 오픈 비중이 더 컸다. 카페는 팬데믹이 한창이던 시기 자영업자 줄폐업이 이어졌던 업종이지만 엔데믹 이후에는 개성 있는 카페들이 상권 곳곳에 등장하는 모습이다. 이어 기타 서비스(18%), 의류점(17%)이 큰 비중을 차지했고 그 외 패션잡화(8%), 화장품(8%), 의원(3%), 명품(2%) 비중은 미미했다. 다만 공실률이 다소 늘어난 여파로 매출 회복률은 100%로 2019년 1분기와 비슷한 수준을 나타냈다.

돌아온 K-직장인…외식 상권의 힘

한편, 매출 규모 자체는 작아 서울 6대 상권에 들지는 않지만 충무로와 을지로, 영등포와 가산디지털단지 등 2024년부터 호조를 이어오는 상권도 있다. 이들 상권의 공통점은 비강남권이면서 오피스 배후 수요를 자랑하는 상권이라는 점이다. 이런 상권은 규모를 떠나 음식 업종이 차지하는 비중이 큰 편이

다. 음식 업종 매출은 2차 소비로 이어질 가능성이 높은 만큼 상권 활성화 정도를 가늠할 수 있는 요소로 꼽힌다. 나이스지니데이타에 따르면 2024년 들어 상반기 동안 음식 매출이 가장 크게 오른 상권은 가산디지털단지(84억원)와 명동(80억원)이다. 서울시청(46억원), 충무로(45억원), 을지로3가(35억원), 종로3가(28억원) 등도 상승폭이 눈에 띈다. 모두 강북을 대표하는 오피스 상권. 명동으로 유입된 수요가 주변 지역으로 확산되고 있음을 짐작해볼 수 있는 대목이다.

가산디지털단지는 '서울 IT 허브'라는 별명을 갖고 있는 대표적인 오피스 상권이다. 강남 지역 상권과는 반대로 외식 매출 증가(84억원)가 높은 순위를 견인했다. 전체 모든 상권 중 가장 큰 폭으로 외식 매출이 뛰었다. 음식

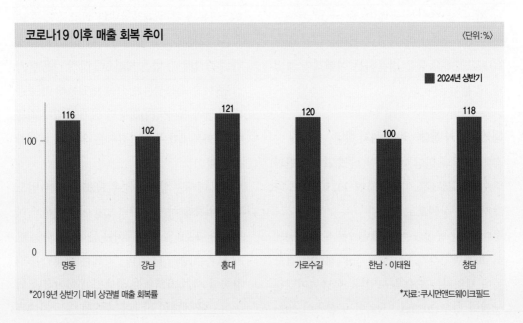

코로나19 이후 매출 회복 추이 〈단위:%〉

■ 2024년 상반기

- 명동: 116
- 강남: 102
- 홍대: 121
- 가로수길: 120
- 한남·이태원: 100
- 청담: 118

*2019년 상반기 대비 상권별 매출 회복률   *자료:쿠시먼앤드웨이크필드

매출 규모 자체는 작지만 높은 성장률을 보인 상권은 경동시장(23.1%)과 청량리(22.1%) 등 서울 동북권 상권을 비롯해 약수(12.1%), 장충동 족발거리(12.1%), 이태원(9.8%), 남대문시장(5.9%) 등이었다. 경동시장, 남대문시장 등 '낡았다'는 인식이 강했던 시장 상권이 '힙하다'는 이미지로 변신, 활성화되고 있는 모습이다.

공실 더 늘어난 강남 · 가로수길 상권

물론 엔데믹 이후 모든 상권이 이런 회복세를 보인 건 아니다. 서울 6대 상권 중 하나인 강남 상권의 경우 2023년 2분기(19.2%)에 이어 2024년 2분기(20%) 공실률이 더 높아졌다. 서울 6대 상권 평균을 웃도는 수치다. 매출 회복률도 102%에 그쳐 명동(116%), 홍대(121%), 청담(118%) 대비 미미한 회복세를 보였다.

물론 매출 규모만 놓고 봤을 때 강남은 여전히 국내 최대 상권이다. 나이스지니데이타에 따르면 2024년 상반기 기준 서울 상권 114곳 가운데 매출 1위는 강남, 2위는 신사, 3위는 논현, 4위는 압구정로데오다. 특히 올해 강남 매출(1조8805억원)은 2위인 신사(1조561억원)와 8000억원 이상 차이를 보일 정도로 거대한 상권이다. 선릉(6위)과 압구정(8위), 교대(9위)까지 범강남으로 분류한다면, 국내 톱10 상권 중 7개가 강남 지역에 몰려 있다. 다만 강남 상권의 2024년 상반기 매출은 2023년 같은 기간과 비교해 245억원이나 감소했다. 코로나 팬데믹 여파가 여전했던 2022년 상반기(2조310억원)와 비교하면 1500억원 넘게 줄었다. 덩치는 여전히 크지만 하락세에 접어든 모습이다.

강남역과 인접한 역삼(-142억원), 포스코사거리(-58억원), 선릉(-19억원) 상권 역시 모두 2023년보다 주춤했다. 음식 업종, 소매, 생활 서비스, 여가오락 등 주요 업종 전반이 부진했고, 유일하게 의료 서비스만 매출액이 늘었다. 강남 전체 카드 매출에서 의료 서비스가 차지하는 비중이 66.3%에 달한다. 강남이 한국을 대표하는 종합 중심 상업지구에서 '의료 상권'으로 점차 굳어지는 추세다.

2위 상권인 신사 분위기는 더 안 좋다. 2023년 상반기 1조962억원에서 2024년 상반기 1조561억원으로 402억원 줄었다.

다시 쿠시먼앤드웨이크필드 통계로 돌아와 보면 신사동에 위치한 가로수길 상권 공실률은 2023년(2분기 36.5%)에 이어 2024년 2분기(39.4%)에도 공실률이 2.9%포인트나 올랐다. 한남, 성수, 도산공원 등으로 유동 인구가 분산되면서 상권의 전반적인 활기가 다소 하락했다. 주축을 이루던 보세 의류점이 매출 하락과 임대료를 버티지 못하고 다수 폐점했기 때문이다. 가로수길 상징성을 긍정적으로 보고 새 매장을 오픈한 브랜드도 있지만 다른 상권에 비해서는 회복세가 더딘 모습이다. ■

임대료 내느니 사옥 구입…가격 상승
공급 적은 서울·분당 수익률 높아져

이형구 젠스타메이트 리서치본부장

2024년 업무용 부동산 투자 시장은 고금리로 제약된 상황에도 거래 규모가 상당하고 매매가는 이전의 기록을 깼다.

서울 역삼동 '아크플레이스'는 3.3㎡당 4172만원을, 서초동 '더에셋(옛 삼성물산 서초사옥)'은 3.3㎡당 4500만원을 기록했다. 금융투자수익을 목적으로 하는 기관 투자자가 참여하고 재건축을 전제하지 않은 일반적인 투자 사례에서 사실상 3.3㎡당 4000만원을 넘은 첫 사례다.

2025년에는 시장금리가 내리면서 투자에 보다 우호적인 환경이 조성되고, 업무용 부동산 투자 역시 2024년에 비해 더 활발해질 것으로 보인다. 매매가는 오르고, 거래 규모는 늘어날 전망이다.

업무용 부동산 매매가가 오르는 이유

금리 인하가 매매가를 끌어올리는 과정은 두 가지로 나눠볼 수 있다.

우선 금리가 내리면 요구수익률(부동산 매입으로 기대되는 최소한의 투자수익률)이라는 것이 하락한다. 임대수익이 일정하다고 가정하면 수익률 5%를 원하는 투자자는 6%를 원하는 투자자보다 부동산을 더 높은 가격에 매입할 수 있는 셈이다. 결국 시장금리 하락과 함께 요구수익률이 내리면 같은 부동산이라도 더 높은 가격에 매입할 수 있는 여건이 형성된다. 지난 2~3년간 금리 인상기에 매매가격이 떨어진 것도 같은 원리에서다.

다른 한편에서는 금리 인하로 대출 금리가 내리고, 이자 부담이 경감된다. 부동산 투자는 기본적으로 낮은 금리로 대출을 조달해 수익률을 증대시키는, 이른바 지렛대 효과를 추

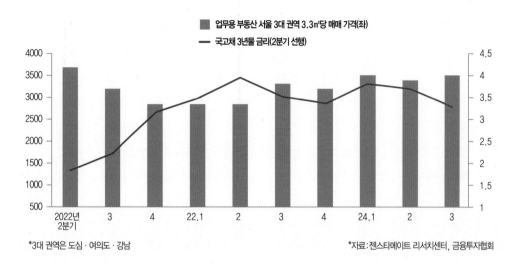

시장금리와 업무용 부동산 매매 가격 변화 〈단위:만원, %〉

■ 업무용 부동산 서울 3대 권역 3.3㎡당 매매 가격(좌)
— 국고채 3년물 금리(2분기 선행)

*3대 권역은 도심·여의도·강남

*자료:젠스타메이트 리서치센터, 금융투자협회

구한다. 대출 이자 비용이 줄면 수익은 그 이상으로 늘어난다. 달리 말하면 대출 금리가 내리면 부동산을 좀 더 높은 가격으로 매입하더라도 종전과 같은 수익률을 얻을 수 있는 것이다. 매입 경쟁이 치열한 가운데 목표 수익률에 부합하는 한도 안에서 최고 가격으로 매매가 이뤄질 테다.

전략적투자자(SI)의 활약

전략적투자자(SI)는 특수 목적을 가진 투자자이므로 일반적인 수준보다 높은 가격에 부동산을 매입하는 경향이 있다. 업계에서는 최근 몇 년 새 사옥 확보 목적으로 업무용 부동산을 매입하는 법인을 두고 '전략적투자자'라고 불렀다. 사옥 확보를 목적으로 하는 법인이 금융투자수익을 노리는 기관 투자자보다

높은 가격에 부동산을 매입하는 일은 예전부터 흔한 일이었다. 그럼에도 최근에야 이들을 전략적투자자로 분류하는 것은 고금리와 자금 경색이 이어진 근래 몇 년간 기관 투자자로 불리는 재무적투자자가 부동산 투자에 조심스럽게 참여한 반면, 사옥을 목적으로 하는 법인 투자 활동이 돋보였기 때문이다. 2022년 중 기관 투자자가 매입한 최고가는 3.3㎡당 3916만원(A타워)인데 전략적투자자는 서초동 '엘렌타워'를 3.3㎡당 5652만원에, 서초동 '강남역 DF타워(옛 에이플러스에셋타워)'를 4752만원에, 역삼동 '크리스역삼빌딩'을 4623만원에 매입했다. 2023년 중에는 기관 투자자가 청진동 '타워8'을 3.3㎡당 3721만원 최고가로 매입한 반면 전략적투자자는 역삼동 '스케일타워'를 5400만원 수준으

로, 대치동 '오토웨이타워'를 4100만원 수준으로 매입한 것으로 알려져 있다. 2024년에는 기관 투지지기 더에셋을 3.3㎡당 4500만원으로 최고가로 매입한 반면 전략적투자자는 충무로3가 '남산스퀘어(옛 극동빌딩)'를 7675만원에, 반포동 '이니셜타워1'을 5962만원에 매입했다.

이런 현상은 2025년에도 이어질 것으로 전망한다. 최근 들어 높아진 임대료에 안정적인 사무 공간을 확보하기 위해 사옥을 매입하려는 일부 법인의 활동은 여전하기 때문이다. 투자수익 목적을 넘어선 특별 목적의 전략적 투자자로 인해 매매가는 일정 부분 견조하게 유지될 수 있다.

업무용 부동산 거래 규모도 증가할 것

시장금리가 하락하면 매매 가격이 회복하고 이는 거래 규모 증가로 이어진다. 지난 고금리 시기에는 매매가 하락을 받아들이지 못하는 매도자들이 매각을 연기하는 현상이 벌어졌고, 그 여파로 거래 규모가 줄었다. 금리 상승기에 나타나는 일반적인 현상이다. 2024년에는 적체된 매물이 비교적 많이 흘러나와 직전연도보다 거래 규모가 증가했는데 2025년 들어 금리 하락과 함께 매매가가 좀 더 높은 수준으로 회복되면 밀려 있던 매물이 더 많은 규모로 시장에 나오고 거래가 더 활발해질 것이다. 또한 2024년과 마찬가지로 2025년에도 상업용 부동산 전체 영역 중에서도 업무용 부동산에 대한 투자 선호도가 높게 유지될 것이다. 물류센터에 대해서는 공급 과잉 우려로 우량 지산을 선별해 투지히려 히고, 호텔에 대해서는 기관 투자자 투자 심리 회복이 더디고, 대형 판매시설(백화점·쇼핑몰·아웃렛·대형마트)에 대해서는 오프라인 업황 부진으로 투자가 잘 이뤄지지 않는 현상이 2025년에도 유사하게 이어질 것이기 때문이다.

이에 더해 구조조정 매물, 부실대출(NPL) 관련 매물, 사옥의 리츠 유동화 물량이 더해져 거래 규모는 더 늘어날 가능성이 있다. 고금리 기간 동안 업황 부진이 누적된 기업들은 사옥을 매물로 내놓을 가능성이 많다. 유사한 이유로 한계에 놓인 NPL 관련 자산도 매물로 등장할 것으로 보인다. 2024년 중 서울 다동 '패스트파이브타워'가 NPL 관련 매물로 나와 공매 시장에서 거래가 이뤄진 바 있다. 또 부동산을 보유한 기업 중에서는 계열 리츠 운용사를 통해 리츠로 자산 유동화를 꾀하는 사례가 계속될 것으로 기대한다.

양호한 임대 시장

안정적인 임대 시장도 업무용 부동산 투자 환경을 뒷받침하는 요인이다. 서울과 분당의 업무용 부동산 공실률은 전반적으로 굉장히 낮은 수준이다. 서울은 공실률 4.6%, 분당은 공실률 1.6%로 자연 공실률이라 여겨지는 5%보다 낮은 상태다. 2024년 한 해 동안 대량 공급이 이뤄진 마곡 지역을 포함한 서울 기타

서울 · 분당 업무용 부동산 공급 규모

〈단위:만평〉

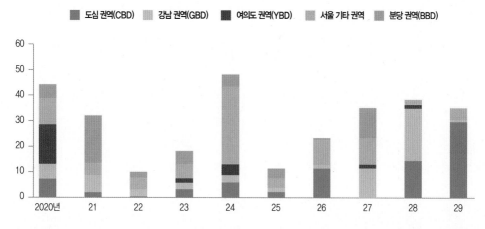

■ 도심 권역(CBD) ■ 강남 권역(GBD) ■ 여의도 권역(YBD) ■ 서울 기타 권역 ■ 분당 권역(BBD)

*1평은 3.3㎡로 환산

*자료:젠스타메이트 리서치센터

권역 공실률이 9월 기준으로 8.9%까지 올라 있으나 이 역시 2025년부터 조금씩 안정화될 것으로 보인다. 미국은 재택근무 확대로 업무용 부동산 공실률이 크게 늘어났다. 미국 부동산 서비스 업체 CBRE에 따르면 전 세계 기관 투자자로부터 선망받던 투자처였던 뉴욕 맨해튼 지역의 최근 업무용 부동산 공실률은 15.1%다. 이와 비교하면 서울 · 분당 업무용 부동산은 펀더멘털(기초체력)이 양호하다.

서울과 분당 지역에 2025년부터 2026년까지 새로 공급되는 업무용 부동산 규모가 이전보다 훨씬 적기 때문에 임대 시장은 안정적인 상황을 이어갈 것으로 보인다. 공실률이 상당 기간 낮게 유지되는 동안 임대료는 큰 폭으로 오를 수 있다. 이는 투자자 입장에서 수익률 확대 요인이 된다.

물론 마냥 장밋빛 전망만 있는 것은 아니다. 좀 더 장기적으로 보면 업무용 부동산 공급이 늘어날 것으로 예측되기 때문이다. 특히 서울 도심 권역(CBD)에서 세운, 을지로, 공평, 수표, 서소문 지역 등지에 2030년까지 큰 규모의 공급이 계획돼 있어 이 지역에 있는 업무용 부동산에 투자하려면 향후 공실률 상황 변화와 원활한 매각(Exit) 여부에 대해 면밀한 분석이 필요하다.

2025년 업무용 부동산 투자는 견조한 펀더멘털을 바탕으로 2026년까지 이어질 본격적인 금리 인하로 그간 움츠러들었던 업무용 부동산 투자가 활황을 보일 것으로 진단한다. 상장 리츠는 벌써 이런 기대감으로 주가가 반등하려 한다. 개인들도 금리 인하 시기에 발맞춰 상장 리츠에 투자해볼 법하다. ■

'반도체 힘' 땅값 상승 1위 용인 처인구
강남권 GB 해제, 제주 동서 분리 촉각
(그린벨트)

강승태 감정평가사

2024년 토지 시장은 '서서히 회복 중'이라는 말로 표현할 수 있다.

최근 토지 시장은 2022년 하반기부터 침체기였으나 2023년 3월을 기점으로 반등에 성공했다. 2023년 하반기 전국 지가 상승률은 0.76%로 예년 수준에 미치진 못하지만 시장이 완전 얼어붙었던 2023년 상반기(0.06%)와 비교하면 어느 정도 회복에 성공했다. 이 같은 분위기가 2024년에도 이어지고 있다는 분석이다.

한국부동산원 'R-ONE 부동산통계정보시스템'에 따르면 2024년 상반기 전국 지가 상승률은 0.99%를 기록했다. 최근 10년 반기별 지가 변동률을 살펴보면 2015년 상반기부터 2022년 상반기까지 7년 동안 반기별 지가 상승률이 1% 미만으로 떨어진 적은 없었다. 하지만 2022년 하반기 들어 지가 상승률이 0.82%로 감소하더니 2023년 상반기 저점을 찍었다. 이후 조금씩 살아나고 있으며 2024년 상반기에도 나타나고 있다.

주목할 점은 2024년 월별 상승률이 확대되고 있다는 사실이다. 전국 땅값 상승률은 2024년 4월 0.178%, 5월 0.183%, 6월 0.19%, 7월 0.198%, 8월 0.196% 등으로 미세하지만 조금씩 상승 추세다. 지역별로 살펴보면 수도권(1.26%)과 지방(0.52%) 모두 2023년 하반기 대비 높은 상승률을 보였다. 구체적으로 서울(1.3%), 경기(1.26%) 2개 시도가 전국 평균 이상이었으며 제주를 제외하면 모든 광역자치단체 지가 상승률이 플러스를 기록했다. 수도권을 제외하면 광주광역시(0.8%), 세종시(0.9%), 충청북도(0.74%)

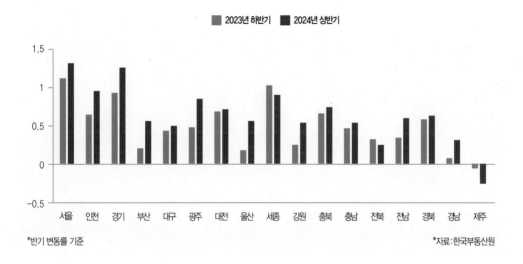

2024년 상반기 지가 상승률 〈단위:%〉

■ 2023년 하반기 ■ 2024년 상반기

*반기 변동률 기준   *자료:한국부동산원

등에서 높은 상승률을 기록했다.

소폭 증가한 토지 거래량

지가 상승률과 토지 거래량은 어느 정도 상관관계가 있다. 땅값이 조금씩 회복되면서 거래량은 소폭 증가했다.

2024년 상반기 전체 토지(건축물 부속 토지 포함) 거래량은 약 93만필지로 나타났다. 2023년 하반기 대비 3.3% 증가했으며 2023년 상반기와 비교하면 0.6% 늘었다. 건축물 부속 토지를 제외한 순수 토지 거래량은 약 34만6000필지로 2023년 하반기(약 33만5000만 필지) 대비 소폭 증가했지만 2023년 상반기(약 37만4000필지)와 비교하면 감소했다. 토지 시장이 조금씩 회복되고 있는 이유는 여러 가지다. 우선 주택을 비롯한 전반적인 부

동산 시장이 살아나고 있다는 점이다. 2024년 상반기부터 수도권 주요 지역을 중심으로 아파트 가격이 상승한 것이 토지 시장에 적잖은 영향을 미친 것으로 보인다. 2023년 상반기 침체 기저 효과로도 풀이할 수 있다. 감가상각이 영향을 미치지 않는 토지는 그 특성상 물가 상승률 수준으로 완만히 상승하는 것이 일반적이다. 하지만 2023년 상반기에는 서울마저 땅값이 하락할 만큼 토지 시장이 그야말로 얼어붙었다. 2024년 토지 시장은 2023년 침체 당시 기저 효과로 투자 심리가 조금씩 살아나고 있다는 해석이 가능하다.

용인시 처인구 원삼면을 기억하라

기초자치단체 중 2024년 상반기 가장 주목받은 곳은 경기도 용인시 처인구(3.02%)다. 용

2024년 5월 당시 공사가 진행 중이던 경기도 용인시 처인구 원삼면 용인 반도체 클러스터 부지 모습. (매경DB)

인시 처인구는 시장이 극도로 침체됐던 2023년 상반기에도 2.73%라는 높은 상승률을 기록했다. 이 기세가 2024년에도 이어지고 있다. 용인시 처인구가 토지 시장에서 주목받는 이유는 바로 '반도체'다. 반도체 클러스터 구축이라는 큰 호재가 토지 시장에 영향을 줬다. 반도체 클러스터에 도로가 확장되거나 인근 지역에 근로자 주거지 등의 개발 기대감으로 상당한 투자자가 유입되고 있다. 여기에 2023년 3월 처인구 원삼면 일대가 토지거래허가구역에서 해제되면서 더욱 많은 수요가 몰렸다.

성남시 수정구(2.9%)는 제2판교테크노밸리와 함께 각종 재건축, 재개발 사업이 활발히 진행되면서 지가를 끌어올린 것으로 보인다. 지방에서는 2023년에 이어 2024년에도 대구

광역시 군위군(2.64%)이 화제를 모았다. 2023년 7월 1일부로 대구광역시에 편입된 효과가 2024년에도 이어지고 있다는 분석이다. 2024년부터 대구시가 군위군 상당 부분을 토지거래허가구역에서 해제하면서 수요가 몰리고 있다.

강남권 그린벨트 해제 여부 초미 관심사

2024년 하반기와 2025년 상반기 토지 시장 역시 순항할 가능성이 높다. 추세대로 움직인다면 예전과 같이 반기별 전국 지가 상승률 1% 회복이 유력하다.

지역별로 살펴보면 수도권은 2024년에도 많은 투자자 관심이 이어질 전망이다. 일단 서울에서는 전통의 강호 '강남권' 토지를 새삼 주목해야 한다. 2024년 상반기에 이어 하반

제주 서귀포시 성산읍 일대에 551만㎡ 규모로 들어설 제주 제2공항 조감도. 완공되면 연간 1690만명을 수용하게 된다. (국토교통부 제공)

기에도 서초구와 강남구 토지 시장이 심상찮다. 2024년 8월 서초구와 강남구 월별 상승률은 각각 0.354%, 0.446%로 다른 어떤 지역보다 높았다. 강남, 서초 등에서 그린벨트 해제에 대한 기대감, 각종 활발한 정비사업 등이 영향을 준 것으로 보인다.

수도권에서는 여전히 용인시 처인구가 주목받는 가운데 경기도 구리시 또한 눈여겨볼 지역이다. 2024년 하반기 비교적 높은 상승률을 기록하고 있는 구리시는 서울-세종고속도로 일부 구간(안성~구리) 개통에 수혜를 입을 것으로 예상된다. 마찬가지로 해당 고속도로 개통에 따라 경기도 안성시 역시 일부 지역을 중심으로 변화가 감지되고 있다.

지방에서는 지난 몇 년 부침이 심했던 제주도의 반등 시점이 주목된다. 제주도는 한때 전국에서 가장 주목받은 시장이었다. 하지만 2019년 하반기 기록적인 하락(-2.06%) 이후 극심한 변화를 겪고 있다. 2021년과 2022년 주택 시장 활황 시기와 맞물려 잠깐 살아나는 듯했으나 2023년 다시 한 번 하락세로 돌아섰다. 2024년 상반기에는 전국 광역자치단체 중 유일하게 마이너스 성장을 기록했다.

제주도가 주목받는 또 다른 이유는 바로 제주시 분리 움직임 때문이다. 제주도는 크게 제주시와 서귀포시로 구분된다. 이 중 제주시를 동제주시와 서제주시로 분리하는 방안이 지역 사회에서 검토 중이다. 행정구역 변화 혹은 개편은 토지 시장에 적잖은 영향을 준다. 제주2공항 건설 역시 장기적으로는 토지 시장에 호재가 될 것으로 예상되는 만큼 2025년 제주도 토지 시장 향방에 관심이 쏠린다. ■

넘쳐나는 경매 물건, 선택지 넓어진다
근린시설·재건축 아파트 경매 노릴 만

강은현 법무법인 명도 경매연구소장

2024년 4월 17일 안산지원에서는 경기 시흥시 월곶동에 있는 진주마을풍림아이원아파트 33㎡가 9870만원에 경매로 나왔다. 92명이 치열한 경합을 벌인 끝에 박 모 씨가 전 유찰가 1억4100만원을 훌쩍 넘긴 1억5000만원을 적어냈다. 소형 평형 물건에 투자자들이 몰린 이유는 전세보증금이 1억2000만원대 물건이어서 '무자본 갭투자'가 가능했기 때문이다. 2024년 상반기 서울 강남에서 발원한 주거용 부동산 투자 열기가 수도권 저가 물건의 약한 고리를 찾아 분출했다.

이날 법원을 찾은 사람은 두 가지에 놀랐다. 하나는 참여자 수에 놀라고 하나는 낙찰가에 놀랐다. 낙찰가는 당시 시세(1억4000만원)를 넘겼기 때문이다. 부동산 경매의 제1덕목은 '시세보다 싸게 사기'인데 낙찰가를 뛰어넘은 실거래가 등장하지 않고 있다는 점은 아이러니하다. 입찰 참여자 92명은 2024년 전국 법원경매 물건 중 최다 참여에 해당한다.

2024년 경매 양극화 · 상고하저 두드러져

2024년 법원경매 시장은 '양극화'와 '상고하저' 현상으로 요약된다. 지역별로는 서울과 수도권, 지방의 열기가 극명히 갈렸다. 종목별로는 주거용과 비주거용이 아닌 아파트와 비아파트로 나눌 수 있다. 금액별로는 15억원 이상 물건에 참여자가 몰렸다.

2024년 경매 시장은 사례에서 보듯 상반기는 주거형 부동산, 그중 서울·수도권 아파트가 경매 시장을 주도했다. 코로나19 당시 경기부양을 위해 쏟아부은 양적 완화 정책이 인플레이션이라는 부메랑으로 돌아오자 정부는 고금리 기조에 의한 양적 축소 정책으로 선회했다. 그 여파로 부동산 시장이 잠시 휘청거리자 연초 규제 완화 등 부양을 위한 군불을 때면서 강남권 아파트 시장이 마치 기다렸다는 듯이 일제히 우상향으로 돌아섰다.

서울에서도 편 가름이 심했다. '강남 4구(강남·서초·송파·강동구)'와 '마용성(마포·용산·성동구)', 양천구 목동 등 특정 지역이 가격 상승을 주도했다. 그 열기가 분당과 광교, 광명 등 수도권 일부 지역으로 퍼져 나갔다. 이뿐 아니라 같은 지역 내에서도 재건축이나 교통 호재, 쾌적한 주거 환경 여부 등에 따라 희비가 갈렸다. 즉 지역, 종목, 가격별 철저한 양극화가 2024년 경매 시장의 주요 특징이었다. 이처럼 특정 지역과 고가 아파트 시장에 참여자가 대거 몰린 이유는 실수요자들이 관망세를 마치고 참여해서다. 과거 가격 상승기 때 우물쭈물하다가 실기한 실수요자가 더 이상 낙오자가 될 수 없다는 절박한 심정에 경매 법정에 몰렸다.

2024년 법원경매 시장을 정리해보면 경매 물건은 역대급으로 급증한 반면, 각종 경매 지표는 뒷걸음질했다.

대법원 법원경매정보에 따르면 2024년 1월부터 9월까지 전국 경매 진행 건수는 16만474건으로 2023년 같은 기간(11만2180건) 대비 무려 4만8294건 늘었다. 불과 1년 만에 경매 물건이 43%나 증가했다. 그중 3만9451건이 팔려 24.6%의 매각률을 기록해 2023년 같은 기

전국 경매 주요 지표		단위:건, %
구분	2023년(1~9월)	2024년(1~9월)
경매 건수	11만2180	16만474
매각 건수	2만7850	3만9451
매각률	24.8	24.6
매각가율	70.8	67.5

*자료:대법원 법원경매정보

간(24.8%)에 비해 0.2%포인트 떨어졌다. 매각가율은 67.5%로 전년 동기(70.8%) 대비 무려 3.3%포인트나 급락했다.

감정가 대비 낙찰가 비중을 의미하는 매각가율은 경매 물건에 대한 참여자의 기대치를 보여준다. 연이은 매각가율 하락은 경매 시장에서 부동산 흐름을 비우호적으로 보고 있다는 의미다. 더욱이 시장 예상치를 훌쩍 뛰어넘은 경매 물건의 급증은 놀라움 그 자체다.

2025년에도 아파트 선호 현상 지속될 듯

2025년 경매 시장의 관전 포인트는 2024년 상반기의 뜨거운 장세와 하반기 조정 장세 중 어느 장세가 유효할 것이냐다. 실물 경기 침체와 고금리 기조에 그동안 양적 완화 정책의 최대 수혜를 입은 부동산 시장의 민낯이 드러났다. 특히 고금리 지속 여파가 2024년부터 본격적으로 경매 시장에 영향을 미쳤다. 경매 진행 물건 수에서 알 수 있는데 지난 1년 사이 경매 물건 증가세가 범상치 않음을 알 수 있다. 반면 변수는 한국은행 금융통화위원회가 2024년 10월 11일 기준금리를 3.5%

2025년에도 아파트 경매가 인기를 끌 전망이다. 사진은 서울의 한 경매법정. (매경DB)

에서 3.25%로 0.25%포인트 낮췄다는 점이다. 금리 인하는 약한 고리를 호시탐탐 노리는 수도권 집값에 불쏘시개 역할을 할 수 있다. 2025년 경매 시장은 금융위기 이래 13년 만의 역대급 경매 물건과 금리 인하 기저 효과 간의 치열한 수 싸움이 예상된다.

첫째, 대내외적인 경제 여건 등 구조적 요인을 감안하면 2025년 경매 물건은 2024년에 비해 큰 폭의 증가가 예상된다. 2024년 경매 물건은 9월 기준 16만474건으로 2023년 전체 건수 15만9394건을 이미 넘어섰다. 2014년(20만2145건) 이래 10년 만에 20만건을 넘길 것으로 예상된다.

대법원 경매정보에 따르면 2024년 8월까지 신규 물건은 8만2287건에 이른다. 남은 기간을 고려하면 2024년은 12만건을 훌쩍 넘길 것으로 보인다. 연간 기준 12만건을 넘어서면 금융위기 때인 2009년(12만4252건) 이후 15년 만에 최다를 기록하게 된다. 신규 경매 물건 급증과 함께 전세사기 여파와 경기 침체에 따른 자영업자 파산, 시행사 부도 등으로 다양한 유형과 가격대의 재고 물건이 증가해 참여자 선택지는 더욱 넓어질 것이다. 매각가율은 2013년(67.8%) 이래 10년에 걸친 70%대 횡보를 멈추고 2024년에 이어 60% 후반대가 예상된다.

둘째, 종목별로 보면 근린시설 인기가 두드러질 전망이다.

2024년 4월 25일 서울중앙지방법원에 서울 강남구 대치동 6층 근린시설이 경매 시장에 나왔다. 최초감정가 80억4268만원에서 한 차례 떨어져 최저매각가는 64억3415만원이다.

28명이 경합을 벌인 끝에 83억5400만원을 적어낸 모 법인이 낙찰자가 됐다. 경매 시작 70분 만에 매각가가 20억원이나 껑충 뛴 이유는 위치뿐 아니라 다른 경매 물건과 달리 리모델링을 마쳐 낙찰자의 추가 부담이 줄었다는 점도 한몫 거들었다.

경매 시장의 3대 시장 선도 종목(주거용 부동산, 근린시설, 토지) 중 하나인 근린시설은 장기간 지속된 경기 침체와 고금리로 인해 물꼬가 터졌다. 전에는 연간 행사로 만나볼 법한 강남권 소재 꼬마빌딩을 이제는 월간 행사처럼 만나볼 수 있게 됐다.

주거용 부동산 중에서도 아파트 선호 현상은 2025년에도 유효한 명제다. 단, 강세 현상이 주거용 부동산 모두에 적용되는 것은 아니다. 지역별, 종목별 쏠림 현상은 더욱 도드라질 가능성이 높다. 비록 금리 인하 신호탄은 쏘아 올렸지만 부동산 시장의 우상향을 낙관하기에는 여러 변수가 도사리고 있어서다. 좋은 입지에 재건축이라는 호재가 맞물린 지역은 금액에 관계없이 강세를 유지할 것이다. 반면 수도권은 3억원 이하, 지방은 1억원 이하 물건에 투자자 발걸음이 잦을 것이다.

부동산 시장 과열은 정부도 원치 않는다. 그러나 경착륙은 더더욱 원하는 바가 아니다. 이는 한국은행 금융통화위원회의 금리 인하에서 읽을 수 있다. 2024년 상반기 수도권 아파트 시장이 이상 과열 신호를 보였음에도 통화 정책의 변화에서 알 수 있다. 가계부채 증가와 집값 교란 등 부작용이 예상됨에도 돈을 풀어 경기를 부양하는 쪽으로 돌아섰다.

2025년 경매 물건이 역대급이라는 점에 이론이 없다. 관건은 참여 시점이다. 경매 시장은 금리나 경기 상황에 후행한다. 비록 금리가 2024년 10월 인하됐지만 그 시차를 감안하면 금리 인하 수혜 물건은 2025년 하반기나 2026년 상반기 이후에 경매 시장에 등장할 것이다. 또한 경매 물건은 접수 후 빠르면 5개월에서 늦으면 12개월 정도 첫 기일이 지정되는 점을 감안하면 2025년 2~3분기 경매 물건의 정점을 찍을 것으로 예상된다.

따라서 투자자는 경매 물건이 금융위기 이후 역대급 물건이 등장한 것을 확인한 후 참여하는 것이 좋다. 무릎은 정점에서 바닥일 때나 바닥에서 정점을 향해 나갈 때 절댓값이 같기 때문이다. 즉 투자자는 바닥(정점) 통과 확인 후 참여해도 늦지 않다. 바닥인 줄 알았는데 지하실이 나오는 경우도 종종 있기 때문이다. 반면 실수요자는 지하실이 나오더라도 장기 보유를 통해 하락분을 이겨낼 수 있어 투자자들이 시장에 참여하기 한발 먼저 움직여도 좋다. 2025년 상반기에 참여 시점을 저울질할 필요가 있다.

그 밖에 토지 시장도 역대급 경매 물건 등장으로 실수요자 선택폭이 그 어느 때보다 넓을 것으로 보인다. 투자자들은 도로·철도 교통망 확충이나 수도권 3기 신도시 건설에 따른 수혜 지역을 눈여겨볼 필요가 있다. ■

〖 일러두기 〗

1. 이 책에 담겨 있는 전망치는 필자가 속해 있는 기관이나 필자 개인의 전망에 근거한 것입니다. 따라서 같은 분야에 대한 전망치가 서로 엇갈릴 수도 있습니다.

2. 그 같은 전망치 역시 이 책을 만든 매일경제신문사의 공식 견해가 아님을 밝혀둡니다.

3. 본 책의 내용은 개별 필자들의 견해로 투자의 최종 판단은 독자의 몫이라는 점을 밝혀둡니다.

2025 매경아웃룩

2024년 11월 15일 초판 1쇄

엮은이 : 매경이코노미

펴낸이 : 장승준

펴낸곳 : 매일경제신문사

인쇄·제본 : (주)M-PRINT

주소 : 서울 중구 퇴계로 190 매경미디어센터(04627)

편집문의 : 2000-2521~35

판매문의 : 2000-2606

등록 : 2003년 4월 24일(NO.2-3759)

ISBN 979-116484-735-8 (03320)

값 : 22,000원

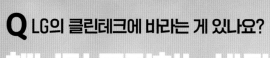

LG의 클린테크에 바라는 게 있나요?

해녀덜 물질허는 바당
깨끗헤시민 좋으커라

제주도 새내기 해녀 강혜리 님은 바다가 깨끗하기를 바랍니다.
LG는 신재생 에너지 기반 탄소 저감 기술, 폐플라스틱 및 폐배터리
재활용 기술, 바이오 소재 플라스틱 등 클린테크로 건강한 바다를 꿈꿉니다.

새내기 해녀
강혜리 님

미래,
같이

다 **같이** 더 나은 삶을 누릴 수 있는 **미래가치** 만들기,
LG가 **함께** 하겠습니다.

LG

※LG의 클린테크에 대한 자세한 내용은 lg.co.kr의 2022-2023 ESG 보고서에서 확인하실 수 있습니다.

뷰 : 프레임

창 호 의 새 로 운 뷰 가 되 다

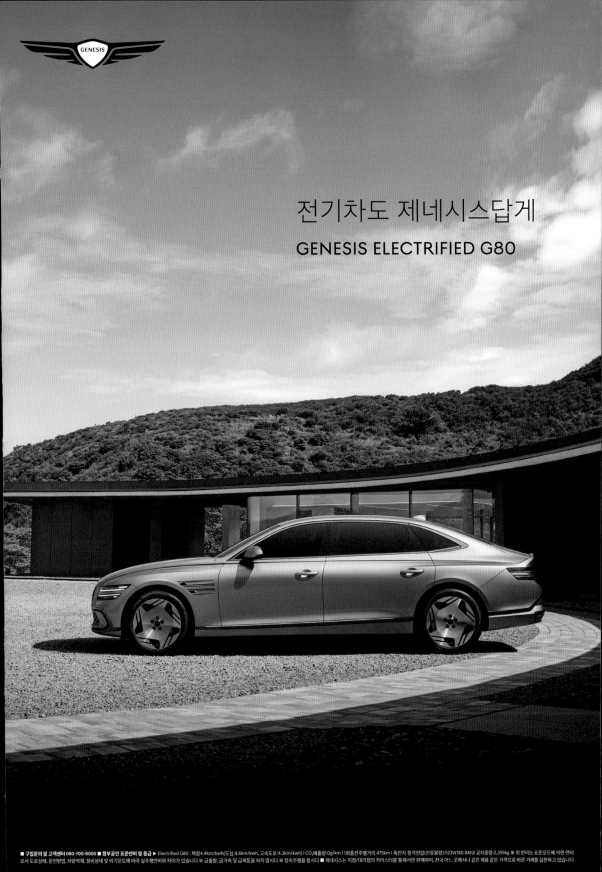

전기차도 제네시스답게

GENESIS ELECTRIFIED G80

■ 구입문의 및 고객센터 080-700-6000 ■ 정부공인 표준연비 및 등급 ▶ Electrified G80 : 복합 4.4km/kwh(도심:4.6km/kwh, 고속도로:4.3km/kwh) I CO₂배출량:0g/km I 1회충전주행거리:475km ※ 축전지 정격전압(전류용량):523V(180.9Ah) 공차중량:2,355kg ※ 위 연비는 표준모드에 의한 연비로서 도로상태, 운전방법, 차량적재, 정비상태 및 외기온도에 따라 실주행연비와 차이가 있습니다 ※ 급출발, 급가속 및 급제동을 하지 맙시다 ※ 정속주행을 합시다 ■ 제네시스는 지점/대리점의 카마스터를 통해서만 판매하며, 전국 어느 곳에서나 같은 제품 같은 가격으로 바른 거래를 실천하고 있습니다

ONE & ONLY
MASTERPIECE

RAEMIAN

"먼훗날 네 여정은 지금보다 훨씬 즐겁고 더 안전할거야."

더 즐겁고 안전한 미래 모빌리티,
현대모비스의 전동화 기술이 만듭니다

HYUNDAI
MOBIS

함께 성장하며
행복을 나누는 금융

하고싶은 것, 갖고싶은 것,
생각만으로 그치지 않게

해답하라,
하나증권

출근길,
편하고 폼나게~

자산관리, 하나하나 제대로
투자 처음이라면 하나부터 시작하자!

광고 영상 보러가기

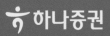

EARTH

다시 지구를 새롭게

더 많은 사람들의 더 나은 내일을 꿈꾸는 롯데백화점.
롯데백화점은 ESG Lifestyle Curator로서 고객과
함께하는 모든 여정에 지속가능한 가치를 담겠습니다.
'RE:EARTH'는 지속가능한 삶을 지향하는
롯데백화점의 환경 캠페인입니다.

We Connect Science

충전 한 번으로 어디든 갈 수 있어야
과학이다

전기 모빌리티 시대를 위해
화학이 해야 하는 일은 무엇일까
더 오래가는 배터리 소재로 전기차도 자유롭게 달리게 하자
과학으로 전기 모빌리티 시대를 이끌자

**LG화학은 과학으로
미래를 만들고 있습니다**

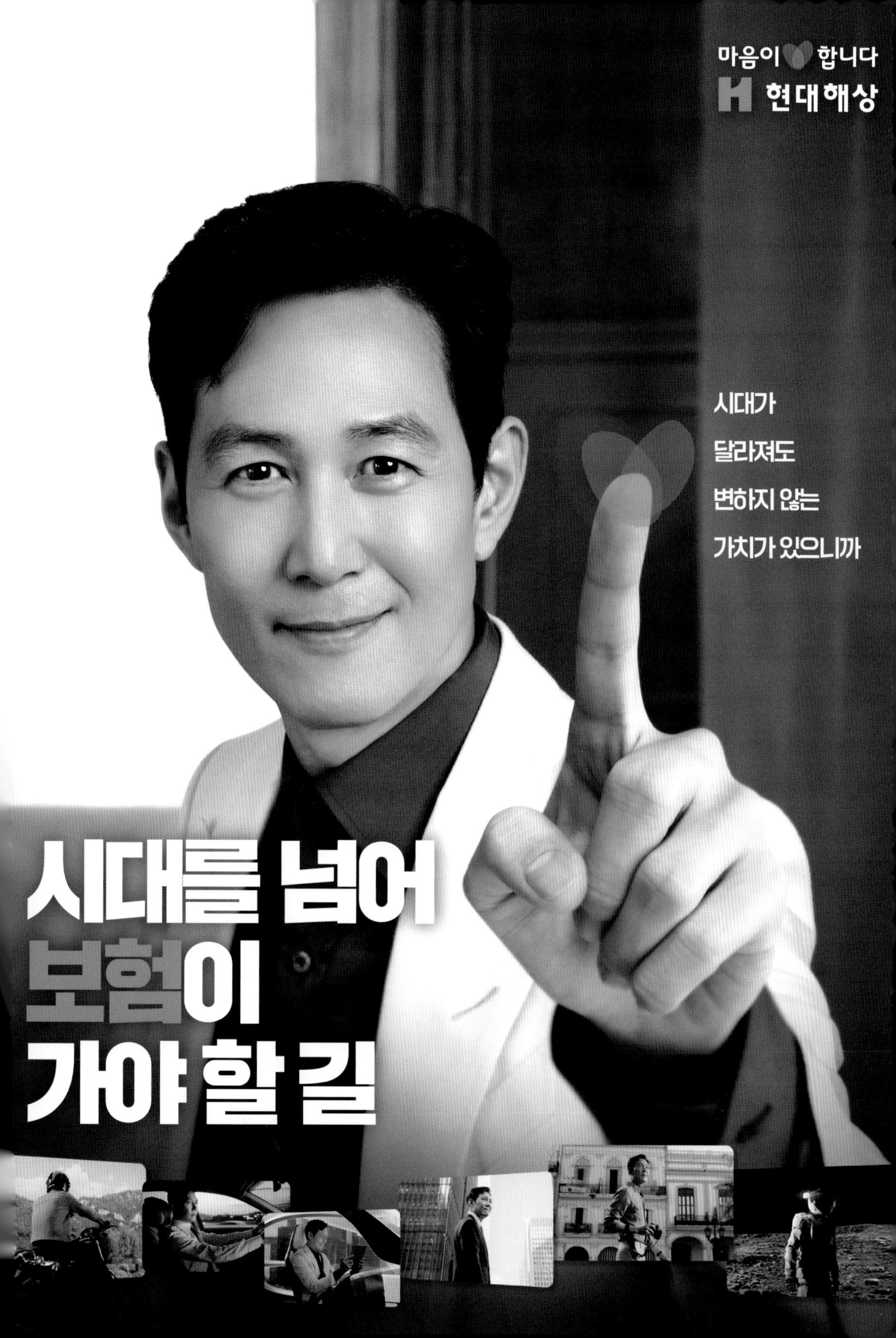
마음이 합니다
현대해상
시대가
달라져도
변하지 않는
가치가 있으니까
시대를 넘어
보험이
가야 할 길

차가운 바람에도 설레는 겨울

HIMA DOWN

HIMA : 눈(雪,히마)

BLACK YAK

퇴직연금,
KB증권으로
뚝딱! 오세요

현금으로 바꿀 필요 없이,
갖고 있는 연금상품 그대로 옮겨주는
퇴직연금 실물이전 제도가 시작되니까요

**퇴직연금도,
커져라 뚝딱! 깨비증권**

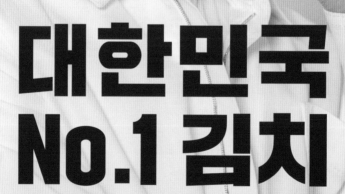

종가 앰버서더 세븐틴 호시

미국주식
거래수수료
완.전.무.료

(해외주식거래 최초 신청 3개월간)
이벤트 기간 : 8.23 ~ 12.31

투자 유의사항

· 투자자는 금융투자상품에 대하여 금융회사로부터 충분한 설명을 받을 권리가 있으며, 투자 전 상품 설명서 등을 반드시 읽어보시기 바랍니다.
· 금융투자상품은 자산가격 변동, 환율 변동 등에 따라 투자원금의 손실(0~100%)이 발생할 수 있으며, 그 손실은 투자자에게 귀속됩니다.
· 이 금융상품은 예금자보호법에 따라 보호되지 않습니다.
· (이벤트 미적용 정상 수수료의 경우)온라인 해외주식 거래 시 (미국시장 기준) 국내 수수료 0.2%, 해외 수수료 (매수 0.05%, 매도 0.05278%) 표준 수수료율이 적용됩니다.
· 시장별 기타거래비용은 미국 : 매도시 0.00278%, 중국(선/후강통) : 매수 시 0.00841%, 매도 시 0.05841%, 홍콩 : 매매시 0.1105%, 일본은 기타 거래 비용 없음, (24.08.23 기준)
· 기타 문의사항은 당사 고객센터 155-5000 or 홈페이지를 참고하시기 바랍니다.
· 본 이벤트는 당사 사정에 따라 일정이 변경되거나 중단될 수 있습니다. (단, 기조건 충족 고객제외)
· 해당 이벤트는 이벤트 기간 내 당사 해외주식거래 서비스를 최초 신청한 뱅키스 계좌만 가능합니다.
· 수수료, 환율 우대 혜택은 해외주식거래 최초 신청된 1인 1계좌에 한해, 해외주식거래 최초 신청 시 자동 적용됩니다.
· 당사 뱅키스 해외주식 수수료 교섭을 통해 우대 수수료를 적용받고 계신 경우 해당 혜택 대상에서 제외됩니다

@bbq_offi ▶ BBQ 세상에서 가장 맛있는 치킨

NEW 이제는 양념치킨도 BBQ

옛날치킨 컨셉의 얇은 튀김옷 아는맛도 새롭게!

BBQ 양념치킨

사과퓨레, 당근 등의 천연재료를 가미하여 부드러운 단맛이 매력적인 BBQ의 새로운 양념치킨

더욱 편리해진 **BBQ앱**을 만나보세요!

"최고의 혜택이 와르르~ BBM 뿜뿜!! BBQ멤버십"

 플레이/앱스토어에서 BBQ 치킨 멤버십 앱 이용 시, **2% 뿜포인트 적립 혜택**이 주어집니다.

※ 상기 이미지는 실제와 상이할 수 있습니다.

이 광고는 AI를 활용해 제작되었습니다

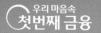

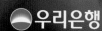